관광과 엔터테인먼트

Tourism and Entertainment

양승훈 지음

이프레스

엔터테인먼트(entertainment)는 오래된 미래입니다. 선사시대의 라스코 동굴벽화에서는 소박하지만 인류 최초의 엔터테인먼트를 찾아볼 수 있습니다. 엔터테인먼트는 인간이 존재하면서 생겨났기에 오래된 것이고, 인간이 존재하는 한 계속 같이할 것이기에 미래입니다.

월트 디즈니 이후로 엔터테인먼트는 본격적인 비즈니스 모습을 갖추었으며, 관광산업을 포함하여 타 산업과의 합종연횡을 통해 새롭게 변신하고 있습니다. 학문의 근거가 현재하는 사회적 현상이기에 엔터테인먼트가 관광산업과 화학적 결합을 통해 새로운 가치를 창출하는 데 자연스럽게 관심을 갖게 되었습니다.

그럼에도 불구하고 엔터테인먼트학의 세계는 본인의 빈곤한 학문적 자산으로 연구하기에는 무리가 있었으며, 더욱이 엔터테인먼트와 관광 간의 융·복합에 대한 연구는 더욱 어려웠습니다. 그나마 다행인 것은 국내 유수의 CEO를 대상으로 하는 최초의 엔터테인먼트 특화 AMP과정인 〈최고엔터테인먼트과정〉 운영에 실무적으로 참여하면서 듣고 보았던 엔터테인먼트 대가들의 생생한 강의와 현장이 집필에 도움을 주었다는 것입니다. 또한 학계 선후배들의 엔터테인먼트와 관광 간의 논의 역시 본서의 집필에 동기부여를 했습니다. 책 속에서 드러나는 이론의 빈곤함은 향후 남은 인생 동안 연구를 통해서 채워 나갈 생각입니다.

이 책은 총 4부 12장으로 구성되어 있습니다. 1부 기초편은 문화, 관광, 재미 등 엔터테인먼트를 이해하는 데 기초가 되는 내용을 담았습니다. 2부 엔터테인먼트는 엔터테인먼트(산업)에 대한 개관을, 3부 스타와 엔터테인먼트는 엔터테인먼트산업의 주역이자 이를 이끌어가는 원리인 스타에 대한 논의를, 4부 엔터테인먼트와 관광은 관광과 엔터테인먼트가 결합하여 부가가치를 창출하는 현장을 제시하였습니다. 모쪼록 이 책이 관광학의 새로운 트렌드로서 엔터테인먼트를 강의하고 연구하거나 엔터테인먼트학을 전공하는 이들에게 관광을 소개하는 징검다리가 되었으면 하는 바람입니다.

지난 몇 년 동안 일에 쫓기고 여가시간을 희생하며 자료수집과 원고 집필을 하였기에 주위의 소중한 사람들을 엔터테이닝하게 해드리지 못했습니다. 이 한 권의 책으로 용서를 갈음하고자 합니다. 그리고 미처 여물지 않은 지식을 기꺼이 세상에 내놓을 수 있도록 도움을 주신 출판사 사장님과 편집부 여러분께 감사를 드립니다.

2017년 11월
겨울을 이겨낼 봄의 힘을 기다리며
백양산 중턱에서

Part 04 엔터테인먼트와 관광산업

Tourism & Entertainment

PART 01

기초편

CHAPTER 01

문화

전통이란
과거의 기술로써
새로운 것을 만들어
현대의 욕구에 답변할 수 있어야 한다.

심수관, 재일 한국인 도예가

"대중문화… 說話를 소환하다

대중문화가 설화(說話)에 빠졌다. 방송 · 영화 · 웹툰 등 대중문화 전 영역에서 설화를 각색한 콘텐츠가 인기다. 과거 설화 콘텐츠는 구미호 · 바리데기 · 오구도령 전설 등 재연에 충실한 '전설의 고향' 부류였다. 반면 판타지 열풍을 이끈 '도깨비'(tvN), '푸른 바다의 전설'(SBS) 등 최근 콘텐츠는 기존 설화를 해체해 기발한 상상력과 버무렸다. 현대극 전형인 '신데렐라 스토리'를 따르면서도 '재벌 3세'가 들어갈 자리에 신화적 인물을 배치해 '저승사자 로맨스', '인어 로맨스'를 그려낸다. 시즌2에 돌입한 지난해 대한민국콘텐츠대상 수상작 웹툰 '호랑이형님'처럼 호랑이형님 · 여우구슬 · 방상시 등 동양 설화들을 엮어 '제3의 설화'를 만들기도 한다.

백미(白眉)는 현대극 주인공으로 변주된 설화 속 등장인물의 '매력'이다. '푸른 바다의 전설'의 인어는 조선시대 문인 유몽인이 집필한 '어우야담'의 '만물편 인어담'에서 모티브를 따왔다. 시청률(닐슨코리아) 16.4%로 출발해 10주째 수목드라마 선두인 이 드라마의 주역은 '인어 전지현'이다. 하루 사이 인간 언어를 습득할 만큼 명석하고, 주먹 한 방으로 적(敵)을 날려버릴 만큼 괴력인 데다 아름답다.

역대 케이블TV 최고 시청률(20.6%)로 종영한 '도깨비'엔 모델 뺨치는 신(神)들이 등장했다. 정인(情人)을 만난 기쁨으로 한겨울에 꽃을 피우는 능력자인 데다 스타일도 남다르다. 도깨비(공유)와 저승사자(이동욱)가 떡국에 넣을 대파를 사 들고 굴다리를 빠져나가는 장면은 포털에서 조회 수 42만 건을 올렸다. 초월적 존재들의 '브로맨스'가 드라마 흥행의 중추였다. 드라마 평론가 윤석진 충남대 교수는 "설화 콘텐츠의 인기는 '비범한 등장인물'이 견인한다"면서 "완전무결하되 인간적 요소를 가미해 '현실감'을 부여하고, 시청자와의 거리를 좁힌다"고 말했다.

원작자 주호민 작가는 "설화 사이 연결고리를 만들어 하나의 세계관으로 통합하는 작업에선 설화 특유의 '친숙함'이 낯선 세계로 입장하는 '문턱'을 낮춰준다"고 했다. 하지만 이 친숙함은 독(毒)이 되기도 한다. 장소원 교수는 "상상력이 독창적이지 않으면 신선도가 떨어지고, 구시대적인 가치관에 매몰될 우려도 있다"고 말했다.

출처: 조선일보 (2017.01.26).

이 장의 소개

엔터테인먼트산업은 (대중)문화를 비즈니스로 승격시킨 것이다. 엔터테인먼트산업을 이해하기 위해서는 문화 그리고 대중문화에 대한 이해가 바탕을 이루어야 한다. 그를 위해 1절에서는 문화, 2절에서는 대중시장과 대중고객을 만난 대중문화, 3절에서는 문화와 대중문화가 국가정책의 대상이 된 문화콘텐츠 등으로 세분하여 살펴본다.

1절 문화는 자연과 대비하여 인간의 손이 닿음으로써 만들어지는 진, 선, 미라는 가치가 구체화된 학문, 도덕, 예술로 요약할 수 있다. 이러한 문화에 공통적으로 내재된 성격을 통해서 문화를 비즈니스화할 수 있는 단서를 찾아보았다. "전통이란 과거의 기술로써 새로운 것을 만들어 현대의 욕구에 답변할 수 있어야 한다"는 재일 한국인 도예가인 심수관의 말이 와 닿는다. 홉스테드의 비교문화연구 및 홀의 문화차원연구는 문화가 대중문화화하고 또 엔터테인먼트화할 때 국가별, 문화별로 차별적으로 다르게 나타날 수 있음을 시사해 준다.

2절 비판적 입장이었지만 문화를 최초로 산업적으로 파악했다는 측면에서 프랑크푸르트학파의 문화산업 논의는 매우 의의가 있다. 대중에 의해 생산되고 대중매체에 의해 전달되며 대중에 의해 생산되는 대중문화는 그 순기능으로 인하여 시장과 결합될 가능성이 여느 때보다 높아졌다. 팝가수이지만 또 한편으로 음유시인으로 불렸던 밥 딜런의 노벨문학상 수상은 문화와 대중문화의 간극을 좀 더 가깝게 하고 있다.

3절 콘텐츠(contents)는 쉽게 그릇을 채워주는 알맹이로 표현할 수 있다. 지난 수십 년 동안 하드웨어의 시대, 소프트웨어의 시대를 넘어 정보통신망, 즉 인터넷의 시대가 도래했으며 이제는 인터넷이라는 그릇을 채워줄 문화적 알맹이가 필요한 시대이다. 미국 및 영국 등을 포함하여 과거 대중문화를 꽃피웠던 강국들은 컬처노믹스(culturenomics), 즉 문화와 경제를 연결시키며 강력한 국가정책적 개입을 통해 문화콘텐츠산업을 확대해 나가고 있다.

열쇠말

대중문화, 문화, 문화산업, 문화콘텐츠, 비즈니스, 엔터테인먼트산업, 컬처노믹스, 프랑크푸르트학파

학습목표

1. 문화를 자연과 대비하여 진, 선, 미 관점에서 설명할 수 있다.
2. 대중문화와 고급문화의 차이는 무엇인지 말할 수 있다.
3. 대중문화의 긍정적 기능에 대해 예를 들 수 있다.
4. 왜 지금이 문화콘텐츠의 시대인지 이해할 수 있다.
5. 컬처노믹스가 무엇인지 사례를 들어 설명할 수 있다.

1. 문화

1) 문화란 무엇인가

(1) 문화의 어원과 개념

동양에서 쓰이는 '문화(文化)'의 의미를 풀어보면 문(文)은 각종 색상이 어우러져 나타난 문양, 무늬를 뜻한다. 즉 여러 색이 한데 어우러져 아름다운 문양을 연출한다는 의미로, 문은 세월을 거치면서 점차적으로 언어나 문자상에 나타난 상징부호로 인식되거나 윤리적 · 행위적 측면에서 장식이나 인위적 수양의 의미를 지니게 되었다. 여기서 발전되어 미 · 선 · 덕 · 행을 지칭하는 용어로 변화하였다. 화(化)는 변화, 생성, 조화의 뜻을 지닌 동사였는데 사물의 형태나 성질의 변화를 의미, 이후 변화 과정에서 점차적으로 가르침을 통한 교화나 선한 행위를 통한 감화 등의 의미로 발전하였다.

서양에서는 경작, 거주, 연습, 주의의 의미인 라틴어 '쿨투라(Cultura)'에서 유래하였다. 영어인 '컬처(Culture)'는 재배 · 경작의 뜻을 지니고 있으며 인간의 심성을 도야하고 인격을 연마하는 의미로 확대되었다. 인류의 물질생산 활동에서 발생하여 확대된 제반 정신활동 영역을 말하는 것으로 넓은 의미에서 문명과 유사한 면을 가지고 있다.

즉, 문화란 인간의 손이 닿지 않은 천지자연이나 야만(野蠻)과 상반되는 의미로 사용된다. 자연계와 구분되는 인간 사회의 영역, 즉 인간에 의해 성취된 제반영역을 가리키는 용어이다.

문화는 일반적으로 지식, 신념, 예술, 도덕, 법 관습과 더불어 사회의 구성원이 가지고 있는 습관과 모든 가능성을 포함하는 복합적인 총체로서 독특한 생활양식이라고 정의할 수 있다.

문화는 다양한 모습으로 우리에게 다가온다.

- 언어: 언어, 문자, 의사소통의 방법과 내용
- 물질: 식습관, 주거, 기구, 무기, 직업, 각종 기술
- 예술: 조각, 회화, 음악, 춤, 문학
- 신화와 과학적 지식
- 종교: 의식, 의례
- 가족과 사회조직: 결혼풍속, 친족범위 유대 정도, 상속, 사회규범과 통제
- 재산의 형태와 내용
- 정치: 정치형태, 사법과 입법 등
- 갈등과 분쟁의 형태

■ 자연을 상징하는 개구리의 목에 다양한 문화적 요소를 이미지화한 것이 재미있다.

| 그림 1-1 | 쿠바의 자연과 문화 전시회 로고

출처: 뉴욕자연사박물관 브로셔

(2) 문화의 특징

① 학습성: 문화는 과거 다른 사람과의 관계를 통해 습득되고 장차 지속적으로 상호교류하는 데 사용하는 그 개인과 집단의 정신과 마음속에 존재한다.

② 공유성: 동일 문화권의 집단 내에서 서로 나누어 갖는 성격을 갖는다.

③ 다양성: 민족 간, 지역 간, 국가 간의 문화는 서로 다르다. 같은 사회의 모든 사람들이 비록 같은 문화요소를 갖고 있더라도 각 개인은 어떤 상황에서 다르게 행동할 수 있다.

④ 유사성: 문화는 여러 측면에서 상당히 다르지만 또한 서로 유사성도 갖고 있다.

⑤ 지속성: 문화란 일단 학습되어 수용되면 지속되는 경향이 있는 동태적인 것이다.

⑥ 가변성: 모든 문화는 인간이 그 변화를 꺼리지만 지속적으로 변화한다. 또한 문화가 문화를 만나 변화가 이루어지는데 이를 문화접변이라고 한다.

(3) 문화의 기능

① 의사소통: 학습하고 공유한 경험이나 언어로 다른 사람(세계)과 의사소통을 할 수 있게 된다.

② 예측가능성: 문화는 같은 문화권에 속해 있는 다른 이가 서로 어떻게 반응하는지에 대해 서로 예측한다.

③ 선택의 틀: 문화는 선과 악, 합리성과 비합리성, 유쾌함과 슬픔, 그리고 안전함과 위험함 등에 대한 구별의 기준을 제공한다.

④ 지식과 기술: 주어진 환경에서 살아가는 데 필요한 지혜와 지식, 기술을 제공한다.

⑤ 구별의 기준: 비슷한 문화적 배경을 갖는 사람을 구별할 수 있다.

> 국제무대에서 비즈니스를 할 때에도 문화라는 코드를 이해하지 못하면 제대로 된 스킨십을 절대 못합니다. 칠레 사람과 만날 땐 노벨상 수상자인 네루다를, 나이지리아 기업인과 만날 때에는 소잉카의 대화를 나눌 수 있어야 하죠.
>
> 서정호, 대우 우크라이나 지역본사 사장(1997).

문화는 기업경영에서 매우 중요한 역할을 담당한다. 즉 기업의 문화를 어떻게 창출하느냐에 따라 고객이 기업을 주목하고 기업의 상품과 서비스를 사는 근거가 된다. 무엇(what)이 아니라 왜(why) 사야 하느냐의 답을 줄 수 있는 것이 기업문화이다.

롯데그룹의 명칭은 괴테의 소설 〈젊은 베르테르의 슬픔〉의 등장인물인 샤롯데(Charlotte)에서 따왔고 소비자로부터 영원히 매력적이고 사랑받은 기업을 지향한다는 취지였다. 롯데의 캐치프레이즈는 입 속의 연인(お口の恋人・ロッテ)인데 당시 주력상품이 롯데껌이었다. 젊은 문학청년이었던 창업자의 감수성이 오늘날 굴지의 세계적인 기업으로 바뀐 사례이다.

2) 홉스테드(Hofstede)의 비교문화연구

홉스테드는 문화차원이론(cultural dimension theory: CDT)을 제시하였는데 문화의 경계를 국가단위로 간주하고 모든 국가의 문화를 4가지의 차원으로 분류하였다. 4가지 척도는 권력거리, 불확실성 회피의 정도, 개인과 집단주의 정도, 남성성과 여성성의 정도이다.

비교문화연구는 문화를 기반으로 한 다양한 문화상품 및 엔터테인먼트 상품에 반영되고 있으며 유사한 문화적 가치를 추구하는 집단에게는 더욱 더 쉽게 받아들여질 수 있다는 이론이다.

(1) 권력거리(power distance)

권력이 불공평하게 배분되어 있다는 것을 권력을 적게 가진 구성원들이 받아들이고 예상하는 정도이다. 권력거리가 큰 사회는 모든 인간은 동등하지 않다는 전제에서 사람들이 자신의 위치를 인정하고 각자의 위치에 따라 권위를 부여하거나 받아들인다. 권력거리가 큰 사회는 위계질서가 뚜렷하며 상하 간의 결속력과 의존성이 높으며 집단주의적 특징이 있다. 반면 권력거리가 비교적 작은 사회는 상호 간의 독립성이 존중된다.

(2) 불확실성의 회피(uncertainty avoidance)

삶의 불확실성에 대처하는 방법으로 계획성과 안정성에 초점을 둔다. 한 문화의 구성원들이 불확실한 상황이나 미지의 상황으로 인해 위협을 느끼는 정도이다. 불확실성 회피가 높은 문화권은 안전을 중요한 가치로 인식한다. 모험이나 변화를 피하고 형식적·관료적 규칙, 전문가의 충고에 보다 많이 의존한다. 가족이나 측근 이외의 사람에게 대해서는 신뢰하지 않으며 상이함과 모호함에 대한 허용심이 없다. 구조화·형식화된 삶 속에 스트레스와 긴장을 느끼게 되면 큰 소리로 말하고 감정을 나타내는 등 외적 표현이 허용된다.

교사는 모든 문제의 정답을 알고 있어야 하는 것으로 인식한다. 시험 역시 정답을 찾는 데 중점을 두고 있다. 새로운 것에 대한 두려움이 있기에 탐구력, 융통성, 창의력에서 다소 뒤지는 경향이 있다.

반면 불확실성이 낮은 문화권에서는 최소한의 규칙이 바람직한 것으로 가치를 가진다. 경쟁이나 갈등을 피하지 않고 당당하게 정면으로 맞선다. 또한 엉뚱하고 혁신적인 생각과 행동에 대해서 수용적이며 애매한 상황과 모험에 대해 불안을 느끼지 않고 적극적으로 받아들인다. 위계질서는 비효율적이고 파괴적인 것으로 간주하며, 삶에 대한 가변성도 수용한다. 뜻밖의 사건이 일어나도 잘 참고 감정을 드러내지 않는다. 긴장감이 적고 좀 더 이완된 삶을 사는 경향이 있다. 한국의 경우는 자유로운 의견 개진이나 교환이 어려우며 예외를 인정하는 데 서툴다.

(3) 개인주의와 집단주의(individualism & collectivism)

개인주의는 개인의 정체감이 개인의 선택에 의해 정해진다. 개인의 독특성이 최고의 가치이며 개인의 주체성, 흥미, 독립성이 강조된다. 인간관계가 아닌 업무와 경쟁을 통한 개인의 능력발휘, 자아실현, 개인의 행복을 최고의 미덕으로 삼는다. 개인주의 문화는 명시적인 커뮤니케이션을 중시하는 저맥락문화(low-context culture)로 언어적 설득력과 메시지의 명료성이 중시된다.

집단주의는 자신을 우리(in-groups)라는 한 집단의 일부로 간주한다. 집단의 관점, 목표, 요구에 민감하며 자신이 속하지 않은 집단(out-groups)에 대해서는 배타적이며, 자신이 속한 집단에는 충성심이 강하면서 그에 따른 의존도가 강하다. 자신의 생각보다는 타인의 생각과 타인으로부터의 인정에 큰 비중을 두는 체면과 수치(shame)의 문화이다. 비교적 비언어적이며 암묵적인 표현법이 강한 고맥락문화(high-context culture)에 해당된다. 상호의존, 집단구성원 간의 조화, 사회적 지위, 가족의 안전 그리고 협동이 강조된다. 세계 인구의 약 70%가 집단주의 문화권에 속한다.

(4) 남성성과 여성성(masculinity & feminity)

남성성의 국가는 남녀의 역할을 뚜렷하게 구분짓는 사회이다. 사회의 지배적인 가치는 남성지향적이며 업적과 성공, 적극성, 투쟁성이 강조되고 타인에 대한 배려가 부족하다. 지위는 성공을 나타내며 타인에게 보여주기 위해 중요하다. 지위를 나타내기 위해 언어적, 행동적, 물질적 암시가 존재한다.

여성성의 국가는 겸손과 타인에 대한 배려, 삶의 질, 사교성과 인간지향성 등이 특징이다. 작은 것이 아름답게 여겨지고 다수의 의견이 일치되도록 노력한다. 불확실성 회피 성향과 여성주의 문화가 결합된 사회에서는 소속과 안정에 대한 욕구가 높은 경향이 있다. 스웨덴, 노르웨이, 핀란드, 덴마크, 네덜란드가 대표적인 여성성의 국가이다. 뉴욕타임즈는 지구상에서 이슬람계와 한국이 가장 남성주도적인 사회라고 하였다.

3) 홀(Hall)의 문화차원

문화비교의 기준을 high-context(고상황 혹은 고맥락)와 low-context(저상황 혹은 저맥락)로 구분하고 있으며 사람을 둘러싸고 있는 상황이나 맥락이 중시되는 정도가 중요한 기준이 된다. 주로 집단주의 사회는 고맥락 사회, 개인주의 사회는 저맥락 사회에 해당되는 경우가 많다.

(1) 고상황 혹은 고맥락(high-context) 사회

메시지가 간접적이고 암묵적이다. 정보의 채널은 인간관계나 비언어적인 단서에서 구하게 된다. 한국인의 '눈치' 문화, 굳이 말하지 않아도 이해가 오가는 이심전심(以心傳心) 등이 대표적인 예이다.

한국과 중국, 일본은 고상황문화권으로 사람들의 경험이나 정보 네트워크에서 동질적인 측면이 많아 메시지와 반응이 획일적인 경우가 많고 화자에 대한 많은 배경정보를 필요로 하지 않거나 기대하지도 않는다. 집단가치를 중심으로 원형적 논리와 간접적 커뮤니케이션이 강조된다. '아마(maybe)', '혹(perhaps)', '어쩌면(probably)'이라는 단어의 사용이 빈번하고 화자의 지위를 반영해 주는 단어가 사용된다.

(2) 저상황 혹은 저맥락(low-context) 사회

언어적 메시지에 대부분의 정보가 들어 있다. 독일, 스위스, 미국은 저상황문화권으로 상호 간 공동의 경험이 없는 이질적이며 유동이 잦은 환경 때문에 매번 상세한 정보를 명시할 필요가 있다.

직접적인 논리, 개인의 가치와 직접적인 커뮤니케이션이 강조되며 '나(I)'와 구체적인 '목표'가 자주 언급되는 특징이 있다.

2. 대중문화

1) 대중문화란 무엇인가

(1) 대중문화의 개념

대중문화는 대중(mass)과 문화(culture)의 복합어이다. 대중이란 원래 귀족이 아닌 계층, 교육을 제대로 받지 못한 계층을 지칭하는 말이었다. 지금의 노동자계층 및 가난한 사람들에 해당된다.

이에 반해 고급문화(high culture)는 출신성분이 좋은 엘리트계층을 지칭하는 것으로 경멸적, 부정적 의미를 가진 대중문화에 비해 고급화되어 있고 세련되고 성숙하다는 의미를 가지고 있다. 이러한 정의는 두 가지 문화의 존재, 즉 고급한 것과 대중적인 것이 있음을 전제로 한다. 대중문화와 고급문화는 서로 함께 비교될 수 없다고 보는 시각이다.

- 대중에 의한 생산: 대량생산
- 대중매체에 의한 전달: 대량전달
- 대중에 의한 소비: 대량소비

| 그림 1-2 | 대중문화의 키워드

(2) 대중문화의 형성

대중문화의 형성은 18세기 중반 이후 유럽에 근대사회화가 도래되면서 형성되기 시작하였다. 즉 귀족을 중심으로 하는 계급체계가 붕괴, 신흥 부르주아의 급성장 및 이들이 주도하는 자본주의의 형성과 밀접한 관계를 갖는다.

대량생산과 대량소비라는 이전에 없던 새로운 경제적 구조가 등장하면서 사회 및 문화적 구조도 이러한 영향관계로부터 자유로울 수 없었다. 이에 따라 대중문화 역시 경제구조의 표준화를 따라 획일성을 가지게 되었다. 대중문화의 표준화는 다수에 맞추기 위해서 필연적으로 수준의 저하를 가져오게 되며 저급성이라는 비판을 받는다. 그럼에도 불구하고 대중문화는 다수에 의해서 생산, 전파 그리고 소비되기 때문에 지배문화로 자리잡았다.

(3) 대중문화의 발현

사이어(Sayre, 2015)는 현대사회 대중문화의 특징을 다음과 같이 정리하였다.

- 과거에 대한 집착, 과거와 현재의 공존의 경계 모호
- 리얼과 재현의 혼재가 빈번: 디즈니랜드, 모큐드라마, 멀티플렉스(일상과 비일상의 혼재) 등
- 가시적인 포르노그라피 추구: 먹방, 섹시 콘셉트의 걸그룹 등
- 성과 욕망: 오타쿠
- 남성성의 대상화: 커다란 TV, 야구선수 트레이닝, 머슬퀸 대회 등
- 감정적인 소외 및 두려움: 비디오 게임을 통한 일상탈출 GTA 게임 등

2) 대중문화의 가능성

(1) 대중문화의 기능

대중문화는 다음과 같은 기능을 수행하면서 존재 의의를 가지고 확대생산된다(김창남, 2014).

① 매스커뮤니케이션으로서의 대중문화: 영화나 방송과 같은 매스미디어를 활용해 많은 정보를 한꺼번에 전달

② 텍스트의 생산과정, 생산된 텍스트의 수용과정으로서의 대중문화: 같은 문화를 공유하는 집단 간에 구성원들이 서로 반응하고 수용

③ 문화행위로서의 대중문화: 대중의 욕망과 정체성을 나타내는 문화행위

④ 대립과 갈등의 장으로서 대중문화: 수많은 사회집단의 문화적 정체성이 충돌하고 이해하고 화합을 하는 장으로서 대중문화

(2) 대중문화와 산업화

대중문화는 문화의 고급과 저급(저질)의 차원에서 논의할 것이 아니라 다수에 의한 소비라는 것, 즉 대중문화를 구매할 수 있는 유력한 집단으로서 대중(mass)이 존재한다는 것에 주목하여야 한다. 따라서 대중문화는 보편성을 획득해내고 시장 창출력에서 유리하다고 볼 수 있다. 인기 있는 대중문화를 파퓰러 컬처(popular culture)라고도 하며, 널리 수용될 수 있다는 긍정적인 의미를 가지고 있다.

밥 딜런(Bob Dylan)은 미국의 포크 싱어송라이터로서 평화, 자유, 반전의 음유시인으로 비유될 만큼 사회성이 있는 메시지를 전달해왔는데 2016년 위대한 미국 음악의 전통 내에 새로운 시적 표현을 창조해낸 공로로 파격적으로 노벨문학상을 받았다. 대중문화와 고급문화 간의 경계가 허물어져 가고 있으며 그 구분조차 무의미해지고 있다는 것을 보여주고 있다.

3) 대중문화에 대한 연구

(1) 대중문화에 대한 옹호론

① 대중문화의 능동성: 대중문화 수용자의 기호, 즉 시장성이 대중문화의 생산에 반영된다. 따라서 수용자는 수동적으로 대중문화를 소비하는 것뿐만 아니라 능동적으로 만들어 나갈 수 있는 여지가 있다.

② 대중문화의 다양성: 대중문화는 주류 속에서 비주류, 중심에서 주변의 다양한 대중문화의 형태를 허용하면서 다양성을 확보해 나갈 수 있다.

③ 대중문화의 고급화: 대중문화는 일반 수용자가 접근하기 어렵고 특정계급의 전유물로 여겨진 고급문화를 쉽게 풀어주어 궁극적으로 대중문화의 고급화를 이룰 수 있다.

④ 대중문화의 민주화: 대중문화는 다수의 사람들이 문화적 욕구를 충족시키는데 기여해왔다는 점에서 대중문화의 민주화를 실현하였다.

(2) 대중문화에 대한 비판론

프랑크푸르트학파(Frankfurt School)는 1930년대 독일의 사회연구집단으로 이전의 마르크스가 주장한 자본주의사회에서의 경제결정론에 대비하여 문화적 생성에 주목하였다. 호르크하이머(M. Horkheimer), 아도르노(T. Adorno) 등이 주요 인물이다. 이들은 문화가 산업화되면 문화가 가지고 있는 심미성이 파괴되며 문화는 산업논리로 종속된다고 주장한다. 문화가 가지고 있는 창조성, 예를 들면 새로운 장르로의 도전 등은 시장성이 없다든지 시장의 구미에 맞지 않는다는 이유로 거부될 수 있다. 또한 진정한 문화예술이라는 것은 현실에는 없는 그 무엇을 추구하는 것에 있는데 문화예술에서 가장 중요한 것은 현실에 대한 비판이다.

문화의 산업화 혹은 문화 상업주의는 표준화 및 규격화된 문화를 제공함으로써 대중은 소비만 하는 수동적인 존재가 될 수밖에 없으며 정치적 비판성이 마비되고 참여로부터 의도적으로 배제된다. 문화산업은 자본주의 정부가 의도적으로 추진하는 3S정책(sex, screen, sports)의 한 부분을 이룬다. 발터 벤야민(Walter Benjamin) 역시 대량생산시대에 기계적인 복제가 확대되고 예술의 진정성(aura)이 상실되는 것을 우려하였다.

① 대중문화 생산의 부정적 측면: 고급문화와 달리 대중문화는 수용자에게 쾌락을 제공하는 데 있어 영리추구만을 목적으로 하는 기업에 의해 대량으로 생산된다.

② 고급문화에 미치는 부정적인 영향: 대중문화는 원래 고급문화에서 온 것이며 이로 인해 고급문화가 저속해진다. 고급문화를 창조하는 많은 재능 있는 사람들이 대중문화로 넘어감으로써 자원을 고갈시킨다.

③ 대중문화 수용자에게 미치는 부정적인 영향: 대중문화는 피상적인 만족만을 가져다주며 심지어 수용자의 정서에 유해한 영향을 미칠 수도 있다.

④ 전체 사회에 미치는 부정적인 영향: 대중문화가 사회 전체적으로 파급되어 질을 떨어뜨릴 뿐만 아니라 수용자의 수동성을 조장하고 독재자 선동을 위한 대중설득 기술에 쉽게 말려들게 한다.

3. 문화콘텐츠와 문화산업

1) 문화콘텐츠의 개념과 의의

(1) 문화콘텐츠의 개념

콘텐츠(contents)는 아이디어, 개념 등이 통감각적인 물질로 구성된 것이라고 정의된다. 즉 콘텐츠는 알맹이에 해당된다. 알맹이를 담는 것은 그릇이다. 그릇은 콘텐츠를 담는 것이므로 미디어(media)이다. 예를 들면 채널A, JTBC 등 종합편성채널은 미디어이고 콘텐츠는 〈먹거리 X파일〉, 〈집밥의 여왕〉 등이다.

「문화산업진흥기본법」 제2조에 의하면 콘텐츠란 부호, 문자, 도형, 색체, 음성, 음향, 이미지 및 영상 등의 자료를 말하며, 디지털콘텐츠란 부호, 문자, 도형, 색체, 음성, 음향, 이미지 및 영상 등의 자료 또는 정보로서 그 보존 및 이용의 효용을 높일 수 있도록 디지털 형태로 제작하거나 처리한 것을 말한다.

콘텐츠 앞에는 문화가 붙어 문화콘텐츠(culture contents)라는 말이 많이 쓰이는데 이는 문화적인 요소가 체화된 콘텐츠, 인간의 창의적 사고가 구현된 콘텐츠이다. 이러한 문화콘텐츠는 과거에 논밭에서 생산되는 곡식이나 공장에서 생산되는 공산품과 같이 생산되거나 소비되고 있다.

(2) 문화콘텐츠의 시대

현대는 비물질인 것이 생산과 소비의 주가 되는 시대이다. 경제체제는 지속적인 성장이 필요한데 기존의 성장에 한계가 있을 때에는 연속적인 이행이 아니라 새로운 체제로의 립프로그(leapfrog)적 발상, 즉 개구리의 점프와 같이 단절적이고 급격한 변화가 이루어진다.

눈에 보이는 하드웨어에서 이를 효과적으로 구동하는 소프트웨어의 시대를 지나 개별단위를 효과적으로 연결하는 네트워크로서 인터넷 시대를 넘어 문화콘텐츠 시대를 맞이하게 되었다. 콘텐츠와 미디어 차원에서 보면 하드웨어와 소프트웨어 시대에는 담는 그릇, 즉 미디어의 크기를 확장하는 시기였다면 1990년대 정보통신망의 발전은 미디어의 크기를 기하급수적으로 연결하면서 지식(knowledge)을 보다 넓게 확산하고 공유하는 바탕을 이루었다.

우리가 손에 쥐고 있는 스마트폰을 통해 살펴보면 하드웨어의 크기가 휴대하기 편하게 바뀌고, 소프트웨어를 통해 무리 없이 작동을 하고 빠른 데이터 전송을 하는 것을 마케팅 소구로 삼던 것에서 이제는 어떠한 콘텐츠를 재미있게 제공하느냐가 관건이 되었다. 저장용량과 속력은 무한대인데 길과 그릇을 채우는 알맹이가 필요한 시대인 것이다.

2) 문화콘텐츠 비즈니스

(1) 문화콘텐츠 비즈니스의 개념과 구성요소

개인의 창의적 아이디어 및 지식으로서 콘텐츠가 비즈니스로 접목되어 상품화되는 것을 문화콘텐츠 비즈니스라고 한다. 개인의 창의적 아이디어 및 지식은 영화, 비디오, 음악, 공연, 예술, TV, 라디오 등 다양한 장르를 통해 구체화된다.

시몬스 침대 CF 중에는 영국 출신 밴드인 비틀즈의 '예스터데이'가 탄생한 비하인드 스토리가 등장하는 내용이 있다. 그룹의 멤버인 폴 메카트니는 22살의 어느 날 잠을 자던 중 아름다운 멜로디를 듣게 되고 잠에서 깨어나자마자 기억이 사라지기 전에 피아노로 연주를 했다고 한다. '예스터데이'는 팝 역사상 가장 많이 팔린 노래이자 수많은 리메이크가 이루어진 곡인데 이와 같은 개인에게 어느 날 갑자기 떠오른 영감이 돈과 명예를 가져다준 것이다. 문화콘텐츠의 힘은 강력하다. 런던에 위치한 비틀즈 스튜디오 그리고 횡단보도 에비로드(Abbey road)를 건너는 멤버들의 사진을 앨범 재킷으로 하자는 아이디어는 관광명소를 만들었고 수많은 패러디의 소재가 되었다. 이것은 창의적 아이디어의 힘, 문화콘텐츠의 힘을 증명하고 있다.

(2) 문화콘텐츠산업과 구성요소

문화산업은 창조산업, 문화콘텐츠산업, 엔터테인먼트산업 등으로 다양하게 불리고 있다. 미국에서는 엔터테인먼트산업, 영국에서는 창조산업, 일본에서는 콘텐츠산업, 캐나다에서는 예술산업, 한국에서는 문화콘텐츠산업 혹은 엔터테인먼트산업 등이 혼용되어 쓰이고 있다. 구체적으로 어떠한 산업에서 문화콘텐츠의 생산, 유통, 소비가 이루어지고 있는지는 명확히 나누기 어렵다.

문화산업에서 거래의 대상이 되는 상품을 문화상품이라고 한다. 문화상품이란 예술성 · 창의성 · 오락성 · 여가성 · 대중성이 체화(體化)되어 경제적 부가가치를 창출하는 유 · 무형의 재화(문화콘텐츠, 디지털문화콘텐츠 및 멀티미디어문화콘텐츠를 포함한다)와 그 서비스 및 이들의 복합체를 말한다(문화산업진흥기본법).

(3) 컬처노믹스

컬처노믹스란 문화를 뜻하는 컬처(culture)와 경제를 뜻하는 이코노믹스(economics)를 합친 단어로서 문화를 통한 경제적 가치 창출을 의미한다. 덴마크 코펜하겐대학교의 페테르 두엘룬(Peter Duelund) 교수가 1990년에 제시하였다.

문학, 음악, 미술 등 문화원형을 상품화 과정을 통해 문화상품으로 만들고 이러한 문화상품이 생산, 유통, 판매되는 문화산업 구조가 형성된다. 국가적 차원에서는 문화행정을 통해 문화도시를 만들 수 있고 기업은 문화경영을 통해 문화기업을 구현해 나갈 수 있다. 문화원형을 상품화하는 데에는 문화의 잠재력이 필요한데 문화의 깊이와 넓이가 얼마나 되느냐에 달려 있다. 그림으로 나타내면 [그림 1-3]과 같다.

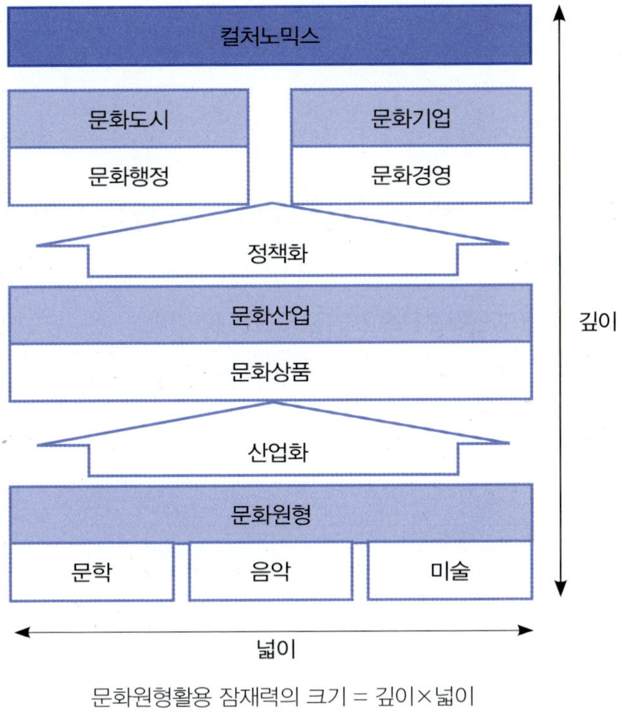

| 그림 1-3 | **컬처노믹스의 개념**

미국의 문화에는 자유와 번영이 담겨 있으며 독일은 효율성, 프랑스는 감수성 등이 배어 있다. 기업적 차원에서도 문화를 사업의 영역으로 포함시키고 문화를 통해서 가치를 창출하려는 노력을 보이고 있다. 예를 들어 소니(Sony)는 가전제품회사에서 종합엔터테인먼트 기업으로 발돋움하였고 애플(Apple)은 컴퓨터제조회사에서 엔터테인먼트 콘텐츠를 포괄하는 미디어기업으로 성장하였다. 한국의 CJ는 식음료사업을 모태로 하여 '생활문화를 세계로 전파하는 문화창조기업'이라는 슬로건을 내걸고 미디어회사로 사업의 범위를 확장하였다.

3) 문화콘텐츠산업의 발전

(1) 세계 문화콘텐츠 시장

세계의 문화콘텐츠 시장규모 순위 및 비중은 〈표 1-1〉과 같다.

| 표 1-1 | 2013년도 세계 문화콘텐츠 시장규모 순위 및 비중

순위	국가	시장규모(단위: 달러)	점유율(단위: %)
1위	미국	4,988억 8,400만	30.4
2위	일본	1,916억 2,100만	11.7
3위	중국	1,152억 8,000만	7.0
4위	독일	974억 3,900만	5.9
5위	영국	855억 4,800만	5.2
6위	프랑스	696억 6,690만	4.2
7위	한국	450억 9,200만	2.7
8위	이탈리아	426억 4,000만	2.6
9위	브라질	425억 1,400만	2.6
10위	캐나다	415억 2,700만	2.5

출처: PWC (2013).

미국은 2000년 '크리에티브 아메리카 2000' 정책을 통해 강력한 문화산업정책을 시행해 왔는데 할리우드 시스템의 세계적인 전개와 함께 아시아 시장 등에 주목하여 로컬 프로덕션 등을 지향해 왔다.

영국은 1998년 토니 블레어 총리 집권 후 '문화예술이 경제를 살린다'라는 취지에서 문화산업 전반에 대한 혁신과 개혁을 해왔으며 슬로건으로 '창조 영국(Creative Britain)'을 제시하였다. 장기적인 침체 속에서도 매년 14조 원의 문화콘텐츠 생산국으로 주목받고 있다.

> 한 국가가 보유한 가장 큰 자원은 국민의 상상력이다. 상상력은 발명, 경제적 이익, 과학적 발견, 기술적 진보, 더 나은 행정, 직업, 공동체, 보다 안전한 사회에 자양분을 제공해 준다. 그리고 예술은 상상력의 중요한 트레이너이다.

중국은 1978년 개방정책을 추진하면서 사회주의를 유지하는 수단으로서의 문화와 시장경제와 접목하여 상업적으로 발전하는 문화가 공존하고 있다. 2009년 7월 '문화산업진흥계획'을 발표하고 '중국문화산업투자기금'을 설립하여 자국뿐만 아니라 해외에 진출하는 기업 및 단체를 지원하는 등 활발한 정책을 추진하고 있다.

일본은 2003년부터 쿨 재팬(Cool Japan) 전략, 즉 자국의 문화적 매력을 상품화시켜 일본의 부가가치를 창출하겠다는 국가산업전략 프로젝트를 추진 중이다. 영상, 애니메이션, 캐릭터산업과 패션, 음식문화, 전통, 관광자원 콘텐츠를 적극 홍보하고 있다. 1990년대 애니메이션 〈포켓몬〉, 캐릭터의 〈헬로 키티〉 등을 통해 일본의 GNC(Gross National Cool, 국가총매력지수)를 증가시켰다.

(2) 한국의 문화콘텐츠 시장

1990년 정부의 문화산업정책이 본격화되면서부터 팽창하기 시작하였으며, 이에 부응하여 대기업의 사업다각화 차원에서 시장진출이 활발히 이루어졌다.

한국의 연도별 문화콘텐츠산업 규모는 〈표 1-2〉와 같다.

| 표 1-2 | 연도별 한국 문화콘텐츠산업 규모 현황

구분	2008	2009	2010	2011	2012	2013	연평균 성장률(%)
매출액 (조원)	63.7	67.1	73.3	83.0	87.3	91.5	7.5
수출액 (억불)	23.4	26.1	31.9	43.0	46.1	51.0	16.9
고용 (만명)	54.9	58.3	59.6	60.5	61.1	61.8	2.4

출처: 문화체육관광부 (2014).

문화를 수출할 때 유의할 점이 있다. 문화할인율(cultural discount)이란 문화가 다른 문화시장에 진입하였을 때 가치가 어느 정도 떨어지는 현상이다. 문화상품은 문화장벽이라고 할 수 있는 언어, 관습, 선호 장르 등의 차이로 인해서 다른 문화권에 진입하기 어렵다. 따라서 문화장벽과 문화할인율은 비례한다고 할 수 있다.

생각해 볼 문제

01 문화가 비즈니스화된 이유는 무엇인가?

02 홉스테드의 비교문화연구를 바탕으로 국가 간의 엔터테인먼트 상품 내용의 차이를 생각해 보자.

03 밥 딜런의 노벨문학상 수상에 대하여 논해 보자.

04 프랑크푸르트학파가 제기한 대중문화론의 한계는 무엇인가?

05 왜 문화콘텐츠가 21세기 사회성장의 동력이 되는가?

팬텀싱어 (2016~2017)

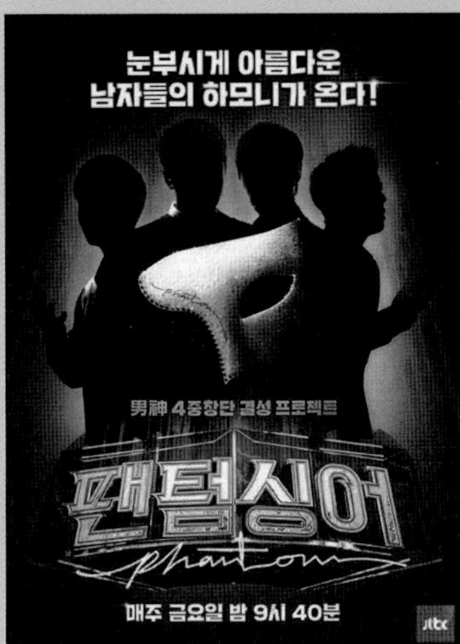

출처: JTBC 팬텀싱어

팬텀싱어는 JTBC의 대한민국 최고의 남성 4중창 그룹을 결성하는 오디션 프로그램이다.

오디션(audition) 형식의 TV 예능버라이어티쇼가 대세가 되고 있다. 참가자를 서로 경쟁시키고 매주 치열한 경쟁을 이겨 나가면서 일취월장하는 인간승리를 보며 시청자는 자신이 응원하는 참가자를 본인이 육성(育成)한다는 착각에 빠져 더 TV에 몰입한다.

참가자는 주로 대중가요를 부르는 사람이었다. 그러나 시청자들은 대중가요에 만족하지 못했기에 참가자들은 서로 겨루는 필살기를 늘려나간다. 한국의 대중가요에 팝송이 추가되었으며 참가자들의 신상노출을 극히 자제하고 새롭게 창조된 캐릭터로서 누군지 궁금증을 자아내는 복면이 나타났다. 그리고 대중문화의 업스트림(upstream)이라고 할 수 있는 순수문화(예술)를 가지고 경쟁한다. 팬텀싱어는 '국내 최초 크로스오버 보컬오디션'이라는 부제를 가지고 있다. 성악, 뮤지컬을 중심으로 케이팝과의 크로스오버 등이 경쟁종목이 되고 테너, 베이스, 바리톤 등 실력파 보컬리스트가 등장하여 순수문화예술을 대중에게 보다 가깝게 접근시키는 계기를 만들고 있다. 시즌1에서는 포르테 디 콰트로가 우승하였다.

세상에 나오지 못한 어둠 속의 숨은 실력자.
천상의 보이스를 숨기고 살아온 가면 속의 꽃미남들.
우리는 그들은 '팬텀'이라 부른다.
팬텀들이 세상 밖으로 나와 지상 최후의 하모니를 만들어내는 순간,
그들은 '팬텀싱어'가 된다.

출처: JTBC 홈페이지

CHAPTER 02

관광

노는 배짱이의 죽음은 노동이데올로기의 주입이고
여가와 즐거움의 소멸이며
결국 온전한 삶을 파괴하는 것이다.

증기선의 연료를 넣기 위해
바이올린을 태워야 하는 비극은
되풀이되어서는 안 된다.

한경애 (2007).

오감(五感) 통하니 남이섬이 달라 보여요

"남이섬은 불편한 곳이어야 합니다. 여기에는 안락한 소파 대신 자연 그대로의 나무로 만든 벤치가 있었으면 좋겠습니다. 차 대신 사람들만 다닐 수 있게 울퉁불퉁한 길도 그냥 내버려두는 게 어떨까요." 드라마 "겨울연가"의 촬영장소로 유명한 강원도 춘천시 남산면 남이섬. 이곳 메타세콰이어 길 옆에는 탤런트 배용준과 최지우의 동상이 서 있고 한쪽 옆에는 그들이 다정하게 타던 자전거도 매달려 있다. 평일에도 일본, 중국, 대만 등 아시아 각지의 "겨울연가" 팬들은 물론 국내 관광객들이 몰려드는 이곳은 이제 단순한 유원지가 아니라 일종의 "감성상품"이다.

(중략) "오감축제"는 남이섬이 세계 유명 관광지로 거듭날 수 있는 방안을 오감에 입각해 풀어낸 행사다. 이날 정준명 삼성인력개발원 사장, 김재영 코리아픽처스 대표, 송홍섭 인터콘티넨탈호텔 상무 등 10명의 EEP 8기 과정생은 한양대 관광학부 대학원 학생들과 함께 "청각 · 시각 · 미각 · 후각 · 촉각" 다섯 개의 팀을 꾸려 남이섬에 필요한 것들을 면밀하게 조사했다.

먼저 남이섬이 먹을거리 상품에 주력해야 한다는 미각팀 의견이 눈에 띄었다. 미각팀에 참가한 김영관 대교베텔스만 대표(49)는 "남이섬을 방문한 외국인들이 한국의 토속적 음식을 맛볼 수 있도록 식도락 전략을 세워야 한다"고 말했다. 구체적인 방안으로 남이섬 김치움집을 활용해 실제로 김치를 재배하는 등 남이섬만의 자급 음식물을 가꾸자는 의견이 제시됐다. 촉각팀은 남이섬의 자극을 "자연성, 소박성, 불편성" 세 가지로 제시했다. 그들은 남이섬이 자연 그대로의 문화공간으로 남을 수 있도록 다소 불편하더라도 동력 교통수단의 사용을 줄이고 주변 도로 개발 등을 억제해야 한다고 제언했다. 소리도 빠질 수 없었다. 청각팀은 남이섬 전역에 클래식 음악 대신 물소리나 새소리를 녹음해 들려주는 작업이 필요하다고 말했다. 외부와 단절된 섬 특성상 이곳에서 발생하는 폐자재를 이용해 난타식의 공연을 펼치자는 의견도 나왔다. 남이섬만의 상징적 로고를 갖추자는 견해도 있었다. 남이섬 하면 떠오르는 친숙한 상징디자인을 갖자는 이야기다. 시각팀은 각종 남이섬 마스코트를 개발할 필요가 있으며 이때에도 남이섬 특유의 반달 모양을 강조할 필요가 있다고 말했다. 후각팀은 도시에서의 찌든 삶을 허브향으로 치유할 수 있도록 관련 상품을 개발할 수 있을 것이라고 조언했다.

오감축제를 이끈 손대현 한양대 EEP 원장(61)은 "현대인에게 감각 퇴화는 심각한 문제"라며 "감성으로 가득 찬 남이섬을 인간의 순수한 오감으로 분석해 그 장단점을 파악하는 일은 문화산업 발전을 위한 새로운 시도"라고 말했다. 주식회사 남이섬을 운영하고 있는 강우현 사장(52)은 이날 EEP 의견에 귀를 기울이며 "앞으로 문화 체험을 시도하는 단체들의 내방을 더욱 지원하겠다"고 밝혔다. 그는 "60년대 낡은 유원지에 불과했던 남이섬을 오늘과 같이 바꿀 수 있었던 이유는 문화예술인들이 이곳에서 마음껏 나래를 펼쳤기 때문"이라고 말했다.

출처: 매일경제 (2005.5.1).

이 장의 소개

2장은 엔터테인먼트산업과 환상의 결합을 맺는 파트너(marriage in heaven)로서의 관광을 소개한다. 관광은 엔터테인먼트와 같이 관광객에게 비일상적인 체험을 제공할 뿐만 아니라 글로벌하게 쌍방향으로 돈과 정보의 흐름, 상품의 흐름과 함께 사람의 흐름을 만들어 내는 주된 동인(動因)이다.

1절 관광이란 주나라 《역경(易經)》에 나오는 '관국지광 이용빈우왕(觀國之光 利用賓于王)'에서 유래된 말로 왕의 귀빈으로 초청받아 방문하였을 때 그 나라의 빛(光)을 보는 것이라는 의미인데 여기에서 빛이란 그 나라의 문화, 풍속, 관습, 문물 등을 뜻한다. 영어로는 투어리즘(tourism)이라고 하는데 중심축을 중심으로 주변을 돈다는 의미가 있다. 관광은 방문지의 문화를 배운다는 측면에서 문화현상이며 관광객들의 지출로 방문지의 경제적 가치를 가져다준다는 측면에서 경제적 현상이기도 하다. 관광은 공간의 이동이자 시간의 이동이다.

2절 관광은 사(私)적인 행동이지만 산업적으로도 매우 범위가 넓어 흔히 코끼리에 비유된다. 관광의 3요소는 관광주체로서 관광객, 관광객체로서 관광지, 그리고 양자를 이어주는 관광매체로서 관광객이 있다.

3절 탈근대적 양상에서는 관광객의 변화를 살펴본다. 최근의 관광은 장소이탈성, 엔터테인먼트적인 즐거움 추구 등이 뚜렷하다. 관광기업은 이윤의 추구뿐만 아니라 사회적 책임을 지고 공유가치를 창조하며 엔터테인먼트를 기업경영에 적극 도입하고 있다. 관광지와 관광상품은 산업 간 융복합적 추세가 두드러지는데 엔터테인먼트 관광, 마이스 관광 등이 있다.

열쇠말

관광, 관광객, 관광객체, 관광기업, 관광매체, 관광주체, 관광지, 공유가치 창조, 탈근대, 투어리즘, 장소이탈성

학습목표

1. 관광의 어원을 통해서 관광이 무엇인지 정의내릴 수 있다.
2. 관광의 3체(體)는 무엇인지 말할 수 있다.
3. 근대관광객과 탈근대관광객의 차이를 구별할 수 있다.
4. 관광기업이 엔터테인먼트와 연결되는 사례를 말할 수 있다.
5. 관광대상이 엔터테언먼트와 연결되는 사례를 말할 수 있다.

1. 관광이란 무엇인가

1) 관광의 개념

(1) 동양의 관광

동양에서 관광이라는 말의 근원은 다음과 같다. 중국 주나라 경전인 〈역경(易經)〉을 보면 '관국지광 이용빈우왕(觀國之光 利用賓于王)'이란 문구가 있다. 왕의 귀빈으로 초청받아 방문하였을 때 왕의 초청에 대한 손님다움을 표하기 위해서는 그 나라의 빛(光)을 보는 것이 이롭다는 의미이다. 여기에서 빛은 그 나라의 풍속, 관습, 문물제도 등을 뜻하며 관광이란 이와 같은 빛을 보는 것이다.

- 정신의 눈으로 볼 수 있는 빛
- 문화와 문물의 아름다움
- 사람(선조의 유산과 현재의 모습)
- 참자신을 보는 거울, 자아 찾기

(2) 서양의 관광

관광에 해당하는 영어는 투어리즘(tourism)이다. 이 말은 라틴어 토르나레(tornare)에서 유래되었는데 중앙 또는 축을 중심으로 이동한다는 의미였다. 여기에서 영어 'turn(돌아다닌다, 순회한다)', 'tour(여행)'라는 용어가 파생되었으며, tourism은 'tour(투어)'에 접미어로 ~한 행위 및 상태를 뜻하는 'ism(이즘)'이 붙어 여행을 하는 행위 또는 상태를 의미하게 되었다. tourism은 1811년 영국의 스포팅매거진(Sporting magazine)에 처음 소개되었다고 한다.

2) 관광을 보는 관점

(1) 문화적 관점에서의 관광

관광은 방문지의 일상의 삶, 즉 문화를 보는 것이다. 최상의 관광국은 모든 삶을 보여준다. 이러한 점에서 볼 때 관광산업은 문화교류사업이다. 대한항공은 최근 게스트하우스 여행을 콘셉트로 광고를 선보이고 있는데 실제로 7개 지역의 게스트하우스 입주자를 모집하고 파리지엔의 현지 생활을 직접 만끽할 수 있는 기회를 제공하고 있다.

(2) 경제적 관점에서의 관광

오길비(Ogilvie)는 관광은 타지에서 얻은 수입을 일시적으로 체재지에서 소비하는 것으로 정의하였다(1993). 관광산업은 굴뚝 없는 공장에 비유하기도 하는데 제조업 수출과 같이 직접 생산품을 만들고 이를 해외에 수출하고 대금결제를 받는 등의 힘든 과정을 거치지 않고도 직접 돈을 들고 입국해서 구경을 한 후에 소비지출을 하는 활동을 통해 비교적 쉽게 외화를 벌 수 있기 때문이다.

이러한 점에서 볼 때 관광객이 많아지면 방문지에서는 관광객이 지출하는 소비가 수입이 될 수 있고 지역민에게 일자리를 제공해 주는 등의 경제적 효과가 창출된다.

(3) 정치적 관점에서의 관광

특정 국가를 관광 및 사업 등의 목적으로 방문하지 못하는 경우도 있다. 그 이유 중 하나로 해당 지역이 전쟁 중인 경우 자국민의 안전에 심각한 위협이 되기 때문에 국가에서 금지한다. 또한 국가 간에 수교가 되어 있지 않으면 방문이 어렵다. 이와 같이 관광행동이 이루어지려면 국가 간 혹은 국가 내에 평화가 전제되어야 한다. 여행 시 필요한 비자(VISA)는 외국인에게 입국을 허가하는 증명서로서 입국사증이라고 하는데 특정국 출신의 방문자가 국가안보에 위협이 된다고 판단되면 입국을 제한할 수도 있다. 또한 정치적으로 대립되어 있는 국가 간에 관광 등을 포함하는 민간교류를 통해서 서로 대화를 이끌어내는 것 역시 정치적 관점에서의 관광이라고 할 수 있다.

3) 관광의 의의

관광은 본인이 거주하는 장소에서 일상적인 시간을 보내다가 어떠한 계기로 다른 사람이 거주하는 장소, 관광객 입장에서 보면 관광지로 이동을 하여 비일상적인 시간을 보내는 것이다. 관광객은 자신이 사는 장소를 벗어나기 위해서, 일상생활의 권태로움과 같은 추진(push)요소로 인해, 또는 관광지가 본인에게 새로운 학습의 기회를 제공한다고 생각하는 등의 유인(pull)요소로 인해 관광을 선택한다. 방문지에서 관광객은 본인이 거주하던 곳과 같은 시대를 방문하거나 과거 혹은 미래의 시대를 체험할 수 있는 시간적 이동을 하게 된다.

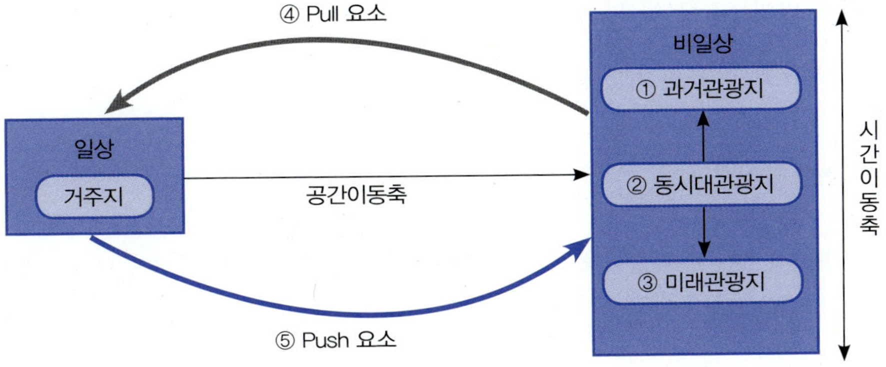

〈예시〉
① 아프리카 오지탐험 등 과거의 인류의 역사 흔적을 가진 곳 탐방
② 비슷하게 도시화된 곳을 방문
③ 미래의 도시를 구현해 놓은 테마파크 방문
④ 잠재관광객들이 매력을 느낄 수 있도록 방문지 홍보
⑤ 잠재관광객이 일상에 지쳐 휴식을 원하여 관광을 선택

| 그림 2-1 | 관광의 개념

2. 관광의 구성요소

1) 관광의 범위는 넓다

(1) 코끼리와 장님 우화

우화 〈코끼리와 장님〉을 통해서 관광의 범위를 비유해 볼 수 있다.

어느 나라의 왕이 여섯 명의 장님을 불러놓고 “코끼리를 아는가?”라고 물었다. 장님들은 각자 대답하기를 코를 만진 자는 굽은 멍에 같다고 하고 어금니를 만진 자는 절굿공이, 귀를 만진 자는 솥, 등은 언덕, 배는 벽, 넓적다리는 나무, 장딴지는 기둥, 발자국은 절구라고 각각 다르게 말하였다.

관광의 범위는 너무나 넓어서 이 우화와 마찬가지로 어디까지 정의를 내릴지 의견이 분분하다.

(2) 관광의 3요소

관광의 3요소는 주체, 객체 그리고 이 두 가지를 이어주는 매체 등의 세 가지로 표현할 수 있다. 주체는 관광객(tourist), 중간매체(intermediaries)는 관광기업, 객체는 관광지(destination/resource)로 각각 연결할 수 있다.

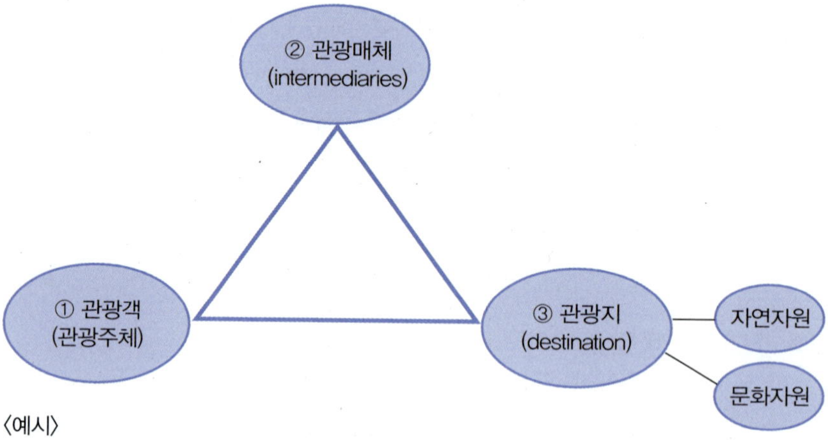

〈예시〉
토마스 쿡은 여행사의 아버지로 불리는데 1841년에 1천 5백여 명을 모집하여 9량의 열차를 전세내고 왕복 30마일의 금주캠페인 집회에 참여하였다.
① 금주캠페인 집회를 위해 모집된 사람들
② 토마스 쿡
③ 금주캠페인 집회가 열린 곳

| 그림 2-2 | 관광의 3요소

2) 관광객

(1) 관광객의 의의

관광객(tourist)은 관광을 하는 사람을 말하며 관광자라고도 하는데 특히 객(客)이라는 말이 연결되어 커스터머(customer), 즉 돈을 내고 상품과 서비스를 소비하는 사람이자 관광사업의 대상이 된다.

(2) 관광객의 존재 의의

관광객은 관광대상을 소비하는 주체이며, 관광기업 입장에서 이윤을 가져다주는 존재이기도 하다.

관광객이 관광을 한다는 것은 여러 이유가 있겠지만 기본적으로 시간, 돈, 체력이 전제되어야만 가능하다. 관광행동을 함수(function)로 표현하면 다음과 같다.

$$B = f(t, m, e)$$

여기에서, B: 관광행동, t: 시간, m: 돈, e: 에너지

(3) 관광객의 종류

관광객의 종류는 다음과 같다.

- 위락(pleasure) 관광객: 순수하게 즐거움만을 목적으로 관광하는 사람
- 상용(business) 관광객: 비즈니스 출장 등 공무를 목적으로 관광하는 사람
- 친구 및 친지방문(visiting friends or relatives: VFR) 관광객

관광객은 자신이 살고 있는 거주지가 가져다주지 못하는 신기함과 추억을 관광지에서 찾기 위해서 혹은 관광을 통해서 긴장감을 해소하고 해방감을 느끼기 위해서 관광지를 찾는다. 관광객은 관광지에 체재를 하거나 주유(周遊: 돌아다님)를 하고 관광지에서 대상물을 감상하거나 혹은 직접 참여행동을 한다. 관광객의 유형은 여행 우위형(여행을 하느냐 못하느냐), 여행지 우위형(어디를 여행하느냐), 여행지 행동 우위형(여행지에서 무엇을 하느냐) 등으로 나눌 수 있다.

3) 관광매체

(1) 관광매체의 개념

관광매체는 관광주체와 관광객체를 연결해 주는 역할을 하는 것으로 대표적으로 관광기업을 들 수 있다. 관광기업은 관광객의 욕구충족을 위해서 서비스와 편의를 제공하고 이에 따라 이윤을 추구하는 사업체의 총칭이다. 관광기업은 여행의 단계에 따라 다음과 같이 나눌 수 있다.

- 관광의 준비단계: 여행사 등
- 이동단계: 항공사 및 크루즈 등
- 관광지에서의 체재단계: 호텔, 레스토랑, 리조트, 테마파크 등

(2) 관광매체의 원류

산업혁명으로 철도의 발달에 힘입어 토마스 쿡 목사는 최초의 패키지 투어를 창시하였다. 토마스 쿡은 30마일 떨어진 곳에서 열리는 금주운동에 참가하고자 하는 사람들을 모아 단체여행을 주최하였는데 이것이 오늘날 여행사의 전신이 되었다. 여행자수표 발행, 여행경비 후불제, 여행전문잡지 등이 이때 고안되었다.

(3) 관광매체의 역할

관광종사자는 관광기업에 종사하는 사람으로서 기업을 대표하는 입장에서 고객에게 물리적 상품을 동반하여 서비스를 제공한다. 관광산업에 종사하는 사람은 다음과 같은 역할을 하여야 한다.

- 투어 네비게이터(tour navigator): 관광의 방향과 지침을 알려주는 항해사
- 투어 테라피스트(tour therapist): 관광을 통하여 사람들의 마음과 정신, 육체를 치료해 주는 사람

- 문화적 브로커(cultural broker): 관광의 목적이 새로운 문화를 체험하는 데 있으므로 다른 문화를 연결시켜 주고 문화적 충격을 최소화하는 중간자

4) 관광지

(1) 관광지의 개념

관광지는 관광객의 관광목적이 되고 관광행동이 이루어지는 곳이다. 관광지에서의 체험은 총체적(overall tourist experience and memory)으로 이루어지는데 그로 인해 관광지는 의미로 가득 찬 창고(store-house of meaning)에 비유되기도 한다. 기든스(Giddens)는 사회적 행위를 시간과 공간에 의해 정의된 상황적 상호작용(situated interaction)이라고 하였는데, 관광객은 방문자로서 물리적 이동을 통해 현지주민(host)을 만나고 시간적 이동을 통해 관광유산(heritage)을 매개로 문화적 의미를 소비한다는 측면에서 전형적인 사회적 상호작용 행동이다.

(2) 관광객과의 관계

관광지는 브랜드화하는데 관광객의 마음에 상징으로 자리잡는 것이다. 관광객이 추구하는 브랜드는 관광객 자신의 상징적 표현(symbolic self-expression)이며, 자기를 발견하는 과정이다. 거주지에서 찾을 수 없었던 자신의 본 모습을 관광을 통해서 재발견한다.

3. 관광의 변화

1) 관광객의 변화

(1) 관광객의 고유성 추구

고유성(authenticity)은 관광객이 관광매력을 경험하면서 진짜라는 느낌을 갖도록 하는 것이다. 고유성을 추구하는 이유는 교육수준 증대, 여러 지역을 방문할 기회의 증가, 삶의 질을 높이려는 의도, 문화에 대한 관심 등이다.

근대적 관광객이 보여주던 특징들이 탈근대(혹은 포스트모던)적으로 변화하고 있다. 맥카넬(McCarnell)은 관광객은 관광지의 실제 모습, 즉 고유성을 보고 싶어 하지만 현실적으로는 그렇지 않다고 하였다. 즉 관광객은 무대화된(staged) 전면부를 볼 뿐이지 후면부를 들여다보기는 어렵다.

(2) 장소성

장소성(placeness)은 특정 공간에 의미가 부여된 상태이다. 부산에서 태어난 사람에게 부산이라는 공간은 본인이 태어나고 유년기를 보낸 기억들이 집적되어 있는 장소이지만, 부산을 한 번도 방문해 보지 못한 사람들에게 부산은 특별한 의미가 없는 공간일 뿐이다. 탈근대적 관광객은 장소에 집착하지 않는 장소 이탈성을 보여주는데 이는 체험 지향성과 밀접한 관련이 있다. 관광지에서 패러글라이딩을 하는 것이 목적인 사람은 그곳이 어디인지는 중요하지 않다. 그저 활동에 적합한 최적의 체험을 할 수 있는 곳이라면 어디든 기꺼이 받아들일 것이다.

(3) 엔터테인먼트적 성향

탈근대관광객이 보여주는 일시적 즐거움과 엔터테인먼트적 성향은 근대적 관광객이 추구했던 진지함과는 거리가 멀다. 이는 사회 전반의 엔터테인먼트화와 밀접한 관련이 있다. 예를 들어 한국을 방문한 관광객들을 대상으로 문화예술을 소개하는 문화해설사는 역사적 사실을 오류 없이 전달해야 하지만 효과적인 스토리텔링을 위해서 때로는 쇼맨십도 발휘해야 하고 한류 드라마의 픽션도 섞을 필요가 있다. 더욱 중요한 것은 관광객들이 그것을 원하고 있다는 것이다.

| 표 2-1 | 관광객의 변화

구분	근대관광객	탈근대관광객
고유성 추구	관광 대상의 고유성	관광 체험의 고유성
주류관광	제도화된 관광객(대량관광객)	비제도화된 관광객(소규모 개별관광객)
장소성	장소지향성(placement)	장소이탈성(de-placement)
관광상품	표준화, 획일화	융통성, 맞춤형, 개별화
관광경험	신성한 여정, 신기성, 일탈성	일시적 즐거움, 게임, 오락 등 엔터테인먼트

출처: 김희영, 김사헌 (2006).

2) 관광기업의 변화

(1) 관광시장의 기회와 위기

세계적으로 관광시장은 증대되고 있다. 2016년 11월 세계관광기구(UNWTO)의 발표에 의하면 2016년 9월까지 전 세계 국제관광객 수는 전년대비 4% 증가하였고 특히 아시아태평양지역은 9% 성장, 한국은 36% 성장을 기록하였다. 한국은 외래관광객 1,700만명 입국에 19조 4천억원의 관광수입, 34조 5천억원의 생산유발효과 및 37만 4천명의 취업이 유발될 것으로 전망한다.

그럼에도 불구하고 불확실한 국내외 외부환경에 기인하는 수요 감소와 함께 관광기업 간의 경쟁은 점차 치열해지고 있으며 또 한편으로는 높아지는 고객의 눈높이에 따라 새로운 시장 창출에 대한 압박을 받고 있다. 이를 위해서 창조성(creativity)과 경영을 결합시키는 것이 여느 때보다 강조되고 있다.

(2) 관광기업의 공유가치 창출

기업의 원래 목적인 경제적 가치를 창출하기 위해 다음과 같이 세 가지 부문을 만족시켜야 한다.

- 고객: 관광상품과 서비스를 구매하는 집단으로 보다 나은 상품과 서비스를 제공한다.
- 주주(株主): 관광기업의 미래를 보고 투자한 집단이자 주인으로서 투자 이익을 발생시킬 수 있도록 기업의 주식가치를 높여야 한다.
- 조직구성원: 관광기업의 경영활동을 가능케 하는 집단으로서 매출과 수익을 올리고 자산의 관리를 책임진다. 따라서 급여 및 다양한 보수를 통해서 조직구성원 개개인의 물질적 · 정신적 성장을 지원한다.

기업은 경제적 가치 창출뿐만 아니라 사회를 구성하는 일원으로서 책임을 자각하고 이를 실천해나가야 한다. 기업은 평판관리(reputation management)를 통해 사회적 책임(corporate social responsibility: CSR)을 완수해야 할 의무가 있다. 그러나 기업 본연의 업무는 경제적 가치 창출이기에 사회적 가치 창출과 조화를 이루어야 한다는 당위성이 최근 마이클 포터와 마크 크레이머에 의해 제시되었다. 이를 공유가치 창출(creating shared value: CSV)라고 하며, 기업의 이윤 극대화를 위한 전략 내에서 사회적 가치를 통합한다는 점이 주요 아이디어이다.

(3) 관광기업 경영의 엔터테먼트화

기업 경영 전반에 엔터테인먼트적 요소(e-factor)를 접목시키는 것이다.

- 엔터테인먼트 마케팅: 마케팅에 엔터테인먼트적인 요소를 도입한다.
- 엔터테인먼트 상품 및 서비스: 상품과 서비스 과정에서 엔터테인먼트를 도입한다.
- 엔터테인먼트 조직활성화: 조직을 관리하고 직원들을 동기부여시키는 데 엔터테인먼트적 요소를 보강한다.

1971년 창설하여 25년 연속 흑자경영을 일구어낸 사우스웨스트항공사의 성공비결에는 파격적인 경영스타일이 한몫을 한다. 해당 항공사는 동종업계의 스티븐스 항공사와 광고문구를 두고 법정 소송에 휘말리기 직전이었다. 사우스웨스트항공의 허브 캘러허(Herb Kelleher) 회장은 상대편 항공사의 회장에게 지루한 법정싸움 대신 미국 전역에 생중계되는 팔씨름을 통해 승부를 내자고 제안하였다. 결국 두 항공사는 엔터테이닝한 두 회장의 쇼맨십에 의해 광고문구 다툼과 관계없는 마케팅 효과를 거두었으며 내부적으로도 직원들에게 회장의 리더십을 보여주며 이를 동기부여로 이끌었다고 한다.

3) 관광지, 관광상품 및 관광체험 등의 변화

(1) 다양한 관광 변화

관광은 산업화를 넘어 탈산업화되고 네트워크 사회로 진입함에 따라 다양한 형태로의 변모를 보여주고 있다.

| 표 2-2 | 관광의 변화

구분	시기	여건	관광특징
1단계 대중관광	산업화 사회	안정된 정치환경 제트여행기 출현	패키지 투어상품 대규모 리조트 및 테마파크 조성
2단계 문화관광	탈산업화 사회	문화유산의 보존 문화유산의 세계화	유형적 문화유산 문화, 유산시설 방문과 감상
3단계 창조관광	네트워크 사회	창조산업의 성장 직접참여와 학습에 대한 수요	무형적 문화유산 창조적 참여활동과 네트워크

출처: 김형곤(2013).

(2) 새로운 형태의 관광

융합에 의해 새롭게 창조된 관광은 [그림 2-3]과 같다(한국문화관광연구원, 2016).

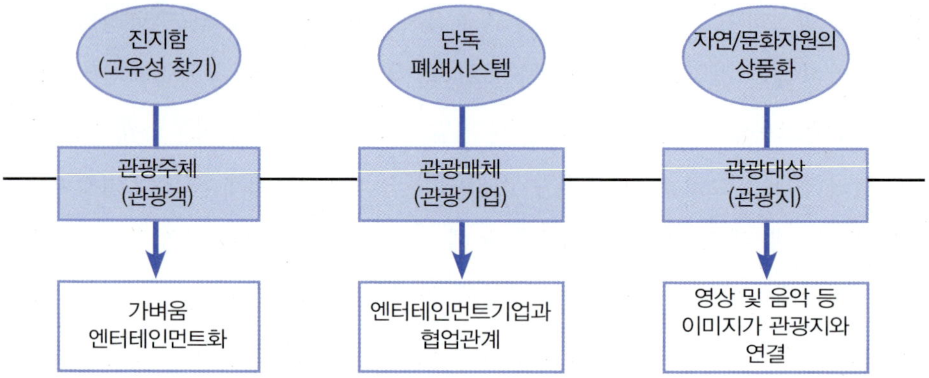

〈예시〉
영화 〈걷기왕〉 제작과 출시에 즈음하여 모두투어가 합작하여 페이스북 등을 활용하여 안동 하회마을길 등을 홍보

| 그림 2-3 | 관광주체, 매체 그리고 객체의 변화

생각해 볼 문제

01 대량관광은 정치, 경제, 사회문화적인 관점 중에서 어느 점이 강하게 강조되는가?

02 관광의 범위가 넓다는 것은 관광산업에 도움이 되는가?

03 탈근대 관광객의 장소이탈성은 엔터테인먼트와 어떤 관련이 있는가?

04 관광기업의 변화 중 공유가치의 창조는 관광기업에게 기회일까 위기일까?

05 새롭게 부각되는 창조관광의 예를 들어보자.

타이타닉 (1997)

제임스 카메론 감독
레오나르도 디카프리오, 케이트 윈슬렛 주연

영화 〈타이타닉〉은 2억달러의 제작비로 최근 재개봉을 포함하여 약 22억원의 흥행수익을 올리는 등 상업적으로도 성공하였지만 작품성에 있어서도 높은 평가를 받았다.
1970년대 ABC방송국의 TV드라마 〈사랑의 유람선〉이 흥행을 하면서 크루즈 관광 수요 창출에 기폭제가 되었듯이 해당 영화 역시 잊혀졌던 크루즈 관광에 다시금 불을 당겼다. 탑승객은 "가장 로맨틱한 관광"이라는 크루즈를 탑승하여 영화 속의 주인공이 되고자 하였다.

1912년 북대서양의 차가운 바닷물 속에서 당시 꿈의 배라고 불렸던 타이타닉호가 탐사대들에 의해 발견되면서 오랫동안 감춰져 있던 비극적인 스토리가 세상에 알려진다.

17세기 엄격한 사회 질서에 숨막혀 하는 미국 상류층 로즈(케이트 윈슬렛)는 사교계의 굴레에서 벗어나지 못하는 어머니와 권위적인 재벌 귀족 약혼자와 함께 미국으로 향하는 타이타닉호 1등실에 승선한다. 배가 출발하기 전 부두의 선술집에서 도박으로 운 좋게 타이타닉호의 3등실 티켓을 얻은 가난한 화가 잭(레오나르도 디카프리오) 역시 아슬아슬하게 배에 승선한다.

첫 눈에 1등실의 로즈에게 반한 잭은 갑판에서 우연히 바다로 몸을 던지려 하는 로즈를 발견하고 재치 있는 언변과 행동으로 그녀의 생명을 구한다. 이 사건을 계기로 1등실의 저녁식사에 초대받게 되고 서로에게 끌리는 자신들을 발견한다. 이후 그들의 금지된 사랑은 아무도 상상하지 못했던 타이타닉호의 침몰조차 갈라놓을 수 없었던 세기의 로맨스가 된다.

출처: 네이버 영화

CHAPTER 03

재미

나에게 말해봐 나는 곧 잊어버리지
나에게 보여 봐 나는 기억하지
나를 참여시켜봐 나는 잘 이해하지

작가 미상

"베트남전서 총알 막아준 지포 라이터" 판촉

스토리는 소비자 마음을 끌기 위해 기업이 광고나 마케팅에 자주 활용하는 소재다. 생활용품업체 도브(Dove)는 2004년부터 '진실한 아름다움(real beauty)'이라는 이야기 마케팅 캠페인을 가동하고 있다. 전 세계의 평범한 여성들이 출연해 자신의 외모에 대해 이야기하는 시리즈다.

최근 에피소드엔 빨간 머리에 주근깨투성이 여성이 등장한다. "어느 날 버스를 탔는데, 한 아주머니가 걱정스러운 얼굴로 다가와 이러는 거예요. '얼굴에 레몬을 발라 봐요. 주근깨가 좀 옅어질지도 몰라.' 그래서 저는 대답했죠. '괜찮아요. 저는 제 주근깨가 너무 마음에 드는 걸요'라고."

도브는 코가 튀어나온 여성, 주름이 가득한 70대 할머니 등 다양한 외모의 여성들을 등장시켜 자신의 몸에 대한 사연을 말하게 한다. 이 캠페인으로 도브는 전 세계 여성들 사이에서 '자연 미인' 열풍을 일으켰을 뿐 아니라 엄청난 홍보효과를 얻었다.

미래학자 롤프 옌센(Rolf Jensen)은 "이제 기업은 상품이 아닌 이야기를 판다"고 말했다. 나이키가 운동화보다 마이클 조던의 도전정신을 강조하고, 할리 데이비슨이 오토바이보다 '자유'를, 애플이 컴퓨터보다는 '세련됨'을 파는 것과 마찬가지다.

같은 이유로 명품 브랜드 페라가모는 영화 '7년 만의 외출'에서 메릴린 먼로가 지하철 통풍구에서 스커트 자락을 휘날리는 명장면을 찍기 위해 페라가모 신발을 고집했다는 이야기를 반복한다. 지포(Zippo) 라이터는 베트남전쟁에서 총알을 막아 준 이야기를 끊임없이 광고에 우려먹고 있다.

스타벅스는 다양한 종류의 커피콩이 어떤 지역에서 어떤 사람들에 의해 재배되고, 어떤 경로를 거쳐 지금 커피로 만들어지는지를 매장에 귀여운 캐리커처를 이용해 설명해 놓는 방식으로 소비자들을 '커피문화'로 끌어들인다.

LG경제연구원 박정현 연구원은 "스토리텔링 마케팅은 이야기를 좋아하는 인간 본성에 바탕을 두고 있다"며 "이제 기업들도 상품 판매자가 아니라 훌륭한 '이야기꾼'이 돼야 한다"고 말했다.

출처: 조선일보 (2008.1.10).

이 장의 소개

엔터테인먼트와 관광의 공통점은 재미 비즈니스이다. 어떻게 하면 대상에 대하여 재미를 느끼게 할 것인가에 대하여 인류는 고민을 해왔으며 그 해답은 이야기에 있다. 즉 이야기를 어떻게(재미와 감동을 주는) 하느냐가 스토리텔링이다. 최근에는 이야기의 소비에서 대상과 소비주제가 혼연일치가 되는 체험(experience)이 각광을 받고 있다.

1절 체험은 재미를 가장 극적으로 느끼게 할 수 있는 상태를 말한다. 재미를 느끼는 대상과 주체 간의 밀접한 관계 혹은 더 나가서 일체화가 되기 때문이다. 슈미트와 파인 앤 길모어는 새로운 경제체제로서 체험경제(experience economy)를 제시하였다. 미디어의 발달과 함께 라이브상에서의 체험은 미디어 의존적인 간접체험으로 회귀하기도 했다.

2절 스토리텔링은 이야기를 통해 재미를 가장 확실하게 만드는 방법을 제시한다. 이야기는 유사 이래로 인류에게 가장 재미있는 대상이었다. 롤프 옌센은 다가오는 세기를 꿈의 사회(dream society)로 지칭하면서 이야기가 큰 역할을 할 것이라고 하였다. 스토리텔링은 문학과 엔터테인먼트를 만드는 사람들의 전유물이 아니라 기업의 가치를 창출하는 수단이 되고 있다.

3절 재미는 대상과 주체 간의 완벽한 조화가 이루어져야 비로소 가능하다. 포러더러는 특히 미디어 엔터테인먼트가 재미가 있으려면 미디어의 선행조건, 이용자의 선행조건 그리고 이용자를 움직이는 동기가 있어야 한다고 하였다. 칙센트미하이의 몰입연구는 재미에 관한 중요한 단서를 제공하고 있는데 (대상인) 과제의 난이도와 (주체인) 실력의 조화가 몰입을 가져온다고 하였다. 몰입은 재미를 최적으로 느낄 수 있는 상태이며 재미와 동의어로 쓰이고 있다.

열쇠말

감동, 드림소사이어티, 몰입, 스토리텔링, 재미, 체험

학 습 목 표

1. 슈미트의 체험이론을 설명할 수 있다.
2. 파인 앤 길모어의 체험이론을 설명할 수 있다.
3. 스토리텔링이 왜 필요한지에 대해 말할 수 있다.
4. 재미를 정의내릴 수 있다.
5. 칙센트미하이의 몰입조건을 말할 수 있다.

1. 체험

1) 체험의 개념과 의의

(1) 체험의 개념

체험(experience)은 주체와 객체(나)가 하나가 되어 가는 과정이다. 스스로 객체를 만들어 내며 수동성을 탈피하여 결국은 귀결대상에 대한 개인적 의미를 창조한다. 혼연일체, 주객일체, 물아일체 등으로 보면 된다. 따라서 대상을 일정한 거리를 두고 보는 것과 비교하여 직접 만져보는 등 다섯 가지 감각을 동원하기 때문에 완전한 파악이 가능하다. 또한 접촉이 있기에 대상뿐만 아니라 그 체험이 일어난 시간과 장소는 이후에도 오래 기억이 남는다. 기업의 입장에서 판매한 상품이나 지자체의 입장에서 방문한 관광지는 이후에도 재구매되고 재방문되기를 원하므로 체험적 요소를 도입하는 것은 매우 중요하다.

유명 커피브랜드인 스타벅스의 체험을 보면 가정이나 직장에서 느끼지 못하는 체험을 얻을 수 있다. 예를 들면 좋은 서비스와 멋진 바리스타의 기술, 제일 좋은 원두를 사용하여 원조(origin)에 대한 충성심, 예술적 감각이 깃들어 있는 배경과 음악들, 즉 제3의 공간이자 편안함을 자아내는 놀이공간이다. 최근에는 스타벅스 리저브라는 프리미엄 브랜드를 론칭하여 한 번 더 업그레이드된 체험을 제공하고 있다.

(2) 체험의 의의

인류의 역사를 살펴보면 체험경제(experience economy)가 도래되었다고 볼 수 있다. 체험경제는 이전의 산업경제나 서비스경제와는 다르게 감동적 기억이 매우 중요하다.

| 표 3-1 | 경제 패러다임의 변화

구분	농업	산업	서비스	체험
제공물 특징	대체가능	유형	무형	감동적 기억
제공방법	추출(extract)	제조(make)	전달(delivery)	연출(performance)
제공물 특성	자연물	규격품	주문품	인간다운 삶을 지향하는 개인화
제공자	거래 없음	제조업자	공급업자	연출자
구매자	시장	사용자	의뢰인	개인/관객
수요의 원천	성질	기능	편익	감동

출처: PWC (2013).

엔터테인먼트 역시 체험지향적인 엔터테인먼트 트렌드(experience-oriented entertainment: EEC), 고객과의 공존 속에서 버추얼리얼리티 등으로 변모하고 있다. 예를 들어 영화는 디지털 시대를 맞이하여 더욱 선명한 해상도를 선보이고 있으며 3D 혹은 4D효과를 통해 관객에게 통합적 체험을 제공하고 있다.

(3) 미디어를 통한 간접체험

미디어는 우리에게 간접적인 체험(mediated experience)을 할 수 있게 한다. 예를 들어 지구촌을 탐방하는 여행상품을 판매하는 TV 홈쇼핑을 시청하면 마치 그곳을 방문한 것과 같은 간접체험을 할 수 있다. 아울러 체험의 틀을 제공해 주는데 실제 방문을 했을 때 무엇을 해야 하는가를 안내해 주기도 한다. 또한 직업체험을 테마로 하는 키자니아는 어린 학생들에게 향후 직업의 세계를 안내해 줌으로써 보다 생생한 교육적 효과를 발생시킨다.

이와 같이 미디어를 통한 체험은 실제 체험을 촉진시키기도 하지만 역으로 체험을 하지 않는 마이너스 효과를 가져올 수도 있다. 1인 가족 및 저출산시대에 〈슈퍼맨이 돌아왔다〉, 〈아빠 어디가〉와 같은 육아예능프로그램은 아이들의 눈부신 활약으로 어느 때보다 인기를 얻고 있다. 아이들의 순수함에 대한 공감성이 어필된 결과이기도 하지만 이미 대리만족이 일어났으므로 굳이 아이를 가져야 하겠냐는 생각이 들 수도 있다.

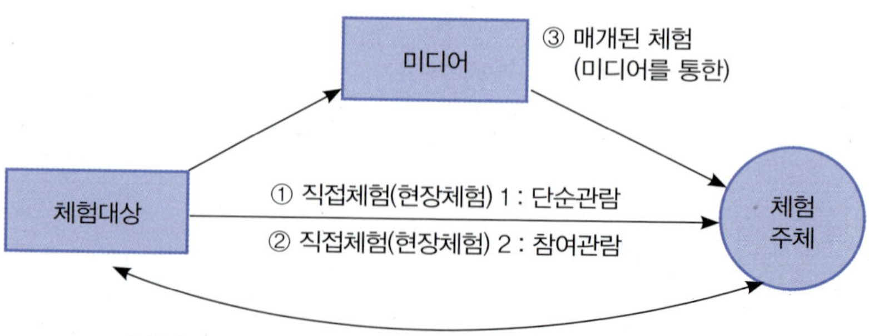

〈예시〉
① 관객이 tvN 〈코미디빅리그〉를 관람하는 체험
② 더 나가서 직접 참여를 하는 체험 예. 무대에 오르기
③ TV를 통해 녹화 혹은 생방송을 시청하는 체험

| 그림 3-1 | 체험과 미디어에 의해 매개된 체험

2) 체험이론

(1) 슈미트의 체험이론

슈미트(Schmitt, 2002)는 생생함과 생명이 있는 감각적 체험, 아름다움이 있는 감성적 체험, 배움이 있는 인지적 체험, 조작이 있는 행동적 체험, 유대가 있는 관계적 체험을 체험공급자(experience providers)라고 하여 Expros로 약칭하였다. 이를 통해 커뮤니케이션, 정체성, 제품, 공동브랜딩, 공간적 환경창조, 인터넷 및 사람들을 대상으로 총체적 체험을 구현한다.

(2) 파인과 길모어의의 체험이론

파인과 길모어(Pine & Gilmore, 2001)는 개인의 체험에는 네 가지 종류가 있으며, 개인의 참여 정도와 주위 환경과의 관계에 따라서 엔터테인먼트 체험, 교육 체험, 현실도피 체험, 미적 체험 등을 제시하였다. 특히 엔터테인먼트 체험은 재미를 주는 등 볼거리와 관련 있는데 TV 및 드라마 시청 등을 의미한다.

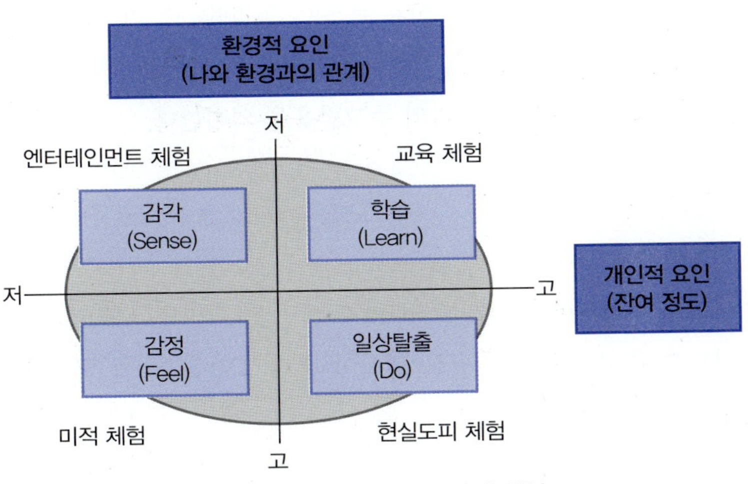

| 그림 3-2 | 체험의 네 가지 영역

- 교육 체험: 정보를 제공하고 지식을 향상시켜 주는 학습활동
- 엔터테인먼트 체험: 즐거운 기분전환 상태를 만들어 내기 위한 자극
- 미적 체험: 물리적 환경이 제공하는 아름다움의 요소로 감정 변화
- 현실도피 체험: 현실적 도피를 느낄 정도의 몰입

2. 스토리텔링

1) 스토리텔링의 개념과 의의

(1) 개념

스토리텔링(storytelling)은 '이야기하다'라는 뜻을 가지고 있으며 상대방에게 알리고자 하는 바를 생생한 이야기로 설득력 있게 전달하는 행위이다. 스토리텔링이라는 단어를 나누어 보면 이야기(story), 텔(tell), 잉(ing)으로 구분할 수 있다. 이야기는 재료, 전달하고자 하는 대상, 텔은 재미와 감동을 주는 방법을 통해 말하는 것, 잉은 말하는 사람과 듣는 사람과의 주고받음을 의미한다.

(2) 의의

미래학자 롤프 옌센(Rolf Jensen)은 21세기는 '드림 소사이어티(dream society)'로 고객에게 재미를 주고 감동시킬 꿈을 팔아야 한다고 하였다. 즉 꿈이란 상품과 서비스를 포장하는 이야기이다.

> 드림 소사이어티의 새로운 시장은 감성과 꿈이 지배한다. 이 새로운 시장에서 승리하려거든 이야기를 존중하라. 이야기를 만들어라. 이야기를 잉태하지 못하는 아이디어는 존재할 가치가 없고 이야기를 품지 못하는 상품은 창고에 처박힌다. 이야기 없이는 그 어떤 부가가치를 낳지 못한다. 소비자들은 상품 그 자체를 사는 것이 아니라 상품에 얽힌 이야기를 산다. 그것을 충족시킬 수 없는 상품은 도태되고 만다. 그러니 기업과 시장을 주도하려거든 이야기꾼이 되라. 그것이 정보사회를 넘어 도래하는 드림 소사이어티를 살아가는 최선의 방법이다.
>
> **출처: 롤프 옌센 (2000).**

철학자 데카르트(Descartes)는 '나는 생각한다. 고로 존재한다.'라고 하며 인간의 본질을 이성(理性)에서 찾았다. 따라서 상품과 서비스를 고객에게 파는 기법인 마케팅 역시 정보 제공에 초점을 맞추었다. 그러나 인간의 탄생에서 현대에 이르기까지 이성을 강조하고 문자를 쓰고 정보혁명을 이룬 기간은 지극히 짧다. 오히려 그 이전의 수렵사회 혹은 부족사회는 생존을 위해 감각이 필수적이며 감성을 유발하는 전설과 이야기가 주를 이루는 시대였다. 사냥을 하다가도 짬이 나면 모두 모여서 대대로 이어내려온 이야기를 서로 들려주었고 이것을 통해서 일체감을 확인하였다. 루소(Rousseau)는 사람을 만드는 것은 이성이지만 사람을 바꾸는 것은 감성이라고 하였다.

(3) 엔터테인먼트를 창조하기 위한 스토리텔링의 역할

엔터테인먼트는 사람에게 재미와 감동을 주는 것이다. 따라서 스토리텔링은 다음과 같이 엔터테인먼트를 만들어야 한다.

첫째, 뻔한 이야기가 아니라 한 줄의 문구, 한 장의 사진, 하나의 에피소드 등 짧은 스토리, 긴 여운으로 압축과 단순함의 매력을 지녀야 한다.

둘째, 스토리의 진정성이 중요하다. 방목한 암탉이 낳은 달걀이 시장에서 50% 이상 비싼 가격으로 팔리는 이유는 그 안에 스토리가 있기 때문이다.

셋째, 훌륭한 스토리텔링을 창조하기 위해서는 깊고 넓은 인문학적 지식이 필요하다.

2) 스토리의 구성요소와 스토리텔링

(1) 스토리의 구성요소

스토리는 다음과 같이 네 가지 구성요소, 즉 메시지, 갈등, 등장인물 그리고 플롯으로 구성된다.

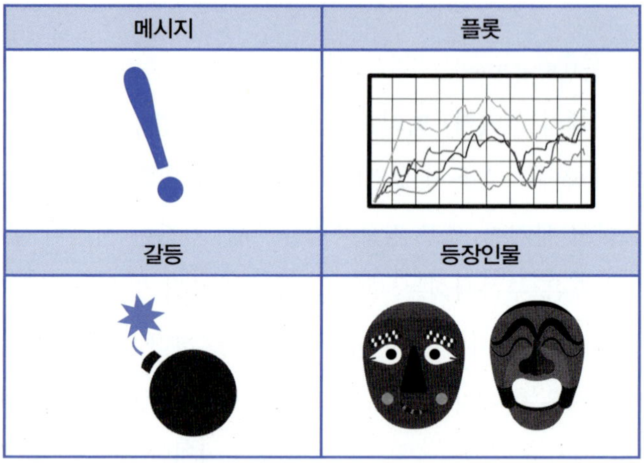

| 그림 3-3 | 스토리의 구성요소

출처: 포그, 부츠, 아카보루 (2007).

① 메시지(message)

주제, 이야기를 통해 전달하고자 하는 바를 간략하게 표현한 것이다. 2002년 월드컵 당시 히딩크(Hiddink) 감독은 한국 대표선수들에게 "나는 아직도 배가 고프다"라는 간결한 주제로 자신이 하고 싶은 이야기를 각인시켰고, 이를 통해 선수들에게 동기를 부여하여 훌륭한 성적으로 연결시켰다.

② 갈등(conflict)

등장인물 간에 서로 목적을 달성하기 위해 부딪치는 것, 주인공이 하고자 하는 일을 어렵게 만드는 것, 문제의 해결과정에서 벌어지는 사건들을 말한다. 조나산

캇셜에 의하면 이야기의 필수요소는 '말썽'이라고 한다. 즉 협박, 죽음, 불안, 절망, 살인, 학살 등 불쾌한 갈등들이 유발되고 주인공이 이것을 해결해 나가는 일련의 과정이 재미와 연관된다고 하였다.

구멍난 둑을 팔로 막아 고국 네덜란드를 구한 소년의 이야기를 예로 들어 보자. 소년은 심부름을 갔다가 돌아오는 길에 바닷물을 막은 둑의 작은 구멍에서 물이 새는 것을 발견하고 어떻게 해야 할지를 고민하게 된다. 흙과 돌로 막아보았지만 구멍이 점차 커지자 주먹과 팔뚝으로 막아가면서 내적인 갈등에 휩싸인다.

③ 등장인물(character)

캐릭터라고도 할 수 있으며 이야기 속에서 추구하는 것들을 해결할 필요가 있는 존재이다. 극적인 변화를 겪게 되는 주인공과 이를 해결하기 위해 도움을 주는 조연(조력자)이 있으며 주인공에 대립되는 반대인물(적대적 세력)이 있다. 2016년 타임지가 선정한 최고의 캐릭터로 매트 퓨리 작가의 2005년 만화 〈보이즈 클럽〉에 등장한 '개구리 페페' 이외에 게임 〈포켓몬 고〉의 '포켓몬스터', 영화 〈수어사이드 스쿼드〉의 '할리퀸' 등이 있다. 이들은 모두 캐릭터를 중심으로 흥미진진한 이야기가 만들어졌으며 엔터테인먼트 상품으로서 히트를 쳤다.

④ 플롯(plot)

줄거리라고도 할 수 있으며 사건을 인과관계에 의해 나열하는 방식이다. 보통 발단, 전개, 위기, 절정, 결말의 순서로 구성된다.

| 표 3-2 | 크리스토퍼 보글러의 스토리 서술구조의 법칙: 3막 12장

막	장	주제(theme)
1막	1장	일상의 세계(ordinary world)
	2장	소명 부여(call to adventure)
	3장	소명 거부(refusal of call)
	4장	조력자와의 만남(meeting with mentor)
	5장	첫 번째 시련(crossing the 1st threshold)

<table>
<tr><td rowspan="4">2막</td><td>6장</td><td>시련, 동맹, 적대자(test, allies, enemies)</td></tr>
<tr><td>7장</td><td>경지에 도달(approach to inmost caves)</td></tr>
<tr><td>8장</td><td>강력한 위기(supreme ordeal)</td></tr>
<tr><td>9장</td><td>보상(reward)</td></tr>
<tr><td rowspan="3">3막</td><td>10장</td><td>회귀(the road back)</td></tr>
<tr><td>11장</td><td>부활(resurrection)</td></tr>
<tr><td>12장</td><td>귀환(return with elixir)</td></tr>
</table>

출처: 채영희 (2013).

(2) 스토리텔링

스토리텔링의 위치는 이야기 만들기와 이야기 소비하기 사이에 존재한다. 즉 스토리텔링을 하기 위해서는 만들어진 이야기가 있어야 하며 또 이야기를 들어줄 청자가 있어야 한다는 것이다. 이때 스토리텔러는 이야기를 전달하기 쉬운 형태로 압축을 하고(encoding) 전달을 하며 이야기를 듣는 사람은 본인이 가진 인지 및 감정 시스템을 통해서 이를 풀어서(decoding) 재미와 감동을 느낀다.

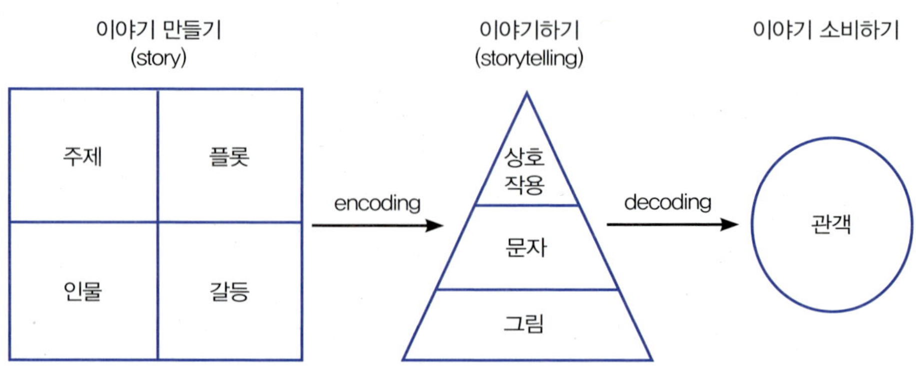

〈예시〉
① TvN 〈수퍼스타 K〉에서 참가자가 자신이 무대에 오른 이유를 심사위원에게 이야기하기
② 심사위원이 참가자의 이야기를 듣기

| 그림 3-4 | 스토리텔링의 위치

- 이야기 만들기: 주제, 인물, 플롯, 갈등 등을 활용해 관련된 상품 혹은 관광지의 이야기를 생산한다.
- 이야기하기: 대상에게 그림, 문자, 영상, 상호작용 등을 통해서 이야기를 해나간다. 위로 올라갈수록 전달하는 양이 많다.
- 이야기 소비하기: 스토리텔러로부터 이야기를 듣는 행위를 말한다.

3) 스토리텔링의 관광 활용

(1) 스토리텔링의 대상

스토리텔링을 누구에게 하느냐에 따라 다음과 같이 지역주민, 관광객, 팬으로 나눌 수 있다. 지역주민에게 우리 마을의 이야기를 알게 함으로써 서로 같이 이야기를 공유하고 서로 같은 일체감을 가질 수 있다. 즉 마을을 단합시키고 결속하는 역할을 한다. 관광객에게는 마을의 자연자원, 문화자원 등을 이야기로 포장하여 전달함으로써 재미와 감동의 체험 기회를 줄 수 있다. 팬은 아직까지 마을에 방문하지 않았지만 관심을 가지고 향후 관광을 하러 올 수 있는 가능성이 있는 사람들이므로 이들에게는 다른 형태의 스토리텔링을 접할 수 있는 계기를 마련한다.

(2) 관광 스토리텔링의 단계

관광객을 대상으로 하는 관광마케팅으로 스토리텔링은 관광객이 해당 관광지를 방문했을 때만 이루어지는 것이 아니다. 관광 스토리텔링은 관광객의 방문 전, 방문 중, 방문 후에 연속적으로 나타난다.

- 관광 전(前): 인터넷 홈페이지 및 모바일 앱을 통해서 관광지가 가지고 있는 이야기를 먼저 읽어보고 기대감을 갖는다.

• 관광 중(中): 관광지에 도착하여 관광을 하면서 관광지가 가지고 있는 이야기를 듣고 이해한다.
• 관광 후(後): 관광을 마치고 돌아와서 SNS 등을 통해 관광지의 이야기와 본인이 체험한 새로운 이야기를 다른 사람과 공유한다.

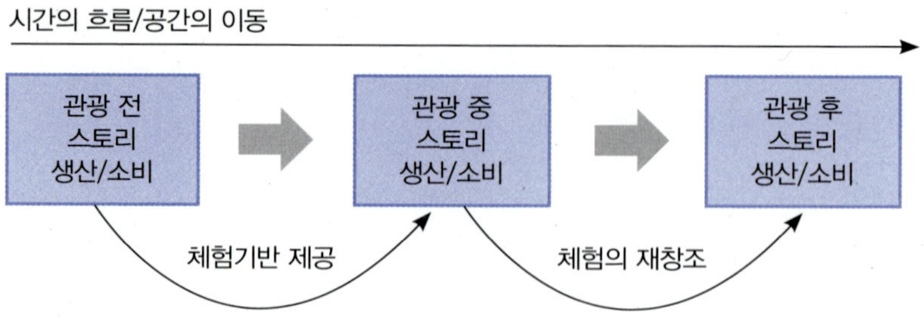

| 그림 3-5 | 관광 스토리텔링의 단계

(3) 관광 스토리텔링 사례

1초 관광지와 10분 관광지는 방문객이 대상을 보고 감동을 느끼는 데 걸리는 시간에 따라 두 종류로 나눌 수 있다. 예를 들어 그랜드캐니언이나 나이아가라 폭포 등은 보자마자 탄성이 나오는 '1초' 관광지인 반면, '10분 관광지'들은 브뤼셀의 오줌싸개 동상처럼 역사적인 배경이나 뒷이야기를 갖고 있다.

관광산업에서는 1초 관광지보다 10분 관광지가 더 중요한데 아무리 노력해도 전자와 같은 그랜드캐니언을 만들어낼 수 없지만 후자와 같은 10분 관광지는 사람이 어떻게 멋진 이야기를 만드느냐에 따라 평범한 곳도 관광명소로 바꿔놓을 수 있다.

3. 재미

1) 재미의 개념과 의의

(1) 개념

재미는 영어로 펀(fun), 인터레스트(interest) 등으로 바꿀 수 있다. 특히 인터레스트라는 단어를 살펴보면 사이(inter)에 존재하는 것(ist)로 나누어지는데, 이는 쉽게 무언가에 푹 빠지는 것으로 해석할 수 있다. 재미는 원래 자미(滋味)라는 단어에서 왔다고 한다. 음식을 먹는 즐거움이라는 식도락(食道樂)과 관련된다.

재미에 대한 심리학적 연구에 의하면 다음과 같이 정의하고 있다.

- 결과나 보상을 기대하지 않는 활동 자체에서 오는 감정
- 행위를 통한 즉각적인 즐거움, 감각적인 즐거움 혹은 기분 좋게 즐기기
- 즐거움, 행복감, 흥미 등 긍정적인 정서적 반응
- 기쁨과 만족의 상태
- 즐거움(enjoyment)과 기쁨(joy)의 전제조건

윤지은 등(2006)은 재미있는 체험을 위해서 [그림 3-6]과 같이 조건이 충족되어야 한다고 하였다. 이를 통해서 재미라는 복잡한 심리적 과정이 무엇으로 구성되어 있는지를 알 수 있다. 예를 들어, 자유로움 없이 강요된 구속으로 인해 억지로 이루어지는 여행은 재미가 없다. 그러나 다음 일정은 무엇일까를 상상하고 의외의 것을 발견한다면 재미있는 여행이 될 것이다.

스필버그(Spielberg)는 "내 영화는 사람을 즐겁게 하는 것이고 영화는 무엇보다도 시대가 원하는 재미를 찾아야 한다"라고 하였다. 소비자집단 중에서 얼리어답터(early adopter), 혹은 알파소비자(alpha consumer)는 구매하고자 하는 상품의 특성과 편익(가져다주는 이익)도 중요하지만 무엇보다도 재미, 즉 신기함에서 오는 즐

거움을 찾는 대표적 집단이다.

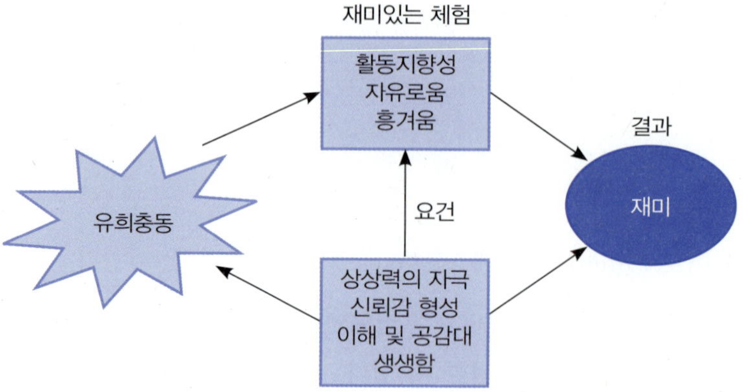

| 그림 3-6 | 재미의 구성요소

출처: 윤지은외(2006)를 바탕으로 재정리.

(2) 재미의 의의

재미는 지금까지 경박하고 소비적인 것으로 간주되어 왔다. 그 이유는 왜곡된 노동 이데올로기와 무관하지 않다. 원래 노동이란 스스로 세계를 창조하고 이를 소유하는 즐거움이 동반되었으나 분업화과 전문화로 이러한 즐거움이 파괴되었다는 주장도 있다. 노동(일)이 우선적으로 바쁜 시대에서 여유는 게으름으로 여겨지고 생활의 재미가 생존의 심각함에 압도되어 왔다. 비즈니스(business)는 원래 비지(바쁨, busy)에서 온 것으로 여유를 통한 재미나 즐거움과는 상극이다. 그러나 최근 사회 전반의 흐름은 노동보다는 여유, 여가를 우선하는 변화를 맞이하고 있다. 여가의 세 가지 측면은 휴식, 자기개발 그리고 엔터테인먼트이다. 엔터테인먼트는 현대인의 무료함을 극복해 주는 좋은 처방약이다.

기업 역시 노동생산성 가치 극대화를 위한 수단으로서 재미를 강조하기 시작하였고 또한 여유 및 여가 가치를 추구하는 목적으로서 재미를 적극 채용하기 시작하였다. 인간의 완결성은 물리적 · 생리적 욕구, 생산활동을 통한 노동, 그리고 놀이와 즐거움을 찾는 행위로 이루어지기 때문이다. 기업에서 재미가 필요한 이유는 기업을 이루는 것은 사람이고 사람은 피가 흐르는 인간이기 때문이다. 전통 경제학에서 전제되는 합리적 의사결정체가 아니라 때로는 불완전하면서도 타협을 통해서 최적은 아니지만 만족을 해나가는 것이 인간 본연의 모습이기 때문이다.

레버링(Levering)은 훌륭한 일터(great work place: GWP) 모델을 통해 상사 및 경영진과 구성원 간에 신뢰 관계가 구출되면 구성원은 업무와 조직에 대한 자부심을, 구성원과 구성원은 재미를 느끼게 된다고 했다. 이러한 면에서 펀리더십의 중요성이 부각된다. 펀리더십은 즐거움과 재미를 통해 조직의 목표를 달성하고 펀경영을 실천하기 위한 직원 존중의 리더십으로 조직에 활력을 불어넣어 조직구성원 개인 혹은 집단구성원으로 하여금 자신이 하는 일 자체와 직장에 대해 자부심과 즐거움, 재미를 느끼도록 배려하여 조직의 성과를 극대화할 수 있도록 유도, 조정하는 리더의 기술 또는 과정이다.

(3) 재미와 유사한 개념들

① 엔터테인먼트: 재미를 가장 쉽게 찾아볼 수 있는 것은 미디어의 엔터테인먼트 프로그램이다. 따라서 재미는 엔터테인먼트 자체 혹은 엔터테인먼트를 구성하는 요소가 된다.

② 즐거움(enjoyment)과 기쁨(joy): 재미가 가져오는 결과물이 된다.

③ 유머(humor): 유머는 사람과 사람 사이의 벽을 한꺼번에 허무는 힘을 가지고 있다. 대화상대와 친해서 웃는 경우도 물론 있지만 초면일 경우에는 오히려 웃음을 통해서 자연스럽게 친밀감을 느끼게 된다. 함께 웃을 수 있다는 것은 곧 서로에 대한 긴장과 경계가 풀리고 경직된 신경이 이완되어 편안한 심리 상태가 되었음을 뜻한다.

④ 공감: 같이 느끼는 것, 공감을 일으키는 우스갯소리는 상대로 하여금 우월감을 느끼게 하고 걱정을 없애주고 위안을 주거나 극적인 반전을 보여 준다. 리더와 구성원 간의 조직적 위계에서 오는 간극을 줄여주는 역할을 하는 것이며 자유로운 분위기 속에서 구성원은 자신의 능력을 발휘한다.

2) 재미의 종류

(1) 여덟 가지 재미의 길: 팔도락(八道樂)

재미는 인간의 5대 삶의 지표인 의 · 식 · 주 · 행 · 락 중 최상위에 있는 것이고 재미를 통해 인간은 행복을 누리고 문화를 창조한다(손대현, 2000).

① 행(行)도락: 여행의 재미, 자유로움을 만끽하는 것
② 식(食)도락: 먹는 재미, 멋과 맛을 느끼는 것
③ 기(氣)도락: 인생의 활력을 되찾는 재미
④ 면(眠)도락: 푹 잘 자서 행복한 재미
⑤ 뇌(腦)도락: 건강한 뇌를 가지고 생각하고 공부하는 재미
⑥ 음(音)도락: 귀를 좋은 소리와 음악을 듣는 재미
⑦ 소(笑)도락: 웃는 재미
⑧ 통(通)도락: 서로 통하는 재미

(2) 스타와 팬 간의 네 가지 재미

스타에게 팬이 얼마나 몰입을 하는가, 그리고 서로 관계한 시간이 얼마나 흘렀는가에 따라 다음과 같이 네 가지 재미가 있다. 고동우(2004)는 이를 재미진화모형이라고 하여 맨 처음 보기에서 시작하여 궁극적으로 되기에 이른다고 하였다.

① 보기(seeing): TV 시청 등 간접적으로 보기. 팬사인회 등에서 직접 보기
② 가지기(having): 스타의 소품 구매 및 소유, 자기 스타 · 팀 가지기
③ 하기(doing): 우상의 설정, 종속관계, 모방행동, 지원행동
④ 되기(being): 팬클럽 형성, 동일시, 정체감 형성, 대등관계

(3) 디지털 공간에서 느끼는 재미

온라인상에서는 모바일 서핑을 하거나 게임을 하는 등 다양한 재미를 느낄 수

있다. 예를 들어 이슈가 되는 논쟁거리에 댓글을 다는 것은 노는 재미에 해당된다. 자신의 의견을 제시하기 하거나 다른 사람의 의견을 반박할 수 있고 엉뚱한 이야기를 통해 웃음을 유발하며 또한 구경꾼으로 관람하며 느끼는 재미 등이 있다.

3) 재미이론

(1) 포러더러의 미디어 엔터테인먼트 체험이론

포러더러(Vorderer)는 재미는 전재조건이 있어야 하며 재미를 통해서 효과를 가지고 온다고 하였다.

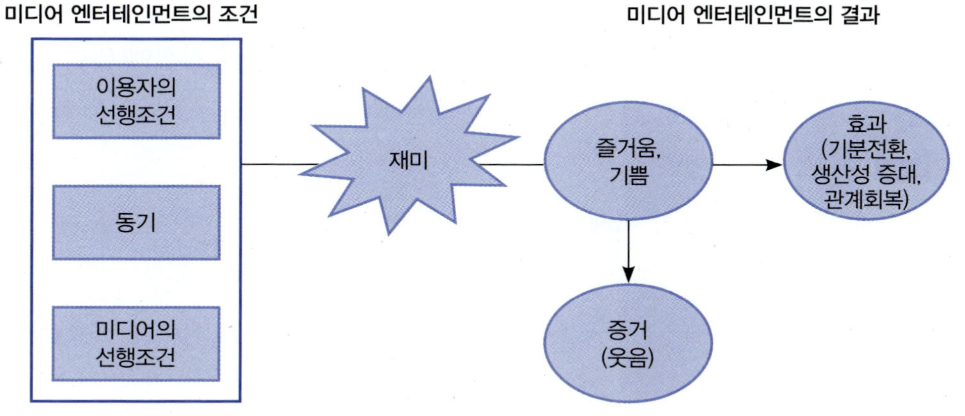

| 그림 3-7 | 미디어 엔터테인먼트 체험

출처: 포러더러의 연구를 바탕으로 재정리.

① 이용자의 선행조건은 대상에 대한 이해도가 어느 정도인가이다. 예를 들어 외국 코미디클럽에서 구사하는 개그코드에 대하여 한국인이 웃지 않을 때 두 가지를 전제할 수 있다. 첫 번째로 외국어를 모르거나 두 번째로 문화 코드가 다른 경우, 즉 맥락을 이해하지 못하는 것이다.

② 미디어의 선행조건은 제시된 엔터테인먼트 콘텐츠(미디어)가 재미를 만들어

낼 수 있는가와 관련된다. 예를 들면 스토리가 손에 땀을 쥐게 할 만큼 탄탄하다든지 하드웨어적으로 컴퓨터 그래픽이 구현해 내는 스펙터클한 장면으로 이루어졌을 때 사람들은 재미를 느낀다.

③ 동기는 엔터테인먼트 콘텐츠(미디어)를 시청하는 이유가 된다. 예를 들어 스트레스 해소를 위해서 시청하는 아이스하키 중계에서는 흔히 볼 수 있는 폭력성, 거친 보디체크와 말싸움 등이 용인된다. 그러나 스포츠를 통한 교육적인 목표, 팀워크 등을 가르친다면 아이스하키는 부적절한 장르일 수도 있다.

④ 구현되는 증거들은 재미를 느끼는 사람들의 내부적인 감정이 밖으로 표출되는 것으로 웃음, 박수, 환호, 손놀림 등이 있다.

(2) 칙센트미하이(Csikszentmihalyi)의 몰입이론

몰입은 어떤 행위에 빠져서 시간의 흐름이나 공간, 더 나아가 자신에 대한 생각까지도 잊어버리는 상태를 말한다. 즉 대상과 주체가 하나가 되는 물아일체(物我一體)의 경지라고 할 수 있다.

최적의 체험을 가져오기 위해서는 과제의 난이도와 주체의 실력이 모두 높아야 된다고 한다. 과제의 난이도는 대상의 특징에 해당되고, 실력은 이해를 하는 능력에 해당된다. 마치 육상경기에서 넘어야 할 높이뛰기 바(bar)와 선수에 비유할 수

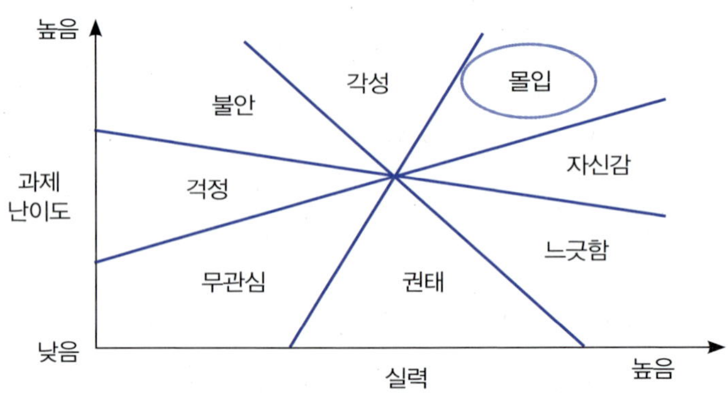

| 그림 3-8 | 과제와 실력의 조합에 따르는 경험의 질

출처: 칙센트미하이(2010)의 연구를 바탕으로 재정리.

있다. 세계 수준의 선수가 금메달을 앞두고 자신의 능력보다 약간 높은 기록에 도전할 때 본인뿐만 아니라 그 모습을 지켜보는 시청자도 몰입을 한다.

스키장의 슬로프 경사도는 이용자의 실력 수준에 따라 다르게 만들어 놓았는데 상급자, 중급자, 하급자 수준으로 구분해 놓은 것은 각각의 재미를 느끼게 만든 것이다. 온라인 게임에서도 진행에 따라 부여되는 미션을 클리어해냄으로써 새롭게 나타나는 레벨 혹은 스테이지 역시 과제의 난이도와 실력이 조화를 이루어 재미를 주는 것이다.

몰입이론을 재구성하여 [그림 3-9]와 같이 재미가 만들어지는 조건을 제시하였다.

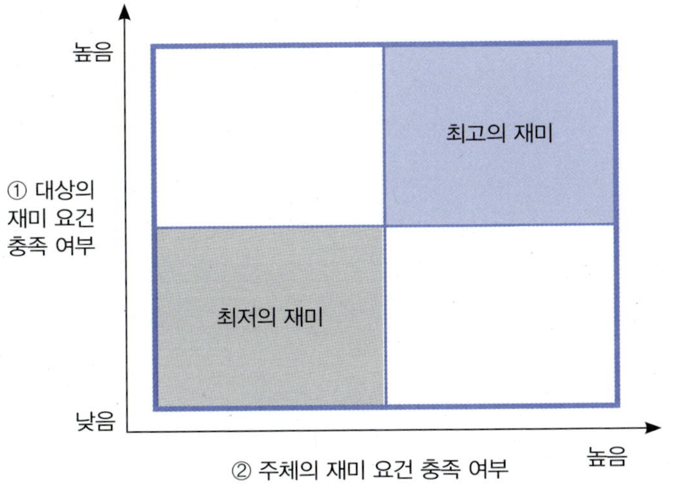

〈예시〉
① 미국 드라마 〈빅뱅이론〉 시청시 고퀄리티의 화면, 좋은 사운드, 한국어 자막
② 시청자의 영어 듣기 능력, 전편 줄거리 이해, 미국문화 유머코드 이해

| 그림 3-9 | 몰입이론

생각해 볼 문제

01 체험이 왜 재미를 이끌 수 있는가?

02 미디어를 통한 간접체험과 라이브를 통한 직접체험의 차이는 무엇인가?

03 본인이 최근 방문한 관광지에서 느낀 체험을 생각해 보시오.

04 스토리텔링은 왜 21세기 마케팅에서 강력한 도구가 되는가?

05 스토리의 네 가지 요소인 메시지, 갈등, 플롯, 등장인물 등을 가지고 짧은 이야기를 구성해 보시오.

훌라걸스 (2006)

이상일 감독
마츠유키 야스코, 아오이 유우 주연

지역의 산업재생 성공 스토리가 영화로 만들어지고(스토리텔링), 성공한 스토리텔링이 다시 지역의 성공을 지속적으로 이어지게 하는 사례이다.
관광 스토리텔링의 대상은 지역주민, 관광객, 팬이다. 지역주민에게는 성공스토리를 통한 자신감과 소속감, 관광객에게는 지역민의 성공신화가 담겨 있는 테마파크에서 다른 곳에서는 느끼지 못하는 무엇을 더 느낄 수 있을 것이다. 또한 영화 팬에게는 이곳을 꼭 방문하겠다는 마음가짐을 갖게 한다.

일본 후쿠시마현 이와키시는 원래 폐광촌이었지만, 지금은 온천 테마파크 '하와이안즈'로 1년 내내 관광객들로 붐비는 명소가 되었다. 1966년 처음 문을 연 이래로 하와이안즈가 지난 40여 년간 창출한 경제효과는 1조 6612억엔(약 220조원)에 이른다.

하와이안즈의 지속가능한 성장 이야기는 영화 〈훌라걸즈〉로 재탄생했는데 2007년 일본 아카데미에서 우수작품상, 우수감독상 등 11개 부문을 석권하는 개가를 올렸다. 이 영화는 실제 폐광촌에서 지역 주민들에게 훌라댄스를 전파했던 카레이나니 하야카 씨의 실화를 바탕으로 하여 더욱 설득력을 가졌다. 영화를 통해 가족과 마을의 미래를 걱정하며 훌라댄스를 배우는 소녀들의 절박하고도 진지한 모습을 집중 조명하자 하와이안즈의 인기가 다시 높아졌다고 한다.

참고문헌

고동우 (2004). 재미진화모형을 적용한 여가체험. 관광레저연구, 16(2), 85-105.

김창남 (2014). 대중문화의 이해. 한울아카데미.

김형곤 (2013). 창조관광의 개념과 전략. 한국관광정책, 52. 한국문화관광연구원.

김희영, 김사헌 (2006). 탈근대의 고유성과 존재론적 고유성. 관광학연구, 30(1), 9-27.

롤프 옌센 (2000). 드림 소사이어티미디어심. 서정환 역. 리드출판.

문화체육관광부 (2014). 2013 콘텐츠산업 통계조사. 정책백서.

손대현 (2000). 관광학. 백산출판사.

손대현 (2000). 재미론의 시론적 패러다임. 관광학연구, 24(2), 321-338.

손대현 (2002). 신풍류도의 발견. 문화관광연구, 4(1), 7-19.

슈미트 (2002). 체험마케팅. 박성연 역. 세종서적.

윤지은 외 (2006). 재미를 위한 HCI: HCI 관점에서의 재미있는 경험에 대한 개념적 연구. 한국 HCI학회논문지, 1(1), 63-71.

채영희 (2013). 정보와 상상력의 결합: 검색에서 사색으로. 부산스토리텔링 창작아카데미.

칙센트미하이 (2010). 몰입의 즐거움. 이희재 역. 해냄출판사.

파인, 길모어 (2001). 고객체험의 경제학. 신현승 역. 세종서적.

포그, 부츠, 아카보로 (2007). 스토리텔링의 기술. 황신웅 역. 멘토르.

한경애 (2007). 놀이의 달인: 호모루덴스. 그린비.

한국문화관광연구원 (2016). 최신관광트렌드 변화와 향후 정책전망. 연구원보고서.

Sayre, S. (2015). *Entertainment and society: Influence, impact and innovation.* Routledge.

Tourism & Entertainment

PART 02
엔터테인먼트

CHAPTER 04

엔터테인먼트란 무엇인가

우리에게 중요한 것은
거대기업, 기업합병, 돈이나 TV가 아니다.
우리를 감동시키는 이야기
우리에게 사랑받는 등장인물
문화의 틀을 바꾸는 아이디어
우리를 낯선 세계로 데려다 주는 특수효과
우리의 생활방식을 완전히 바꾸어 버릴 정도의 메시지이다.

마이클 J. 울프의 〈오락의 경제〉 중에서

오락인간, 호모테인스

엔터테인먼트산업은 인류의 모든 것을 '콘텐츠' 삼아 상품화시킨다. 지구 자체가 오락의 세계다. 우리의 삶과 운명조차 오락산업에 의해 지배될 판이다. 지구인은 이제 자극의 수신자이자 쾌락의 수집가이다. 이같은 오락산업 세상의 인간을 '오락인간=호모테인스(Homo Tains)'라고 하면 어떨까.

글을 배우기 전에 비디오테이프와 컴퓨터게임 등 문화상품을 접하고, 에듀테인먼트에 의한 교육을 받으며, 이터테인먼트에 의한 식사를 하고, 처치테인먼트의 '쇼'를 통해 영혼의 위안을 받는다. 호모테인스의 출현은 인류의 해방인가 재앙인가.

◇ **엔터테인먼트의 세상**

최근 최고의 인기 스포츠는 '생쇼'와 '싸움'이다. '월드 레슬링 엔터테인먼트'(WWE)와 격투기는 스포츠 종목 가운데서도 높은 시청률을 기록하고 있다. 'KBS SKY'와 'ESPN'에 이어 이달 초부터 3개의 격투기 프로그램을 방송하고 있는 후발주자 'SBS 스포츠채널'의 3종류 격투기도 시청점유율 15% 안팎의 고공비행을 하고 있다. '각본 없는 드라마'에 열광하던 스포츠팬들이 '각본 있는 스포츠'와 '드라마 없는 진짜 승부'라는 스포테인먼트로 관심을 돌리고 있는 형국이다.

종교에도 '즐길 수 있는 요소'들이 대폭 도입되고 있다. 서울 중랑구에 있는 ㅇ교회는 지난 2일 '이웃 초청 대축제'를 열었다. 기존에는 '주일 총동원'이라는 이름을 썼으나 이제는 기독교 냄새가 풍기는 단어 사용을 자제한 채 '동네 축제'라고 작명한 것이다. 그래서인지 '이웃 초청 대축제' 팸플릿은 연예인의 얼굴 사진들로 도배돼 마치 '나이트클럽 찌라시'를 연상케 했다.

"파티(Party · 정당)는 파티(잔치)다." 정치 분야에서는 지난해 각당 국민경선과 대선에서 엔터테인먼트적 요소가 폭발적으로 늘었다. 특히 '놀이'가 곧 '참여'인 네티즌 세대들의 오프라인 선거운동이 대통령 당락을 좌우하는 정치사적 지각변동을 불러일으켰다.

◇ **쾌락의 복권인가, 놀이의 상품화인가**

제러미 리프킨의 '소유의 종말' 등에 따르면 21세기는 산업생산시대를 지나 문화생산시대로 접어드는 문명사적 전환기다. 상품과 서비스가 아닌 문화적 체험을 파는 '놀이의 상품화'가 전방위적으로 이루어진다. 인터넷 매체의 활성화로 정보가 홍수처럼 떠다니기 때문에 '오락'이라는 쾌적한 커뮤니케이션의 당의성을 입혀야 주목을 끈다는 설명이다. 정보화혁명의 시대가 엔터테인먼트와 만나면서 세상 모든 것의 오락화는 멈출 수 없는 대세가 되고 '호모테인스'의 출현은 필연인 셈이다.

논객들은 대체로 '오락인간'의 존재가치를 인정한다. 인간 이성의 이름으로 억압했던 쾌락과 재미가 역사의 전면에 나섰다는 것이다. 하지만 호이징어의 '호모루덴스'(놀이하는 인간)가 생산과 창조의 원천으로서의 놀이를 강조했다면 문화생산시대의 '호모테인스'는 놀이를 소비하는 것에 그치고 있다는 경계의 목소리가 높다.

출처: 경향신문 (2003.11.19).

이 장의 소개

4장 엔터테인먼트란 무엇인가는 5장 엔터테인먼트산업, 6장 한국의 엔터테인먼트산업을 이해하기 위한 밑바탕이 된다. 사람들은 배가 고파도 고픈 배를 움켜쥐고 뮤지컬을 보며, 프로야구에서 투수가 160km를 던져도 밥이 나오거나 쌀이 나오지 않는데도 프로야구에 빠져든다. 과연 우리에게 엔터테인먼트란 무엇일까?

1절 엔터테인먼트에 대한 정의는 매우 다양하다. 엔터테인먼트가 우리의 생활과 매우 밀접한 관련을 가지고 있기 때문이다. 여기에 한국의 CEO들이 엔터테인먼트를 어떻게 정의하고 있는지 참고하기 바란다. 엔터테인먼트가 시대정신으로 자리매김하기 위해서는 오락(amusement)이라는 가벼움을 벗어던지고 재미와 의미를 제공하여 인간을 완성해나가는 데 역할을 할 필요가 있다.

2절 엔터테인먼트 상품이 일반적 전통적 상품과 다른데 경험재, 부분적인 공공재, 감성상품 등으로 특징지을 수 있다. 엔터테인먼트 상품은 크게 미디어 엔터테인먼트와 라이브 엔터테인먼트로 나누어 볼 수 있다. 엔터테인먼트 상품이 히트하기 위해서는 신기성, 회귀성, 연결성, 다양성을 적절히 구사해야 한다. 그리고 엔터테인먼트의 가치사슬을 구성함에 있어 4C, 즉 콘텐츠, 유통경로, 소비, 융합이 필요하다.

3절 엔터테인먼트산업은 고부가가치, 고성장산업이면서도 사업을 할 때 하이리스크 하이리턴의 원칙이 내재되어 있다. 일반적 · 전통적 산업의 경영원리를 벤치마킹하면서 산업적인 모양새를 갖추어왔고 또 역으로 일반적 · 전통적 산업의 경영에 영향을 주기도 하면서 미래의 산업지도를 새롭게 그리고 있다.

열쇠말

미디어 엔터테인먼트, 라이브 엔터테인먼트, 신기성, 재미, 엔터테인먼트, 오락, 즐거움, 콘텐츠, 하이리스크 하이리턴

학습목표

1. 엔터테인먼트에 대한 정의를 내릴 수 있다.
2. 엔터테인먼트가 산업화된 배경을 설명할 수 있다.
3. 엔터테인먼트 상품의 특성을 말할 수 있다.
4. 미디어 엔터테인먼트 상품과 라이브 엔터테인먼트 상품의 차이를 구분할 수 있다.
5. 엔터테인먼트가 어떻게 일반 기업에 영향을 미쳤는지 예를 들어 설명할 수 있다.

1. 엔터테인먼트란

1) 엔터테인먼트의 정의

(1) 단어와 어원으로 본 엔터테인먼트

엔터테인먼트(entertainment)는 상호간이라는 뜻의 'entre'에 유지하다, 붙잡다라는 뜻의 'tenir'가 합쳐진 말이다.

국어사전에 나오는 엔터테인먼트(entertainment)의 뜻은 다음과 같다.

- 즐거움, 재미의 수단
- 기분 전환
- 쾌감, 즐거움, 재미
- 오락(娛樂)

영어사전 속의 엔터테인먼트는 다음과 같은 의미를 지니고 있다(webster

comprehensive dictionary, 1996).

- A source of meaning of amusement or amusement itself: 오락 자체 혹은 오락이 의미를 가지는 원천
- Diverting performance, especially a public performance as concert: 기분전환을 위한 행동, 특히 콘서트와 같이 공공연한 행동
- Pleasure affected by amusing act or spectacle: 오락 행동 혹은 스펙터클한 광경에 영향을 받아 생기는 즐거움

엔터테인먼트와 유사한 영어단어는 다음과 같다.

- amusement(어뮤즈먼트): 즐거움, 재미, 위락, 재미로 하는 것
- diversion(다이버전): 기분전환
- pleasure(플레저): 즐거움, 유쾌, 만족, 쾌감, 기쁨, 영광
- joy(조이): 기쁨, 즐거움
- enjoyment(인조이먼트): 향락, 유쾌
- delight(딜라이트): 기쁨, 즐거움, 환희

즉, 사전상의 의미를 풀어보면 첫 번째로 엔터테인먼트는 감정과 관련되어 있다.

- 수단으로서의 엔터테인먼트: 재미와 즐거움 등 긍정적 감정을 불러일으키는 수단
- 목적으로서의 엔터테인먼트: 재미와 즐거움 등 긍정적 감정 그 자체

두 번째로 엔터테인먼트는 대상과 주체 간의 관계와 관련되어 있다.

- 대상으로서의 엔터테인먼트: TV, 드라마와 같이 보는 사람에게 재미와 즐거움을 주는 대상
- 주체가 체험하는 과정으로서 엔터테인먼트: TV, 드라마를 보고 사람이 재미와 즐거움을 느끼는 과정

세 번째로 엔터테인먼트는 소극적 차원과 적극적 차원으로 나눈다.

- 소극적 개념으로서 엔터테인먼트: 부정적인 감정으로부터 회복을 시도하는 것으로서 엔터테인먼트
- 적극적 개념으로서 엔터테인먼트: 긍정적 감정을 더욱 창출하고자 하는 것으로서 엔터테인먼트

(2) 엔터테인먼트의 학문적 개념

엔터테인먼트는 미디어 커뮤니케이션 분야에서 선구적으로 연구되기 시작하였는데 주로 설득(persuasion)으로서의 엔터테인먼트에 초점을 맞추었다. 그동안 학계에서는 엔터테인먼트 자체를 학문으로 인정하지 않고 얕잡아 보는 태도를 견지하고 있었다. 슈스터만(Shusterman)과 싱할(Singhal)은 엔터테인먼트란 연구하기에는 무엇인가 가치가 없으며 인간의 행동을 변화시키는 데 그리 중요한 역할을 한다고 볼 수는 없다고 하였다.

그러나 점차 엔터테인먼트는 다양한 학문적 영역에 의해 독립된 주제로서 관심을 받게 되었다. 리엡(Lieb)은 많은 연구자들이 엔터테인먼트의 정의가 무엇인지, 엔터테인먼트는 무엇으로 구성되어 있는지 등에 대하여 간과해 왔다고 하였다. 그럼에도 불구하고 엔터테인먼트에 대하여 낙관과 기대를 하는 움직임도 있었는데 울프(Wolfe, 1999)는 점차 미국인의 관심대상으로서 엔터테인먼트가 주목받게 될 것이라고 하였다.

보스하르트와 마코니(Bosshart & Macconi, 1988)는 엔터테인먼트란 체험의 과정으로서 현상에 대한 지각이라고 하였다.

- 생리학적인 이완(psychological relaxation)
- 변화와 기분전환(change and diversion)
- 자극(stimulation)
- 분위기(atmosphere)
- 기쁨(joy)

포겔(Vogel, 2003)은 즐거운 기분전환의 상태를 자극하거나 촉진하거나 혹은 만들어 내는 어떤 것을 엔터테인먼트라고 지칭하였다.

질만과 브라이언트(Zillmann & Bryant, 1994)는 엔터테인먼트란 즐거움을 가져다주는 행동이라고 하였다.

슈스터만(Shusteman, 2003)은 엔터테인먼트와 예술에 대한 구분은 명확하지 않으며 오히려 예술과 매우 밀접한 관련을 맺고 있다고 하였다. 오히려 인생에 대한 즐거움과 실용적 성격으로서의 엔터테인먼트를 정의함으로써 지금까지 엔터테인먼트를 사소한 것과 편협한 것으로 국한시키는 오류를 범하였다고 한다.

크라우치와 리치(Crouch & Ritchie, 1999)는 엔터테인먼트를 즐기는 사람이란 적극으로 참여를 하는 행동보다는 소극적으로 관전하는 행동을 보이는 사람들이라고 정의하였다.

파인과 길모어(Pine & Gilmore, 2010)는 체험모델을 제시하면서 몰입 감정의 정도와 소비자의 참여 정도에 따라 엔터테인먼트를 포함하여 교육, 일상탈출, 심미 등 네 가지 체험 영역을 구분하였는데 엔터테인먼트 체험 영역은 소극적인 참여와 몰입이 크게 되지 않는 정도라고 하였다.

포더더러(Vorderer, 2001)는 엔터테인먼트에 관해서는 두 가지 오해가 존재한다고 하였다. 첫 번째로 엔터테인먼트는 미디어가 제공하는 특징들이고 즐거움의 수준을 통제할 수 있다고 했으나 무엇이 엔터테인먼트이고 무엇이 아닌지를 결정하는 것은 사용자라고 하였다. 두 번째로 엔터테인먼트는 정보와는 서로 상반된 것으로 간주되고 있으나 사실은 그렇지 않다. 즐거움을 주는 것과 무엇인가를 알려주는 것은 동시에 체험될 수 있기 때문이다.

(3) 엔터테인먼트의 비즈니스적 개념

한국의 CEO들은 기업경영적 차원에서 엔터테인먼트를 다음과 같이 생각하고 있다. 아래 내용은 2005년에서 2006년 한양대학교 최고엔터테인먼트 과정에서 수학한 국내 유수의 경영자들을 대상으로 엔터테인먼트에 대한 본인의 생각을 입수한 것이다(양승훈, 2006).

- 고객에게 제품의 기능이나 가격만을 가지고 어필하기는 힘들고 즐거움과 재미를 전달해야 하며 최소한의 홍보 이벤트라도 재미있게 하는 추세가 되어야 한다(외식업).
- 문화마케팅은 엔터테인먼트마케팅 혹은 스타마케팅과 통용되는데, 즉 문화의 감성코드와 문화콘텐츠를 축으로 하는 마케팅이다(패션).
- 엔터테인먼트산업이란 문화적 체험을 상품화하는 문화생산이다(영화).
- 일상화된 삶의 양태이다(언론).
- 엔터테인먼트는 풍류와 가무이다(통신).
- 상대를 즐겁고 기쁘게 하고 행복을 주는 것이다(연예).
- 기쁨, 즐거움, 그리고 동기로서 재미를 고객에게 주는 것이다(레저).
- 재미와 의미가 있게 노는 것이다(기계공업).
- 경제활동과 사회활동에 즐거움과 재미를 주며 시너지를 높이는 수단이다(건축).
- 수평적 커뮤니케이션 활성화를 수단으로 재미를 통한 대화이다(제약).
- 본원적 욕구가 직접 표출되는 체험을 제공하는 목적형 소비의 대상이다(외식프랜차이즈).
- 고객의 오감, 즉 시각 · 청각 · 후각 · 미각 · 촉각을 만족시키는 프로세스의 개선이다(의료).
- 리더십과 결합되어 상대를 감동시키고 감동을 내부로부터의 변화로 만들며 결핍을 해소하는 과정이 엔터테인먼트이다(부동산 개발).
- 사업구조의 다각화이다(통신).
- 영화를 통한 이미지 개선 수단이다(정유).
- 스마일과 유머, 즉 재미를 통한 조직문화의 개선 수단이다(통신).
- 서비스 이익 창출을 위해서 자기만의 이야기로 감성을 자극하는 엔터테인먼트적 요소이다(생활문화사업).
- 영화 이외의 수익창출요소, 고객에게 볼거리와 먹거리를 제공하는 것이다(영

상사업).

- 조직활성화가 이루어질 때 회사와 개인에게 성과를 가져다주는 것이다(반도체).
- 인간사의 평화와 화합의 장으로서 정애(情愛)이다(연구회).
- 의미와 재미, 즐거움을 주는 것으로 궁극적인 행복을 가져다주는 것이다. 재미는 사람이나 일에 대한 애정과 관심을 갖는 동력이다(출판).
- 음악, 영화, 게임 등의 콘텐츠로 포트폴리오로서의 핵심 혹은 기쁨과 즐거움을 주는 인간 본연의 욕구이다(통신).
- 물건을 사는 자체로서 엔터테인먼트, 쇼핑 후 상품을 통해서 얻을 수 있는 할인 등과 같은 경제혜택에서 오는 엔터테인먼트이다(홈쇼핑).
- 문화적 만족을 주는 것이다(통신).
- 감성경영과 엔터테인먼트 경영은 같은 것이다(증권).
- 사람에 의한 정의 즐거움, 웃음과 즐거움의 결과로 재미 그리고 실천, 스트레스 해소 및 긴장, 조직 내 커뮤니케이션 활성화 및 생산성과 직결된다(반도체).
- 인공적이고 형식적인 것으로 포장된 인간을 자연의 일부로 되돌려 놓는 것이다. 엔터테인먼트란 현실과 이성을 이해하는 방식이며 우리 생활을 윤택하게 하는 오감수단의 종합적인 매개이자 수단이다(전자).
- 사는 즐거움과 파는 즐거움이라는 엔터테인먼트적 요소이다. 상품과 이벤트의 종합이며 정보와 즐거움을 제공한다(유통).

2) 엔터테인먼트의 의의

(1) 오락과는 다르다

엔터테인먼트는 우리말로 오락(娛樂)에 해당된다. 그러나 오락은 가볍다는 이미지와 함께 주로 말초적 신경을 자극하는 것과 관계가 있다.

손대현(2004)은 엔터테인먼트를 오락보다는 한 차원 높은 것으로 보고 우(右) 재미와 좌(左) 의미로 표현하였다. 즉 인간의 뇌가 좌뇌와 우뇌로 이루어져 있고 각각 이성적인 측면과 감성적인 측면을 관장하는데 두 가지가 완벽하게 작동해야 인간이 되는 것이다. 이러한 측면에서 우 재미는 즐거움을 주고, 좌 의미는 감동을 준다. 인간은 엔터테인먼트를 통해서(entertain) 생명을 유지하고(sustain), 삶을 지속하여(sustain) 마침내 사람의 영역에 도달한다(attain).

손대현은 엔터테인먼트를 오히려 정락(情樂)이라고 번역하자고 제안하였다. 즉 정에 의한 즐거움, 정보에 의한 즐거움이라는 뜻이다. 엔터테인먼트는 인간의 감정을 나타내는 희노애락 중에서 주로 희(喜)와 락(樂)에 해당된다.

| 그림 4-1 | 최고 엔터테인먼트과정 소식지

출처: 한양대학교 (2007).

(2) 엔터테인먼트는 하드웨어 소비와 다르다

하드웨어의 세계는 '좋다'와 '나쁘다'의 세계이다. 예를 들어 구식 스마트폰이라도 싼 값에 사고 팔 수 있다. 그리고 판단의 기준은 경험이 된다. 반면 엔터테인먼트에 대한 소비는 '좋다'와 '싫다'의 세계이다(조인희 · 이호영 · 최병춘, 2008). 엔터테인먼트는 개인의 취향이 포함되는 상품이다. 따라서 경험이 방해가 될 수도 있다.

이와 같이 엔터테인먼트를 소비하는 방법이 다르기 때문에 엔터테인먼트를 만들고 공급하는 방법 역시 달라야 한다. 또한 하드웨어는 기존의 경험이 모든 것을 말하는 세계이지만 엔터테인먼트는 기존의 경험이 방해하는 세계이다.

"굶어도 뮤지컬은 본다"라는 말이 있다. 1982년 홀브룩과 허쉬맨(Holbrook & Hirschman)에 의해 연구된 쾌락적 소비(hedonic consumption)는 실용적 소비보다 주관적이고 개인이 생각하는 오락성이나 감정적인 유용성의 경로를 반영하여 재미와 즐거움뿐만 아니라 기분전환, 자유, 현실에서의 탈피 등을 포함한다. 홀브룩과 허쉬맨은 다음과 같이 쾌락적 소비를 제시하였다.

① 금전적 자원의 배분뿐만 아니라 소비시간 자원의 배분의 문제까지 확장한다.
② 쾌락적 원리에 따라 즉각적인 쾌락 혹은 희열(만족)을 지향한다.
③ 필요한 정보를 습득하기 위한 탐색활동 그 자체가 오락이자 유희이다.
④ 소비자의 태도 및 선호 정도뿐만 아니라 전 소비 영역에 대한 구체적인 감정까지 파악해야 한다.

이시이 준조(石井淳藏, 1993)는 엔터테인먼트 소비의 특징을 다음과 같이 제시하였다.

① 상품의 선택에서 정서적인 욕망이 합리적인 결정을 앞선다.
② 소비자는 소비대상을 주관적 의미로 고려하며 그 주관적 의미는 그 제품이 가지는 구체적 속성을 보완한다.
③ 쾌락적 소비는 소비자가 현실에 관해 상상하며 구성한 세계와 밀접한 관련이 있다.
④ 소비대상과 소비자 사이의 동적인 상호작용이 중요하다.

(3) 엔터테인먼트는 시대적 요구이자 사명이다

삶에 있어서 정의(justice) 혹은 정의로운 것이 무엇인가에 대한 수많은 정의

(definition)가 있지만 삶을 살아가는 사람들에게 기쁨과 감동을 주고 보다 궁극적으로 행복에 이르는 것이 아닌가 한다. 따라서 기쁨과 감동을 만들어 주는 능력 그 자체가 권력(power)이고 세상을 아름답게 만드는 것이 진정한 성공이다.

서태지는 문화대통령이라고 불린다. 그는 최초의 아이돌 가수였는데 랩과 락(rock)이 결합된 당시로서는 새로운 음악적 장르를 개척하였으며 파격적인 패션을 선도하였다. 입시 스트레스에서 방황하던 10대 청소년들에게 〈교실이데아〉, 가출 청소년들에게 〈컴백홈〉 등의 노래를 통해 아픔을 어루만져 주기도 하였다.

바넘(Barnum)은 1860년을 전후에서 미국에서 활동한 공연기획자로서 초창기 미국 역사상 가장 위대한 엔터테인먼트 사업가로 알려진 인물이었다. 이 당시에는 주로 지방을 돌면서 텐트를 치고 서커스 등을 보여주는 형태가 많았다. 바넘은 인간에게 언제나 엔터테인먼트를 갈구하는 욕구가 있음을 알아차리고 관객을 공연장에 끌어들이기 위한 유인책을 고민하였는데 이것이 오늘날의 마케팅이라고 할 수 있다.

- 대중의 취향을 과소평가해서 손해를 본 사람은 아무도 없다.
- 대부분의 사람들은 대부분의 시간을 속일 수 있다.
- 사람들은 기만당하기를 좋아한다.

맞아요. 전 성공한 야바위꾼이에요. 성공의 비결이요? 그저 순회마차로 홍보를 하고 포스터와 신문을 이용해서 대대적인 광고를 했을 뿐이지요. 광고를 하면 그 수익은 몇 배나 되니까요. 여러분의 입소문도 한몫했죠. 어쨌든 제 광고를 마구 실어준 광고매체와 무엇보다 그것을 의심 없이 믿어준 여러분 덕택입니다.

출처: 지식채널 176, 야바위꾼의 성공비결.

3) 엔터테인먼트의 성립배경

엔터테인먼트는 인간이 태어난 고대시대부터 발생하였다. 선사시대에 사냥을 마치고 동굴에서 잡아온 음식을 먹고 여흥으로 동물을 따라 흉내 내고 소리를 내던 것이 오늘날 예술의 원형이 되었음을 짐작할 수 있다. 서양의 디오니소스 축제에서는 신을 즐겁게 하는 다양한 의식이 치러졌으며 또 인간은 의식을 통해서 음주가무를 즐기면서 엔터테인먼트의 원형을 만들어왔다. 다음은 엔터테인먼트가 비즈니스로서 자리잡게 되는 근대화, 산업화 이후의 사회적 변화를 살펴보았다.

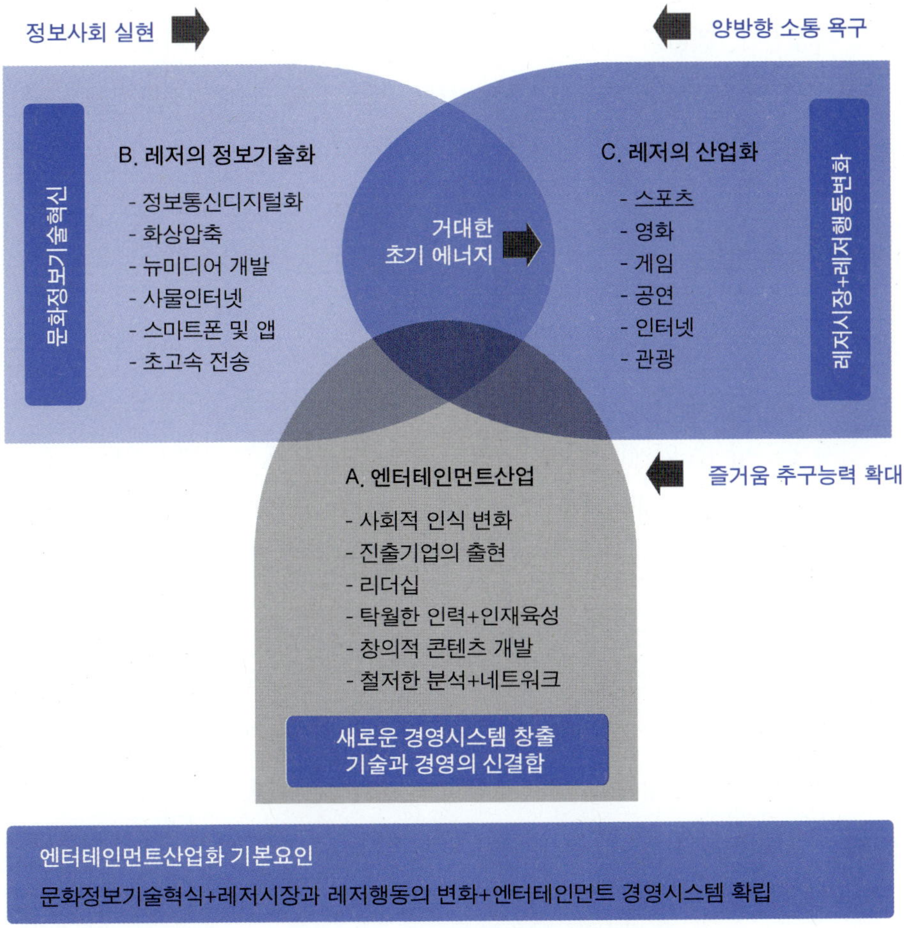

| 그림 4-2 | 엔터테인먼트의 성립배경

출처: 손대현 (2004).

(1) 레저시간의 증가

레저시간이 늘어나면 엔터테인먼트에 대한 선택의 폭이 넓어지고 질 또한 달라진다. 한국에서는 주 5일 근무제가 정착하면서 가용할 수 있는 레저시간이 늘기 시작하였다. 큰 덩어리의 자유시간은 쪼개는 방법, 즉 즐기는 방법에 따라 다양하게 레저를 즐길 수 있다. 엔터테인먼트는 레저를 보다 즐기기 쉬운 상태, 즉 상품화된 형태로 제공한다. 엔터테인먼트 비즈니스는 늘어난 레저시간을 어떻게 점유하느냐에 따라 성공 여부가 결정된다. 다만 엔터테인먼트 상품 간에는 경합이 이루어지지며 실제로 선택받는 것은 소수이다.

(2) 정보기술의 발달

정보기술 혁명이 엔터테인먼트 콘텐츠를 만드는 데 가속화 역할을 하였다. 모바일 기술의 발전은 밖에서 이루어지는 모든 엔터테인먼트를 집안으로 전송하여 누구나 쉽게 접근할 수 있게 하였다. 심지어 손안에서 모든 엔터테인먼트를 즐길 수도 있다. 텔레비전이 등장하기 전에는 모든 스포츠 이벤트를 경기장에서 볼 수밖에 없었다. 이러한 직접적인 참여관중이 매개적 관중(mediated spectatorship)으로 바뀌었다(김옥태 · 유홍식 · 정용국, 2015).

또한 복제기술의 발전은 생산에서 저원가를 실현함으로써 누구나 저렴하게 공유하여 엔터테인먼트 콘텐츠의 대량생산과 대량소비를 가능케 하였다. 1445년 구텐베르크(Gutenberg)의 활판인쇄를 시작으로 하여, 에디슨(Addison)과 뤼미에르(Lumiere) 형제의 영화 발명, 음악에서 LP를 거쳐, CD, DVD, mp3 파일음원까지 기술의 진보가 엔터테인먼트를 향유할 수 있는 조건이 된다. 그럼에도 불구하고 새로운 기술은 이전의 기술이 만들어 놓은 매체를 완전히 소멸시키지는 않는다. 즉 텔레비전이 등장했다고 해서 영화관이 없어지지는 않는 것이다.

(3) 기업의 사업 기회

문화의 상업화를 통해 만들어진 대중문화 그리고 증가된 수입과 자유시간을 가진 대중시장의 탄생이 기업의 입장에서는 새로운 사업기회로 다가왔다. 전통산업이라고 불리던 제조업과 서비스업은 엔터테인먼트 상품을 공급하는 기업으로 탈바꿈하였다. 본업의 위험을 분산한다는 차원에서 엔터테인먼트산업에 진출하기도 하고 또 엔터테인먼트 상품 내에 다양한 브랜드 층을 운영하기도 한다.

2. 엔터테인먼트 상품

1) 엔터테인먼트 상품의 개념 및 특징

(1) 엔터테인먼트 상품의 개념

상품(product)이란 경제적 교환관계의 대상이다. 따라서 파는 사람과 사는 사람이 존재하게 되고 일정한 가치가 매겨져 있다. 반면 서비스 역시 경제적 교환관계의 대상이며 일정한 가치를 가지나 눈으로 보이는 상품에 비하여 보이지 않고, 불확실성, 소멸성, 상호작용 등을 특징으로 한다.

엔터테인먼트 상품은 엔터테인먼트적 속성을 가진 상품으로 정의내릴 수 있다. 또한 엔터테인먼트 상품은 영화, 게임과 같이 물리적 실체를 가지지 않기 때문에 전통적 의미에서의 상품과 구별된다. 또한 공연장에서 락(rock)음악에 열광하면서 일상의 단조로움으로부터 심기일전할 경우 이를 서비스로 볼 수도 있다. 다만 편의상 엔터테인먼트 상품이라는 단어가 범용적으로 사용되기 때문에 이후에는 이것으로 통일하고자 한다.

엔터테인먼트 상품은 대중의 머리와 가슴 속에 있던 생각과 느낌이 비즈니스 감각이 뛰어난 천재들에 의해 다듬어지고 사고 팔 수 있는 형태로 만들어진 것이다. 이와 같이 아이디어는 엔터테인먼트 대가들의 영혼이라면 이것이 상품화되고 이후에 보호받을 수 있는 것은 저작권이다. 디즈니(Disney)가 작업하던 할리우드의 낡은 차고에는 항상 쥐가 들끓었다고 한다. 이에 늘 바라보던 쥐에 대한 새로운 이미지가 떠올랐고 즉흥적으로 쥐에 대한 그림을 그렸다. 쥐는 사람들에게 항상 혐오와 기피의 대상이었으나 사고의 전환을 통해 재미있고 익살스러운 장난꾸러기로 재탄생했다. 미키라는 이름은 당시에 기차 안에서 동승했던 승객이 지어주었다고 한다. 미키마우스는 1928년에 탄생하여 저작권은 소멸되었으나 소니보노(Sonny Bono) 저작권 기간 연장법에 의거하여 수혜를 받았다.

(2) 엔터테인먼트 상품의 범위

엔터테인먼트 상품을 어디까지 볼 것인가에 대하여 기존에 상품의 범위 관련한 논의를 적용할 수 있다. 엔터테인먼트 상품 역시 핵심제품(core product), 유형제품(actual product), 확장제품(augment product)으로 나눌 수 있다.

핵심제품은 소비자가 구매할 때 궁극적으로 얻고자 하는 핵심적인 이익이나 혜택을 의미한다. 예를 들어 드라마 〈뿌리〉를 통해서 노예제도의 불합리성과 인간존엄성을 자각하는 것이다. 또한 〈글라디에이터〉에서 스펙터클한 전투신(scene)의 호쾌함을 맛볼 수 있다. 실제 제품은 핵심제품의 개념이 형상화되어 구체적인 모습으로 만들어진 것이다. 감독의 독특한 작품 세계를 지칭하는 개념인 누구누구 표 영화는 감독이 가진 브랜드라고도 볼 수 있다. 예를 들어 블록버스터와 같이 화려하지 않지만 잔재미가 있고 일상의 잔잔함이 묻어 있는 홍상수 감독의 영화가 엔터테인먼트 실제 상품이다. 또한 영화의 등장인물, 배경, 사건구조 등이 실제 제품을 구성한다. 확장제품은 핵심제품과 실제 제품이 구체적으로 구매를 이르게 하는 서비스에 해당된다. CGV에서 운영하는 씨네드쉐프(Cine de Chef)는 영화를 전후로 해서 식사를 제공하는 레스토랑으로 영화와 식사 체험을 동시에 할 수 있다. 또한 일반 영화의 스크린보다 10대 정도 큰 초대형 스크린을 자랑하는 아이맥스 역시 엔터테인먼트 확장제품에 속한다고 할 수 있다.

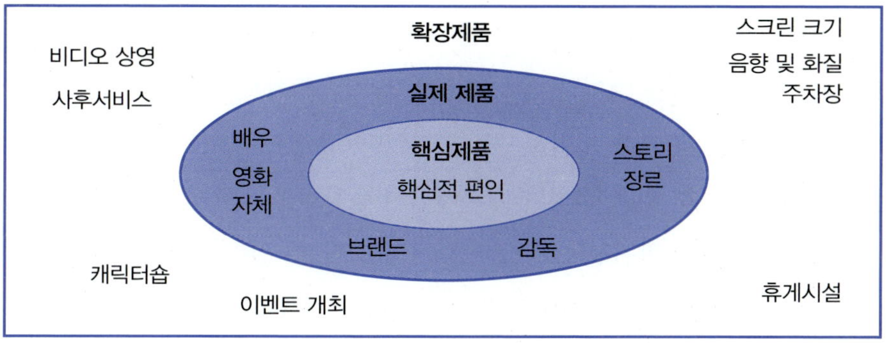

| 그림 4-3 | 엔터테인먼트 상품의 차원

(3) 엔터테인먼트 상품의 특징

① 경험재로서 엔터테인먼트 상품

상품의 소비가 일어나기 전에는 상품의 효용이 알려지지 않는다. 소비자에게 효용이 알려지지 않으면 판매하기가 매우 어렵다. 즉 경험을 해야 효용을 알 수 있는 것이다. 사전에 효용을 예측하기가 불가능하고 또 소비 후에는 품질 평가가 불확실하다. 개개인의 경험은 모두 차이가 있기 때문이다. 경험재는 경험하기 전에 평가가 어려운 재화이다. 이는 정보의 비대칭성, 즉 생산자와 소비자 사이에 커다란 정보의 격차로 설명할 수 있다.

② 부분적인 공공재로서 엔터테인먼트 상품

공공재(public goods)는 모든 사람이 공동으로 이용할 수 있는 재화와 서비스이다. 따라서 나의 소비가 타인의 소비를 배제하지 않는, 즉 비배제성과 비경합성을 특징으로 한다. 그러나 엔터테인먼트 상품은 부분적인 공공재이다. 엔터테인먼트 상품을 구매한다는 것은 독점적 소유를 통해 정해진 시간과 공간에서 보고 들을 수 있는 권리를 확보하는 것을 의미한다. 그럼에도 불구하고 영화관에서의 영화를 보는 것이나 대규모 콘서트장에서 공연을 감상하는 것과 같이 공동으로 소비하는 경우도 많다.

③ 감성상품으로서 엔터테인먼트 상품

엔터테인먼트 상품은 소비자에게 효용의 만족을 주기보다는 심리적이고 주관적인 만족을 주는 데 기여하는 비물질적인 것이다. 즉 경제적 가치와 문화적 가치를 동시에 준다고 볼 수 있다. 한정판 애니메이션 등장인물 피규어를 구매하여 소장하는 것은 시간이 지나 희귀성으로 인해 고가로 되팔 수 있다는 점에서 경제적 가치를 가지기도 하지만 당대에 유행했던 대중문화를 소유한다는 점에서 문화적 가치를 지닌다.

감성상품으로서 엔터테인먼트 상품은 공감성, 즉 다수의 대중이 같이 느끼는 것을 확보해야 한다. 사람들은 다른 사람이 좋아하는 것을 같이 좋아함으로써 동 시대의 문화코드(culture code)와 해당 사회에 따로 떨어져 있지 않고 속해 있음을 확인한다. 인간은 사회적 동물이자 문화적 동물이기 때문이다.

2) 엔터테인먼트 상품의 종류

(1) 미디어 엔터테인먼트와 라이브 엔터테인먼트

포겔(Vogel)은 엔터테인먼트를 미디어의존형(media-dependant)과 체험형(live) 두 가지로 나누었다. 전자는 영화, 음악, 방송 등 영상관련 미디어 업종을 포함하고, 후자는 미디어 없이 장소를 바탕으로 제공되는 카지노, 스포츠, 공연예술, 연극, 콘서트, 오페라, 뮤지컬 등을 포괄한다. 박장순은 역시 동일한 맥락에서 엔터테인먼트를 실연(live) 엔터테인먼트와 미디어 엔터테인먼트로 나누었는데 전자는 서비스를 제공하는 주체와 제공받는 객체가 한자리에 모여 교감을 형성하는 것이고, 후자는 미디어를 매개로 하여 간접적으로 형성되는 것이라고 하였다.

(2) ULI의 분류

미국 부동산 연구단체인 어번랜드인스티튜트(Urban Land Institute: ULI)는 엔터테인먼트의 종류를 다음과 같이 제시하였다.

① 배경(ambient) 엔터테인먼트: 조명, 조형물, 사인보드 등과 같은 디자인적인 요소, 거리 퍼포먼스 등 각종 이벤트 등 수동적이지만 고객경험과 레저를 만들어내는 강력한 역할을 하는 엔터테인먼트

② 충동(impulse) 엔터테인먼트: 회전목마, 암벽등반과 같이 상호작용적인 특성을 가지고 즉흥적이며 충동적인 효과를 통해 직접 매출과 연계되는 엔터테인먼트. 비참여자에게는 배경이 된다.

③ 목적(destination) 엔터테인먼트: 영화관, 라이브퍼포먼스극장, 클럽하우스 등과 같이 고객을 유인함과 동시에 인접한 다른 시설, 즉 레스토랑, 쇼핑 등으로 리드하는 역할을 하는 엔터테인먼트

(3) 일본의 분류

일본 신주쿠의 다카시마야(高島屋) 엔터테인먼트 쇼핑몰의 사례를 보면 엔터테인먼트가 다음과 같이 현실에서 분류되고 있다.

① 상품 엔터테인먼트: 고객 한 사람만을 위한 오리지널 지갑을 제작하는 등 독특한 콘셉트

② 시간 엔터테인먼트: 시간을 소중하게 여기는 고객의 욕구를 충족시키기 위해 서비스의 퀵 타임 실시

③ 공간 엔터테인먼트: 매장의 시야를 넓히고 장시간의 쇼핑의 피곤함을 해소하는 자연광 유도의 휴식공간 확보

④ 시설 엔터테인먼트: 여성을 위한 화장실 파우더룸 공간, 대기장소 설치, 음료자판기 등 설치

⑤ 장애인시설 엔터테인먼트: 배리어 프리 시설로 신체장애인, 노인, 아동 등이 이용하기 편리한 시설 등을 포괄

⑥ 친환경 엔터테인먼트: 음식물 쓰레기를 96시간 이내에 비료화하는 시설

(4) 기타 분류

엔터테인먼트산업을 폭넓게 해석하면 [그림 4-4]와 같이 제시되기도 한다(손대현, 2004).

문화원형	예술	미디어	레저 · 관광	전 산업
단군문화 삼국시대 고려시대 조선시대 한마당 · 풍류도 종교문화 문자의 모국과 기록문화유산	영화 음악 공연 연극 미술 디자인 패션 애니메이션 캐릭터와 만화 박물관 등	TV · 케이블 통신 라디오 신문 잡지 책 · 출판 인터넷 광고 · 홍보 모바일 문화콘텐츠 제공자 등	스포츠 게임 관광 항공 놀이공원 (테마파크) 리조트 카지노 레스토랑 이벤트 여행 레크리에이션 등	은행 · 백화점 등 소비자 경제의 전 산업으로 확대 쇼핑+엔터테인먼트 (Shoppertainment) 교육+엔터테인먼트 (Edutainment) 인포테인먼트 이터테인먼트 헬스테인먼트 스포테인먼트 폴리테인먼트

| 그림 4-4 | 엔터테인먼트산업의 분류

출처: 손대현 (2004).

3) 엔터테인먼트 상품의 추구가치

(1) 신기성(novelty)

엔터테인먼트 상품은 끊임없이 새로움을 창조해야 한다. 대중은 이미 시장에 나타난 것보다 뒤처지지 않는 조금이라도 신기한 것을 원하기 때문이다. 엔터테인먼트 상품은 즐기고 난 후에 실증이 나는 것이 많다. 소니의 게임도구인 플레이스테이션은 끊임없이 게임 타이틀을 시장에 출시하고 있으며, 동일한 제품이라도 연도별로 업그레이드를 시켜 선보인다.

상품이 시장에서 살아남으려면 타이밍이 무엇보다 중요하다. 대중스타 역시 엔터테인먼트 상품이기에 항상 새로움을 갈구하는 신인이 등장하고 있다. 오늘날 한국의 대중문화계에서 가장 빨리 유명해지는 길은 아이돌이 되는 것이라고 한다. 아이돌은 리얼리티프로그램뿐만 아니라 CF, 영화, 드라마 등 대중문화의 전방에서 상품성을 극대화하는 모델로 자리 잡았다.

(2) 회귀성(regression)

사람에게는 유아(幼兒)기로 돌아가려는 본능이 있다. 현재 상황이 힘들 때에는 과거를 회상하고 가능한 현실에서 도피하고자 한다. 역설적이긴 하지만 새롭고 신기한 것에 대하여 적응하는 데 부담을 느끼고 이미 익숙한 것을 찾기도 한다. 퇴행본능, 리바이벌, 리메이크, 노스탤지어(鄕愁) 등이 유사한 개념이다. 어른이 어린아이로 돌아가고자 하는 본능은 키덜트(kidult)라는 신조어의 등장, tvN의 〈응답하라 1988〉이 히트한 것과 같은 맥락에서도 살펴볼 수 있다.

회귀성은 컬러시대에서 흑백시대로 귀환하고 싶은 욕구로도 나타난다. 웹툰(webtoon)은 독자들의 눈길을 사로잡기 위해서 시각적 자극, 즉 자극적인 색깔과 액션 등을 과도하게 사용하는데 최근에는 흑백 웹툰이 나타나고 있다. 영화에서도 〈매드맥스: 분노의 도로〉가 흑백판으로 재개봉하였는데 색이 주는 정보를 희생하면 영상을 더욱 상징적으로 바꾸어준다고 한다(조선일보, 2017.3.6).

(3) 연결성(connection)

엔터테인먼트 상품은 홀로 존재하는 것보다 다른 것과 결합하여 보다 큰 가치를 창출한다. 이러한 전략은 2개의 제품을 2개의 기업에서 각각 생산하는 것보다 1개의 기업에서 2개의 제품을 생산할 때 더 효과적일 수 있다는 것이다. 남은 잉여자원을 이용하여 다른 서비스와 재화를 생산하는 것이다.

엔터테인먼트 상품이 한 번 히트를 한 후에 유사한 속편을 만들어 내는 것 역시 연결성을 극대화하는 것이다. 실버스타 스텔론 주연의 〈록키〉는 1편의 성공에 이어 주인공의 영광에서 좌절 그리고 재도전을 통한 승리를 속편에 그리고 있다. 시간의 흐름에 따르는 속편 제작인 시퀄(sequel)뿐만 아니라 이전 스토리인 프리퀄(오리지널에 시간적으로 선행하는 사건을 담은 속편) 제작도 유행한다. 즉 과거의 일을 극화한 것인데 영화 〈혹성탈출〉, 〈해리포터〉, 〈스타워즈〉, 〈무간도〉 등이 대표적이다.

(4) 다양성(variety)

엔터테인먼트 상품에는 다양한 분야가 존재한다. 이를 장르(genre)라고 하며 종류나 유형이라고도 한다. SF, 호러, 멜로, 액션 등은 영화의 장르이며 록, 헤비메탈, 댄스, 트로트 등은 음악의 장르에 해당된다. 엔터테인먼트 상품은 혼종성(서로 섞임)이 강하기 때문에 다양성을 추구한다. 즉 장르 간의 크로스오버가 빈번히 일어난다.

버라이어티(variety) 쇼는 예능의 한 종류로서 음악, 코미디, 게임, 토크 등 다채로운 포맷과 내용이 혼합된 대표적인 엔터테인먼트 장르이다. 한 가지 소재만을 다룸으로써 발생할 수 있는 단조로움을 피하는 데 도움을 준다. NBC의 세터데이나이트라이브(Satureday Night Live: SNL)가 대표적인데 할리우드 스타와 정 · 재계 유명 인사들의 코믹변신과 풍자가 어우러지는 작품이다.

3. 엔터테인먼트 비즈니스

1) 엔터테인먼트 기업 환경과 가치사슬

(1) 엔터테인먼트 기업 환경

환경(environment)이란 기업을 둘러싸고 있는 모든 것으로 영향을 주기도 하며 반대로 영향을 받기도 하는 것인데 복잡성과 동태성이 특징이다. 간접적으로 영향을 주는 요소는 PEST인데 각각 정치, 경제, 사회 및 문화, 기술 등의 약자이다. 직접적으로 영향을 주는 것으로는 기회와 위협이 있는데 이것을 어떻게 극복할 것인가를 합쳐서 스왓(SWOT) 분석을 한다. 엔터테인먼트산업 역시 이와 다르지 않은데 미디어의 발달, 정부의 정책, 소비자의 요구 등이 직접적으로 영향을 주는 환경이다.

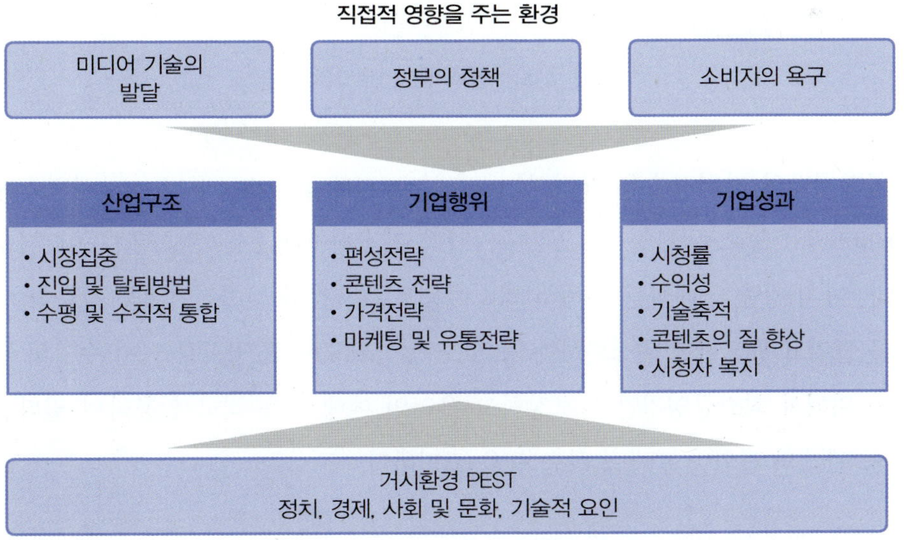

| 그림 4-5 | 엔터테인먼트산업환경

출처: 유세경, 김종하, 김숙 (2014).

(2) 엔터테인먼트 가치사슬

소비자에게 가치를 창출하는 일련의 연결고리를 가치사슬(value chain)이라고 한다. 즉 원재료를 가지고 생산에서 유통을 거쳐 소비로 이르는 일련의 단계를 말한다. 기업이 존재 의의를 가지려면 이전의 생산된 산출물을 처리해서 보다 높은 가치를 창출해야 존재 의의가 있다.

라이브형 및 미디어의 가치사슬은 [그림 4-6]과 같다. 라이브형은 현장에서 소비가 되기 때문에 영화와 같은 배급(distribution)이 빠져 있다.

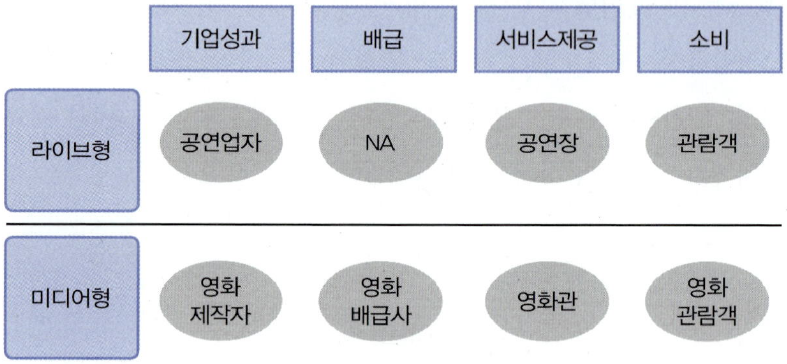

| 그림 4-6 | 엔터테인먼트 가치사슬

영화제작의 가치사슬은 제작사(production), 배급사(distribution), 서비스제공(exhibition) 등으로 나눌 수 있는데, 각각 제작사, 배급사, 영화관 등이 역할을 한다. 가치 창출 극대화를 위해서 최소비용으로 제작하고 사전기획을 강화하여 투자를 늘리고 광고비를 최소화하는 등의 노력이 필요하다. 영화관 역시 수익의 극대화를 위해서 최소상영기간을 보장하고 온라인 예매 등을 적극 활용하며 멀티플렉스 등 관객의 편의나 관람료 상승 등을 고민한다.

(3) 엔터테인먼트산업의 4C

엔터테인먼트 가치사슬을 다음과 같이 네 가지로 정리할 수 있는데 머리글자를 따서 4C라고 한다.

① 콘텐츠(Contents): 문자, 음악, 영상들의 정보이다. 21세기는 콘텐츠의 시대로서 콘텐츠의 핵심은 상상력과 창조력에 있다. 비틀즈의 노래 〈예스터데이〉를 주제로 하는 시몬스 침대 광고를 보면 '꿈속에서 아름다운 멜로디를 듣게 되어 잠에서 깨어나 피아노에 앉다'는 카피가 나온다.

킬러콘텐츠(killer contents)란 엔터테인먼트 시장의 판도를 뒤바꿀만한 영향력을 가진 콘텐츠로 다른 콘텐츠를 이끄는 역할을 한다. 미디어 그룹인 CJ E&M의 드라마 〈미생〉은 직장 초년생의 고군분투를 다루어 불황 속의 공감대를 이끌어냈는데 드라마 자체뿐만 아니라 원작인 웹툰을 비롯하여 캔커피 등 디자인 소재로도 쓰였다.

② 유통경로(conduit): 콘텐츠가 이용자로 흐르는 경로, 콘텐츠를 전달하기 위한 플랫폼 등을 의미한다. 영화를 제작하고 이를 관객에게 전달하기 위해서는 배급 혹은 유통단계가 필요하다. 한국의 메이저 영화배급사로는 CJ E&M, 롯데엔터테인먼트, NEW, 쇼박스, ㈜미디어플렉스 등이 있다. 애플이 TV프로그램 및 영화제작 등 엔터테인먼트산업에 진출하고자 하는 것은 아이폰이라는 강력한 플랫폼을 보유하고 있기 때문이다.

③ 소비(consumption): 소비자들이 상품을 이용하는 단계, TV를 시청하거나 라이브 쇼를 보는 관람행위를 말한다.

④ 융합(conversion): 콘텐츠와 미디어의 공진화, 즉 융합을 통해서 보다 다양한 소비를 가능하게 한다. 공진화는 같이 발전하는 것이다. 엘비스 프레슬리의 노래 〈올슉업(All shook up)〉, 스웨덴 출신 혼성그룹 아바의 〈맘마미아〉 등을 바탕으로 제작된 뮤지컬은 주크박스 뮤지컬이라고도 하는데 대중음악을 무대로 활용하여 극적인 형태로 완성시킨 형태이다.

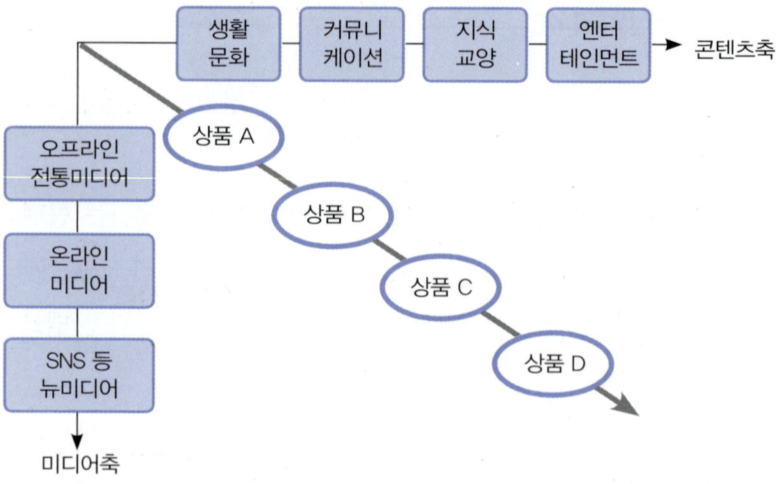

| 그림 4-7 | 콘텐츠와 미디어의 결합을 통한 상품개발

출처: 김원제 (2007).

2) 엔터테인먼트산업의 특징

(1) 고부가가치 고성장산업

엔터테인먼트산업은 4차 지식서비스, 5차 정서서비스 등에 이어 6차산업이라고 한다. PWC(price waterhouse coopers)에 따르면 2014년 기준으로 전 세계적으로 1조 7,745억 달러이며, 2018년까지 연평균 5% 이상의 고도성장률이 예상된다. 특히 개발도상국이었던 중국, 브라질, 러시아, 인도 등이 중산층 확대에 힘입어 E&M(엔터테인먼트와 미디어) 관련 지출이 증가하고 있다. 한국은 2013년 기준 2.8%의 세계 점유율과 전 세계 7위권을 유지하고 있다.

엔터테인먼트산업은 제조업과 달리 매출액에 대비하여 이익의 폭 혹은 이익률이 상대적으로 높다. 즉 매출을 위해서 써야 하는 돈, 즉 원가가 비교적 적게 들어간다는 것이다. 예를 들어 〈방탄소년단〉의 음원을 온라인 음악 서비스인 〈멜론〉에서 다운로드를 받아 내 아이폰에 저장한다고 한다면 음원 자체의 원가는 거의 제로일 것이다. 물론 서비스 제공자는 해당 소속사에게 소정의 금액을 주고 구입을 해

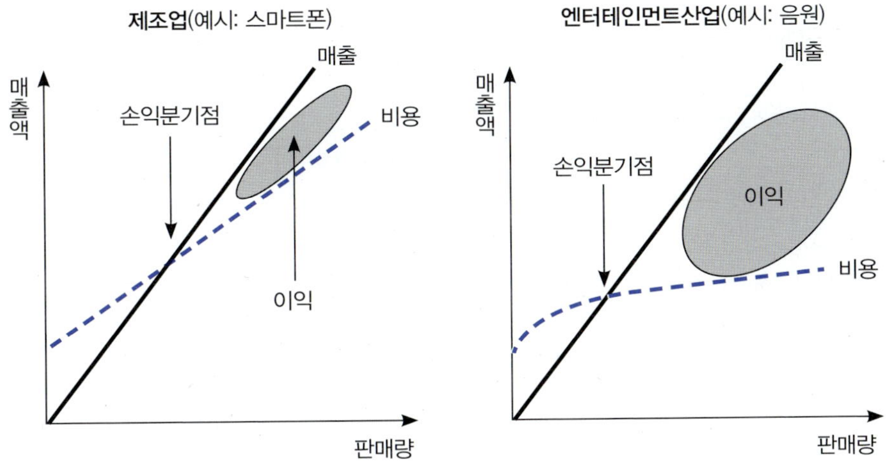

| 그림 4-8 | 엔터테인먼트 상품의 매출과 이익 특징

출처: 고정민 (2002).

주: 손익분기점(break even point: BEP)은 이익과 비용이 같아 이익도 손실도 나지 않는 점을 말하며, 이 점을 조기에 통과하는 것이 사업의 관건이다.

야겠지만 이 원가는 이용자가 많아질수록 만회되며 손익분기점을 지나면 이익은 기하급수적으로 늘어난다. 아이폰의 경우는 많이 팔리면 이익의 폭도 커지겠지만 원가 역시 지속적으로 들어가게 되어 있다.

비틀즈의 멤버였던 폴 메카트니는 1979년에 〈원더풀 크리스마스〉라는 노래를 발표했다. 이 노래는 빙 크로스비(Bing Crosby)의 〈화이트 크리스마스〉만큼은 아니지만 연간 1,500만 달러의 매출을 올리고 있으며 저작권을 소유한 덕분에 매면 40~60만 달러의 수입이 발생한다.

(2) 부가가치 창출이 용이한 산업

원소스 멀티유즈(one source multi use: OSMU)란 원본 콘텐츠를 원본과 다른 형태로 변용하여 다변적으로 확장한다는 개념이다. 즉 하나의 콘텐츠를 가지고 응용해서 여러 가지를 만들어 낸다는 것이다. 다만 콘텐츠를 담는 그릇인 미디어에 맞게 변형시킬 필요가 있으며 최초의 성공이 있어야 이후 작업이 진행되는 특징이 있다.

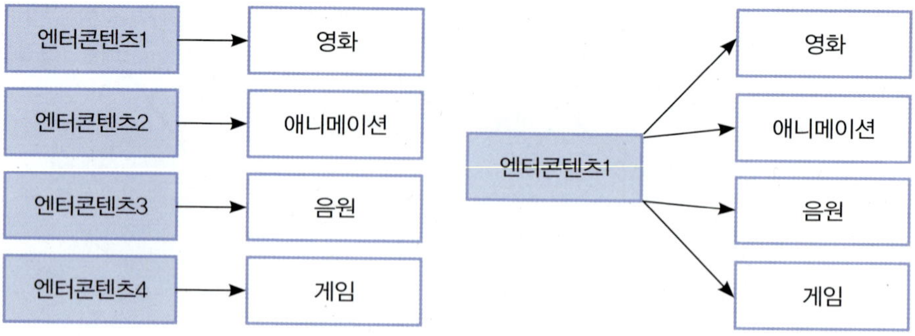

| 그림 4-9 | **원소스 멀티유즈의 개념**

출처: 손대현 (2004).

동일한 콘텐츠라도 전달하는 플랫폼에 따라 달라질 수 있다. 리마스터링(re-mastering) 기술로 기존의 아날로그를 디지털화하여 고화질, 감독판(director's cut), 무삭제판 등 다양하게 제공된다. 원천성(originality)은 어떤 정형성을 가지고 있지 않기 때문에 가능한 것이다.

음반을 만들기 위해서는 노래를 부르는 아이돌 그룹을 선발하고 트레이닝을 거쳐 데뷔하기까지 시간이나 비용 투자가 필요하나 성공 후에는 다양한 활동을 통해 수익창출이 가능하다. 즉 본업인 음원 취입 이외에도 콘서트, 예능프로그램 출연, 광고모델 등으로 활동할 수 있다.

창구효과(window effect) 역시 부가가치 창출을 용이하게 하는 원리를 설명하는데 유효한 개념이다. 다만 OSMU와 차이가 있는데 OSMU가 원본을 다른 형태로 변용하는 것이지만 창구효과는 원본의 변형 없이 동일한 콘텐츠를 수직적으로 유통하는 것이다. 즉 마치 창문을 열듯이 하나의 시간차로 다른 채널에 공급하는 것, 서로 다른 시점에 서로 다른 채널을 통해 공급하는 것이다. 예를 들어 영화를 극장에서 먼저 상영하고 비디오, 비행기판권, 유료케이블 등으로 전환하는 것이다.

생산자 측면에서는 상품개발에 들어가는 비용을 절감할 수 있고 서로 관련성이 있는 상품을 같이 생산하기에 생산비가 감소한다. 즉 학습효과가 발생하는 것이다. 또한 판매자 측면에서는 이미 시장에서 받아들여진 것에 약간의 변형을 이루어낸 것이므로 위험성을 감소시킬 수 있다(김평수 외, 2016).

중간불일치 가설에 의하면 정보처리량/선호도는 기존 제품과 중간수준으로 상이할 때 극대화되는 경향이 있다. 즉 소비자는 새로운 제품이 출시될 때 기존 제품과 너무 유사하면 정보처리량(적극적으로 주목하고 인지과정을 거쳐 기억을 하려는 의도) 및 선호도가 떨어지고 또 기존 제품과 매우 상이할 때 역시 동일한 현상이 발생한다.

이와 같이 엔터테인먼트산업에서는 기획단계에서부터 다양한 활용을 염두에 두고 효과를 극대화하는 노력이 이루어지고 있다. 미국에서는 미디어 프랜차이즈(media franchise), 일본에서는 미디어믹스(media mix)라고도 한다. 즉 1차적으로 제작된 콘텐츠를 다른 형태의 콘텐츠로 제작하고 판매할 수 있는 권리를 임대한다는 뜻이다. 그럼에도 불구하고 인터넷 등 뉴미디어의 등장으로 창구화 순서가 잘 지켜지지 않고 홀드백(holdback), 즉 부가판권의 유예기간도 짧아지는 등 새로운 도전이 일어나고 있다.

| 표 4-1 | 5대 글로벌 콘텐츠 기업

그룹명 지상파	케이블/위성	영화	출판	기타
폭스 FOX	폭스뉴스, FX, 스피드채널, 내셔널지오그래픽스, BSKYB(위성)	20세기 폭스사	월스트리트 저널, 뉴욕포스트, 썬	IGN엔터테인먼트(게임)
타임워너 Time warner	타임워너 케이블, HBO, TBS, TNT, CNN, 카툰네트워크	워너브라더스	타임	워너브라더스, 인터랙티브 엔터테인먼트(게임)
디즈니 ABC	디즈니채널, ESPN, ABC 패밀리, A&E 텔레비전 네트워크	마블스튜디오, 픽사 애니메이션 스튜디오	히페리온북스, 부에나비스타 매거진	디즈니인터랙티브게임즈(게임)
ComCAST NBC	E엔터테인먼트 텔레비전, 더 스타일 네트워크, 골프채널, TV ONE	유니버설스튜디오	–	컴캐스트인터렉티브 미디어(인터넷, 게임)

출처: 유세경, 김종하, 김숙 (2014).

글로벌 탑 콘텐츠 및 미디어기업들은 다음과 같이 사업군을 구성함으로써 OSMU와 창구효과 극대화를 위한 노력을 하고 있다. 특히 영화의 경우에는 100여 년이 넘도록 약 6개의 메이저 기업이 과점체제를 구축하고 있으며 전 세계 영화시장의 80%, 엔터테인먼트의 50%를 장악해 왔다.

(3) 하이리스크 하이리턴 산업

엔터테인먼트산업은 흥행에 성공하면 높은 수익(high return)을 얻을 수 있으나 실패 시에는 투자금액도 회수하기 어려운(high risk) 전형적인 모험사업(venture business)에 속한다. 아이돌 그룹 론칭은 리스크가 크다. 멤버 구성에서 데뷔까지 빨라도 1년에서 1년 6개월 정도가 소요되는데, 남자 아이돌 그룹이 데뷔하면 적게는 1년, 많게는 5년 정도 지속적인 투자가 필요하다. 초기 투자비용이 많지만 성공하면 과실은 달콤하다. 가요 관계자는 "한 중견 기획사가 신인 그룹에 3년간 30억 원을 투자했는데, 팀이 성공을 거둔 뒤 1년여 만에 투자금을 회수하고 흑자로 돌아섰다"고 밝혔다(스포츠서울, 2015.5.1).

앞에서 볼 수 있듯이 흥행이 성공했을 경우에는 한계비용(marginal cost)이 제로(zero)이기 때문에 기하급수적인 이익을 만들어낼 수 있다. 한계비용이란 생산할 때 한 단위를 추가할 때마다 증가되는 비용을 말하여 보통 생산량이 늘어날 때마다 줄어드는 성격이 있다. 반면 흥행에 실패할 경우에는 이미 제작에 들어간 비용은 매몰비용(sunk cost)적 성격으로 인해 회수가 어렵기 때문에 재기불능의 상태가 되고 만다. 매몰비용은 말 그대로 매몰되어 다시 되돌릴 수 없는 비용을 말한다. 제조업의 경우 사업 실패 시 공장에 투자한 기계 등을 팔아서 어느 정도 만회를 할 수 있지만 흥행에 참패한 영화산업에서 남는 것은 아무도 보지 않는 동영상 파일에 불과하며 클릭 하나로 날아가 버린다. 영화감독이나 제작진에게 준 인건비는 회수할 수 없다. 더욱이 성공한 영화는 라이프사이클이 매우 짧아 쉽게 잊혀진다.

엔터테인먼트산업 투자가와 경영자는 엔터테인먼트산업에 성공하기 위해 하이리스크 하이리턴으로 특징지을 수 있는 벤처산업의 상징인 실리콘밸리 스타일의 경영모델을 벤치마킹할 필요가 있다(야마네 다카시, 2005).

- 안티테제(antithesis): 성공을 한 후에는 반대의 개념을 생각하여 다음을 대비해야 한다. 즉 역발상적인 아이디어를 만들어야 한다.
- 아마추어적인 감각: 새로운 생각과 창의성을 외부로부터 끊임없이 구하여야 하며 오디션(audition)을 통해 재능 있는 신인을 발굴한다.
- 프리덤 투 페일(freedom to fail): 자유롭게 실패할 권리, 실패를 용서하고 재도전의 기회를 부여한다.
- 벤처정신(venture 정신): 도전정신을 북돋우고 성공 시에는 거액의 인센티브를 부여한다.

하이리스크 때문에 사라져 버릴 수 있는 창조성을 되살리기 위해 이익분할공유제(profit sharing)를 사용하기도 한다. 영화산업에서는 스튜디오, 제작, 감독, 배우, 작가 등으로 나눌 수 있다. 이외에도 불안전한 시장으로 인해서 철저한 사전준비를 통해 제작기간을 최소화하고 관객이 최고라는 마인드로 접근한다.

3) 기업경영의 엔터테인먼트화

(1) 마케팅의 엔터테인먼트화

마케팅(marketing)이란 판매를 하기 위한 제반 노력이다. 이를 위해서는 목표로 하는 시장에서 고객이 누군지를 알고 이들과 관계를 맺어나가는 것이 중요하다. 마케팅은 지난 수년간 많은 변화를 겪었으며 최근의 마케팅 트렌드는 3E로 요약된다.

- 체험(experience)
- 엔터테인먼트(entertainment)
- 감성(emotion)

엔터테인먼트는 사람이 가지고 있는 이성보다는 감성, 지식체계보다는 느끼는 방식에 호소한다. 이를 위해서는 대상과 고객 간에 밀접한 관계 맺기, 하나 되기가 중요하며 이를 체험이라고 한다. 그리고 엔터테인먼트의 핵심은 감성의 변화에 있음을 명심해야 한다. 엔터테인먼트 상품을 구매하는 고객은 기능이 아니라 좋아해야 할 이유를 찾는다.

전통적인 마케팅과 엔터테인먼트 마케팅의 차이는 〈표 4-2〉와 같다.

| 표 4-2 | 전통적 마케팅과 엔터테인먼트 마케팅의 차이

4P 전략	전통적 마케팅	엔터테인먼트 마케팅
제품(product)	편익과 기능을 강조	이미지, 판타지, 느낌 강조
가격(price)	합리적 가격 또는 할인가	엔터테인먼트 프리미엄 추가
장소(place)	대형 전문유통매장	엔터테인먼트 공간으로 탈유통
판촉(promotion)	미디어 광고, 입소문	엔터테이먼트 이벤트, 체험 등

출처: 삼성경제연구소 (2002).

기업이 엔터테인먼트를 마케팅에 활용하는 방법(entertainment for marketing, 기업의 마케팅을 위한 엔터테인먼트)은 엔터테인먼트 기업이 마케팅을 구사하는 방법(marketing for entertainment, 엔터테인먼트 기업을 위한 마케팅)을 적극적으로 채용하고 이를 기업의 현장에 적용한 결과이다.

기업이 엔터테인먼트를 활용하는 방법은 직접적인 방법과 간접적인 방법으로 나눌 수 있으며, 또 기업이 생산하는 제품과 엔터테인먼트가 얼마나 결합하는가에 따라 구별한다.

엔터테인먼트 마케팅과 전통적인 마케팅은 다음과 같은 차이가 있다.

- 엔터테인먼트 판촉: 엔터테인먼트를 광고 및 판촉 수단으로 이용
- 엔터테인먼트 지원(스폰서십): 자사를 홍보하거나 이미지를 개선하는 방법으로서 엔터테인먼트 기업체를 지원
- 엔터테인먼트 연출: 제품 및 서비스에 엔터테인먼트 이미지 체화로 차별화

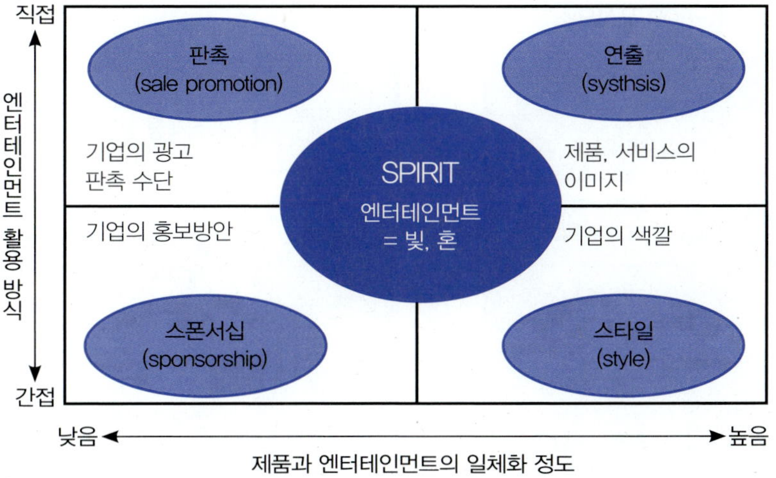

| 그림 4-10 | 엔터테인먼트 마케팅

출처: 삼성경제연구소 (2002).

- 엔터테인먼트 기업: 새롭고 독특한 엔터테인먼트를 상징하는 기업으로 포지셔닝
- 엔터테인먼트 후광: 국가의 엔터테인먼트적 매력을 후광효과로 향유

(2) 운영관리의 엔터테인먼트화

운영관리(operation)는 상품 및 서비스를 생산해 내고 이를 마케팅 및 판매하기 위해 준비하는 단계이다. 따라서 엔터테인먼트적인 특성은 상품과 서비스를 생산에 적용하는 데 한계가 있다.

다만 이러한 운영관리를 지원할 때 CEO의 감성리더십, 즉 엔터테인먼트적 소양과 성향이 중요하며 간접적으로 영향을 미칠 수 있다. 또한 CEO는 엔터테이닝한 개인브랜드로써 기업의 평판과 직접 연결된다. 내부구성원은 다양한 엔터테인먼트에 노출되면서 감수성의 배양과 함께 엔터테이너의 탤런트(재능, 끼) 등을 배워 대고객서비스에 적용할 수 있다.

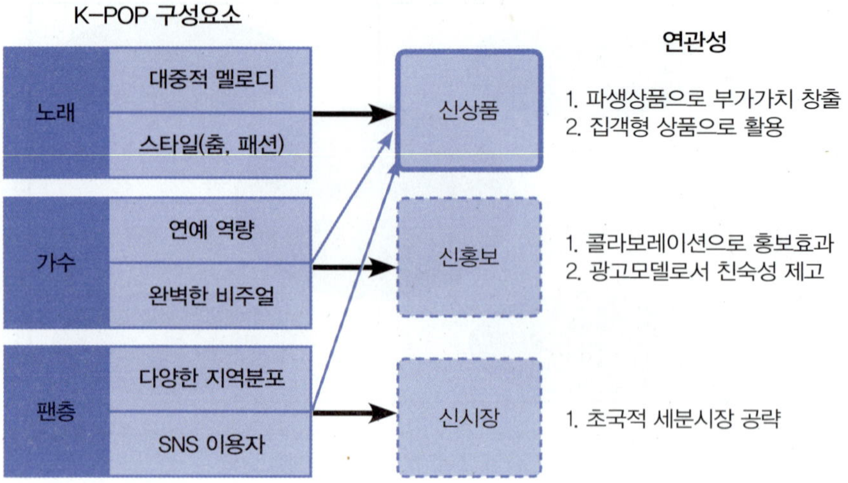

| 그림 4-11 | 운영관리의 K-POP 엔터테인먼트 접목가능성

출처: 삼성경제연구소 (2012).

생각해 볼 문제

01 엔터테인먼트는 왜 오락과 차별화되어야 하는가?

02 엔터테인먼트 상품의 신기성과 회귀성을 조화시키는 방법은 무엇인가?

03 엔터테인먼트가 역으로 기업으로부터 배운 것은 무엇인가?

04 엔터테인먼트산업이 가지고 있는 원소스 멀티유즈적인 특성이 산업 혹은 기업적 차원에서 독점화될 가능성은 없는가?

05 엔터테인먼트의 산업적인 특성인 하이리스크를 피할 수 있는 방법은 무엇인가?

엘비스와 대통령 (2016)

리자 존스 감독
마이클 섀넌(엘비스 역),
케빈 스페이시(닉슨 역)

로큰롤의 황제 엘비스 프레슬리는 1970년 12월 21일 당시 미국 대통령인 리처드 닉슨을 만난다. 엘비스는 엔터테인먼트계의 제왕으로, 닉슨은 당시 세계 최강의 미국 대통령이었다는 점에서 정상에 서 있는 사람들끼리 만난 비정상적인 회동이었다. 엘비스는 정치와 가장 거리가 있던 사람이고 닉슨은 연예계와 가장 거리가 먼 것 같은 사람이었다. 극적으로 성사된 두 사람의 만남에 추측과 각색을 거쳐 영화가 만들어졌다.

엘비스는 자신을 만들어 준 조국의 미래를 걱정하며 대통령에게 무보수로 연방 비밀요원직을 요청하였다. 닉슨은 최초 엘비스의 편지를 받았을 때 딴따라를 만나는 것이 이미지가 깎인다 하여 거절했다. 그러다 딸 바보였던 닉슨은 딸의 강력한 요구, 즉 엘비스의 사인과 사진 때문에 어쩔 수 없이 만나게 되었다. 처음에는 서로 간에 사는 세계가 너무나 달랐기에 대화가 매끄럽지 않은 부분도 있었지만 대화가 진행될수록 닉슨은 대통령 앞에서도 주눅 들지 않고 자신감이 있는 엘비스에 호감을 갖게 되고 또 엘비스는 꼰대의 이미지로 알고 있던 닉슨이 의외로 코믹하고 친근감 있다는 점에 감동한다.

출처: amazon studio

CHAPTER 05

엔터테인먼트산업

나는 밤에 꿈꾸지 않는다.
하루 종일 꿈꾼다.
나는 살기 위해 꿈을 꾼다.

스티븐 스필버그

월트 디즈니의 도전

1966년 12월 15일, 미국의 애니메이션 · 영화감독이자 제작자, 사업가인 월트 디즈니가 세상을 떠났습니다.

미국 시카고에서 태어나 고등학교 때부터 상업 미술에 뜻을 두고 광고 만화 등을 그리기 시작한 월트 디즈니는 '미키 마우스'를 창조해 한층 인기가 높아졌습니다. 그 뒤 '미키', '도널드' 등 많은 만화영화를 제작했는데, 삼원색 방식에 의한 최초의 천연색 영화인 '숲의 아침'으로 아카데미상을 받았습니다. 그 뒤에도 '돼지 삼형제'를 비롯해 많은 걸작 만화를 만들었습니다.

여기에 1937년 세계 최초의 장편 애니메이션 '백설공주'를 제작해 개봉했는데, 당대에 엄청난 화제를 모았습니다. 그때까지만 해도 애니메이션은 장편영화 상영 도중 잠시 틀어주는 소품 같은 개념이어서 월트 디즈니의 도전은 무모하다고 여겨졌지만, 개봉 직후 모든 흥행 기록을 갈아치우며 대성공을 거뒀습니다. '전함 포템킨'의 감독 세르게이 에이젠슈타인도 '백설공주'를 본 후 영화 역사상 가장 위대한 영화라고 추켜세우기도 했죠.

월트 디즈니는 이후 1955년 로스앤젤레스 교외에 디즈니랜드라는 거대한 어린이 유원지를 설립해 영화 제작자 이상의 사업가로서도 자리를 굳혔습니다. 그가 영화업계와 세계 오락산업에 미친 영향력은 아직도 방대하게 남아 있으며, 여전히 대중문화 역사상 가장 중요한 인물 중 한 사람으로 꼽힙니다. 그가 형인 로이 디즈니와 함께 1923년에 창립한 월트 디즈니 스튜디오는 현재까지도 꾸준히 애니메이션을 제작하고 있습니다.

한편, 월트디즈니컴퍼니는 현재 최고의 엔터테인먼트 기업으로 성장했습니다. '토이 스토리' 등을 만든 픽사, 만화책으로 시작한 마블엔터테인먼트, '스타워즈' 시리즈를 만든 루카스필름 등을 인수하면서 그야말로 영화 흥행의 '줄 세우기'를 하고 있는데요. 올해 세계 박스오피스 1위 '캡틴 아메리카: 시빌 워'(11억 달러), 2위 '도리를 찾아서'(10억 달러), 3위 '주토피아'(10억 달러), 4위 '정글북'(9억 달러) 모두 월트디즈니컴퍼니의 작품입니다. "내 모든 것이 꿈과 생쥐 한 마리로 시작했다는 것을 늘 기억하라"라는 명언을 남긴 월트 디즈니가 현재 상황을 보면 어떤 생각을 할까요?

출처: 문화밥상 (2016.12.15).

이 장의 소개

이 장은 4장 엔터테인먼트란 무엇인가에서 본 엔터테인먼트의 본질 그리고 각 엔터테인먼트 산업의 장르와 공통되는 사항들을 본 후에 각 엔터테인먼트 장르인 영화, 드라마, 음악 등을 살펴본다.

1절 뤼미에르 형제가 발명으로 "기차가 달려온다, 피신하라!"로부터 시작된 영화산업은 오늘날 할리우드를 중심으로 산업적인 면에서 무한한 발전을 하고 있다. 그러나 영화는 상업성에 대비되는 예술성이 있으며 또한 사회적인 영향 등을 감안할 때 산업적 시각에서만 보는 편향성을 극복할 필요가 있다.

2절 방송산업은 미디어 매체 산업이지만 콘텐츠 없이는 존재할 수 없으며 또한 그 콘텐츠의 존재 의의는 광고에 있다. 즉 재미와 감동이 있는 콘텐츠가 있어야 시청자의 눈과 귀를 사로잡을 수 있으며 따라서 광고는 방송 비즈니스의 중요한 재원이 된다.

3절 애니메이션산업은 만화를 기반으로 하며 영화가 표현할 수 없는 기술적 한계를 극복하여 상상력의 극대화, 주제 선택의 자유로움 그리고 2차 시장과의 연계가 용이하다.

4절 음악산업은 자체로도 존재 의의를 가지지만 다양한 장르와 결합하여 가치를 창출한다. 영화음악, 드라마 OST, 방송 CF, 애니메이션 주제가, 라이브 엔터테인먼트의 공연 레퍼토리 등이다.

5절 라이브 엔터테인먼트산업은 송신자와 수신자, 즉 라이브 엔터테인먼트를 제공하는 자와 이를 감상하는 자 사이의 상호작용이 매우 중요하다. 아울러 제작 및 연출 역시 매우 중요한데 "once and only for one"(단 한 번에 단 한 사람을 위해서)이기 때문이다.

열쇠말

광고, 라이브 엔터테인먼트, 방송, 애니메이션, 엔터테인먼트, 영화, 음악

학 습 목 표

1. 영화와 할리우드 스타시스템의 관계를 설명할 수 있다.
2. 왜 방송사가 광고업과 연결되는가를 알 수 있다.
3. 예능에서 리얼리티 프로그램이 인기를 얻는 이유가 무엇인지 설명할 수 있다.
4. 애니메이션은 어떠한 면에서 영화에 비해 창작이 자유로운지 알 수 있다.
5. 음악산업에서 시상식이 주는 의미를 설명할 수 있다.

1. 영화산업

1) 영화산업의 시작과 발전

(1) 에디슨과 뤼미에르 형제

"기차가 달려온다, 피신하라!"

1895년 12월 28일, 프랑스 파리에 있는 명사의 사교장이었던 그랑카페에서 활동사진을 구경하던 사람들이 일제히 문 밖으로 뛰쳐나갔다. 뤼미에르(Lumiere) 형제가 제작한 〈기차의 도착〉이라는 최초의 상업영화가 공공의 장소에서 상영된 것이다. 이것은 비록 시네마토그라프라는 기계장치를 통한 3분짜리 무성영화라는 조그만 시작이었지만 이후 전개될 거대한 영화산업의 서곡이었다. 흥미롭게도 뤼미에르는 프랑스어로 빛이라는 뜻으로 관객들이 본 것은 빛에 불과한 것이었다.

| 그림 5-1 | 영화 〈기차의 도착〉 중 한 장면

출처: 씨네스트.

당시의 해프닝이 오늘날 영화산업의 전형으로 인정되는 이유는 다음의 세 가지 요소를 가지고 있었기 때문이다.

- 영화 상영을 위한 특정장소의 확보
- 영화 관람객을 한자리에 집결
- 돈을 받고 영화를 보여줌

당시의 영화는 단편이기도 했지만 이야기의 전개를 보여준 것이 아니라 실제 장면을 스크린 위에서 재생한 것이라는 한계를 가지고 있었다. 오히려 영화를 상영하는 기계장치의 가능성에 초점을 맞춘 것으로 판단된다.

발명왕 에디슨(Edison)은 세계 최초로 키네토스코프(kinetoscope)라는 카메라를 발명했는데 이것은 움직이는 사진을 볼 수 있는 기계장치였다. 인간이 사라져 버린 영상을 매우 짧은 시간 동안 기억할 수 있다는 것에 아이디어를 얻어 발명되었다. 한 동작을 이루는 여러 그림을 연속으로 보면 사람들은 그림이 움직인다는 착각을 한다.

(2) 할리우드 스타시스템

미국의 영화산업이 세계 시장을 주도하고 있으며, 할리우드는 세계 영화시장의 작하고 유튜브에 올려 배급을 하는 것이다.

영화산업 입장에서 1990년대부터 본격화되기 시작한 멀티플렉스(multiplex)는 쇼핑과 영화 관람을 동시에 할 수 있는 복합상업공간이다. 즉 영화를 보는 행위로서 레저와 쇼핑이라는 생활이 동시에 이루어질 수 있다. 영화를 보러 가서 쇼핑을 하는 것인지 쇼핑을 하러 가면서 겸사해서 영화를 보는지가 모호해졌다. 분명한 것은 영화가 멀티플렉스를 안정화시키는 강력한 수단이 되었다는 것이다. 새로운 영화가 나오면 당연히 재방문이 이루어진다. 멀티플렉스 영화관은 우수한 자본력과 넓은 공간으로 프리미엄 서비스를 제공하는 등 나날이 발전하고 있다.

2) 영화산업의 의의

(1) 영화와 사회

영화는 우리의 인생사를 그대로 그려내고 있다. 영화감독 마틴 스콜세지(Martin Scorsese)는 영화의 교육적 기능을 강조하면서 “내가 알아야 할 모든 것, 좋은 것은 영화에서 배웠다”라고 한다. 영화 관람은 익명의 집단이 어두컴컴한 좌석에 앉아 집단으로 감상하는 행위이다. 즉 스크린에 몰입하면서 집합적 소비를 하는 행위이다. 이와 반대로 TV시청은 영화 감상과 달리 집 밖을 나갈 필요도 없고 혼자 감상하는 일이 비일비재하다. 즉 영화는 가끔씩 하는 특식이자 별식이라면 텔레비전 시청은 매일 먹는 주식이라고 할 수 있다.

영화 감상은 공동체로서 사회를 만드는 기능을 가지고 있다. 영화 〈시네마천국〉을 보면 낡은 영사기와 함께 어우러지는 어린 시절의 추억을 불러일으킨다. 영화란 단순한 킬링타임 수단이 아니라 영화가 상영되는 극장을 중심으로 마을 주민 전체가 모이는 만남의 매개체이다. 영화는 개인의 체험이 아니라 타인 간의 관계를 매개하며 공동체를 유지하는 데 일조한다. 서로 얼굴도 모르는 수십, 수백 명의 사람들이 모여 함께 울고 웃고 생각하는 독특한 공간이다. 한국의 슬로시티 영월에서는 과거 탄광촌의 추억을 되살린다는 취지에서 야외 별빛 아래서 영화를 감상하는 마을사업을 열기도 하였다.

(2) 예술과 엔터테인먼트로서의 영화

영화는 예술작품과 상품으로서의 줄타기를 하는 장르이다. 작품성과 흥행성의 두 마리 토끼를 동시에 잡을 수는 있을까? 영화는 제7의 예술로 자리매김하고 있으며 소비자의 미적 취향을 만족시키는 역할을 한다. 시, 음악, 무용, 건축, 회화, 조각을 이어 제8은 예술, 제9는 만화로 제시되고 있다.

그러나 찾는 사람이 없으면 예술도 무의미하다. 예술이라는 명예를 손상시키지 않으면서 영화를 팔려는 노력들이 다양하게 이루어지고 있다. 예술영화라는 별도의 장르로서 상업성과 대중성을 드러내는 영화가 아니라 고유의 미학을 추구하고 작가 및 감독의 주제와 미적 감각이 드러나 있는 영화가 있는 것만 보더라도 그러하다. 할리우드에 대한 반상업주의적 시각을 바탕으로 한 영화 〈우리에게 내일은 없다〉, 〈이지라이더〉 등이 대표적이다.

이와 반대로 영화를 킬링타임용 여가수단으로 보고 투자의 대상으로 삼아 철저하게 흥행을 목표로 하는 것이 영화의 상품적 접근이다. 사실 영화란 도시화와 산업화 속에서 파생되어 나온 대중의 힘을 입어 탄생하였다. 즉 도시의 대중계층에게 가장 이상적인 오락활동이었던 것이다. 현실을 잊고 잠시나마 도피하려는 의지와 재생산을 위한 충전의 시간을 보내려는 의지에 절묘하게 부합하는 상품이었다. 20세기 초 찰리 채플린은 영화를 통해 도시노동자를 위한 여가를 마련하였고 공감 구조를 창출하였다. 어두운 공간은 쉽게 몰입할 수 있게 해주며 그로 인해 관객은 스크린의 주인공과 동일시하기가 쉽다.

아카데미상은 미국 영화예술과학 아카데미가 수여하는 상으로 최고의 권위를 가지고 있다. 원래 1927년 영화사인 MGM(메트로 골드윈 메이어)의 사장인 루이스 메이어가 발의하여 아카데미가 설립되었고 영화 시상으로 발전하였다. 비록 할리우드의 상업성과 거대자본이라는 태생적 한계가 있지만 아카데미 작품상을 받은 작품들은 상품으로의 성공뿐 아니라 예술성까지 갖추었다고 판단되기에 참고로 수상작을 살펴보았다.

| 표 5-1 | 2000년 이후 아카데미상 작품상 수상 현황

연도	회차	영화명	감독	주연상
2017	89회	문라이트	베리 젠킨스	
2016	88회	스포트라이트	토마스 매카시	
2015	87회	버드맨	A.G 이냐리투	
2014	86회	노예 12년	스티브 맥퀸	
2013	85회	아르고	벤 에플렉	
2012	84회	아티스트	토머스 랭맨	
2011	83회	킹스 스피치	이에인 캐닝	콜린 퍼스
2010	82회	허트 로커	캐슬린 비글로우	
2009	81회	슬럼독 밀리어네어	대니 보일	
2008	80회	노인을 위한 나라는 없다	에단 코헨	
2007	79회	디파티드	마틴 스콜세지	
2006	78회	크래쉬	폴 해기스	
2005	77회	밀리언달러 베이비	클린트 이스트우드	힐러리 스웽크
2004	76회	반지의 제왕3: 왕의 귀환	피터 잭슨	
2003	75회	시카고	롭 마샬	
2002	74회	뷰티플 마인드	론 하워드	
2001	73회	글라디 에이터	리들리 스콧	럿셀 크로우
2000	72회	아메리칸 뷰티	샘 멘데스	케빈 스페이시

3) 영화 비즈니스

(1) 영화 비즈니스의 법칙

영화가 성공하려면 하이콘셉트(high concept)가 중요하다. 한 가지 단순한 사상으로 표현되는 강력한 아이디어이다(이강복, 2004). 스티븐 스필버그는 "스물다섯 개 혹은 그 이하의 단어로 설명할 수 있는 아이디어가 있다면 그 아이디어는 매우 괜찮은 영화로 만들어질 수 있다. 나는 그런 아이디어를 좋아한다. 특히 손에 쥘 수 있는 듯 아주 간결한 그런 아이디어를 사랑한다."라고 하였다. 반면에 로우콘셉트(low concept) 영화는 주제가 명확하지 않고 이야기가 복잡하여 강한 인상을 주지 못하기 때문에 흥행으로 연결시키기 어렵다(문관규 외, 2012).

이외에도 세상에 잘 알려진 유명배우와 감독, 명확한 스토리 라인, 전작의 히트, 사회적 삶의 반영, 관련 상품화(merchandising) 등이 있다. 배우 레오나르도 디카프리오는 영화 〈타이타닉〉으로 첫 흥행작을 만든 이후 〈디파티드〉, 〈울프 오브 월스트리트〉 등을 포함하여 감독 마틴 스콜세지와 같이 만든 영화를 대부분 흥행에 성공시켰고 마침내 2016년 88회 아카데미 시상식에서 〈레버넌트: 죽음에서 돌아온 자〉로 남우주연상을 거머쥐었다. 〈반지의 제왕〉 트릴로지 시리즈는 동시에 제작하였지만 2001년 〈반지원정대〉, 2002년 〈두개의 탑〉과 2003년 〈왕의 귀환〉 등을 스토리의 전개에 따라 순차적으로 출시하여 3천억원 이상의 제작비를 상회하는 수익을 올리기도 하였다.

이와 같이 영화 비즈니스는 승자독식의 시대가 되고 있다. 이를 20 : 80의 법칙이라고 하는데 상위 20%에 해당하는 영화가 전체 관객의 80%를 가져간다. 2016년도 세계 영화 흥행 순위 1~5위까지가 디즈니에서 제작한 것으로 나타났는데 〈스타워즈〉 및 〈어벤저스〉 등 13여 편이 세계 극장 매출의 20%를 차지하였다고 한다.

영화가 흥행했다는 것은 얼마나 많은 사람들이 관람했는지, 그리고 총 얼마를 지불했는지 등으로 판단된다. 또한 제작비 대비 얼마의 수익을 올렸는지 등이 포함되기도 한다. 블록버스터란 기획단계부터 대규모 흥행을 목적으로 오락성의 줄거리를 가지고 막대한 자본을 투입하여 성수기에 개봉하여 막대한 흥행수입으로 연결되는 영화를 말한다(문관규 외, 2012).

| 표 5-2 | 전 세계 역대 영화 흥행 순위(2014년 기준)

랭킹	영화명	배급사	개봉	제작비 (백만$)	북미관객 (백만명)	세계수익 (백만$)
1	아바타	폭스	2009	425	96	2,788
2	타이타닉	파라마운트	1997	200	136	2,185
3	어벤저스	디즈니	2012	220	77	1,519
4	해리포터와 죽음의 성물2	워너	2011	125	48	1,342
5	겨울왕국	디즈니	2013	150	49	1,272
6	아이언맨	디즈니	2013	200	48	1,215
7	트랜스포머3	파라마운트	2011	195	44	1,123
8	반지의 제왕: 왕의 귀환	워너	2003	94	62	1,119
9	007 스카이폴	소니	2012	200	38	1,108
10	다크 나이트 라이즈	워너	2012	250	58	1,084
11	캐러비안의 해적: 망자의 함	디즈니	2006	225	64	1,066
12	토이 스토리3	디즈니	2010	200	52	1,063
13	트랜스포머: 사라진 시대	파라마운트	2014	210	29	1,054
14	캐러비안의 해적: 낯선 조류	디즈니	2011	250	30	1,045
15	쥬라기 공원	유니버설	1993	63	92	1,029
16	스타워즈: 보이지 않는 위험	폭스	1999	115	90	1,027
17	이상한 나라의 앨리스	디즈니	2010	200	42	1,025
18	호빗: 뜻밖의 여정	워너	2012	250	38	1,017
19	다크나이트	워너	2008	185	74	1,005
20	라이온 킹	디즈니	1994	45	89	988

출처: Box office mojo (2014).

영화의 투자 주체는 매우 다양하다. 대표적으로 투자배급사, 투자조합, 은행, 방송국, 외부투자자 등이 있으며 이들을 대표해서 메인투자자는 제작사와 손을 잡고 영화제작에 들어간다. 영화투자는 거의 도박에 비유할 만큼 위험도가 높아 다양한 투자자들이 들어가고 또 공동제작을 함으로써 위험을 분산시키는 것이 현명하다.

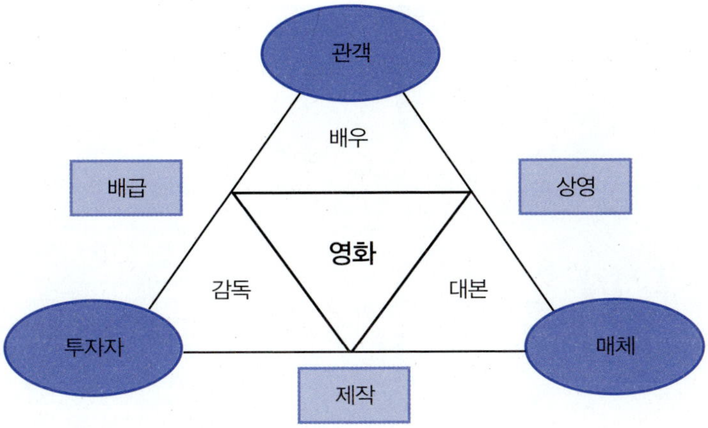

| 그림 5-3 | 영화 비즈니스의 3대 축

출처: 이강복 (2004).

> 좋은 시나리오에서 나쁜 영화가 나올 수는 있지만 나쁜 시나리오에서 좋은 영화가 나올 수는 없다.
>
> 프란시스 코폴라

어떤 영화에 투자를 해야 하는지 결정하기 위해서 대본에 대한 심사(screening) 작업은 매우 중요하다. 여기에서 옥석을 가려낼 수 있는 심미안(審美眼)이 요구된다. 영화의 제작은 [그림 5-4]와 같은 일련의 순서로 이루어진다.

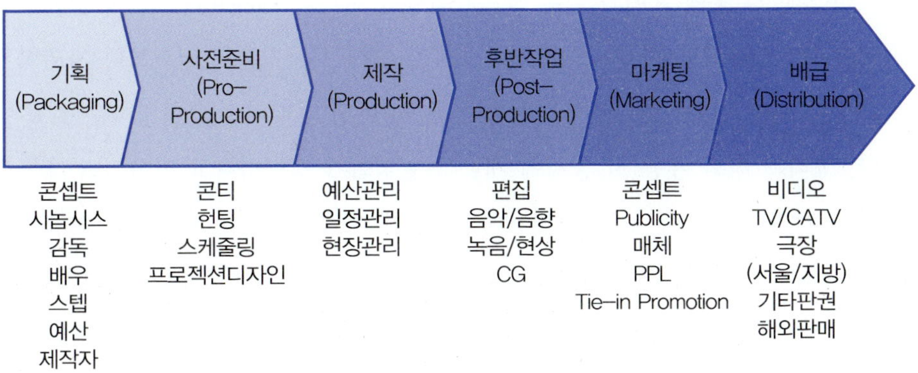

| 그림 5-4 | 영화 제작 프로세스

출처: 고정석 (2004).

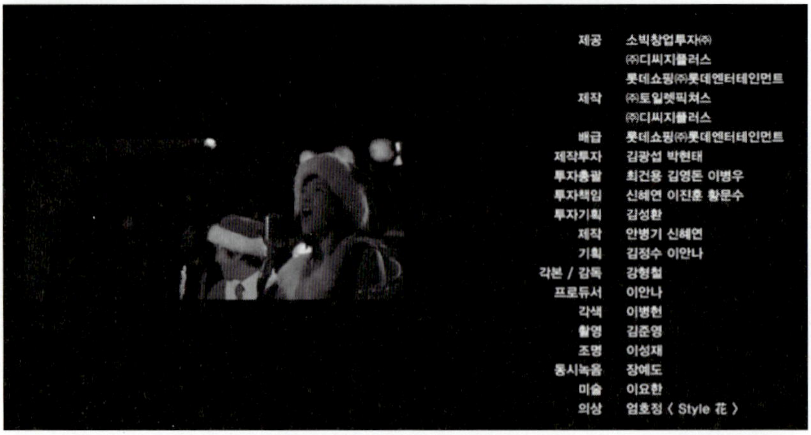

| 그림 5-5 | 영화의 엔딩크레딧

출처: 토일렛 픽처스 (2008).

영화가 흥행하기 위해서는 스타의 속성, 즉 주목효과가 있다는 것을 알아야 할 것이다. 스타감독(오리지널 사운드 트랙을 만드는 음악감독까지 포함), 스타배우, 스타작가(탄탄한 독자층을 보유한 원작소설의 작가까지 포함) 등은 영화제작 전부터 대중의 관심을 불러일으킨다. 스필버그와 조지 루카스는 기존의 통념을 깨고 주인공을 고고학자이자 모험가인 가족영화적 캐릭터로 삼았다. 1930~1940년대를 배경으로 동명의 영화 제목인 〈인디아나 존스〉(해리슨 포드 분)를 만들어 내었으며 시리즈로 성공을 이어갔다.

그러나 영화의 흥행은 이와 같은 제품효과뿐만 아니라 매체효과, 즉 마케팅이 동반되어야 한다. 영화를 성공적으로 마케팅하기 위해서는 기존의 영화보다 차별화된 포인트를 강조할 필요가 있다. 따라서 개봉 당시의 사회적 이슈를 반영하는 것도 방법이다. 그리고 영화 개봉 시 동시에 개봉하는 영화가 강력하다고 판단되면 개봉시기를 앞당기거나 늦추는 전략도 필요하다. 영화 마케팅에서는 오피니언리더의 역할이 중요하며, 이들의 입소문(word of mouth: WOM)을 잘 이용하는 것이 좋다. 따라서 주말 첫 개봉일에 얼마나 많은 관객을 끌어들였는가가 매우 중요하다. 또한 유통전략으로 스크린 수나 상영일수를 확보해야 한다. 멀티플렉스에서 한편의 영화가 많은 스크린을 장악하고 있는 것을 대대적 개봉(saturation) 배급 전략 혹은 와

이드 릴리즈(wide release)라고 한다. 많이 볼 수 있게 해야 많이 보게 된다.

| 표 5-3 | 2013년 기준 북미 메이저 스튜디오 점유율

순위	스튜디오	점유율 (%)	박스오피스 (백만$)	전년대비 (%)	배급 편수	주요 작품	세계수익 (백만$)
1	워너브러더스	17.1	1,863	11.9	25	그래비티	3,170
2	디즈니	15.7	1,711	10.3	10	겨울왕국	3,020
3	유니버설	13.1	1,433	8.3	16	아이덴티티 씨프	2,250
4	소니	10.5	1,145	▲36.1	15	아메리칸 허슬	1,800
5	라이온게이트	9.8	1,070	▲13.7	21	나우유씨 미: 마술사기단	1,250
6	20세기폭스사	9.7	1,064	3.8	14	크루즈패밀리	2,220
7	파라마운트	8.8	967	5.7	10	스타트랙 다크니스	1,340

출처: Box office Mojo(yearly box office). (2013).

(3) 아시아의 영화산업

① 홍콩영화

20세기 중반부터 홍콩은 무협과 쿵푸라는 문화콘텐츠를 통해서 영화제작이 활성화되었다. 1920년 말부터 상하이에서 영화를 제작하던 쇼브라더스와 1970년대 골든하베스트가 상업영화의 천국으로 불리던 홍콩영화의 주역이다. 무협영화로는 이소룡의 〈당산대형〉, 〈용쟁호투〉, 〈정무문〉, 좀 더 인간미를 가지고 코믹으로 무장한 호쾌한 성룡의 〈취권〉, 〈프로젝트A〉, 〈폴리스스토리〉 등이 있다.

| 그림 5-6 | 영화 시작 화면에 등장하는 골든 하베스트사 로고

출처: https://www.goldenharvest.com

홍콩 느와르(noir)물은 맨손 대신에 총을 들고 관객의 재미를 충족시켜 주었다. 느와르는 범죄와 폭력 등 암흑가의 세계의 삶을 다룬 영화장르로서 자동차 브레이크의 파열음, 총소리 및 담배연기 등이 시청각적 이미지로 대표화된다. 중국 전통의 가부장적 사고와 형제간의 우애를 적절히 버무렸다. 오우삼이 감독하고 서극이 제작한 〈영웅본색〉 시리즈는 해당 장르의 시발점이 되었으며 성냥개피를 물고 쌍권총을 든 주윤발은 1980년대의 문화 아이콘이었다.

또한 신화와 민담 이야기와 쿵푸 무협을 적절하게 버무린 영화로 서생이 귀신을 만나서 사랑에 빠지는 내용의 왕조현과 장국영이 출연한 〈천녀유혼〉이 대표적이다. 해당 작품은 중국 청대의 소설가 포송령의 작품인 〈요재지이〉 중 〈섭소천〉이라는 작품을 배경으로 하고 있다.

홍콩의 본토 반환을 앞두고는 세기말적인 불안감과 불투명한 미래를 반영하며 사회적 불안감을 표출한 작품이 선보였다. 왕가위 감독은 이와 같이 시공간의 엇갈림과 사랑의 엇갈림을 미려한 영상으로 표현하고 있다. 〈동사서독〉의 주인공인 구양봉(장국영 분)이 거처하는 사막은 정체성을 상실한 홍콩을 상징하며 친구인 황약사(양가휘 분)가 가져온 취생몽사라는 술은 현실에 대한 도피를 상징한다. 왕 감독이 묘사하는 주인공은 이방인적인 존재로서 항상 다른 곳으로 떠나는 것을 상상하고 있다. 〈중경삼림〉의 주인공인 아미는 항상 캘리포니아로 떠나고 싶어하며 그녀의 마음은 OST로 쓰인 마마 앤드 파파스의 〈캘리포니아 드림〉으로 나타난다.

홍콩영화 코미디의 제왕이라고 불리는 주성치는 독특한 웃음코드로 소시민의 영웅을 그려내고 있으며 〈서유기: 월광보합〉, 〈희극지왕〉, 〈식신〉 등이 대표적이다. 필요에 따라서는 기존 영화의 패러디를 시도했는데 〈홍콩 레옹〉, 〈홍콩 마스크〉이 그것이다.

한국에서 홍콩영화의 흥행 성공은 CF로 이어졌으며 주윤발은 밀키스 CF, 유덕화는 투유 초콜릿, 왕조현은 크리미 등을 찍었다. 또한 〈말죽거리 잔혹사〉에서는 이소룡의 절권도에 심취한 주인공 현수(권상우 분)를 통해서, 〈할리우드키드의 생애〉에서 병석(최민수 분)과 명길(독고영재 분)이 그러했듯이 홍콩영화의 영향을 단편적으로 볼 수 있다.

지난 100년간의 홍콩영화는 백일몽으로 한때 활짝 만개했다가 지금은 주춤한 것으로 판단되지만 당시의 영화가 가져온 영화(榮華)의 흔적들을 볼 수 있다. 침사추이 바닷가를 따라서 난 산책로에는 '할리우드 스타의 거리'가 조성되어 있는데, 이곳에 가면 앞서 소개한 스타들뿐만 아니라 이연걸, 홍금보, 임청하, 양조위 등의 자필서명과 손도장을 만나게 된다.

② 일본영화

1896년부터 영화가 제작되기 시작하여 1900년 초에 영화사가 설립되고 1930년대부터 약 20년간 일본영화의 황금시대를 맞는다. 대표적인 감독인 구로자와 아키라의 〈라쇼몽〉은 1951년 베니스영화제에서 황금사자상을 수상하였다. 이 작품은 일본영화의 천황이라고 불리며 뛰어난 작품성으로 인한 오마주(homage) 작품들을 배출하였으며 또 일본 사회를 날카로운 시각에서 비판하였다. 그의 작품이자 미후네 도시로 주연의 〈7인의 사무라이〉는 농민과 사무라이 사이의 빗속 전투장면이 세계 영화사에 길이 남을 명장면으로 손꼽힐 만큼 유명하다. 이 작품은 이후 서부극 〈황야의 7인〉, 이병헌 조연의 〈매그니피센트7〉 등으로 이어졌다.

1960년대에 오시마 나기사 감독의 〈감각의 제국〉은 1920년대 실제 사건을 소재로 한 것으로 당시 보수적인 사회적 분위기 속에서 외설로 고발되었지만 주인공 사다를 통해 위선으로 가득 찬 사회 속에서 부당하게 억압받으며 살아가는 욕망을 그렸으며 급진적 정치운동을 한 감독의 경력과도 무관하지 않다. 이마무라 쇼헤이는 인간과 일본 사회가 가지고 있는 욕망과 치부를 여과 없이 드러낸 감독이다. 〈복수는 나의 것〉을 통해 인간의 본능적 욕망과 금기, 〈간장선생〉을 통해 군국주의에 대한 비판, 〈나라야마 부시코〉에서는 일본판 고려장을 그렸으며 칸영화제에서 황금종려상을 수상하였다.

1970년대에는 영화산업의 위축과 함께 장르의 변화도 일어났는데 저예산이지만 나름 완성도와 주제의식을 가진 로망 포르노(Roman porno) 장르가 등장하여 가미시로 다츠미의 〈젖은 입술〉 등을 시작으로 아류들이 탄생하였다. 기타노 다케시는 독특한 폭력의 미학을 보여주고 있는데 〈하나비〉는 1990년대 일본 대중문화에 대한 해금조치로 수입된 1호 영화이다. 그 외 〈그 남자, 흉폭하기 때문에〉, 〈소나티네〉, 〈아웃레이지〉 등이 있다.

일본영화는 장르 간의 경합관계에서 열위에 위치하게 되었는데 1990년부터 애니메이션 〈신세기 에반게리온〉 이후로 어려움을 겪게 된다. 이후 영화는 원소스 멀티유즈 원칙에 충실하게 만화 및 애니메이션, 드라마 등을 원작으로 하는 영화가 다수 제작되었다.

③ 발리우드

인도는 연간 2000여 편의 영화가 제작되는 영화강국일 뿐만 아니라 5위권의 박스오피스 규모의 주목받는 소비시장이기도 하다 참고로 한국은 200편, 미국은 700여 편에 불과하다. 이에 따라 북미 영화산업을 상징하는 할리우드에 비견하여 봄베이를 중심으로 하는 발리우드(Bollywood)는 자국뿐만 아니라 전 세계에 걸쳐 흩어져 있는 인도인을 연결하고 있다.

빈민가 고아출신 자말의 인생역정을 퀴즈쇼에 녹여낸 〈슬럼독 밀리어네어〉, 자폐증을 앓지만 천재적인 지적능력과 순수함을 가진 주인공 칸의 이야기인 〈내 이름은 칸〉, 일류대와 취업만을 강조하는 인도의 교육현실을 비판한 〈세 얼간이〉, 인도 역대 흥행 1위를 차지한 〈PK: 별에서 온 얼간이〉, 평범한 주부의 일상의 고독과 치유를 보여준 〈런치박스〉 등이 있다.

느닷없이 단체로 사람들이 몰려나와 춤을 추고 노래를 하는 인도산 영화를 이른바 마살라 영화라고도 한다. 영국의 지배하에 인도인의 민족성을 고취시키고 문화적 정체성을 유지하기 위해서 영화 속에 종교색이 짙은 춤과 노래를 삽입하였고 권선징악이라는 주제 아래 식민지시대의 희망을 심어 놓았다.

2. 방송산업

1) 방송 비즈니스

(1) 방송 비즈니스의 개념과 의의

방송 비즈니스는 불특정다수를 대상으로 하는 브로드캐스트(broad cast)로 시작되었다. 1984년 미국의 모르스(Morse)가 유선으로 당시에 초보적인 통신기술을 바탕으로 "하느님께서 행하신 일이 어찌 이리 크뇨"라는 성경의 일부(콘텐츠에 해당)를 짧게 인용하였다. 이후 방송은 통신과 결합하여 지상파, 케이블, 위성방송 등의 디지털화, 네트워크 광대역화 등을 통해 좀 더 넓게(broad) 대중에게 접근(cast)하고 있으며 동시에 개별의 욕구에 맞게 대중이 아닌 분중(分衆) 혹은 개중(個衆)의 욕구와 욕망에 맞도록 콘텐츠의 수요를 공급하고 있다. 시청자는 다채널의 고품격, 쌍방향, 이동 서비스 향유를 원하고 있다. 따라서 방송은 미디어(media) 매체산업이지만 어떠한 콘텐츠(내용)을 담느냐 역시 중요하다. 콘텐츠가 없다면 방송매체는 의미가 없다.

방송사는 영상과 음성, 메시지 등을 제작, 구입, 저장, 전송 그리고 판매하여 가치를 창출하는 집단이다(KOCCA, 2014). 방송사는 콘텐츠 제공자로서의 역할로부터 시작하여 수직적, 수평적 통합을 통해서 더 나아가 이러한 콘텐츠를 직접 제작하고 있다. 글로벌 방송기업들은 이를 가능하게 하기 위해서 앞의 세 가지 지상파, 케이블 네트워크, 위성방송뿐만 아니라 영화, 신문, 잡지 등의 영역까지 아우르고 있다. 폭스는 뉴스코포레이션, ABC, ESPN은 월트디즈니, M-TV는 바이아콤, CNN은 타임워너 소속이다.

| 표 5-4 | 방송사의 사업영역

기존사업	신규사업
광고 및 협찬	드라마, 영화투자, 제작
전시, 공연, 시상, 문화행사	콘텐츠 가공유통, 수출
공익기여, 자선사업	드라마 테마파크 사업
국내외 판권사업	온라인 등 닷컴 자회사 사업
스포츠행사, 중계권 사업	여행사 투자 등 주변사업
프로그램 지방유치 등	VOD 서비스, 신매체 사업

출처: 김정섭 (2007).

(2) 텔레비전과 시청률 그리고 광고

TV는 마법의 상자 혹은 바보상자로 불리며 그 존재와 역할에 대하여 다양한 평가가 이루어지고 있다. 텔레비전은 '멀리 (있는 것을) 보다'라는 어원을 가지고 있지만 우리의 일상생활에 매우 가깝게 있으며 절대적으로 대중의 시간을 점유하고 있다.

> 엄마는 부엌에서 라디오에 귀를 기울이며 부엌일을 하고 아빠는 석간신문을 읽고 금요일 저녁이면 온 가족이 모두 극장에서 영화를 즐기는 광경은 당시로서는 새로운 사회 흐름이었으며 작지만 행복한 세계였다. (중략) 그후 텔레비전이 등장하였다. 평화는 깨졌다.
>
> 엘 리버만 (2003).

텔레비전 시청자는 기업의 입장에서 보면 고객집단이기에 이른바 비(非)엔터테인먼트기업들은 자사의 상품과 서비스를 TV를 통해 광고한다. 방송사 입장에서 볼 때 자체 운영 및 프로그램 제작에 필요한 수익의 귀중한 원천이다. 따라서 시청자의 귀와 눈을 잡아 놓을 수 있는 뉴스와 엔터테인먼트 시청률 확보는 방송사 입장에서는 사활을 건 싸움이다. 시청률은 방송사가 유치하는 광고의 예산을 짜는 원칙이 되며 시청률을 통해서 해당 프로그램의 전 · 중 · 후에 배치하는 광고의 단가가 결정된다. 광고방영시간, 즉 시청자의 사고나 감정에 접근할 수 있는 창구를 광고주에게 판다.

> 방송프로그램은 광고와 광고 사이에 삽입되는 방해물이다.
>
> 포겔 (2003).

미식프로축구 결승전인 슈퍼볼 중계는 광고전쟁이라고 할 수 있다. NBC, CBS, FOX 등 미국 공중파가 전담하고 있으며, 방송국은 NFL에 매년 50억 달러 이상을 지불한다. 여기에 광고를 따내려는 스폰서들의 물밑작업이 들어온다. 2015년 기준으로 광고비는 30초당 450만 달러 수준이었다. 그 이유는 최소 1억 570만명이 시청하는 막대한 광고효과를 창출하기 때문이다. 현대자동차의 제네시스 광고가 63개의 CF 중 6.9점으로 1위 획득하였다고 한다.

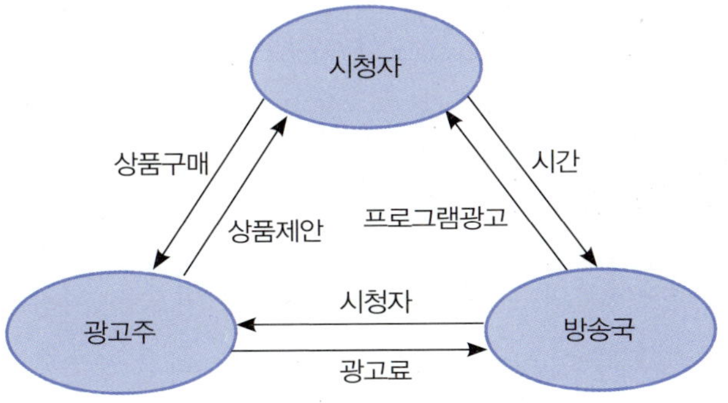

| 그림 5-7 | 방송국과 광고

방송사는 호혜적으로 국가기관망인 전파를 부여받아 사용하기 때문에 공공성이라는 책무를 잊어서는 안 되지만 시청자의 요구로 상업성을 무시할 수도 없다는 딜레마가 생긴다. TV가 대중에게 주는 즐거움에는 다음과 같은 요소들이 있다.

- 코믹(comic): 웃음을 자아내는, 익살스러운
- 감상성(sentimental): 슬픈, 서정성을 띤
- 관능성(erotic): 육체적 쾌감, 성적인 감각을 자극하는
- 선정성(sensational): 충격적, 선정적인
- 환상성(fantastic): 기분 좋은 공상, 현실과 다른

(3) 방송 포맷의 수출

방송 포맷(format)은 방송 프로그램의 진행에 대한 테크닉과 노하우를 의미한다. 즉 매회 다른 내용임에도 불구하고 프로그램을 구성하는 기본 구조가 있고 시청자가 비록 다른 편을 감상하더라도 같은 프로그램임을 인지할 수 있는 것이다. 1989년 영국에서 프로그램 표절 시비가 법적공방으로 이어지면서부터 지적재산권으로 인식하게 되었다. 프로그램 포맷 시장은 세계적으로 14조원에 달할 정도로 급부상하고 있는데 새로운 사업이자 제3의 수익 창출원으로 각광받고 있다. 방송 포맷이 성공적으로 판매되려면 먼저 해당 프로그램의 시청률이 높아야 하며 해외판매 시 문화적 공감성, 즉 보편타당성이 확보되어야 한다.

2) 드라마

(1) 드라마의 개념과 의의

드라마는 안방극장에서의 체험을 드라마틱하게 만드는 여왕(Drama Queen)이다. 극적인 구조를 바탕으로 배우를 기용하여 찍은 허구 작품을 말한다. 보통 드라마의 성공은 초반의 1~4편으로 좌우된다. 드라마의 인기가 높은 이유는 시청의 연속성과 발전성 때문이다. 리들리 스콧은 "보통 영화는 2시간 정도이지만 TV드라마는 마치 살아 있는 생명체처럼 캐릭터와 스토리를 진화시킬 수 있다"라고 하였다. 이는 약 1시간 내외의 에피소드가 10여 개 모여 한 개 시즌을 구성할 정도로 길기 때문이다.

드라마의 장르란 유사성을 띤 에피소드의 줄거리, 주제의식, 화면연출, 전반적인 분위기 등에 따라서 분류한 것이다. 드라마 장르로는 로맨스, 스포츠, 시대극 등 나누는 방법이 매우 다양하다. 방송사는 자체적으로 드라마를 제작하거나 외주 제작기업을 통해서 공급을 받는다.

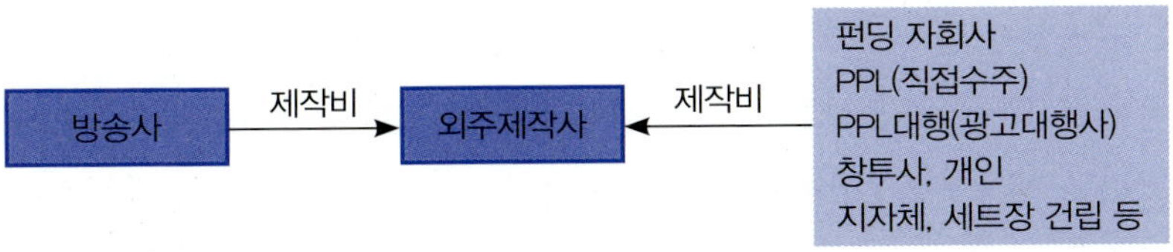

| 그림 5-8 | 드라마 제작 구조

(2) 드라마의 중요성

TV 프로그램을 나누는 기준을 드라마와 비드라마로 나눌 만큼 드라마의 비중은 매우 크다. 드라마를 통해 시청자를 TV 수상기 안에 잡아두어야 광고를 통해 수익을 창출할 수 있기 때문이다. 이를 위해서는 재미와 감동이 보장되어야 한다. 드라마가 시청자를 끌어들이는 이유는 다음과 같다.

① 익숙함: 이미 알고 있는 스토리 구조에서 크게 벗어나지 않아 새로운 것을 이해하는 데 그리 많은 인지적 노력이 필요하지 않기 때문이다. 사람은 익숙한 것에 편안함을 느끼고 이를 계속 좋아하는 경향이 있다.

② 일상성: 영화관으로 가서 영화를 관람하는 것과 달리 집안에서 가사일을 하면서 즐길 수 있다. 따라서 특정일, 특정시간이 되면 해당 드라마를 틀어놓는 것이 습관화된다.

③ 사회적 공유성: 드라마의 내용은 자신이 속해 있는 집단과 공유거리를 제공해 준다. 드라마 스토리와 배우 그리고 이슈를 가십으로 공유하며 시청자 게시판에 글을 올리는 등 행동으로 보여준다.

(3) 각국의 드라마 사례

미국의 드라마는 소재의 다양성, 치밀한 구성 그리고 블록버스터 영화에 버금가는 제작비를 투자하는 스케일 등이 연속성이라는 드라마 중독성과 겹쳐 유력한 엔터테인먼트 소비대상이 되고 있다. 존 콜드웰은 TV 프로그램의 성향을 비디오형과 영화형으로 나누었다. 후자는 제작과정이 영화에 가까운 것으로 프리 프로덕션의 중요성을 강조하고 촬영과 편집 등에 공을 들이는 것이다.

미국의 연간 TV드라마 시장은 약 600억달러 정도로 추산되며 1시간짜리 에피소드를 제작하는 데 약 300만달러 정도가 투입된다. 보통 방송을 통해서 제작비의 약 50% 이상을 회수하고 DVD 및 해외시장 수출로 이익을 내고 있으며 시즌제를 도입하여 성공하는 드라마는 계속 수익을 창출하는 구조를 갖고 있다. NBC가 제작한 여섯 청춘남녀의 일과 사랑을 그린 작품, 〈프렌즈〉는 시트콤 장르의 전설로 불리고 있는데 1994년부터 2004년까지 약 10여 년간 방영했다. 배우의 출연료 역시 한 회당 최초 2만달러 남짓이었으나 시즌 10에서는 다섯 배인 100만달러로 치솟았다.

명품 드라마 제작으로 유명한 유료채널 홈박스오피스(HBO)는 1990년대를 기점으로 드라마의 소재와 표현수위를 영화만큼 확장하였고 이후 〈섹스 앤 시티〉, 〈왕좌의 게임〉, 〈밴드오브 브라더스〉 등을 선보였을 뿐만 아니라 대선에서 승리한 트럼프를 소재로 한 작품을 준비 중이다. 1999년부터 2007년까지 방영된 〈소프라노스〉는 TV드라마 사상 최고의 성과작이라고 평가받는데, 케이블 드라마 최초로 에미상 드라마부문 작품상을 수상하였다. 한국은 케이블 TV 등을 통해서 미국드라마를 소비하게 되었고 '미드족', '미드폐인'이라는 신조어까지 생겼다. 한국인 김윤진이 출연한 〈로스트〉, 남자주인공을 석호필이라는 새로운 한국인으로 만든 〈프리즌 브레이크〉 등이 대표적이다. 동영상 스트리밍 서비스업체인 넷플릭스(Netflix) 역시 VOD뿐만 아니라 직접 제작한 드라마 시리즈를 공급하고 있다.

일본드라마는 대부분 시즌제로 운영되고 있으며 보통 1개 시즌에 10편 남짓의 에피소드가 포함된다. 소재는 매우 다양해서 수사, 학원, 의학, 역사, 로맨스, 성인 등 다양하다. 특히 요리와 관련된 드라마도 눈에 많이 띄는데 대표적인 작품으로 〈고독한 미식가〉, 〈심야식당〉, 〈디너〉 등이 있다. 소재의 다양성은 만화 및 애니메이션을 원작으로 하는 경우가 많기 때문이기도 한다.

한국과 일본드라마는 상호 간 리메이크가 활발하게 이루어지고 있다. 일본드라마 원작인 한국드라마 리메이크 작품으로는 〈직장의 신〉(원작 파견의 품격), 〈수상한 가정부〉(원작 가정부 미타) 등이 있고, 반대로 한국드라마가 원작인 일본드라마

리메이크 작품은 〈호텔리어〉, 〈마왕〉 등이 동명의 제목으로 만들어졌다.

NHK는 1963년 〈꽃의 생애〉를 시작으로 지금까지 약 50여 년간 매년 대하드라마를 제작 방영하고 있다. 문학적 평가와 대중성이 있는 원작을 바탕으로 매회 50여 개의 에피소드를 포함한다. 1991년 29번째 작품인 〈태평기〉에서는 매회 드라마가 끝나고 난 후 스토리의 배경이 된 유적지를 소개하는 기행(紀行)이 포함되었다. 제작 의도는 관광산업의 활성화와 다큐멘터리적 접근을 통해 비일상(드라마)과 일상(기행)을 공존해서 보여주기 위함이다.

| 그림 5-9 | 일본 사극의 에피소드 일부

출처: NHK.

중국은 국가의 기획에 의한 문화상품을 대중에게 일방적으로 전달하는 방식이었다. 이를 주선율(主旋律)이라고 하는데 당의 지도자들을 부각시키고 혁명전통을 고양하며 사회주의 정신문명을 제창하는 것이다. 1958년 텔레비전이 등장하면서 사회주의(socialism) 체제를 반영하여 당과 국가를 위한 선전물과 교육의 수단으로써 역할을 하였다.

최초의 드라마는 1968년 6월 15일 베이징텔레비전(현 CCTV)에서 방영한 〈야채떡 한 입〉이다. 언니와 대추야채떡으로 장난을 하고 있는 여동생 장면이 나오는데 당시 먹거리가 풍부하지 않았던 과거를 회상하는 에피소드이다. "어려울 때를 회상하고 양식을 아낀다"는 주제의식이 담겨 있다.

그러나 1990년대부터의 드라마는 재미를 목적으로 하는 시장화, 상업화 위주로 바뀌게 된다. 당의 선전도구 역할을 마무리짓고 대중이 원하는 작품을 만들기 시작하였다. 드라마 〈장정〉을 통해서는 역사 속 인물의 다양한 인성, 즉 마오쩌뚱의 영웅적 업적보다는 주변인물 간의 정(情)에 초점을 맞춘 것이 작은 변화라고 하겠다. 1980년대 초부터 해외드라마의 유입이 본격화되어 미국의 〈아틀란티스에서 온 사나이〉, 일본의 〈아신〉 등을 선보였으며 한국의 〈질투〉, 〈사랑이 뭐길래〉 등이 한류의 서막으로서 유입되었다. 최근에 인기가 있는 드라마는 〈금수미앙〉, 〈삼국지〉, 〈랑야방〉 등이다.

3) 예능 프로그램

(1) 예능 프로그램의 개념

예능 프로그램이란 방송의 기능을 보도, 교양, 오락의 세 가지로 나누었을 때 오락의 기능을 수행하는 프로그램이다. 특히 드라마를 제외한 모든 오락프로그램을 예능이라고 한다. 예능은 탈장르 현상이 두드러져 인포테인먼트(infortainment, 정보와 오락프로그램)적 성격을 띤다.

(2) 예능 프로그램의 종류

예능 프로그램이란 다음과 같이 세 가지 정도로 나눌 수 있다.

① 버라이어티쇼(variety show)는 복합적인 장르가 등장하는 쇼로서 음악, 토크, 코미디, 드라마 등을 포함하는 긴 시간의 대형쇼이다.

② 코미디는 웃음을 유발하는 모든 연극이며 희극이라고도 한다.

③ 인포테인먼트 예능은 정보와 엔터테인먼트를 동시에 제공하는 예능이다.

(3) 리얼리티 프로그램

리얼리티 프로그램 역시 예능 안에 포함되나 배우와 각본이 없이 즉흥적이고 도발적인 상황을 전달하는 형태라는 점에서 드라마 혹은 기존의 예능 프로그램과 대비된다. 따라서 장소와 행위의 실재성을 추구한다. 원래 시나리오 작가의 파업에서 유래되었다고 하며 몰래카메라(Candid camera) 프로그램에서 원형을 찾아볼 수 있다.

리얼리티 프로그램이 재미있는 이유로 다음과 같이 제시된다(최문경 · 박지훈 · 박진선, 2013).

- 결과를 예측할 수 없는 상황
- 일상적인 소재를 통한 현실감
- 출연자의 진솔한 모습
- 일관성 있게 지속되는 캐릭터
- 제작진 및 카메라의 의도적인 노출과 같은 새로운 리얼리티 시도
- 수용자의 참여를 통한 소통

리얼리티 프로그램은 3세대를 걸쳐서 진화해 왔다(홍석경, 2004). 1세대는 일상의 재연에 중점을 두었으며 1980년대 말에서 1990년대 초까지 주로 나타난다. 2세대는 1999년부터 리얼리티 관찰 프로그램인 〈빅브라더〉, 2000년 〈서바이버〉 등이며 즉흥과 도발적인 상황연출을 보고 싶어하는 시청자의 관음증 충족과 깊은 연관이 있다. 3세대는 역사의 재현과 연출로 철저한 고증이 뒤따른다.

리얼리티 프로그램의 진화하는 배경에는 경쟁적 요소와 성장적 요소 등이 포함되어 흥미를 유발하고 있다. 〈아메리칸 아이돌〉, 〈브리티시 갓 탤런트〉와 같은 오디션 프로그램이 대표적이다. 한국에서는 예능 속에 또 예능, 즉 두 가지의 시선을 보여주고 있다. 〈미운우리새끼〉는 '다시 쓰는 육아일기'란 부제가 붙어 있는데 김건모 등 결혼 적령기가 지난 노총각의 일상을 시청자에게 소개하면서 사이에 부모의 시각을 집어넣어서 재미를 더하고 있다.

3. 애니메이션산업

1) 애니메이션산업의 시작

(1) 애니메이션의 어원과 개념

애니메이션이라는 말의 어원은 원래 히랍어의 애니멀(animal, 동물)과 라틴어 애니마(anmima), 즉 영혼, 정신 등에서 유래되었다. 즉 만화 필름, 말하는 만화, 움직이는 필름 등을 의미한다.

애니메이션은 하나의 동작을 여러 개로 나누어놓은 각각의 그림 혹은 실제로 존재하는 3차원의 물체를 촬영하여 이를 연속적으로 배열함으로써 움직인다는 착각을 일으켜 동(動)적인 그림을 만들어내는 비실사영화다.

(2) 원리

눈의 잔상(殘像)이라는 생리적 현상을 기반으로 움직이지 않는 일련의 변화된 정지그림이나 물체의 동작을 카메라로 찍거나 스캐너로 불러들여 그것을 실제로 생명력이 있는 것처럼 연속적으로 보여주어 움직인다고 착각하게 만드는 방법이다.

2) 애니메이션산업

(1) 만화와 애니메이션산업

애니메이션산업은 만화를 기반으로 한다. 만화의 시작은 19세기에 프레임 안에 그림과 화자 간의 말풍선을 넣는 방식이 만들어지면서 1896년 미국의 리처트 아우트콜트가 월드지에 〈노란꼬마〉를 등장시킨 것이 최초라고 한다. 만화는 움직이지 않음, 즉 정지를 특징으로 하며 사물을 변형 · 왜곡 · 과장함으로써 오히려 사물을 더욱 잘 전달하는 기능을 하는 그림이다. 만화는 크게 다음과 같이 네 가지로 분류할 수 있다.

① 카툰(cartoon): 풍자만화, 메시지를 재미있고 기지 있게 그린 신문기사
② 코믹스(comics): 스토리 만화, 이야기를 가지고 연재로 창작하는 것
③ 캐리커처(caricature): 사람의 얼굴이나 몸의 특징부분을 잡아서 변형, 과장 등의 기법을 통해서 그린 그림
④ 애니메이션(animation): 움직이는 만화

전통적인 전개방식에 의하면 만화는 애니메이션과 연계하고 순차적으로 캐릭터 사업으로 진행된다. 그러나 최근에는 동시다발적으로 진행되는, 즉 미디어믹스(media mix)적 접근에 의하여 서로 콘텐츠를 교환하면서 작품이 제작되고 있다.

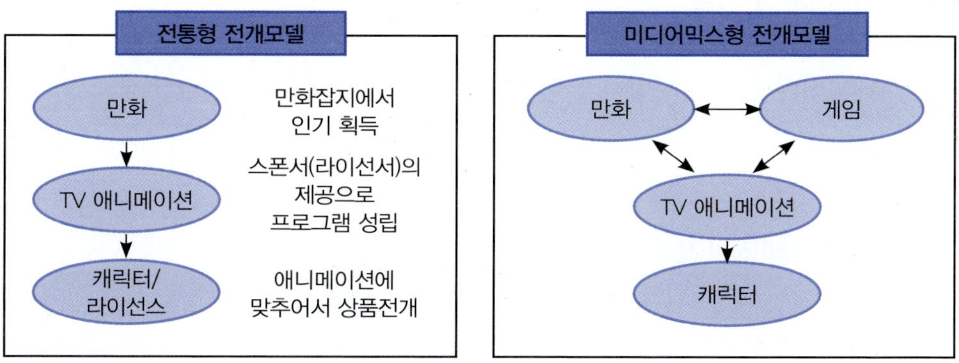

| 그림 5-10 | 만화와 애니메이션의 연계

출처: 장신환 (2001).

(2) 애니메이션의 의의

애니메이션은 영화와 비교해서 다음과 같은 특징을 가지고 있다. 애니메이션은 어린이에게는 꿈과 희망, 어른에게는 어린 시절의 꿈을 회상시켜 줄 수 있는 기능

이 있다. 〈로보트 태권V〉는 1976년 개봉되어 흥행에 성공했으며 2003년 원판필름이 발견되면서 2007년 디지털 복원판으로 31년 만에 재개봉되었다. 즉 세대 간의 공유가 가능하다는 것이다.

실사영화에 비해서 주제 선택이 자유롭다. 실제적인 관찰이나 실시간의 논리에 제한을 받지 않고 사고전개가 가능하다. 상징, 유추 등을 통해서 메시지를 전달하는 경우에 운문적인 특성을 나타낸다(김아란, 2002).

애니메이션은 2차시장과의 연계가 용이한데 캐릭터, 비디오, 음반 등 파생효과가 크다. 강력한 캐릭터 전략으로 월트디즈니의 빼빼 마른 쥐 미키마우스, 축 늘어진 콧수염을 가진 이탈리안 배관공 마리오가 슈퍼마리오를 탄생시켰다. 더 나가 외식업과의 결합, 타이인(tie-in) 프로모션, 즉 프로모션은 공동프로모션으로도 불리는데 연계마케팅, 다른 연관사업자와의 공동판촉 행사가 가능하다. 월트디즈니와 맥도날드의 해피밀 프로모션, 20세기폭스사가 KFC와 타코벨, 피자헛과 제휴하기도 하였다.

(3) 애니메이션의 장르

애니메이션의 장르는 다양하게 나타날 수 있다. 다음은 애니메이션 장르별 대표작품이다.

| 표 5-5 | 애니메이션의 장르

장르		대표작품
SF	메카트로닉스	마징가Z, 그로이저X, 그렌다이저, 그레이트 마징가, 로봇 짱가, 슈퍼 그랑조
	사이보그 및 슈퍼히어로	우주소년 아톰, 수퍼 특공대, 스파이더맨, 컴퓨터 형사 가제트, GI 조, 무적 실버호크, 우주의 왕자 빠삐, 마린보이, 캐산, 독수리 오형제
	SF 어드벤처	은하철도 999, 하록선장, 천년여왕, 우주전함V, 날아라 태극호, 이겨라 승리호, 우주 삼총사, 이상한 나라의 폴, 미래소년 코난
순정물		알프스의 소녀 하이디, 빨간머리 앤, 캔디, 요술공주 샐리, 요술공주 밍키, 샛별공주, 꽃분이, 꽃의 천사 메리벨, 베르사이유의 장미
어드벤처		다니아, 여기자 샌디, 태풍소년, 서부소년 차돌이, 원시소년 돌치, 아벨 탐험대
우화		밀림의 왕자 레오, 미키와 도날드, 톰과 제리, 딱따구리, 개구쟁이 푸무클, 핑크팬더, 요기베어, 해치의 모험, 명탐정 번개, 모래요정 바람돌이

동화	사파이어 왕자, 안데르센 동화, 피노키오의 모험, 이상한 나라의 앨리스, 엄마 찾아 삼만리, 걸리버 여행기 등
스포츠	도전자 허리케인, 타이거 마스크, 달려라 번개호, 피구왕 통키, 축구왕 슛돌이
코믹	뽀빠이, 찰리브라운, 개구쟁이 대니스, 심슨, 캐스퍼
돌연변이	요괴인간, 황금박쥐, 다이노소어, 닌자 거북이 등

출처: 노광우 (1995); 김아란 (2002) 재인용.

3) 세계 애니메이션산업

(1) 애니메이션산업의 역사

1908년 프랑스의 에밀 콜(Emile Cohl)은 〈판타스마고리〉라는 1분 18초의 작품을 만들어 애니메이션의 시초를 알렸다. 또한 1909년 윈저 멕케이는 〈공룡 커티〉를 제작하였다. 또한 1937년에는 기술적인 면과 작품성에서 뛰어난 평가를 받은 최초의 장편 애니메이션인 〈백설공주와 일곱난장이〉가 완성되었다(이태구 · 이화자, 2006).

| 그림 5-11 | 초기 애니메이션 작품 일부: 판타스마고리 및 공룡 커티

출처: http://prettycleverfilms.com, https://kr.pinterest.com

1928년 세계 최초로 토키 단편영화인 〈증기선 윌리〉가 선보이고 1933년 〈아기 돼지 삼형제〉 등이 제작되었다. 그러나 1990년대를 기점으로 디즈니의 독주가 마감되고 파라마운트(1996)의 〈비비스 앤 버트헤드〉, 폭스(1997)의 〈아나스타샤〉, 드림웍스(1998)의 〈개미〉, 〈이집트왕자〉 등이 각축을 벌였다.

| 표 5-6 | 북미 애니메이션 제작사

미디어그룹	제작사	배급사	방송채널
디즈니	픽사(Pixa)	부에나비스타	디즈니채널
비아콤(VIACOM)	드림웍스/ 파라마운트 픽처스	파라마운트	니켈로데온
뉴스코포레이션 (NEWS corporation)	20세기 폭스사(Fox)/ 폭스애니메이션	20세기폭스	폭스채널
타임워너 (Time Warners)	카툰네트워크스튜디오	워너브라더스	카툰네트워크

출처: Box office Mojo(yearly box office) (2013).

(2) 미국의 월트디즈니, 디즈니픽사, 마블코믹스

월트 디즈니는 세계적으로 가장 널리 알려진 미키마우스라는 캐릭터를 탄생시켰으며 애니메이션이라는 새로운 문화장르 그리고 이러한 애니메이션을 테마파크로 연결시켰다. 디즈니는 어린 시절 가혹한 체벌과 노동 속에서도 그림 그리기를 통해서 꿈을 키워나갔다. 가난하고 배고픈 화가시절 작업장에서 치즈를 같이 나누어 먹던 생쥐를 캐릭터로 삼아서 미키마우스가 탄생했다는 이야기도 있고, 아내의 조언에 따라 미키라고 이름 지었다는 이야기도 있다. 그리고 마침내 1928년 11월 19일 〈증기선 윌리〉가 개봉되며 디즈니 왕국이 시작되었다.

픽사 애니메이션스튜디오(Pixar Animation Studio)는 캘리포니아에 위치한 컴퓨터 애니메이션 영화 스튜디오이며 2007년에 디즈니의 자회사로 편입하였다. 디즈니의 인물중심에서 벗어나 스토리 전개에 보다 치중하고 동시에 왕자와 공주의 사랑이야기에서 벗어났다. 또한 독특한 협업구조의 조직문화로 못난 아기(ugly baby)라고 불리는 기존 작품과 약간 다른 모자라고 결함 있는 수준의 작품은 브레인트러스트 회의를 통해 명작으로 다듬어진다. 이 회의에서는 작품에 대한 창조적이고 건전한 비판과 대안이 제시된다. 이와 같이 창조성을 극대화하는 조직문화가 콘텐츠를 만들고 흥행대박으로 이어지는 것이다. 2005년 역사상 첫 장편 CG애니메이션인 〈토이스토리〉를 시작으로 〈몬스터주식회사〉, 〈겨울왕국〉, 〈미니언즈〉 등의 작품을 탄생시켰다.

마블코믹스(Marvel comics)는 미국의 만화책 출판사로 2009년 월트디즈니컴퍼니에 인수되었다. 캡틴아메리카, 스파이더맨, 아이언맨, 울버린 등 약 9,000개 이상의 캐릭터를 보유하고 있으며 인지도가 비교적 낮은 새로운 캐릭터인 데드폴과 앤트맨까지 빅히트를 이어가고 있다. 이들은 팀을 이루거나 독특한 이벤트 등을 통해서 하나의 공통된 세계관, 즉 마블 유니버스로서 스토리의 무한확장을 가능케 한다.

(2) 일본의 애니메이션산업

1914년 영국 애니메이션인 〈Is it wonderful?〉이라는 작품이 처음 소개된 이래로 저패니메이션이라고 불릴 정도로 일본적이지 않은 문화가 일본적으로 성공한 장르 중에 하나다. 일본 애니메이션의 내용적 특징은 다음과 같다(구경서, 2009).

- 일본 문화의 전통과 현대를 연결함으로써 정체성을 확립하고 있는데 마츠리적 요소, 즉 고통과 환의, 삶과 죽음, 질서와 무질서, 찬미와 공포, 인내와 탈출 등이다.
- 테크노 오리엔탈리즘, 주인공이 활동하면서 로봇에 탑승하여 로봇을 자유롭게 조정하고 로봇이 주인공의 의사를 반영하는 인공지능을 탑재
- 하드코어 애니메이션: 피의 미학과 엽기적 정서, 사회윤리를 벗어나는 소재 등으로 오타쿠 문화와 밀접하다.

미야자키 하야오 감독은 생명사상과 일본 신도의 가미신앙적 요소를 작품에 살려내어 〈모노노케 히메〉, 〈센과 치이로의 행방불명〉 등으로 애니메이션 예술인으로 불린다. 데즈카 오사무는 일본 애니메이션의 아버지 혹은 신(神)로 불리며 〈밀

림의 왕자 레오〉, 〈철완 아톰〉 등을 선보였다. 신카이 마코토 감독의 〈너의 이름은〉은 300만명의 관객을 끌어 모음으로써 국내 개봉한 일본 애니메이션 가운데 최고의 흥행을 하였다. 이전에는 2004년 〈하울의 움직이는 성〉이 최고 히트작이었다.

4. 음악산업

1) 음악의 개념과 의의

(1) 음악의 시작

음악은 자신의 몸으로 체현한 장인의 노동, 즉 기예(技藝)로서 음을 판매하는 것이다. 그리스 및 로마시대의 마임(mime) 연기자들에 의한 노래와 춤, 중세시대의 음유시인들이 오늘날 가수의 원형이라고 할 수 있다.

에디슨이 1877년 포노그라프(phonograph)라는 기계를 통해 저장된 노래 "Mary had a little lamb"를 들려준 것에서 음악산업이 시작된다. 즉 손에 잡히지 않는 소리를 언제든지 듣고 싶어 하는 인간의 욕구를 충족시켜 준 것이다. 원래 악보 등을 통해서 저장은 가능했지만 대중의 소비적 접근은 어려웠다. 이에 따라 음악은 실연자의 체현된 노동으로부터 독립된 실체로서 저장매체를 통해 본격적인 유통이 가능해지며 상업화의 길을 걷게 된다.

음악을 구성하기 위해서는 소리가 필요하다. 가사와 함께 음악의 3요소라고 하는 리듬(rhythm, 음의 길고 짧음, 세고 약함), 가락 혹은 선율(melody, 음의 높이), 화성(harmony, 여러 가지 음을 동시에 표현하여 내는 것) 등이 요구된다.

| 그림 5-12 | 에디슨의 축음기

(2) 음악의 의의

음악은 부르는 사람의 정체성을 나타낸다. 즉 음악은 자기표현의 수단이 된다. 프로야구에서 타석에 들어오는 선수는 고유의 음악을 선택하여 자신을 홍보한다. 휴대전화에 설정하는 통화대기음 혹은 벨소리는 음악적 취향이나 현재의 기분과 무관하지 않다. 특히 비용을 내고 통화대기음원을 다운로드 받는 것은 본인이 감상하려는 것이 아니라 남에게 들려주는 것이므로 본인의 취향과 정체성을 보여주려는 행동이다. 음악의 장르에 따라서 감상하는 사람의 기분을 유추할 수도 있다.

(3) 음악의 장르

음악의 장르는 매우 다양하지만 대표적으로 다음과 같이 정리할 수 있다(최은하, 2016).

① 팝(pop): 팝은 예술음악 혹은 민속음악과 구별하여 포괄적으로 대중음악을 지칭하기도 하지만 아래의 다른 장르를 빼고 난 나머지, 예를 들면 이지 리스닝, 스탠다드 풍의 노래이다.

② 리듬 앤 블루스(R&B): 블루스를 바탕으로 하는 경쾌한 리듬을 결합한(리드미컬한) 것이 특징이다.

③ 록큰롤(Rock and roll)과 락(rock): 흑인들의 블루스에 강한 비트가 가미된 리듬 앤드 블루스에 미국 남서부의 육체노동자들의 통속적인 대중가요인 컨트리뮤직이 적당히 뒤섞여 만든 대중가요이다. 록음악은 강렬한 기타와 드럼, 백비트 등으로 구성되어 젊음의 찬양, 욕구의 분출 등으로 활용된다.

④ 힙합(hiphop)과 랩(rap): 1970년대 뉴욕 할렘가에 거주하는 흑인과 히스페닉 청소년들 사이에서 발생한 문화운동 전반을 지칭한다. 그래피티(낙서), 비트가 빠른 리듬에 맞추어 자신의 생각과 일상의 삶을 이야기하는 랩, 랩에 맞추어진 브레이크 댄스 등으로 이루어진다.

⑤ 레게(reggae): 쉽고 가벼운 리듬과 진지하고 무거운 메시지를 동시에 갖고 있는 음악으로 자메이카 사람들에게는 종교적 신념(Rastafarianism) 이상이 담겨 있다.

2) 음악산업의 개념과 의의

(1) 음악산업의 개념

음악산업은 음악의 제작, 유통 그리고 관련 서비스 등을 포괄한다. 음악산업은 제조업과 서비스업의 혼재되어 있는데 음반의 제작, 생산 · 소비 등의 일련의 제조업적 측면이 있고 판매(라이브 공연 포함), 음원 소비 및 각종 방송에서의 활용과 이에 대한 저작권 관리 등 서비스업적 특징이 있다. 음악산업진흥에 관한 법률(2006)에 의하면 음악의 창작, 공연, 교육, 음반, 음악파일, 음악영상물, 음악영상파일의 제작, 유통, 수출, 수입, 악기, 음향기기 제조 및 노래연습장업 등과 이와 관련된 산업이 있다.

(2) 음악산업의 의의

음악산업은 거대한 연예 · 엔터테인먼트 사업의 하나로서 세계의 소비자들의 주머니를 공략하고 있다. 그 중에서도 대중음악은 상업적 성격에 근거한 정의로서 상업적 지향이 있는 것으로 간주되는 모든 장르를 포괄한다. 음악은 언어의 장벽을 뛰어넘어 이해될 수 있는 엔터테인먼트 상품이고 다른 엔터테인먼트 상품처럼 의도적으로 접하려 하지 않아도 자연스럽게 접할 기회가 많은 상품 중 하나이다. 따라서 생산, 판매하는 입장에서는 홍보가 용이한 상품이다.

(3) 음악산업의 발전

음악산업의 발전은 미디어의 기술적 발전과 맥락을 같이 한다. 20세기가 라디오와 텔레비전이라면 21세기는 인터넷과 모바일에 힘입어 음악산업이 발전해 왔다. 음악은 미디어에 직접 사용 및 소비되기도 하지만 미디어가 음악산업의 수입원이 되기도 한다.

음악은 소리가 기본이지만 영상과 결합하여 보다 큰 효과를 낼 수 있다. 오히려 영상이 소리를 대체하는 '보는 음악'이라는 새로운 패러다임이 탄생하였다. MTV(엠티비, music television)는 24시간 음악만 틀어주는 전문채널로 1981년 8월 1일 첫 방송을 시작한 이래 음악의 영상시대를 열었다.

기존의 디제이(disk jockey: DJ)에서 비제이(video jockey: VJ)라는 새로운 직종을 탄생시켰으며 음반과 함께 뮤직비디오라는 새로운 수익원을 마련하였다. 엠티비 시대를 대표하는 가수들은 가창력뿐만 아니라 현란한 춤사위와 함께 무대장치 그리고 비디오 편집기술까지 가세하여 존재하지 않는 현실을 만들어 낸다. 1980년대 뮤직비디오를 통해서 스타덤에 오른 대표적인 가수로는 마이클 잭슨, 마돈나, 듀란듀란 등이 있다. 다이어 스트레이츠는 〈Money for nothing〉이라는 노래를 통해 뮤직비디오 시대를 개탄하기도 하였는데 뮤직비디오를 보면 한 남자가 TV를 통해 연주되는 음악에 빨려 들어가는 장면이 나온다.

Now look at them yo yo's (이봐, 저들 좀 봐)
That's the way you do it (하는 짓거리들을 보라구)
You play the guitar on MTV (엠티비에서 기타를 치고 있네)
That ain't working (그래 가지고 뭘 하겠어)
Money for nothing (하는 일 없이 공짜로 돈을 벌고 있어)

Money for nothing 중에서

3) 음악산업의 현장

(1) 전 세계의 메이저 음반사의 각축과 시상식

4대 메이저 음반사인 EMI, 워너, 유니버설, 소니-베텔스만이 전 세계 음반 유통의 80% 이상을 차지하고 있다. 이들 메이저 회사들은 강력한 인수합병전략을 구사하여 시장에서 규모의 경제를 적극 활용하고 있다. 또한 과거의 발매목록인 백 카탈로그 등으로 저작권 및 라이선싱 전략을 활용하여 마르지 않는 수입원을 보유한다.

그래미상은 전 미국 레코드 예술과학아카데미(NARAS)에서 주최하는 음반업계 최고의 권위 있는 상으로 영화의 아카데미상으로 비견된다. 그래미는 축음기란 뜻의 그래머폰(gramophone)에서 비롯된 말이며, 이 상은 1957년에 창설되었고, 수상자에게는 나팔관이 부착된 축음기 모양의 기념패가 수여된다.

| 표 5-7 | 2016년 58회 그래미상 시상 현황

부분	작품	가수
올해의 레코드(Record of year)	Uptown Funk	마크 론슨(Mark Ronson)
올해의 앨범(Album of year)	1989	테일러 스위프트(Taylor Swift)
올해의 노래(Song of year)	Thinking out loud	에드 시런(Ed Sheeran)
신인상(Best new artist)	NA	메간 트레이너(Megan Trainor)
최고의 팝 솔로 퍼포먼스 (Best pop solo performance)	Thinking out loud	에드 시런(Ed Sheeran)
최고의 팝 듀오/그룹 퍼포먼스 (Best pop duo/group performance)	Uptown funk	마크 론슨(Mark Ronson) & 브루노 마스(Bruno Mars)

(2) 영국의 브리티시 인베이전

브리티시 인베이전이란 비틀즈(Beatles)가 1964년 영국에서의 성공을 거둔 후에 미국 시장을 점령한 사건 이후 여러 그룹에 의해 진행된 영국 음악의 세계적 대중화를 가리킨다. 비틀즈가 〈I want to hold your hand〉로 빌보드 정상에 오른 후에 롤링 스톤즈(Rolling stones), 후(Who) 등 수많은 뮤지션이 미국에서 인기를 얻으면서 미국의 엘비스 프레슬리, 비치 보이즈 등과 경합하였다. 2차 침공은 1980년대 뉴에이지 그룹을 중심으로 이루어졌다. 듀란듀란(Duran Duran)은 1978년 영국 버밍햄에서 결성되어 보컬 사이몬 르 봉, 키보드 닉 로즈, 베이스 기타 존 테일러 등을 중심으로 이루어졌다. 고 다이애나 황태자비는 본인이 제일 좋아하는 그룹으로 이들을 손꼽았으며 이러한 인연으로 1998년 추모공연에서 공연을 한다. 컬처클럽(Culture club)은 1981년 영국에서 결성되어 리드싱어인 보이 조지의 여성분장으로 눈길을 끌었으며 1983년 그래미어워드 신인상을 수상하였다.

(3) 배경 음악이 영화에 미치는 영향

영화와 음악의 결합은 작품 자체뿐만 아니라 산업적으로도 부가가치를 창출하고 있다. 음악이 영화에 미치는 영향은 다음과 같다(강효욱, 2017).

- 극 자체의 분위기를 보완해 준다.
- 관객의 감정을 극대화해서 극에 대한 몰입을 도와준다.
- 음악적 모티브를 이용해서 등장인물의 캐릭터를 나타낸다.
- 분위기의 변화를 예시하거나 플롯에 극적인 변동이 있을 것임을 전달한다.
- 반복을 통해 특수한 내러티브 기능을 한다.
- 장면 분위기와 상반된 음악을 역설적으로 사용함으로써 강조 기능을 한다.
- 시대, 나라, 계급, 장소, 종족 등의 배경을 설명한다.
- 등장인물의 기분을 나타낸다.
- 영화의 처음이나 끝에 등장해서 극 전체의 분위기를 나타낸다.
- 주제를 전달한다.

- 불협화음을 통해서 불안감을 조성한다.
- 영상과 음악의 부조화를 통해 이미지를 반전시키기도 한다.
- 이미지를 리드미컬하게 해준다.
- 등장인물이나 행위에 대한 태도를 형성하게 해준다.
- 특히 대사를 강조하는 경우에 적용된다.

〈드림걸스〉는 자동차의 도시(motor town)라는 별칭을 가진 디트로이트에서 유래한 모타운 음반사의 여성그룹이었던 수프림스의 성공과 사랑을 그린 작품이다. 그룹의 리더인 다이애나 로스는 영화에서 비욘세(Beyonse)로 재탄생하였다. 아카데미 음악상은 아카데미상 수상 부문 중의 하나로 영화에서 가장 뛰어난 영화음악이 사용된 작품과 작곡자에게 주어지는 상이다.

| 표 5-8 | 아카데미 영화음악상 시상

연도	작품	음악감독
2016	라라랜드	저스튼 허위츠
2015	헤이트풀8	엔니오 모리꼬네
2014	그랜드 부다페스트 호텔	알렉상드르 데스플라
2013	그래비티	스티븐 프라이스
2012	라이프 오브 파이	마이클 대나
2011	아티스트	루도빅 바우스
2010	소셜 네트워크	트렌드 레즈너, 애티커스 로스
2009	업	마이클 자키노
2008	슬럼독 밀리어네어	A. R. 라만
2007	어톤먼트	다리오 마리아넬리
2006	바벨	구스타보 산타올라야
2005	브로큰백 마운틴	구스타보 산타올라야
2004	네버랜드를 찾아서	얀 카츠마레크
2003	반지의 제왕: 왕의 귀환	하워드 쇼어
2002	프리다	엘리엇 골덴탈
2001	반지의 제왕: 반지 원정대	하워드 쇼어
2000	와호장룡	탄둔

1999	레드 바이올린	존 코릴리아노
1998	인생은 아름다워	니콜라 피오바니
	셰익스피어 인 러브	스티븐 워벡
1992	알라딘	앨런 멘켄
1991	미녀와 야수	앨런 멘켄
1990	늑대와 춤을	존 배리

5. 라이브 엔터테인먼트산업

1) 라이브 엔터테인먼트 개념과 의의

(1) 라이브 엔터테인먼트의 개념

라이브 엔터테인먼트는 축제, 연극, 마임, 인형극, 거리극, 오페라, 뮤지컬, 무용, 대중음악 콘서트, 서커스 등이 포함된다. 엔터테인먼트는 크게 미디어 엔터테인먼트와 라이브 엔터테인먼트로 나뉜다. 전자는 미디어를 통해 매개된 체험이지만 라이브는 말 그대로 공연자와 관객이 얼굴과 얼굴을 맞대고(face to face) 상호작용을 통해 이루어진다.

마임(mime)은 언어를 사용하지 않고 표정만으로 감정을 표현하며 모방과 재현을 해내기 때문에 각종 라이브 엔터테인먼트의 요소가 된다. 또한 논버벌 퍼포먼스(non-verbal performance)는 언어대신 배우의 몸짓과 음향, 무대장치가 어우러지는 공연으로 언어의 장벽을 없애 외국인들도 이해할 수 있다.

서커스(circus)는 곡예라고도 하는데 다음과 같이 네 가지 볼거리를 제공한다. 원래 고대 로마시대의 원형 경기장인 키르쿠스에서 유래되어 당시의 전차경주와 검투사, 맹수시합 등의 구경거리를 제공하였다.

- 동물재주: 원숭이, 사자, 코끼리 등 동물을 이용한 곡예
- 몸 재주: 배우의 신체와 기구가 어우러져 보여주는 묘기
- 마술: 관객의 눈을 현혹시켜 비현실적인 환상(illusion)을 보여주는 기술
- 어릿광대: 재미있고 익살스러운 몸짓으로 관객을 즐겁게 하는 인물

(2) 라이브 엔터테인먼트의 의의

라이브 엔터테인먼트는 공연배우, 무대전문가 그리고 관객의 호응을 통해서 작품이 완성된다. 즉 관객과 직접 접촉하는 현장성이 강하다. 따라서 한 번 무대에서 연출된 것은 고유한 특성으로 인해 복제가 불가능하다. 또한 라이브 엔터테인먼트가 보여주는 장소를 방문하는 사람들에게 독특한 볼거리를 제공해 주기 때문에 강력한 방문동기로 작용하며 이들이 지출하는 관련 경비는 지역사회의 경제활성화 및 고용창출로 이어지며 장기적으로 지역의 브랜드 이미지를 높여준다.

(3) 라이브 엔터테인먼트의 특징

라이브 엔터테인먼트의 특징을 가장 잘 나타내주는 문구는 “once and only and for one(한 번, 단 한 번 그리고 단 한 사람을 위해서)”이다.

- 무형성: 관객이 직접 체험하지 않으면 공연의 질을 알 수 없다.
- 비분리성: 관객이 직접 공연장을 찾아 정해진 시간 동안 공연을 관람해야 한다.
- 가변성: 여러 번 공연하더라도 품질의 차이가 있는데 연기자의 연기는 조금씩 차이가 나며 당일 관객에 따라 영향을 받기도 한다.
- 소멸성: 특정 일시에 티켓이 팔리지 않으면 재고로 남길 수 없으므로 제품가치를 영원히 상실한다.

2) 라이브 엔터테인먼트의 주인공

(1) 마술사

마술사(magician 혹은 illusionist)는 세상에서 두 번째로 오래된 직업이라고 한다. 태초에 신이 있었고, 그 신에게 제사를 드리는 제사장이 마술사의 초기 형태였다고 한다. 그는 마른하늘에 비를 내리는가 하면, 바람을 일으키고, 태양의 움직임을 예측했다. 잘 짜인 연출을 이용한 눈속임이거나 기초적인 과학기술의 활용일 수도 있겠지만 오늘날에는 속고 속임에 대한 마술사와 관객 간의 모종의 계약 속에서 유력한 비즈니스가 되고 있다. 마술이란 상식적인 판단으로는 불가능하다고 생각되는 기묘한 현상을 엮어내는 솜씨 또는 그러한 기능이다.

마술시장은 크게 마술의 엔터테인먼트로서의 면모를 보여주는 공연사업, 마술의 원리와 연출을 배우는 교육사업, 마술도구와 관련 상품을 파는 쇼핑사업을 주축으로 하며, 마술사 양성과 관리를 하는 매니지먼트 사업, 마술을 이용한 다양한 형태의 테마사업, 마술 축제라 불릴 수 있는 컨벤션 사업, 마술 동호인을 위한 커뮤니티 사업 등으로 나눌 수 있다(최병락, 2008).

(2) 곡예사

곡예사(acrobat 혹은 tumbler)란 관객을 대상으로 혼자 혹은 단체의 일원으로 신체와 사물을 이용한 각종 묘기를 선사하는 사람이다. 곡예(acrobatics, 曲藝)의 범위는 다음과 같다(허정주, 2012).

- 몸재주: 신체나 기구를 이용한 묘기
- 마술: 인간의 눈을 현혹시켜 비현실적인 환상을 실현시키는 것
- 동물재주: 동물을 이용한 곡예
- 광대짓: 웃음을 자아내는 행위로 교묘한 몸짓 동작을 연출

(3) 어릿광대

어릿광대는 난쟁이라는 공통점을 가지며 비정상적인 외형과 우스꽝스러운 행동으로 웃기는 존재이며 동시에 신성함을 가지는 신비로운 존재라고도 할 수 있다. 어릿광대는 다음과 같이 역사와 문화에 따라 다양하게 나타난다(조만호, 2012).

- Clown: 판토마임이나 서커스에 등장하는 익살꾼
- White face clown: 얼굴에 하얀 칠을 한 세련되고 명랑하며 영리한 광대
- Auguste: 코가 빨갛고 몸집보다 큰 옷과 신발을 신는 바보같고 엉뚱한 캐릭터
- Tramp: 헤진 옷에 딸기코를 한 털보 방랑자
- Pierrot: 프랑스 무언극에 나오는 두 얼굴을 가진 인물
- Farceurs: 저속한 소극에서 볼 수 있는 익살꾼이며 재주꾼
- Monsieur Loyal: 서커스장에서 연미복 차림으로 순서 진행을 하는 자
- 다로카자와 지로카자: 일본 전통극 교겐에 등장하는 하인으로 주인을 골탕 먹이는 역할

(4) MC(엠씨)

라이브 엔터테인먼트 혹은 이벤트를 진행하는 사람을 MC라고 하며 마스터 오브 세레머니(master of ceremony)의 약자이다. 고대로 올라가 보면 제사장이 MC의 역할을 수행했다고 하는데 왕과 국가의 길흉화복을 점치고 신의 말을 전하는 역할을 하였다고 한다(김동준, 2011). 따라서 의식의 주인이라는 의미를 가진다. MC는 무대 위의 연출자로서 게스트의 역량이 십분 발휘할 수 있도록 도와주는 역할을 해야 한다. MC는 미리 녹화되는 프로그램에서의 역할도 있지만 특히 라이브에서는 일회성과 함께 진행에 어려움을 주는 외부변수들이 항상 존재하므로 이에 대한 임기능력이 무엇보다도 중요하다. MC는 앞에서 언급한 현장운영능력과 함께 프로정신 및 신체 자산을 기본적으로 구비해야 한다(양승훈 · 최문용, 2011).

3) 라이브 엔터테인먼트 현장

(1) 미국의 브로드웨이와 영국의 웨스트엔드

브로드웨이(Broadway)는 미국 뉴욕주에 위치하고 있는 거리로서 극장가가 즐비하여 미국 문화산업인 뮤지컬의 본산이자 미국 연극계로 통용된다. 브로드웨이에는 이윤추구를 목적으로 하는 상업극단과 공공정책적인 스폰서십에 의존하는 비영리극단이 있다. 브로드웨이는 연극과 뮤지컬을 중심으로 1950년대 전성기를 지나 쇠락의 길을 걷다가 최근 다시 주목받고 있다.

웨스트엔드(West End)는 런던의 번화한 상업지구로서 영화관과 극장이 모여 있다. 세계적인 대문호 셰익스피어의 유산으로 영국의 연극과 뮤지컬의 총본산이자 영국 문화산업의 저력을 보여주고 있는 곳이기도 하다.

브로드웨이와 웨스트엔드는 단순히 극장가가 모여 있는 공간에서 관람객 유치 차원이 아니라 미국이나 영국을 방문하는 국제관광객의 목적지로 보아야 한다. 뮤지컬 공연의 스케일이 대형화된 요인 중의 하나가 관광산업의 발전이며 공연작품의 관람은 관광패키지 상품에 포함되어 인기 메뉴가 된다.

(2) 주크박스형 뮤지컬

뮤지컬은 뮤지컬 코미디 또는 뮤지컬 플레이의 약자로서 음악과 춤을 스토리와 접목한 연극이다. 특히 주크박스(jukebox)형 뮤지컬은 인기 가수의 히트한 노래를 활용하여 제작하는데 귀에 익숙한 노래를 색다른 통로를 통해서 다시 들을 수 있다는 점에서 매력적이다. 주크박스는 선술집 등에 설치되어 동전을 넣으면 당시에 유행하는 노래를 틀어주는 기계이다.

1999년 초연된 〈맘마미아〉는 스웨덴 출신의 4인조 팝 그룹 아바(ABBA)의 노래를 바탕으로 만들어진 효시작품이다. 이른바 오페라의 빅 4라고 일컬어지는 〈오페라의 유령〉, 〈캣츠〉, 〈레미제라블〉, 〈미스 사이공〉과는 달리 좀 더 가볍게 대중에게 다가갈 수 있는 비즈니스 모델로 평가받고 있다.

(3) 캐나다의 태양의 서커스

태양의 서커스(Cirque du soleil)는 1984년 캐나다의 기 랄리베르테 등 길거리 곡예사 수십 명에 의해서 창단된 엔터테인먼트 서커스 회사이다. 전통적으로 서커스의 인기 콘텐츠였던 동물 쇼를 없애고 최첨단 테크놀로지와 타 예술장르를 포용하면서 새로운 형태의 공연 패러다임을 제시하였다. 즉 단순한 곡예가 아니라 인간의 육체가 보여줄 수 있는 최고의 예술적 경지를 잘 짜여진 이야기 구조하에서 연출한다.

전 세계적으로 수십 개의 공연을 동시다발적으로 보여주고 있으며 주요 작품으로 라스베이거스에서 싱크로나이즈 연기자들이 펼치는 수중연기의 진수 〈O쇼〉, 동양적인 요소를 가미한 〈KA쇼〉 등과 함께 〈퀴담〉, 〈마이클잭슨 임모털투어〉 등이 있다.

생각해 볼 문제

01 엔터테인먼트산업은 왜 돈만으로 해석이 되지 않는가?

02 안방극장이라 불리는 TV에서 방송프로그램은 왜 광고와 광고 사이에 삽입되는 방해물로 취급되는가?

03 애니메이션산업에서 확대시킬 수 있는 시장은 있는가? 예를 들면 성인을 대상으로 하는 애니메이션 시장이 가능한가?

04 음악산업에서 영상(비디오)은 음악을 살렸는가 아니면 퇴화시켰는가?

05 미디어 엔터테인먼트와 라이브 엔터테인먼트의 장단점에 대해 설명하시오.

Video Killed the radio star (Buggles, 1979)

영국의 2인조 뉴웨이브 밴드였던 버글스가 1979년에 발표한 싱글로 텔레비전으로 대표되는 영상시대에 지나간 추억으로서 라디오에 대한 아쉬움을 표현하였다. 재미있는 것은 음악의 영상시대를 연 M-TV가 1981년 개국 첫방송에 이 노래를 내보냈다는 것이다.

I heard you on the wireless back in Fifty Two
1952년에 라디오를 통해 당신의 목소리를 들었죠

Lying awake intent at tuning in on you
누운 채로 당신에게 집중했었죠

If I was young it didn't stop you coming through
그때 어릴 때였으면 당신 목소리를 계속 들었을 텐데

They took the credit for your second symphony
그들이 당신 음악을 모두 빼앗아 가버렸어요

Rewritten by machine and new technology
기계와 신기술로 다시 만들어져

and now I understand the problems you can see
이제 문제가 뭔지 알겠어요

CHAPTER 06

한국의 엔터테인먼트산업

거북아, 거북아,
머리를 내어라.
내어놓지 않으면,
구워먹으리.

구지가, 작자 미상

한국인 없는 K팝과 K드라마

K팝 · K드라마 · K뷰티 · K패션 등 세계 속으로 유통되는 한국 문화상품의 접두어인 'K'의 내용은 무엇일까? 할리우드 영화를 빼닮은 한국영화를 할리우드 영화라 하지 않고, 프랑스영화보다 더 프랑스적이라는 홍상수 감독의 영화를 프랑스영화라고 부르지 않는데 한국인 한 명 들어 있지 않고 한국 영토 밖에서 외국인이 제작하는 드라마나 팝음악에 도대체 왜 'K'를 붙일까?

아직 소소한 시도들에 불과하고 한국 드라마나 팝음악을 희화한 패러디적 요소를 지니고 있는 경우도 많지만, 한국인 없는 K팝과 K드라마가 국외에서 생산되고 있다는 것은 한국 대중문화의 세계화 과정을 면밀하게 관찰할 수 있는 좋은 기회다. 드라마로는 K드라마 유통의 최대 플랫폼인 비키(Viki)가 제작하고 넷플릭스가 유통한, K드라마의 팬이 드라마의 세계로 빨려든다는 '드라마월드'(2016)가 대표적이다. 훨씬 다양한 시도가 관찰되는 팝 쪽에서는 미국의 백인 래퍼 채드 퓨처(Chad Future), 뉴욕에서 만들어진 5인조 보이그룹 EXP, 유튜브 스타가 K팝의 정체성을 탐구해 보려고 만들었다는 BgA 등을 눈여겨볼 만하다.

미국이나 유럽에서 리메이크되는 남미산 드라마 텔레노벨라의 세계를 맛봤기 때문일까, 세계적인 대중문화 장르로 정착해 전 세계에서 생산되고 있는 만화를 경험해서일까. 세계의 수용자들은 관습으로 가득 찬 한국인 없는 K드라마에 긍정적으로 반응한다. 한드가 제공하는 궁극적 로맨스의 세계는 일종의 상상적 공간이기에 굳이 한국인이나 한국어가 없어도 K드라마로 인정하고 즐길 수 있다는 반응이다. 그러나 한국인 없는 K팝에 대해서는 아무리 음악 · 안무 · 패션의 코드를 그대로 재연하고 한국어로 노래를 부르더라도 매우 비판적이다. 한국인 없는 한드는 내용 속에 '한국적' 특성을 고스란히 담고 있기에 한국인이나 한국어가 필요 없지만, 한국적 내용을 찾기 힘든 K팝의 경우 그 이름으로 불리기 위해서는 한국인이어야 할 이유가 더 큰 것일까. 동아시아의 한국인 없는 K팝 그룹들에 대한 팬들의 관용을 고려할 때, 세계 속 K팝은 꼭 한국인이어야 한다기보다 동아시아와 동아시아인이라는 문화적 · 인종적 차원이 작동하는 정체성의 공간이다. K팝의 역할은 단지 새로운 팝문화 하나를 세계 대중문화의 목록에 첨가한 것이 아니라 세계 속 동아시아인의 인종적 정체성이 실천되는 공간인 것이다. 한류 이야기가 국수주의적 발상이 아닌 이유가 여기에 있다.

출처: 중앙일보 (2017.4.22).

이 장의 소개

이 장은 한국에서의 엔터테인먼트산업을 논하며 한국인과 엔터테인먼트의 인연이 매우 오래되었음을 제시한다. 또한 영화와 음악을 중심으로 한국의 엔터테인먼트 의의와 역사를 살펴보고 아울러 엔터테인먼트가 꽃을 피운 한류를 점검한다.

1절 한국인은 엔터테인먼트 기질, 즉 유전자(DNA)를 가지고 있다. 그 연원은 인간을 널리 행복하게 한다는 건국이념인 홍익인간, 화랑도의 바탕이 된 풍류도, 한마당과 신명의 문화 등에서 찾을 수 있다.

2절 한국의 엔터테인먼트 역사는 나운규의 〈아리랑〉에서 시작하였으며 최근에는 영화가 대기업의 문화 및 예술에 대한 새로운 시장인식과 시대소명으로서의 엔터테인먼트의 사업전략화에 힘입어 괄목할 만한 성장을 보였다. 애니메이션은 만화와 떼려야 뗄 수 없는 관계인데 1909년 〈대한민보〉에 발표된 이도영의 시사풍자 삽화를 시작으로 오늘날 웹툰으로 만개하였다. 음악은 1926년 최초의 대중가요라는 〈사의 찬미〉를 시작으로 하여 SM엔터테인먼트 등 가요 기획사를 모태로 하는 종합엔터테인먼트사의 탄생을 이루었다.

3절 한류는 한국문화의 열풍, 대중문화의 바람, 대중문화의 해외수출 등을 가리키는 것으로, 1999년 11월 처음 중국에서 문화현상으로 소개되어 오늘에 이르고 있다. 대중문화에 국한하지 않고 국가브랜드로서 승격시키려는 노력이 진행되고 있으며 또한 문화 및 생활양식 전반에서 K브랜드화하고 있다. 더 나아가 경제와 문화 논리의 조화, 국가 및 문화권 상호 간의 교류에 초점을 맞추고자 한다.

열쇠말

나운규, 사의 찬미, 신명, 아리랑, 엔터테인먼트, 풍류도, 한류, 한마당, K브랜드

학 습 목 표

1. 한국인은 천부적인 엔터테인먼트적 기질을 가지고 있다는 것을 받아들일 수 있다.
2. 홍익인간, 풍류도, 한마당 등과 한류가 관련이 있음을 받아들일 수 있다.
3. 한국의 엔터테인먼트산업 현황을 간략하게 말할 수 있다.
4. 대기업이 문화 및 엔터테인먼트산업에 진출하는 이유를 알 수 있다.
5. 한류가 가져오는 일련의 연관 산업 효과, 즉 한류의 나비효과를 설명할 수 있다.

1. 한국인과 엔터테인먼트

1) 한국인의 엔터테인먼트 기질 DNA

(1) 건국이념과 엔터테인먼트

우리나라의 건국이념은 홍익인간(弘益人間)이다. 〈삼국유사〉의 단군신화에 나오는 말로서 '널리 인간세계를 이롭게 한다'는 뜻이다. 조화와 평화를 중시하는 세계관으로서 우리 민족의 사상적 뿌리이다. 건국이념을 엔터테인먼트와 연결시켜 보면 보다 많은 사람들이 최대의 즐거움을 누릴 수 있도록 전 세계 사람들에게 감성적 재미를 전달하는 데 우리 민족이 앞장서야 함을 천명한 것이다.

(2) 풍류도

풍류도(風流道)는 신라시대 청소년집단인 화랑도의 이념이다. 화랑의 세속오계

(世俗五戒)를 보면 《삼국사기》 4권 진흥왕조에 실린 최치원(崔致遠)의 난랑비서(鸞郞碑序)가 있는데 여기에는 "우리나라에 현묘(玄妙)한 도(道)가 있었으니 풍류(風流)라 이른다. 그 교(敎)의 기원은 선사(仙史)에 자세히 실려 있거니와, 실로 이는 삼교(三敎)를 포함한다"라는 구절이 있다.

① 상마도의(相摩道義): 몸과 마음을 연마하면서 도와 의를 닦는다. 건강한 몸과 마음을 만들기
② 상열가락(相悅歌樂): 춤추고 노래하고 서로 기뻐한다. 서로 한마음이 되어 즐기기
③ 유오산수(遊娛山水): 명산대천을 다니면서 천지의 기운을 받는다. 대자연의 순리를 알고 대자연에 겸허해지기, 자연의 법칙에 순응하기

단순하게 노는 것이 아니라 멋스럽고 풍치 있게 노는 것이며 인격의 도야를 통해서 도(道)의 경지까지 이끌어내는 것이다. 즉 자연과 인생과 예술이 혼연일체가 된 심미적인 즐거움을 이루어야 한다. 엔터테인먼트 역시 시간 때우기(killing time)가 되어서는 안 되고 저속하게 놀아서는 안 되며 이를 통해서 사람다운 사람이 되어나가는 과정을 배워야 한다.

(3) 한마당과 신명

한마당에서 '한'이란 하나가 되는 것, 무한이 넓은 것의 의미를 가지고 있다. '마당'은 함께 어울려 나누고 즐기던 공간이다. 따라서 한은 시간적 의미를 가지고 있고 마당은 공간적 의미를 가진다. 여기에 시간으로서 하늘, 공간으로서 땅 그리고 그 중심에 인간이 있어 천지인(天地人) 합일이 이루어진다. 따라서 엔터테인먼트를 즐김으로써 참여하는 사람 모두가 하나가 되고 또 그 시간과 공간은 무한히 확장이 되어야 한다. 즉 누구나 참여할 수 있고 영원해야 하는 것이다. 축제 한마당, 한류 한마당은 마땅히 그러해야 한다.

신명(神明)은 한국인의 대표적인 긍정적 감정으로서 흥겨운 신이나 멋이다. 신명

난다, 신난다, 신바람난다 등과 같이 쓰이며 어떠한 일에 흥미나 열정이 생겨 기분이 매우 좋아진 상태이다. 여기에 신을 신(神)이라는 말로 쓰는데 (신 혹은 절대자와 접촉한 상태로서) 깨어 있고 에너지가 충만한 상태를 지칭한다. 원래 신명은 마을굿과 같은 전통제의 및 축제에서 집단적 · 종교적 체험이므로 참여하는 사람에게 전이가 되고(신명의 나눔) 서로 공유한다.

신명을 불러일으키는 것은 무당이다. 무(巫, shamanism)는 신령과 단골(무의 신도)과 무당이 만들어내는 종교관계이다. 무는 한국인의 심성 맨 밑바닥에 있는 근원이기도 한데 모든 문화는 무와도 연관지어진다. 종교의 탈신화가 문화로 이어지이고 이는 대중문화로 발전한다. 이러한 점에서 볼 때 무당은 오늘날의 엔터테이너이고 단골은 엔터테이너가 만들어낸 엔터테인먼트 콘텐츠를 소비하는 팬이라고 할 수 있다. 무당이 만들어 내는 주술(呪術)을 굿에 참가하는 사람이 엑스터시 상태에 빠지고 신명과 신들림을 체험하게 하는 기술이라고 한다면 엔터테이너가 팬을 울고 웃게 만드는 탤런트(끼, 氣)와도 일맥상통한다고 할 수 있다.

(4) 엔터테인먼트 허브 모델

한국인은 홍익인간, 풍류도, 한마당과 같이 다른 여느 민족보다 엔터테인먼트 기질 혹은 유전자(DNA)가 풍부하다. 최근 한국의 엔터테인먼트는 한류와 엔터테인먼트산업의 성장으로 보다 구체화되고 있다. 이는 일회성이 아닌 한국인의 내재된 엔터테인먼트 기질이 이제야 빛을 발하는 것이다. 궁극적으로 성공적인 한류를 통해 한국은 엔터테인먼트 허브(EN Hub), 즉 엔터테인먼트의 중심지로서 거듭나

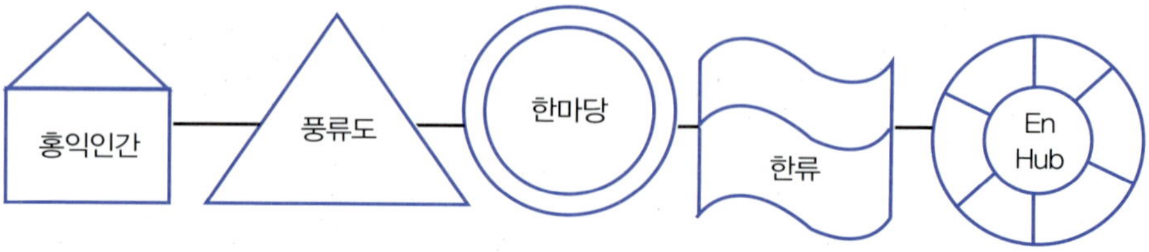

| 그림 6-1 | 엔터테인먼트 허브 체인모델

출처: 손대현 (2005).

고 세계인에게 재미와 즐거움을 주며 동시에 행복을 전할 수 있는 건국이념을 달성할 것이다.

2) 엔터테인먼트산업의 성립과 발전

(1) 조선 말기~일제강점기

조선 말기 및 일제강점기는 한국 엔터테인먼트산업(산업적 형성이 이루어지지 않았기에 대중문화라고도 할 수 있다)의 맹아기(萌芽期)라고 볼 수 있다. 선진문물을 먼저 받아들이고 자본주의 산업화가 진행된 일본의 영향으로부터 자유롭지는 않았지만 앞에서 살펴본 한민족이 면면히 간직해온 문화와 엔터테인먼트가 결합하여 20세기 엔터테인먼트의 빅뱅을 준비하고 있었다.

춘사 나운규가 각본, 주연, 연출을 한 〈아리랑〉은 1926년 첫 개봉되었는데 민족의 애환과 정서를 형상화한 작품으로 조선 영화사를 통틀어 최고의 작품으로 평가받았다. 조선키네마프로덕션에 의해 35미리 흑백무성영화로 제작되었다. 한국 여성 트로트가수의 원류이자 왕년의 국민가수로서 이난영의 〈목포의 눈물〉은 1935년에 발표된 한국 최초의 대중가요이다. 사랑하는 사람을 떠나보내고 슬픔에 겨워 목포항 부두에서 서글피 우는 비련의 여인의 눈물을 그리고 있으나 사실은 나라를 잃고 비분강개하여 원통해 죽고 싶은 심정을 그린 노래다(정영도, 2008). 이난영과 〈오빠는 풍각쟁이야〉를 작곡한 김해송 사이에 태어난 두 딸과 이난영의 오빠의 딸이 1953년 결성한 여성보컬그룹 김시스터즈는 아시아 걸그룹 최초로 미국에 진출하는 기록을 세웠다.

| 그림 6-2 | 영화 〈다방의 푸른 꿈〉 팸플릿

출처: 인디라인 (2017).

〈사의 찬미(死의 讚美)〉는 이바노비치의 〈도나우강의 잔물결〉에 가사를 붙인 번안곡으로 1926년에 발매되었다. 이 노래를 녹음한 윤심덕은 일본으로부터 귀국 중인 배에서 애인인 극작가 김우진과 동반자살했다고 한다. 노래뿐만 아니라 유부남과의 이루어질 수 없는 사랑이 이슈가 되면서 한국 내 유성기 음반시장이 활발해지기 시작했다고 한다.

기생(妓生)은 원래 전통사회에서 잔치나 술자리에서 시서화에 대한 지식뿐만 아니라 노래 및 춤 등을 바탕으로 참석자의 흥을 돋우는 일을 업으로 삼았던 집단이다. 조선 말 이들은 대중문화 예술 분야에서 역할이 두드러졌는데 당시 춤, 노래, 연극, 영화 등 각종 공연에서 다양한 활동을 하며 기획사, 레코드사로 소속을 옮기는 등 근대 대중문화의 스타로 변신하였다(김수현, 2007). 영화 〈해어화〉는 '말을 이해하는 꽃'이란 뜻으로 미인을 비유하는 말인데 1943년 경성 제일의 기생학교였던 대성권번의 두 여주인공의 가수 데뷔와 사랑을 그리고 있다.

유랑극단은 조선시대 및 일제강점기를 거쳐 존재한 이동예능집단으로 애수를 모티브로 부초(浮草)에 비유되듯이 타향살이의 설움을 간직한다. 당시 많지 않은 유일한 오락거리로서 존재하였으며 지방에서 행해지는 향토행사의 감초역할을 하였다. 동춘서커스단은 우리나라 최초의 서커스단으로 1925년 동춘 박동수에 의해 창단되어 오늘에 이르고 있다. 1960~1970년대 전성기를 지나 현재 안산시 대부도에서 공연을 이어오고 있다.

> 여행하는 제비여, 외롭지 않은가, 나도 외로운 서커스 생활
> 재주넘기로 올해도 저물어가고 낯선 타국의 꽃을 보았네
> 어제 시장에서 잠깐 본 아가씨, 하얀 피부에 늘씬한 허리
> 채찍 휘두르면 사자도 복종하는데, 그 귀여운 아가씨와는 옅은 인연이여
> 그 아가씨 사는 마을, 그리운 마을을 떠난 텐트 생활
> 달이 쌀쌀해지네, 마음도 쌀쌀해지네
> 말이 잠자는 숨소리로 잠들 수가 없네
> 아침은 아침 안개, 저녁은 저녁 안개, 울면 안 된다네
> 클라리넷 흘러가는 부조의 꽃이여, 내일도 피우자꾸나 저 마을에서
>
> 〈서커스의 노래〉 (1933), 사이조 야소 작사, 고가 마사오 작곡

(2) 미국 군정기~20세기 말

미국 군정기(美國軍政期)는 1945년 해방과 더불어 삼팔선 이남지역에 미군이 주둔한 때부터 남한단독정부가 수립되기까지 약 3년 동안의 군사통치기간이다. 주한 미군의 위안과 사기진작을 목표로 팝송(pop song)으로 통칭되는 서구음악이 영내 클럽무대의 미8군 쇼와 AFKN이라는 전용 방송채널을 통해서 유입되었다. 당시 세계 변방이나 다름이 없던 한국 사회에 첨단 대중문화의 창구 역할을 하였다. 최초에는 자국의 연예인을 초청한 위문공연이 주류를 이루었으나 한국인에 의한 무대 데뷔가 빈번해졌다. 엄토미 악단(리듬 에이스)와 김광수 악단, 한명숙, 김씨스터스, 최희준, 현미, 윤복희, 장미화, 조영남, 윤항기, 패티 김 등이 활약하였다.

> 미군들에게 익숙한 곡으로 막이 오른다. 전체 쇼 멤버가 등장해 노래와 춤과 밴드 플레이로 온 무대를 누린다. 엠씨의 사회로 인사가 끝나고 트롬본 솔로로 역시 누구나 익숙한 팝송이 연주되었다. 이때 세련된 연주는 물론 악기를 활용한 여러 가지 제스처를 보이며 현란한 음악실력을 드러낸다. 이후 한국 고유의상을 입은 무용팀이 나와 부채춤을 춘다. 중간에 부채를 칼과 대치한 칼춤이 뒤를 이었다. 철그럭거리는 음향효과와 함께 기괴한 분위기가 된다. 다시 평화로운 음악

으로 바뀌며 칼을 놓고 부채춤이 계속되어 끝을 맺는다. 다음에 가수 2명이 등장하여 듀엣으로 컨츄리송 한곡을 부르고 고객 중에서 생일을 맞이한 사람이 있다는 것을 안 이들은 그 사람을 위해서 "해피버스데이"를 부른다. 이어 솔로 여가수가 등장하여 세 곡 정도 최신 유행팝송을 메들리로 부른다. 간혹 양동이, 걸레, 빗자루 등 소도구를 든 무용수들이 등장하여 가사의 내용에 의한 무용을 곁들여 뮤지컬적인 요소를 보이기도 한다. 다음에는 드럼 솔로가 이어져 드러머의 현란한 솜씨로 연주 도중 몇 번의 휘파람과 박수가 터져나왔다. 격렬한 드럼 솔로 이후 남자가수가 등장하여 최신 유행곡과 더불어 소울곡을 세련된 제스처를 곁들여 가면서 원가수와 비슷한 음색으로 들려준다. 이어 여자 솔로 가수의 무대가 이어지며 세련된 창법으로 당시의 유행곡을 불렀고 앙코르곡으로는 다함께 따라 부를 수 있는 '대니 보이'를 불렀다. 공연의 피날레는 전 멤버의 등장으로 영화 주제곡 한 곡을 골라 노래와 춤 그리고 밴드 플레이가 함께 진행되었다.

출처: 정연주 (2013).

1966년 금성사에서 최초로 출시한 국산 텔레비전의 모델이름은 VD-191였다. 즉 진공관(Vacuum), 다리가 달린 탁상형(desk top) 19인치, 첫 번째의 1이라는 뜻이다. 공급이 수요를 따르지 못해 TV 무소유 증명서를 소유해야 추첨을 통해서 구입할 수 있었다. 당시 안방극장에서는 1972년 〈여로〉가 상영되었는데 드라마가 시작될 즈음에는 거리에 인적이 끊일 만큼 인기가 많았다. 이는 당시에 즐길 만한 엔터테인먼트가 희귀했다는 뜻이기도 하다. 또한 15개의 곡마단이 TV드라마로 인해 망했다고 한다. 당시 TV 화면으로 온 가족뿐만 아니라 마을사람들을 모은 것은 권투, 프로레슬링 등 스포츠 TV중계였는데 애국심으로 무장된 팬심으로 인기를 모았다.

천규덕, 장영철도 있었지만 김일은 세계 챔피언이었기에 그는 당연히 우리의 영웅이었다. 세계 챔피언 타이틀이 왜 그렇게 많은지 또 그 타이틀이 공신력이 있는지 그때는 알 도리는 없었지만 아무튼 갓과 담배 그리고 호랑이가 그려진 그 챔피언 가운은 조무래기들의 가슴을 턱없는 애국심으로 부풀어 오르게 하기에 충분했다. 하지만 나는 그에게 최초의 배신을 맛보았다. 당시 부산에는 일본 방송이 깨끗하게 나왔다. 매주 수요일 저녁 7시에 레슬링 경기가 방송되었으며 그날은 거의 미치는 날이었다. 거기에 김일이 나온 것이다. 그런데 가운이 달랐다. 예의 그 가운이 아니라 목단이 그려진 가운이었다.

출처: 이성욱 (2004).

단성사는 최고(最古)의 영화관인데 '집단이 되어 하나로 뭉치자'는 민족정신이 어려 있는 이름으로 종로와 동대문 일대의 상인들이 만든 영화사로 한국영화 흥행의 산실, 즉 한국판 시네마천국이었다. 1926년에 최초로 나운규 감독의 〈아리랑〉이 상영되었다.

대중문화가 정치로부터 자유롭지 못했다는 것은 영화 검열 및 소재의 제한, 가요 금지곡 및 건전가요 등으로 구체화되었다. 트로트는 일본 엔카의 선율과 비슷하고 또한 불건강한 비탄조의 퇴폐미가 있다 하여 지탄의 대상이 되기도 하였다. 이미자의 〈동백아가씨〉가 금지곡이 된 것은 리 요시코라는 이름으로 일본 빅터레코드사를 통해 활동한 것과 무관하지 않다.

(3) 2000년대 이후에서 현재까지

엔터테인먼트는 대기업의 자금 진출이 러시를 이루면서 본격적인 산업화의 길을 걷는다. 대기업의 엔터테인먼트업계 진출은 다음과 같은 기업전략의 일환이었다.

- 초기 엔터테인먼트 시장에서의 학습 경험
- 기존의 사업영역이 아닌 새로운 투자처를 모색하여 선점효과
- 기존에 진행하던 사업의 위험 분산 차원
- 기업의 이미지 관리 차원에서 진행하던 문화산업에서 가능성 발견

1990년대부터 삼성, LG 등의 대기업이 영화계에 진입했다. 1998년 서울올림픽을 전후로 비디오 시장이 급성장하면서 자사의 하드웨이인 비디오 재생 단말기를 판매하기 위해서 콘텐츠가 관건이라는 것을 깨닫게 된 것이다. 1992년에 삼성은 비디오 판권 구매형식으로 투자한 〈결혼이야기〉가 최초의 사례가 되며 1999년 〈쉬리〉 등으로 이어졌다. 대기업의 단독투자를 통한 리스크를 상쇄하고 IMF 이후 투자처를 찾지 못한 금융자본은 영상전문투자조합 등을 통해서 엔터테인먼트산업에 본격적으로 진출한다. 이어 CJ, 롯데 등 대기업은 영화의 투자, 배급 그리고 상영에 이르기까지 통합구조를 형성하였다. 풍부한 자금력과 인적 · 물적 인프라를

가진 통신기업이 같은 소수의 미디어기업인 콘텐츠기업을 흡수합병하면서 엔터테인먼트산업에 진출한다. 초기에 KT는 2005년 싸이더스 FNH를, SKT는 2006년 iHQ 등을 인수하였다.

대기업 등 거대자본에 의한 엔터테인먼트산업 형성은 재무적 안정성과 수직계열화(제작과 유통의 일원화) 등을 통해서 비교적 리스크가 큰 콘텐츠 비즈니스와 영세한 콘텐츠기업에 활력소를 제시하는 등 긍정적인 변화가 있었으나 대기업의 독점과 소규모 기업의 벤처의욕 상실이 우려되기도 하였다.

축제를 시작합니다.
다른 나라, 다른 언어, 다른 사람들
우리의 음식, 우리 음악, 우리 영화로
19억명이 즐기는 문화의 축제
왜 이런 일을 하냐고 묻는다면
문화는 세상을 움직이는 힘이고
CJ가 가장 잘하는 일이니까요.

| 그림 6-3 | CJ그룹 홍보영상

출처: CJ.

3) 한국 엔터테인먼트산업의 과제

(1) 스타 중심의 제작 구조

엔터테인먼트 상품이 시장에서 성공하기 위해서는 무엇보다도 주목과 입소문이 중요하다. 이를 가능케 하는 것이 스타이다. 그러나 스타를 기용하기 위해서는 상당한 투자가 필요하며 제작비 전체에서 스타가 차지하는 비율이 높아질수록 다른 비용이 압박을 받게 된다. 예를 들어 무대장치와 엑스트라 동원 수 등을 들 수 있다. 스타는 흥행에 매우 중요한 요소이지만 이와 같은 이면이 있다.

(2) 전근대적인 경영관행

엔터테인먼트산업계가 양적인 팽창을 이루었다고 하지만 이에 따른 질적인 성장을 담보하는 것은 아니다. 일부 연예기획사 및 제작사는 합리적인 의사결정이 아닌 인맥과 관행이 지배하는 산업구조의 백태를 벗어나지 못하고 있다. PR비 상납, 대주주들의 회사공금 횡령, 몸 로비, 연예계와 조폭과 정 · 재계의 검은 커넥션, 방송사의 연예인 선발과 출연의 불투명성, 뒷거래로 스타 만들기, 언론사에 기사청탁, 연예인을 노예처럼 다루는 불공정계약, 불법복제와 같은 저작권 미확립 등이다. 이에 따른 자정화 노력이 진행되고 있으며 그 예로 '대중문화산업발전법' 등 법률 제정을 꼽을 수 있다.

(3) 대기업 자본 중심 산업구조

영화산업과 같이 고위험성 산업군에도 자본조달이 용이해진 것은 2000년대를 기준으로 KTF의 영화산업 투자 등이 이루어지면서부터이다. 그러나 대기업 중심의 영화산업 수직계열화(vertical integration), 즉 제작 · 배급 · 상영의 비즈니스 구조가 한 대기업에 의해 통합된다는 것, 예를 들어 CJ E&M이 제작과 배급을 맡고 CJ CGV가 상영을 하는 등 기업집단 측면에서는 내부적 효율성은 증대되었으나 자사계열 영화의 집중상영, 장르별 다양성 감소 등이 우려되며 관객입장에서는 제한된 선택권을 가질 수밖에 없다.

2. 한국 엔터테인먼트산업

1) 영화산업

(1) 영화산업의 시작

1900년 초부터 활동사진이 상영되기 시작하였으며 명동 및 충무로, 종로 등에 극장가가 형성되었다. 당시의 극장은 복합적이었는데 창극, 신파극, 기생의 병창 등이 같이 선보였다. 1923년에는 최초의 극영화인 〈월하의 맹서〉, 최초의 상업적 성공을 거둔 〈춘향전〉 등이 있었다. 1926년 〈아리랑〉은 한민족의 정서를 담아내는 수작(秀作)이었다.

| 그림 6-4 | 초기의 영화 시나리오

무성영화에는 변사(辯士)가 중요한 역할을 했는데 스크린에 펼쳐지는 극의 진행 상황과 등장인물의 대사를 관객에게 설명해 주던 사람으로 활동사진 해설가라고도 하였다. 또한 전기수(傳奇叟) 역시 조선 후기에 소설을 낭독해 주고 일정한 보수를 받는 직업이 있었는데 변사와 매우 밀접한 관련이 있다.

해방 이후에는 〈자유부인〉이 전후의 혼란된 가치관을 반영하여 히트하였으며 사극, 문예, 반공영화 등이 주류를 이루었다. 1960~1970년대에는 근대화, 산업화, 도시화 속에서 이를 소재로 하는 영화가 다수 등장했으며 TV와의 경쟁 속에서 침체기를 겪기도 하였다. 1980년대에는 외화수입이 급증하였는데 제작 및 수입 자유화와 미국영화의 직접배급 등이 시작되어 무한경쟁의 신호탄이 되었다. 1990년대에는 삼성 등 대기업 자본이 영화계에 진출했으며 국제영화제 개최 등을 통한 저변확대가 이루어졌다. 2000년대 한국영화는 국가정책의 수혜와 함께 인적 인프라의 확충으로 성장가도를 달리게 된다. 유료관객수가 2012년 1억 명을 돌파하고 이어 2013년에 2억명으로 급증하였다.

(2) 한국 영화산업의 과제와 전망

영화진흥위원회가 발표한 〈2016년 한국 영화산업 결산 발표〉 자료에 따르면 2016년 전체 영화산업 매출은 2조 2,730억원으로 전년 대비 7.6% 증가했다. 3년 연속 2조원 대 매출을 유지하고 있다. 극장 입장권 매출액은 1조 7,432억원으로 소폭상승(1.6%↑)한 반면, 관객 수는 2억 1,702만명으로 0.1% 감소했다. 연간 평균 관람횟수는 4.20회로 세계 최고 수준이다. 2016년을 기준으로 한국영화를 살펴보면 제작비 100억을 상회하는 고예산 작품들이 개봉하고 있으며 투자수익률 역시 높은 것으로 나타났다. 이는 스타 배우의 인건비와 함께 컴퓨터그래픽 비용이 올라간 것에 기인한다. 평균제작비는 24억원이고 100억원 이상 작품 12편 중에서 9편이 손익분기점을 넘겼으며 평균수익률은 53.3%였다(경향신문, 2017.3.9).

국내의 주요 영화 배급사로는 CJ, 롯데시네마 그리고 메가박스 등이 있다.

| 그림 6-5 | 영화배급 3사 로고

출처: CJ, 롯데시네마, 메가박스.

한국의 박스오피스 탑텐(TOP 10) 영화는 다음과 같다. 박스오피스란 영화가 대중화될 무렵 극장건물 앞에 지금의 매표소에 해당하는 박스에서 표를 판매하던 곳이었다. 지금은 뜻이 전이되어 영화 한 편이 벌어들이는 흥행수입을 가리킨다. 영화상영은 대기업에 의해 운영되는 멀티플렉스(multiplex) 등에서 이루어지는데 백화점 및 쇼핑몰 등을 입점시켜 영화관이 앵커(anchor) 시설 역할을 한다. 아울러 다양한 부가서비스를 경쟁적으로 제공하면서 대 고객서비스의 질을 높이고 있다.

| 표 6-1 | 한국 박스오피스 탑텐 영화

순위	영화명	개봉 연도	매출액 (억원)	관객 수 (백만명)	스크린 수	상영 횟수
1	명량	2014	1,357	176	1,057	188,611
2	국제시장	2014	1,101	141	1,004	207,244
3	아바타	2009	1,249	133	917	162,505
4	도둑들	2012	937	130	1091	155,396
5	7번방의 선물	2013	914	128	866	166,817
6	광해, 왕이 된 남자	2012	889	123	1,001	203,433
7	변호인	2013	829	114	925	152,267
8	해운대	2006	810	113	764	154,277
9	괴물	2009	667	109	647	113,101
10	왕의 남자	2005	660	105	313	111,176

출처: KOFIC, 영화관입장권 통합전산망 기준 (2015).

한국 영화산업의 주요 통계지표를 보면 총 관객, 극장 입장권 판매, 매출액 등에서 각각 급속한 증가세를 보여주고 있다. 또한 개봉 편수, 한국영화 편수, 한국영화관람객 수, 인구 1인당 평균관람 횟수 등이 세계 최고 수준에 이른다. 한국산 제작영화 수출 역시 2013년에 〈설국열차〉 등이 견인이 되어 최대 정점을 이루었다(영화진흥위원회, 2014). 한국영화동반성장협의회가 2013년에 발족하여 체인, 투자배급사, 제작업체, 영회진흥위원회, 문화체육관광부 등 관계자들이 모여 공정한 영화산업 환경조성을 위한 자성적 노력을 시도하기도 하였다.

블록버스터의 탄생, 멀티플렉스 등 수요 측면에서 긍정적인 성과도 있었으나 아이템의 부재, 스토리 부실, 왜곡된 정보, 할리우드 공식 따라하기에 급급한 스케일 등이 지적되고 있다. 또한 1편은 신선한 소재이나 시리즈로 갈수록 재탕, 삼탕, 짜깁기라는 비판이 제기되기도 한다.

(3) 영화산업 관련 주요 이슈

한국에서 스크린쿼터제의 정식 명칭은 한국영화 의무상영제도이다. 즉 자국 내에 있는 극장은 자국의 영화를 특정 비율 이상으로 의무적으로 상영해야 한다는 규정이다. 쿼터는 할당을 의미하며 외국상품 수입 시 일정량만을 수입하도록 하는 보호주의 통상정책이다. 한국에서는 1985년 영화법 시행령을 개정하여 연간 146일 이상 국산영화를 의무적으로 상영하도록 되어 있으나 부분 수정 및 지자체 재량 인정 등을 통해서 106일 정도로 현실화하고 있다. 그러나 외국영화의 한국시장 잠식을 우려하여 시행했던 스크린쿼터제는 다양한 영화를 보고 싶어하는 관객의 볼거리를 제한한다는 점에서 논란의 여지가 있다. 더욱이 최근에 일부 한국영화가 스크린을 독점하는 세태를 볼 때 오히려 한국형 대형 블록버스터와 대중성이 강한 영화에 밀리는 작고 의미 있는 영화들도 다양성 차원에서 포용해야 하지 않을까 한다.

영화는 다른 엔터테인먼트 장르에 비해서 특수성을 가지고 있어 표현의 자유가 문제가 된다. 즉 영화 창작의 자유로서 예술성과 사회적 파급력으로서의 사회성, 효과적인 정치적 아젠다를 전달할 수 있는 매체로서 정치성 등이 문제로 꼽힌다. 표현의 자유는 국가권력의 간섭이나 방해 없이 자유로이 사상과 의견을 언어나 비언어적인 수단을 통해 표명할 수 있느냐이고 영화에 한해서는 위와 같은 특성이 고려되는 것이다. 검열이란 행정권이 주체가 되어 사상이나 의견 등이 발표되기 전에 예방적인 조치를 취하는 것으로 내용을 심사, 선별하고 사전에 억제하는 등 허가받지 않은 것의 발표를 금하는 것을 말한다. 영화의 등급분류제는 이와 깊은 관련이 있다. 일제강점기의 민족성 말살을 통한 악용, 해방 이후 부당한 정치체제에 대한 비판을 봉쇄하기 위한 이용 등이 이루어졌다.

2) 만화 및 애니메이션산업

(1) 만화 및 애니메이션산업의 역사

1909년 〈대한민보〉에 발표된 이도영의 시사풍자 삽화가 한국만화의 효시로 평가받고 있으며 이어 백여 년이 흐른 지금은 매주 수백 편에 이르는 작품들이 다양한 소재와 주제로 웹, 모바일 그리고 출판 등을 통해서 쏟아져 나오고 있다. 바야흐로 만화입국(漫畫立國)이라고 할 만하다.

| 표 6-2 | 한국의 만화사

연도	명칭	내용
1909~1945	근대만화의 시작	한국만화의 시작, 세태풍자 만화와 독자투고 형식의 시사만화의 번성
1945~1959	광복 이후의 만화	본격적인 스토리 만화의 시작, 다양한 잡지에 만화를 수록
1960~1969	만화방의 확대와 암흑기	만화방의 전국적인 확대와 걸출한 인기만화가의 대거 등장, 합동출판사와 만화 사전검열제 등으로 창작기반 약화
1970~1979	명랑, 성인만화의 번성	어린이잡지를 중심으로 명랑만화 붐 조성, 일간신문에 성인만화 최초 등장
1980~1989	스포츠 만화 큰 인기	만화 전문잡지의 탄생, 스포츠 소재 만화의 인기, 순정만화로 대표되는 여성작가들의 등장
1990~1999	만화잡지 전성기	순정만화 잡지의 붐, 잡지 연재 후 만화 단행본이 출간되는 시장의 정착

출처: 한국만화박물관 팸플릿 (2017).

〈토끼와 원숭이〉는 현존하는 최고(最古)의 만화 단행본이고 〈고바우 영감〉은 우리나라의 최장 연재 시사만화였다. 이현세는 한국만화를 대중문화의 궤도에 올려놓은 일등공신이라는 평가를 받고 있으며 〈공포의 외인구단〉, 〈지옥의 링〉, 〈며느리밥풀꽃에 대한 보고서〉 등과 함께 특히 〈천국의 신화〉는 검열에 의해 표현의 자유가 침해된 대표적인 작품이다.

1966년 동양방송 동화부에서 일본 애니메이션 〈황금박쥐〉를 하청받아 제작하면서 산업적인 성장의 길을 걸었다. 창작 인프라와 시장의 부재 상태에서 광복 이후 방송 3사는 일본으로부터 〈요술소년〉(1966), 〈황금박쥐〉(1970), 〈천년여왕〉(1988) 등을 수입해 방영해 왔다.

1967년에는 1950년대부터 소개된 디즈니 만화가 인기를 얻게 되자 세기상사주식회사가 〈홍길동〉을 제작하는데 소년한국일보에 연재된 〈풍운아 홍길동〉을 기반으로 하고 있다. 〈로보트 태권V〉는 1970년대 일본의 거대 로봇물, 즉 〈마징가 Z〉, 〈철인28호〉 등에 뿌리를 두었다는 비판이 있지만 한국적인 코드, 즉 태권도를 소재로 하여 당대를 살던 세대에게 꿈과 희망을 주었다는 점에서 의의가 있다. 1980년 〈아기공룡 둘리〉는 만화에서 출발하여 애니메이션으로 인기를 얻었으며 캐릭터의 인기에 힘입어 2003년 부천명예시민증을 받았다.

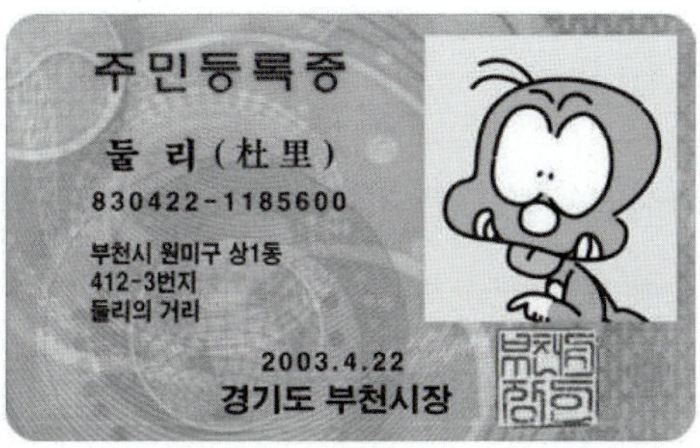

| 그림 6-6 | 만화영화캐릭터에 명예시민증 부여

출처: 부천시.

〈떠돌이 까치〉(1987), 〈날아라 슈퍼보드〉(1990) 등으로 여느 때보다 풍성한 창작기반이 조성되었다. 〈마리이야기〉(2002)는 2008년에 애니메이션 영화의 칸이라고 불리는 안시 국제애니메이션 페스티벌에서 그랑프리를 수상함으로써 그 작품성을 인정받았다. 하청제작(animation service)에 머물러 있다가 창작기반의 구축 시발점, 더 나아가 해외공동제작 등으로 발전하고 있다. 특히 동북아 공동제작은 유사문화 취향으로 시장 확대가 가능하며 콘텐츠의 소스 확장효과가 크다.

변신로봇 터닝메카드는 2014년 완구전문기업인 손오공이 출시한 완구로 애니메이션을 기반으로 하여 뮤지컬, 영화 등을 통해 원소스멀티미디어 전략을 구사하고 있을 뿐만 아니라 최근에는 AR(증강현실) 게임을 통해 기존의 포켓몬고와 시장을 다투고 있다. 터닝메카드고는 스마트폰을 들고 길거리를 돌아다니면서 메카니멀(애니메이션에 등장하는 로봇)을 찾아 수집하는 게임이다.

(2) 애니메이션산업의 과제

한국 애니메이션산업의 과제로 하청구조의 탈피, 창작력의 극대화, OSMU에 기반을 둔 마케팅 및 수익 극대화 등이 대두되고 있다. 또한 해외시장에 도전하기 위해서 제작 위주의 환경을 탈피하고 작품 기획력 및 콘텐츠 개발력을 확장할 필요가 있다.

(3) 애니메이션산업의 이슈

웹툰은 기존의 출판만화가 모바일기술과 융합하면서 탄생했다고 볼 수 있다. 사회적인 괄시와 비난 속에서도 꿋꿋하게 명맥을 이어온 만화 작품들이 존재했었기에 오늘날의 웹툰이 가능했다. 만화 한류를 이끈 대표 콘텐츠를 살펴보면, 먼저 1994년에 집필을 시작해 현재까지도 연재 중인 〈열혈강호〉는 한국 무협만화의 지존이라 불릴 만하다.

로맨스 만화의 매력을 유감없이 발휘한 〈풀하우스〉와 〈궁〉은 동명의 TV 드라마로 제작되어 큰 인기를 끌었다. 또한 형민우 작가의 독창적인 작화와 파격적인 설정이 돋보이는 〈프리스트〉는 한국만화를 원작으로 할리우드에서 영화로 제작된 최초 사례로, 우리 만화의 작품성과 완성도가 미국시장에서도 통할 수 있음을 보여주었다.

3) 음악산업

(1) 해방 전 한국의 대중음악

1926년 한국 최초의 소프라노인 윤심덕이 부른 노래 〈사(死)의 찬미〉는 이오시프 아비노비치의 〈다뉴브 강의 잔물결〉을 번안한 작품으로 대중가요의 효시로 평가받고 있다.

1930년대부터 본격적으로 한국 대중가요의 시대가 열렸다. 기존의 판소리와 잡가 등 전통음악들을 제치고 재즈와 만요(漫謠), 신민요, 유행가(트로트)와 같은 새로운 장르들이 인기를 모으기 시작하였고, 1936년을 전후로 한국 대중가요는 광복 이전 황금기를 맞이한다.

1935년에는 조선일보 향토노래 현상모집에서 당선된 이난영의 〈목포의 눈물〉이 애상적인 멜로디와 함께 사랑을 받았다. 대삼학도에는 그녀를 기념하는 난영공원과 함께 노래비와 수목장이 있다.

(2) 해방 후부터 1990년대 한국 대중음악

패티김은 1958년 미8군 무대의 디바로 노래를 시작했고 대중가수로는 최초로 세종문화회관에서 공연을 하였으며 이후 미국, 호주 등 세계 공연을 하면서 히트곡 〈사랑이란 두 글자〉, 〈서울의 찬가〉, 〈초우〉 등을 불렀다. 윤복희는 원조한류스타로서 1952년 뮤지컬 배우로 데뷔한 이래 〈웃는 얼굴 다정해도〉라는 곡을 히트시켰으며 한국에 미니스커트를 유행시켰다. 특히 어린 나이에 워커힐 개장 기념 공연차 방한한 루이 암스트롱과 같이 공연을 하고 친분을 이어나간 일화가 있다. 이미자는 대중가요의 국모, 엘레지의 여왕, 한국의 에디트 피아프 등의 칭호를 받는데 1958년 데뷔 후에 〈열아홉 순정〉, 〈동백아가씨〉, 〈섬마을 선생님〉 등 다수의 노래를 발표했는데 1990년에는 음반 560장, 발표곡 2069곡으로 기네스북에 등재되었다.

1960~1970년대 세시봉은 서울 무교동에 위치한 음악감상실로 이장희, 조영남, 송창식, 윤형주, 김세환 등 이후의 한국의 통기타 음악 역사에 한 획을 그은 가수

들의 요람이자 당시 젊은이들의 문화터였다. 특히 송창식은 국악스타일에 클래식을 접목하여 눈길을 끌었고 〈가나다라〉, 〈한번쯤〉, 〈고래사냥〉 등의 주옥같은 노래를 남겼다. 조용필은 1980년대 내내 이른바 오빠부대의 원조이자 탁월한 가창력을 바탕으로 가왕(歌王)의 자리를 누렸으며 1970년대 빅히트한 〈돌아와요 부산항에〉를 시발점으로 1978년부터 1986년까지 11번의 방송사 주최 연말가요대상을 휩쓸었다.

한국 대중가요에 대한 빅데이터 분석결과 가사에 가장 많이 등장한 직업은 마도로스(바다 위의 외로운 사나이)이고 교통에 관련된 단어는 항구(이별과 만남의 장소)였다. 심수봉은 당시 가수들의 등용문이라고 할 수 있는 대학가요제에 트로트라는 파격적인 장르를 가지고 나와 주목받았으며, 〈남자는 배 여자는 항구〉로 한국 가요사에 마도로스의 이야기를 하나 더 추가하였다. 1970년대 도시화, 산업화에 따른 이촌향도의 결과로 판단되며 떠나온 고향의 그리움이 반영되어 고향이라는 곳이 특히 많이 나타난 것으로 보인다. 또한 남녀 간의 사랑이라는 단어가 가장 많이 나타났다.

트로트는 4분의 4박자를 기본으로 하는 한국 대중가요의 대표적인 장르로 1970년대 남진, 나훈아를 통해서 한국형 트로트가 완성되어 왜색가요라는 오명을 벗을 수 있었다. 이후 송대관, 태진아, 주현미 등을 통해 꽃을 피운다. 락(rock) 장르의 대표적인 가수로 들국화(전인권)는 락의 전설로 불리며 〈행진〉, 〈그것만이 내세상〉 등을 발표했으며, 라이브 황제로 불리는 이승철은 그룹 부활과 〈비와 당신의 이야기〉, 〈희야〉, 〈마지막 콘서트〉 등을 선보였다.

1990년대는 김건모, 터보, 쿨, HOT, 젝스키스 등이 등장했는데 이들은 1세대 아이돌로 오늘날 K-POP의 효시라고 할 수 있다. 리드보컬, 래퍼, 댄서 등의 역할이 구분되고 화려하고 절도 있는 군무, 연습생 과정 등(이규탁, 2016.8.16) 오늘날 보이그룹, 걸그룹의 초기형태를 볼 수 있었다.

(3) 2000년대 이후 한국 대중음악

가요계의 빅3로 불리는 SM, YG, JYP를 이끄는 이수만, 양현석, 박진영은 가수 출신이며 이들 창업자의 스타일은 해당 기획사의 조직문화 및 상품에 그대로 반영되고 있다. 각각 잘 짜인 인공미, 재기 넘치고 자유로운 자연미, 대중성을 중시하는 등 차이가 있다(강준만, 2016). 2006~2009년 YG의 세븐, JYP의 비, 원더걸스 등은 활발한 해외진출과 함께 공연중심에서 인터넷 및 모바일 등 다양한 플랫폼을 통한 작품활동을 모색하였다. 2012년 싸이는 〈강남스타일〉로 미국 빌보드 싱글차트 2위 달성, 유튜브 조회건수 상위 랭크에 오르는 기염을 토했다. 또한 보이그룹 방탄소년단은 2017년 빌보드뮤직어워드에서 톱 소셜아티스트상을 수상을 하는 개가를 올렸다.

3. 한류와 한류관광

1) 한류의 기원

(1) 한류의 개념

한류는 해외에서 유행하고 있는 한국 대중문화 및 엔터테인먼트의 열풍 현상이다. 한자로는 한류(韓流)로 쓰며 '한국이 흐른다'라는 뜻을 가지고 있다. 따라서 영어로는 코리안 웨이브(Korean wave)로 표기된다. 1999년 11월 2일 베이징 청년보(青年報)에 처음 소개된 용어로 '한국의 유행이 밀려온다'는 뜻으로 쓰였다. 즉 한국의 대중문화와 연예인을 동경하는 중국의 젊은이의 문화소비현상을 지칭하는 신조어였다.

- 한국문화에 대한 열풍
- 한국 대중문화의 바람
- 한국 대중문화상품 수출

2000년대 초 가요와 드라마를 중심으로 붐이 일기 시작하여 영화, 게임, 애니메이션뿐만 아니라 미용, 패션, 한국어 등 문화 전반으로 그 영역이 확대되며 관광까지 영향을 미치고 있다.

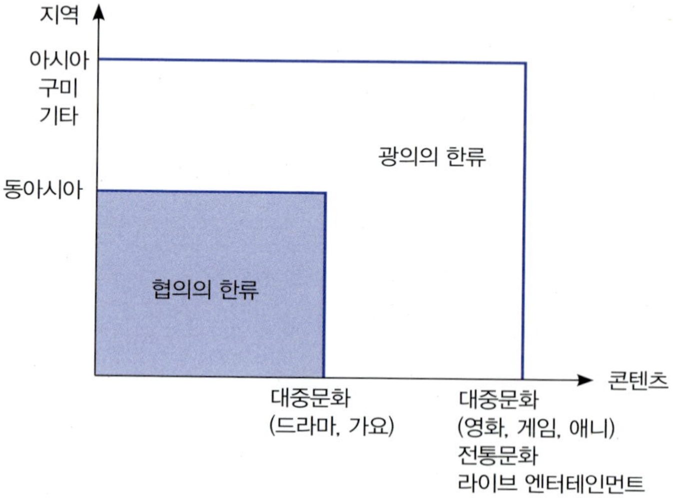

| 그림 6-7 | 한류의 지역 및 콘텐츠 확장

(2) 한류에 대한 평가

한국 엔터테인먼트산업의 성공신화로서 한류에 대해서는 긍정적인 의견도 있고 부정적인 의견도 있다. 한류를 미국 할리우드식 문화의 변종이라고 비판하기도 한다. 그러나 또 중국과 같이 강대한 나라에서 더 약소한 나라의 문화가 그리고 일본과 같이 더 부유한 나라에서 더 가난한 나라의 문화가 애용되고 소비되는 일은 그리 흔한 일이 아니기 때문에 한류 관련 담론들은 민족적 긍지로 연결된다(신윤환, 2006).

또한 한류의 정의에는 문화현상인가 경제현상인가에 대한 논의가 있다. 즉 한류의 문화적 본질을 중시할 것인가 한류가 가져오는 경제적 효과를 중시할 것인가이다. 한류를 통해 경제적 이익만을 취하려 할 때에는 마치 무역마찰과 같은 한류 거부현상이 일어나기도 한다. 문화는 상부구조로서 하부구조인 경제에 영향을 받기도 하고 또 주기도 하는 상호교류적인 관계를 유지해야 한다.

한류라는 말을 많이 쓰는데 사실 '공격적인 교류가 아닌가' 하는 생각을 조심스레 해봅니다. 본래 교류라는 것이 근원이 다른 두 가지가 섞여 흐르는 것을 뜻하는데 우리가 알고 있는 한류는 한국에서 일방적으로 스타와 문화를 수출하고 있는 것처럼 보이지 않나요. 우리가 한류라는 문화를 만들었지만 우리가 그 효과를 잘 운용하느냐, 그 효과를 똑바로 바라보고 있느냐가 중요하다는 생각을 합니다. 점점 항한류, 혐한류, 반한류 등의 저항세력이 늘고 있는 것을 보면 한국 문화의 무분별한 아시아 진출이 문제를 낳고 있는 것 같아요.

출처: 주호성, 스타포커스 (2015.6/7호).

(3) 한류의 의의

김구 선생이 "내가 한없이 가지고 싶은 것은 아름다운 문화강국이다"라고 한 말이 드디어 이루어져 가는 것 같다. 인도의 시성 타고르는 '일찍이 아시아의 황금시기에 빛나던 등불의 하나인 코리아, 그 등불이 다시 한 번 켜지는 날에 너는 동방의 밝은 빛이 되리라, 내 마음의 조국이여 깨어나소서, 깨어나소서'라고 하여 오늘날 한류의 가능성을 예견하기도 하였다.

역사적으로 살펴보면 이미 백제와 신라에서 만들어진 특산품이나 예술작품들이 중국과 일본에서 인기를 얻은 적도 있었고, 고려시대의 몽고 침략 때에도 몽고에서 고려양(高麗樣)이라 하여 고려의 복식과 음식이 유행한 적이 있었다. 그러나 한류는 역사상 한국의 대중문화가 해외에 수출된 가장 획기적인 사건이며, 4340여 년의 역사를 가진 문화강국으로서 문화의 저력과 이미지를 전파한 사건이다.

한류는 한국을 광고 · 홍보하는 대표적인 문화아이콘, 즉 브랜드로서 실제적인 경제적 편익을 동반한 효과를 가져왔다(손대현, 2005). 1999년부터 문화관광부에서 정책적으로 한국가요, 한류 타이틀의 홍보영상 CD제작 및 배급을 해왔고, 1997년에는 베이징 음악방송국에서 중국어로 진행되는 한국가요프로그램을 소개하였다.

| 표 6-3 | CJ E&M의 해외포맷 수출현황

연도	프로그램명	장르	수출지역 및 국가
2012	슈퍼디바	오디션	중국
2013	세 얼간이	예능	북미, 유럽
	더 로맨틱	연애 리얼리티	중국
	슈퍼스타K	오디션	중국
	나인	드라마	미국
	유리가면	드라마	남미
	노란복수초	드라마	남미
2014	더 지니어스	서바이벌 리얼리티	네덜란드
	슈퍼디바	오디션	중남미
	노란복수초	드라마	우크라이나
	미친사랑	드라마	멕시코
	크레이지마켓	예능	이탈리아
	꽃보다 할배	예능	미국

한류에 의해 탄력을 받은 엔터테인먼트산업계는 등록된 기획사 1700개, 잠재적 연예인 100만 명을 넘는 시대를 맞이하고 있다. 따라서 그 중심에 있는 아이돌 문화는 자라나는 청소년에게 욕구를 해소시켜 주는 창구로서 순기능을 하였고 우상과의 연계를 통해 사회적 건강함을 유지하게 해주었다는 평가를 받고 있다. 더 나아가 딴따라가 아닌 꿈의 직업으로서 연예인을 지망하고자 하는 시대가 도래한 것이다(동아일보, 2016.9.2).

2) 한류 현황

(1) 미디어 엔터테인먼트

일본에서 한류의 기폭제가 된 드라마는 2003년 NHK를 통해 방영된 〈겨울연가(후유노 소나타, 冬のソナタ)〉였다. 첫사랑의 풋풋한 감정이 일본 중년 여성층의 향수를 불러일으켰고 배용준과 최지우는 각각 욘사마와 지우희메로 불리면서 스타덤에 올랐다. 2004년 최종회는 20.4%의 높은 시청률을 기록하였으며 일본 니케이 히트상품 1위를 차지하였다.

보아(BoA)의 2001년 일본 진출과 오리콘 차트 상위 랭크는 오랜 시간 동안 현지 시장을 염두에 둔 가수를 발굴 및 트레이닝 시키기 위한 SM엔터테인먼트의 노력이었다. 이른바 보아 프로젝트의 일환으로 일본 현지기업과의 합작을 통해 아시아 음반시장의 전진기지로서 SM JAPAN을 설립하였다.

1997년 중국에서 방영한 드라마 〈사랑이 뭐길래〉는 가부장제도와 유교적 가족주의에 대한 현지 시청자의 공감대를 바탕으로 인기를 끌었으며 2007년의 드라마 〈대장금〉 역시 주목을 받았다.

> 드라마 〈대장금〉을 통해 로맨티스트들은 아름답고 유일한 사랑을 보았고, 삶에 열심인 사람들은 꿈을 찾아가는 모습에서 격려를 보게 되었고, 미식가들은 보양과 진미를 찾게 되었으며, 건강에 관심이 있는 사람들은 중의학의 정수를 보게 되었고, 지식인들은 유교사상의 정신을 보게 되었으며, 화이트칼라들은 사무실에서 이익투쟁 이상의 관심을 가볍게 여기지 않는 관중에 대한 강인한 흡인력을 보게 되었다.
>
> 출처: 여승남 (2013).

2016년 3월, 드라마 〈태양의 후예〉가 다시 한 번 중국을 필두로 글로벌 시장에서 뜨거운 사랑을 받고 있다. 중국의 자본 투자를 통해 안정적인 온라인 동영상 유통망을 확보했고, 100% 사전제작되어 심의를 통과했으며, 한국과 중국에서 동시에 서비스를 시작하는 등 〈태양의 후예〉는 한류 드라마 역사상 중요한 전환점이 되었다.

그럼에도 불구하고 한류 콘텐츠에 대한 외국 소비자의 심리가 위축될 수도 있다는 우려가 있다. 2016 한국문화산업교류재단의 〈글로벌 한류 실태조사〉에 따르면 1년 후 한류 관련 소비지출 의도에 대해 31%만이 긍정적인 답변을 주었다. 한류에 대한 수요 예측은 한류 콘텐츠에 대한 관심도 증가와 한류 콘텐츠 소비지출 의향 두 가지로 평가한다.

(2) 한류관광

한류현상은 나비효과(butterfly effect)를 가진다. 나비효과란 나비의 작은 날갯짓이 날씨변화를 일으키듯, 미세한 사건이 예상치 못한 엄청난 결과를 일으키는 것이다. 한류 역시 〈겨울연가〉라는 한편의 드라마가 일본이라는 작은 공간에서 주목을 받기 시작하면서 엔터테인먼트 전 장르뿐만 아니라 문화 전반에서 전 세계적인 주목을 받았다. 그리고 궁극적으로 한국을 방문하는 관광객으로 전환된 것이다. 따라서 한류는 코리아브랜드(Korea brand)로 자리매김해야 할 것이다.

한류관광이란 한류의 영향으로 한국을 방문한 외래객의 관광활동이다. 좁은 의미에서 한류관광은 직접적인 한류 콘텐츠를 체험하는 것으로 주요 활동은 공연관람, 영화 및 드라마 촬영지 방문, 스타 팬미팅 참가 등으로 이루어진다. 그러나 보다 넓은 의미에서 한국문화의 체험과 함께 한류에서 파생된 활동을 위한 것까지 포함한다.

포스트모던사회에서 수용자는 미디어가 그리는 시뮬라크르(simulacre)를 대상으로 유사체험을 하는데, 스타와 관광지는 일종의 시뮬라크르로써 유사사회적 상호작용(parasocial interaction)의 대상이 될 수 있다. 미디어의 발달이 가져온 변화는 포스트모던한 관광객을 장소의 집착에서 벗어나게 하고(de-placement) 가상의 공간에서 고유성을 찾기 시작한다. 스타가 유발한 관광(star-driven tourism)의 장(場, setting)에서 관광객은 미디어를 통해 유사사회적 상호작용을 한 스타를 직접 만나기도 하고(social interaction), 스타가 열연한 장소를 방문하고자 하는 매코널

(McConnell)식의 순례자 역할을 한다. 따라서 팬으로서의 관광객이 스타와 관광지를 방문하는 것은 반드시 치러야 할 신성한 의식(ritual)이자 통과의례로 볼 수 있다. 이러한 새로운 관광현상은 스타가 관광의 중심에 있음을 보여주고 있다. 그리고 이를 한류관광이라 부르고 있다. 한류관광객은 일반 관광상품 이용객 대비 10% 이상의 부가가치를 창출하고 또한 상품 충성도가 높다고 한다.

| 표 6-4 | 한류관광객 비중

구분	2011년	2012년	2013년	2014년	2014년 증가율(%)
총 관광객 수(천명)	9,795	11,140	12,176	14,202	16.6
한류관광객 수(천명)	803	780	889	1,037	16.6
한류관광객 비중(%)	8.2	7.0	7.3	7.3	–

출처: 한국관광공사, 문화체육관광부.

| 표 6-5 | 한류관광객의 기준

구분	주요 특성	범위설정
자국 내 한류경험	한국 대중문화 콘텐츠를 자주 접촉 소비하며 선호(K-POP, 드라마, 영화, 예능 등)	공통
여행목적지 선택	한국을 여행목적지로 선택하는 데 한류가 중요한 영향을 미침	
방한목적	사업(공무)이나 전문활동이 아닌 개별휴가, 관광이 목적	
방한기간 중 활동	한국 대중문화 콘텐츠 및 연예인 관련 활동에 실제로 참여	협의의 한류관광객
	대중문화 한류의 영향과 관련이 있는 활동에 실제로 참여	한류관광객
	한국의 전통문화, 역사, 예술 등 일반 관광활동에만 참여	광의의 한류관광객

출처: 이원희, 채지영 (2014).

(3) 한류관광의 현장

북미박스오피스 조사기관 렌트객에 의하면 〈국제시장〉은 누적매출 259만 달러로 미국 개봉 한국영화 역대 흥행 6위 순위를 기록했는데 영화를 보고 영화 촬영지인 국제시장을 방문하는 관광객 수가 늘어 관광명소가 되었다. 남이섬은 원래 조선시대 남이장군의 유배지였으나 14만평의 종합휴양지로서 드라마 〈겨울연가〉의 촬영지가 되면서 팬들의 사랑을 받는 등 한류관광의 메카로서 각광받아왔다. 그러나 최근에는 강우현 사장의 독특한 아이디어와 결합하여 나미나라공화국로 개칭하였다. 남이섬 위에 국가개념을 도입한 특수관광지로서 전 세계 관광객들에게 동화와 친환경의 판타지를 제공하는 상상공화국이다.

3) 한류의 전망

(1) 한류에 대한 거부감과 저항 극복

한국의 가족 드라마가 가풍의 중시, 경로효친, 장유유서 등 전통가치를 존중하고 끈끈한 가족의 정으로 아시아에서 공감을 얻는 데 성공하였다. 그러나 한류는 문화현상이기에 문화적으로 거부감이 생길 수 있고 경제현상이기에 역조현상으로 반발이 생길 수 있다.

일본과 중국에서의 혐한류(嫌韓流)와 한한령(限韓令)은 한류에 대한 거부감이 구체화된 것이다. 혐한류는 자국 국민의 마음속에서 시작하는 반한 감정이고 한한령은 국가정책적 차원에서 자국 내 한국에서 제작한 콘텐츠 및 한국 연예인의 광고 출연을 금지하는 것이다.

(2) 진정한 교류로서 한류의 과제

① 생활한류로 정착: 한류를 받아들이는 국가가 자연스럽게 생활의 일부, 라이프스타일(life style)로 받아들여야 한다. 한국이라는 국적을 떠나서 자연스럽게 소비할 수 있게 해야 한다.

② 국제수준의 기획 및 창작인력 양성: 전문적인 작가를 양성할 수 있는 교육기관과 이를 엔터테인먼트산업계와 연결하려는 노력이 필요하다.

③ 유통기반 구축: 저작권의 보호와 부가가치를 창출할 수 있는 유통기반 구축이 요구된다. 이를 위해서는 상호 문화교류가 포함되어야 한다.

④ 현지화된 제작 시스템: 현지 시청자들의 문화 이질감을 줄이기 위해 현지 가수를 동원한 주제가 재녹음, 에피소드와 관련된 부록 프로그램 편성 등의 진행을 검토한다(성열홍, 2005).

생각해 볼 문제

01 한국인이 엔터테인먼트 기질이 풍부한 이유는 무엇인가?

02 한국 엔터테인먼트산업의 발전을 위해서 엔터테인먼트 업계가 해야 할 일은 무엇인가?

03 대기업 자본의 문화예술산업 진출에 대하여 긍정적인 부분과 부정적인 부분을 생각해 보자.

04 해외에서의 K-POP의 전망에 대해 어떻게 예상하는가?

05 한류관광의 전망은 어떠한가?

엔터테인먼트로 이해하는 교과서

빅 아이즈(Big Eyes) (2014)

팀버튼 감독
에이미 아담스 주연

〈빅 아이즈〉 그림을 그리는 사람과 이를 파는 사람이 따로 존재한다. 파는 사람은 자신이 그린 그림이라고 속이며, 자신의 이미지를 그림에 담아낸다. 엔터테인먼트의 세계는 이미지의 세계이며 가공과 허구가 진실처럼 다가온다.

1960년대 최고의 인기를 받으며 미국 미술계에 센세이션을 일으킨 미술작품인 〈빅 아이즈〉에 관한 영화이다. 주인공 마가렛 킨(Margaret Keanne)은 상업예술계에서 한 획을 그은 인물로 그 중에서 〈빅 아이즈〉 컬렉션이 가장 유명하다. 그녀의 작품은 앤디 워홀, 요시모토 나라, 팀 버튼 등을 포함하는 이후 예술가들의 작품에 영향을 주었다. 또한 1950대 말 싱글맘이라는 불안정한 경제적 사회적 지위 속에서 빅 아이즈란 딸을 더 깊게 이해하기 위한 모성애적 시선이자 창(窓)이라고 볼 수 있다. 여기에는 실제로 그림을 그린 사람과 그림을 그리지 않았으면서도 마치 자신이 그린 것처럼 행세하는 부부가 나온다. 당시 사회상을 보면 오히려 남자라는 브랜드를 통해서 시장에 예술작품을 소구하는 것이 편했을 수도 있다. 남편은 천부적인 비즈니스 감각을 통해 비즈니스를 확대해 나가고 아내는 시장의 수요에 맞추기에 급급하게 작품을 생산한다.

참고문헌

강준만 (2016). 대중문화의 겉과 속. 인물과 사상사.

강효욱 (2017). 영화음악이 영상에 미치는 효과. 문화와 융합, 39(1), 25-52.

고정민 (2002). 문화마케팅의 부상과 성공전략. CEO 인포메이션. 삼성경제연구소.

고정석 (2004). 영화투자. 한양대 eep 특강자료.

구경서 (2009). 일본 애니메이션의 성립과 전. 일본학보, 80, 207-224.

김동준 (2011). 이벤트MC론. 백산출판사.

김수현 (2007). 사진으로 만나는 근대의 풍경2, 기생-하. 민족, 21, 130-135.

김옥태 유홍식, 정용국 (2015). 미디어심리학의 이해. 한국방송통신대학교출판문화원.

김원제 (2007). 미디어 2.0 시대, 콘텐츠 비즈니스모델의 진화. 한양대 국제관광대학원 특강자료.

김아란(2002). 애니메이션 장르 분류에 관한 연구. 커뮤니케이션디자인학회, 11, 29-34.

김정섭 (2007). 한국방송엔터테인먼트산업리포트. 커뮤니케이션북스.

김평수, 윤홍근, 장규수 (2016). 문화콘텐츠산업론. 커뮤니케이션북스.

마이클 J. 울프 (1999). 오락의 경제. 이기문 역. 리치북스.

문관규, 유양근, 이명자, 함춘성 (2012). 씨네 클라스. 커뮤니케이션북스.

리버만, E. & 에스게이트, P. (2003). 엔터테인먼트 마케팅 혁명. 조윤장 역. 아침이슬.

삼성경제연구소 (2012). K팝의 성공요인과 기업의 활용전략. CEO information.

성열홍 (2005). 한류의 새로운 흐름, 어떻게 유지할 것인가. 관광과엔터테인먼트연구, 4권.

손대현 (2004). 문화를 엔터테인먼트로 승화시킨 엔터테인먼트산업. 김영사.

손대현 (2005). 한국 엔터테인먼트산업의 잠재력 평가와 전망. 관광레저연구, 17(2), 231-248.

야마네 다카시 (2005). 놀이가 낳은 현대의 히트전략. 손대현, 임은미 역. 백산출판사.

양승훈, 최문용 (2011). 이벤트 진행자의 자질에 관한 연구. 호텔관광연구, 13(4), 98-110.

유세경, 김종하, 김숙 (2014). 영상콘텐츠 경제경영론. 나남.

이성욱 (2004). 김추자: 선데이서울 게다가 긴급조치. 생각의나무.

이태구, 이화자 (2006). 애니메이션 장르별 시나리오 분석 및 발전방향. 한국콘텐츠학회논문지, 6(10), 41-52.

장신환 (2001). 게임 콘텐츠 산업의 이해: 뉴미디어시대의 킬러어플리케이션. 한양대학교 특강.

정연주 (2013). 1950년대 미8군 클럽음악과 우리 대중가요의 서구화. 고려대학교 언론대학원 석사논문.

정영도 (2008). **철학교수와 대중가요의 만남**. 화산문화.

조만호 (2012). 어릿광대론. **도남학보**, 24, 179-197.

최문경, 박지훈, 박진선 (2013). 경쟁보다 성장을 강조하는 한국 리얼리티 오디션 프로그램. **언론과학연구**, 13(4), 590-618.

최양묵 (2011). **대중문화의 이론과 현장**. W미디어.

최은하 (2016). TV광고배경음악의 장르와 제품유형에 따른 소비자반응의 경로모형 검증 및 효과분석. 중앙대학교 대학원 석사학위논문.

파인, J. & 길모어, B. (2010). **체험의 경제학**. 김미옥 역. 21세기북스.

포겔, F (2003). **엔터테인먼트산업의 경제학**. 현대원 역. 커뮤니케이션북스.

영화진흥위원회 (2014). 2013 한국영화산업결산.

허정주 (2012). 한국곡예/서커스의 역사적 전개 양상에 관한 역사기호학적 시론. **비교민속학**, 49, 269-299.

KOCCA (2014). **미국콘텐츠산업 비즈니스 가이드**. 발간보고서.

Tourism & Entertainment

PART 03

스타와 엔터테인먼트

CHAPTER 07

스타에 대한 이해

뉴스가 소개하는 수백 명의 유명인 중에서
우리에게 진정 가치 있는 사람들,
우리가 보다 성공적이고 만족스러운 삶을 살도록
영감을 줄 수 있는 태도나 업적을 지닌 사람,
즉 마음속에 세속적인 수호천사를 모셔두어야 한다.

알랭 드 보통 (2014).

한국에서 스타는 어떻게 만들어지나? 스타시스템, 그 변천과 강점은?

상상을 초월하는 몸값을 자랑하는 스타라는 공통점은 있지만, 스타화의 경로나 연예인으로 발탁되는 유형은 모두 다르다. 이병헌은 KBS 탤런트 공채를 통해 발굴된 스타이고 이영애는 연예기획사 백기획에 의해 발탁돼 스타가 됐다. 고현정은 미스코리아 대회 출전이 계기가 돼 방송사 연기자가 되면서 스타가 됐고 전지현은 싸이더스의 정훈탁 대표가 잡지에 실린 사진을 보고 발굴해 스타로 부상했다. 이처럼 이들이 연예인 지망생에서 스타로 부상하기까지의 과정은 각각 다르다. 이들이 스타가 되는 과정에 개입한 스타시스템도 차이가 있다.

이제 재능과 끼, 외모, 노력, 그리고 운이라는 변수에 의존해 우연히 스타가 되는 시대는 지났다. 정교하게 체계화한 체제로 움직이는 스타시스템에 의존하지 않으면 스타는 탄생할 수 없는, 스타는 만들어지는 시대다. 수많은 스타 뒤에는 엄청난 투자와 장기간의 교육, 치밀한 데뷔 전략, 주도면밀한 이미지 조형, 막대한 홍보 마케팅이 자리한다.

스타시스템은 스타와 시스템의 합성어로 신인이나 연예인 지망생 중 일부를 발탁해 연기자나 가수로 키워 스타로 부상시키는 시스템이다. 즉 스타의 생산, 거래, 활용, 관리, 소비의 전체적인 순환 메커니즘을 주관하는 체계를 스타시스템이라고 한다. 김호석 박사는 "스타시스템은 신인이나 연예인 지망생을 최단 시간에 최대한 인기를 얻는 스타로 부상시켜 가장 높은 경제적 가치를 창출하는 체계"라고 설명한다.

KBS, MBC 등 텔레비전 방송사가 연기자와 개그맨 등 연예인을 선발해 전속제를 실시하던 1960~1980년대까지는 방송사가 연기자를 발굴, 유통, 관리하며 스타시스템의 주도적 역할을 했다. 이 당시 스타의 신변이나 스케줄 관리 등 부차적 업무를 수행했던 연예 기획사와 매니저는 1990년대 방송사 연기자 공채가 사라지면서 신인을 발굴해 스타로 부상시키고 스타의 이윤창출을 위한 다양한 활동을 펼치는 스타시스템의 핵심적인 주체로 자리 잡았다.

특히 1995년 가수출신 이수만 대표가 설립한 SM엔터테인먼트가 CAA(Creative Artist Agency) 등 미국 유명 스타 에이전시와 쟈니스(ジャニーズ)프로덕션을 비롯한 일본 프로덕션 등 스타를 양성하고 매니지먼트하는 선진 스타시스템을 일부 도입하면서 연예기획사 주도의 스타시스템이 안착하게 됐다.

2000년대 들어 한 연예인이 연기자나 가수, 예능인 등 다양한 엔터테인먼트 분야에 활동하는 것이 일반화면서 스타시스템의 중추적 역할을 하던 연예기획사들도 가수와 연기자, 예능인 등 다양한 연예인을 양성하는 종합 연예기획사로 변모했다. 연예기획사는 여기서 한 발 더 나가 드라마, 영화, 음반 등 콘텐츠를 제작하는 사업까지 영역을 확장하면서 스타시스템의 핵심으로 완전하게 자리를 잡았다.

출처: 비즈엔터 (2015.12.29).

이 장의 소개

스타는 엔터테인먼트 산업을 이끌어 나가는 중심이다. 1절은 스타가 누구인가에 대하여 스타에 대한 정의와 역사 그리고 사회적 의미 등을 살펴보았다. 2절은 우상, 반신, 영웅 등 스타와 유사한 역할을 했던 역사적 사실을 통해 스타의 결정요소를 구체화하였다. 3절은 스타가 어떠한 의의를 가지는지 공인 등의 논의를 포함시켰다.

1절 스타는 밤하늘에 떠 있는 별로서 선망의 대상이다. 현대적 의미에서 엔터테인먼트산업상의 스타에 대한 연구는 모랭, 부어스틴 등에 의해서 연구되어 왔다.

2절 스타는 엔터테인먼트가 산업화되기 이전에 이미 다양한 형태로 존재해 왔는데 이들의 특징이 스타를 결정하는 요소가 되기 때문이다. 스타는 우상(idol), 반신(半神), 영웅 등으로 나타나 대중의 관심을 끌고 욕망을 대리충족시켜 주었다.

3절 스타는 공인이다. 사회에 미치는 영향이 적지 않으며 또한 청소년에게 역할 모델로 작용하기 때문이다. 이외에도 스타는 리더십과 권력을 가지게 되는데 스타의 정치참여 등으로 구체화된다. 스타는 또한 감정노동자로서 프라이버시 보호의 대상이 되기도 한다.

열쇠말

감정노동자, 공인, 모랭, 반신, 부어스틴, 스타, 역할모델, 영웅, 우상

학 습 목 표

1. 스타의 정의를 내릴 수 있다.
2. 스타와 유사개념을 통해서 말할 수 있으며 이를 통해 스타에 대한 부연설명을 할 수 있다.
3. 현대사회에서 스타는 왜 필요한지 말할 수 있다.
4. 스타가 자라나는 청소년에게 어떠한 영향을 주는지 예를 들 수 있다.
5. 스타는 어떠한 면에서 보호받아야 할 대상인지 말할 수 있다.

1. 스타란 누구인가

1) 스타의 정의

(1) 단어와 어원으로 본 스타

스타(star)는 별의 영어식 표현이다. 별의 속성에서 스타가 무엇인지를 유추해 보도록 하자.

- 빛난다: 별이 빛나는 것은 어둠이 있기 때문이다. 여기서 어둠이란 스타를 둘러싼 팬으로 비유할 수 있다.
- 선망의 대상이다: 별은 어둠을 헤매는 사람에게 방향을 제시해 주는 존재였다. 북극성은 선원들이 항로를 결정하는 데 중요한 역할을 했다.
- 영원하다: 별은 영원히 존재할 수 없지만 인간의 유한성을 생각해볼 때 오늘밤 우리 눈앞에서 빛나는 별은 이미 수백억 광년 전에 존재했던 것이다.

이러한 점에서 볼 때 스타는 별과 같이 빛나는 사람, 별과 같은 선망의 대상, 손으로 잡을 수 없는 존재 등으로 표현할 수 있다.

반 고흐에게 밤하늘은 무한함을 표현하는 대상이었고 해가 뜨기 직전의 샛별을 하얗고 커다랗게 표현하였다. 고흐는 '별을 보는 것은 언제나 나를 꿈꾸게 한다. 우리는 별에 다다르기 위해 죽는다'라고 하였다.

매우 힘차게 빛나는 별이 하나 있다.
그 찬람함은 만물을 비춘다.
아침에도 낮에도 저녁에도 빛난다.
그것은 결코 떨어지지 않는 별이다.

그 별은 천사의 잠을 잔다.
온화하고 깨끗한 얼굴을 하고
우리들의 왕자 중에서 작은 왕자는
그 누구도 대신할 수 없으리라.

신은 제임스 딘에게 은총을 내려주셨다.
스크린에서 그를 보는 것을 신은 우리에게 허락하셨다.
그래서 그는 우리 모두의 것이다.
이제부터는 영원히 우리 마음속에
살아 있을 것이다.

모랭, E. (1992). 〈빛나는 우리의 별〉

(2) 각국에서 쓰는 스타의 의미

비슷한 단어로 영어의 셀러브리티(celebrity)가 있는데 라틴어인 celeber(유명한), celebritas(유명한 사람) 등에서 유래하였다고 한다. 또한 리치 앤 페이머스(the rich and famous)로도 표현되는데 스타의 유명세와 이에 따르는 부(富)를 집약해서 유명하고 돈이 많은 사람과도 동일하게 쓰인다. 일본어로는 스타(スター), 유명인을 뜻하는 유메이징(有名人), 셀러브리티의 일본식 표현인 세레브(セレブ), 워너비(wanna be)의 와나비(ワナビー), 인기 있는 화려한 존재라는 뜻의 하나가타(はながた, 花形) 등이 있다.

(3) 사전적 의미

사전적 의미의 스타는 높은 인기가 있는 연예인이나 운동선수(네이버 국어사전, 엠싸이버, 두산백과사전)를 의미한다. 그러나 실제로는 배우, 모델, 스포츠선수, 엔터테이너, 가수 등을 비롯해 최고경영자(CEO)나 종교인, 정치인까지 포함되는 포괄적 개념이다(Schlecht, 2003).

2) 스타에 대한 연구

(1) 가짜 영웅으로서 스타

역사에 따라서 스타에 대한 의미가 다음과 같이 변해왔다고 한다(안치수, 2013).

① 17세기: 엄숙한 기념, 화려한 의례의 뜻

② 18세기: 유명, 명망과 같이 찬양되고 구설수에 오르는 상태

③ 19세기: 순간적이고 짧은 명성, 부정적 의미로서 갑자기 부와 지위 · 명예를 얻는 것, 족보가 없는 부르주와지를 지칭

④ 20세기: 영웅은 신과 인간 사이에 있으면서 인간이 영웅을 내세워 신에게 불평하기도 하고 인간에 대한 신의 무심함을 영웅을 통해서 잊어버리기도 한다. 영웅은 초인적인 과업을 달성함으로써 인정받는다. 그러나 20세기에는 그러한 업적을 세울 기회는 없다. 대신 스포츠와 미디어에서 창조된 가짜 영웅이 있다. 이들은 소비문화의 산물, 표피적 의미수준에서 발생하는 숭배가치 시스템의 중앙에 위치하게 된다. 프랑크푸르트학파는 스타를 자본주의의 허위가치를 강화시키는 도구로서 체제유지의 기능을 한다고 하였다.

(2) 모랭의 스타론

스타에 대한 본격적인 연구는 모랭(Morin, 1992)에 의해 미국 할리우드 영화스타를 중심으로 시작되었다. 사실 스타라는 개념은 영화의 주인공으로부터 시작되었으며 그것도 조직적으로 의도적으로 스타를 만들어 내는 시스템 속에서 구체적으로 나타났다.

모랭은 스타를 배우의 개성(personality, 성격)과 배역의 개성이 상호침투하면서 시너지 효과를 통해 발생하는 현상'이라고 정의한다. 즉 배우는 영화에서 배역을 맡게 되는데 그 배역에 가장 적합한 개성을 가진 배우가 캐스팅되지만 역으로 배우가 원래 가지고 있는 개성이 배역을 바꾸기도 한다. 배우와 배역의 개성이란 동전의 양면이며 그 배역은 그 배우가 아니면 안 될 때 비로소 그 배우는 스타가 된다. 배우는 외형적 타입, 극중인물의 성격, 배우의 제조된 사생활, 매스미디어의 지속적인 취급 등으로 형성된다.

계속해서 그는 스타란 (영화)주인공의 영웅적 행동, 즉 신격화되고 신화적인 내용의 일부를 받아들이면서 반대로 자기에게 고유한 것을 덧붙여서 그 이미지를 코드화시키고 페르소나(persona)를 부여하는 인물이라고 하였다. 스타란 반신(半神)적인 존재로서 인간과 신의 성질을 동시에 띠고 있고 신앙과 엔터테인먼트가 혼합되어 있는 지대에 위치하여 숭배, 즉 일종의 신앙을 불러일으킨다고 했다.

(3) 부어스틴의 스타론

부어스틴(Boorstein)은 스타라는 것은 유명성으로 잘 알려진 사람이다. 잘 알려짐에 의해 잘 알려진 사람(celebrity is a person who is well-known for his well-knowness)으로 요약한다. 부어스틴은 스타는 유사사건(pseudo event) 혹은 가짜사건으로 언론을 통해서 전달된 대부분의 사건이 대중의 관심을 끌기 위한 목적으로 구성된 된다고 하였다. 이들은 보도를 목적으로 구성된 이른바 가짜사건이며 사실과 유사하지만 실상은 그렇지 않다.

(4) 기타 연구자들의 스타에 대한 정의

스타의 공통키워드를 보면 다음과 같다.

- 관심을 불러일으킨다.
- 상품으로서 가치를 창출한다.
- 이미지가 부여된 대상이다.

스타는 다음과 같은 특징을 갖는다(송무용 · 허순란, 2005).

- 미디어 스타: 대량복제된 후에 분배되는 이미지 상품이다. 따라서 차별성과 공공재적인 성격을 가진다.
- 대량복제된 후 유통: 가치가 상승하고 소비대상이 확대된다.
- 스타는 유일무이한 차별적인 상품이다: 경쟁자는 불완전한 대체제이다.
- 노출된 후에 호불호가 갈리는 대체제이다.
- 규모의 경제와 함께 범위의 경제가 적용된다.

| 표 7-1 | 연구자들의 스타에 대한 정의

연구자	스타의 정의	키워드			
		관심	상품	이미지	명성
벤스만 & 로젠버그 (1963)	개인의 능력이나 배경 등으로 인하여 미디어에 의해 개인이 가진 이상으로 의미가 부여되는 자			●	
프리드만 (1985)	그가 보증하는 상품의 계열보다 자신의 영역에서 성취도 때문에 대중에게 알려진 배우, 운동선수, 연예인				●
매크레켄 (1989)	사회적으로 널리 알려진 공적 인지도가 있고 실재하거나 가상적인 인물			●	●
케르(1990)	전달의 본질적인 매체로서 자신의 트레이드 마크를 가진 이름이며 현대 대중문화와 팬에 익숙하고 개인적 유착을 보여주는 상징			●	
코틀러(1997)	관심을 주고 흥미가 있으며 가치를 창출하는 사람	●	●		●

아도니에르 & 다이어(1982)	힘 없는 엘리트, 즉 실제적인 정치, 사회적 힘이 극히 미약하거나 존재하지 않는 반면에 그들의 삶의 양식이나 행동은 대중에 지대한 관심이 되는 존재				●
허행량(2002)	사회적 가치를 갖는 문화상품	●	●		

2. 스타의 결정

1) 우상으로서 스타

(1) 우상의 개념

우상(偶像)은 무생물, 예를 들면 나무, 돌, 흙 등을 깎거나 빚어서 만든 것으로 신(神)을 형상화한 것이다. 따라서 신을 숭배할 때 구체적인 대상이 된다. 자연에 대한 경외감이 신을 만들고 그리고 그 신이 이러이러하다고 생각되어 형상을 만드는 것이다. 따라서 원본이 없는 실체일 뿐이다.

아테네 사람들은 그들의 가치가 집약적으로 구현된 뛰어난 사람을 신봉하면서 조각상, 축제, 문학작품을 통해서 칭송하였다. 당시의 스타로 페리클레스와 데모스테네스와 같은 정치가, 음악가 멜라니피데스, 아나크레온 등은 에우다이모니아(eudaimonia, 행복)와 번영을 위한 안내자로 칭송을 받았다(알랭 드 보통, 2014).

우상은 영어로 아이돌(idol)이다. 아이돌은 주로 10대이면서 대중의 인기를 얻는 스타를 지칭한다. 1960년대 영국 청년문화의 아이콘인 비틀즈, 1970년대 섹스피스톨즈, 1980년대의 데이비드 보위 및 마이클 잭슨 등이 대표적인 아이돌이다.

(2) 반신으로서 스타

이러한 점에서 볼 때 스타는 반신(半神)이라고 할 수 있다. 즉 완전한 신은 아니지만 신에 가깝게 여겨진다. 다만 신은 영원하지만 대중의 우상은 순간적이다. 스타나 대중을 열광케 하는 절대적인 존재에 대하여 ㅇ느님, 갓ㅇㅇ 등을 붙이는 것도 같은 맥락이다.

스타와 신은 유사하기 때문에 스타와 관련된 모든 것들은 유사종교 형태를 띤다. 스타덤(stardom)에 오르는 것은 스타의 왕국을 지배하는 것이다. 팬들은 스타 자체를 소비하는 것이 아니라 스타가 만들어낸 이미지를 소비한다.

- 무대 및 스크린 = 교단
- 퍼포먼스 = 찬양행위
- 팬클럽 = 예배당의 모임

신의 존재를 각인시키기 위해서는 기적을 행해야 하는데 스타는 대박 영화를 터뜨리거나 거액의 기부금을 쾌척하는 등 끊임없는 뉴스를 만들어내야 한다. 또한 신으로서 영원한 삶을 추구하기 위해 본인의 2세 및 가족을 연예계에 데뷔시키기도 한다.

2) 영웅으로서 스타

(1) 영웅의 개념

영웅은 그리스어 헤로스(heroes)에서 유래된 것으로 뛰어난 용기와 불굴의 의지, 모험을 마다하지 않는 정신, 초인적인 특성 등을 가지고 있다. 원래 히어로는 호머(Homeros)의 〈일리아드〉에 처음 등장하는데 공적이고 이상적 가치를 추구하기 위해 전쟁에서 싸우고 마침내 승리를 이끌어내는 이야기의 주인공이다. 캠벨(Campbel)은 영웅 이야기의 공통적 특징을 다음과 같이 요약하였다.

영웅의 신화적 모험을 서술하는 일반적인 형식은 출발, 수행, 돌아옴이라는 핵심적 형식을 재현하는 공식을 확장시킨다. 출발에서 영웅은 일상적인 세상에서 나와 초자연적인 경이의 세계로 들어간다. 수행에서 영웅은 무시무시한 힘과 마주치고 결정적인 승리를 얻는다. 돌아옴에서 영웅은 동료나 친구에게 은혜를 베풀 수 있는 힘을 얻어 환상의 모험으로부터 귀환한다.

(2) 영웅 신화

영웅은 신과 인간 사이의 존재이기 때문에 영웅의 이야기는 신화(神話)로 칭송받는다. 또한 영웅은 초인(超人)으로도 불리는데 인간을 뛰어넘는 능력과 성과를 보여주었기 때문이다. 영웅을 내세워 신에 대한 불평을 하고 신의 인간에 대한 무심함을 영웅의 활약으로 위로받는 것이 인간의 본성이다.

영웅의 이야기는 시나 노래 등을 통해서 구전으로 내려오기 시작하였고 오늘날에는 미디어 엔터테인먼트에서 스타로서 다시 나타난다. 즉 영웅과 스타는 동일한 개념은 아니지만 상당부문 공통점을 보유하고 있다. 부어스틴(Boorstein)은 영웅은 자신이 성취한 성과에 의해 유명해지지만 스타는 이미지나 트레이드 마크로 유명해지고, 영웅은 스스로를 창조하지만 스타는 미디어에 의해 창조된다고 하였다.

3) 스타의 결정요소: 관심경제

(1) 명성에 대한 욕망

스타는 '화려한 일족'으로 불린다. 튀어야 산다는 삶의 모토를 가지고 일상의 평범함에는 한계가 있다는 것을 잘 알고 있다. 무엇인가 독특함이 있어야 주목을 받게 되는 것이다. 사람들은 명성에 대한 사람들의 강렬한 욕망을 가지고 있지만 불행하게도 극소수에게만 존엄과 호의가 주어진다. 스타의 명성은 타인으로부터 친절과 존경심을 이끌어내는 장치이다. 매슬로(Maslow)의 욕구위계이론을 보면 존경의 욕구가 있는데 평판, 성공, 남으로부터의 주목 등이 최종 욕구를 형성한다. 따라서 이하의 다양한 욕구들은 이미 충족된 상태이다. 스타의 유명세를 가질 즈음에는 이미 물질적 · 사회적 욕구는 충족되어 있는 상태이다. 그럼에도 불구하고 스타의 명성은 지속적인 물적 · 사회적 욕구를 확대 · 재생산할 수 있는 기반이 된다.

(2) 주목효과

소비자 AIDA 모델에 의거하면 소비자 행동을 이끌어 내는 데 있어서 맨 처음 작동하는 것이 관심(attention)이다. 골드하버(Goldhaber)는 봉건시대, 산업경제시대를 지나 바야흐로 관심경제(attention economy)가 도래하였다고 했다. 관심경제에서는 정보상품의 공급은 무한대이지만 오히려 인간의 관심은 항상 결핍되므로 한정된 시장을 가지고 경합할 수밖에 없으며, 따라서 수요와 공급 간의 갈등이 가장 극대화되는 시장이 관심을 놓고 경쟁하는 혹은 관심을 중개하는 시장이라고 했다(김원제, 2007). 따라서 관심경제시대에서 주요 결핍은 관심이고 새로운 사회적 역할 구조로서 스타와 팬이 등장한다. 즉 시장의 독점을 가지고 오는 스타와 그 스타를 맹목적으로 추종하는 열정적 고객으로서 팬이 있다.

3. 스타의 의의

1) 공인으로서의 역할모델

(1) 공인의 의미

스타는 부와 명예를 동시에 거머쥘 수 있으며 그것은 팬이 있기 때문에 가능한 것이다. 즉 스타는 공인(公人)이라고 하는데 공적인 인물로 사회를 위해 공적인 목적을 수행한다. 공인은 공적인 관심사에 광범위한 영향력을 보유하고 있는 사람 혹은 어떤 공적인 논쟁의 결정에 영향을 미치기 위해 그 논쟁의 장에 자발적으로 나선 자이다. 엔터테인먼트 산업에 속한 스타는 사회를 즐겁고 재미있게 하는 역할을 할 것이다. 몇몇 스타 셰프는 뛰어난 요리를 만드는 재주를 넘어 사회적 공익성을 실천하면서 공인의 역할을 넓히고 있다. 고든 램지(Gordon Ramsay)는 영국 전역을 돌아다니면서 폐업 직전의 레스토랑을 방문하여 무료 컨설팅을 해주곤 하였다.

(2) 공인의 효과

이와 같이 스타의 일거수일투족이 모두 팬에 의해 관찰된다. 스타는 공인이기에 때로는 사생활 침해, 초상권의 공개 등 기본권이 제한되기도 한다. 스타 자신은 워너비(wanna-be)가 되고 스타가 보유하고 있는 모든 상품은 머스트 해브(must-have) 아이템이 된다. 심심치 않게 실리는 스타의 공항패션은 좋은 예가 된다. 반대로 연예인의 자살이 일반인의 동반자살로 이어지는 이른바 베르테르 효과가 존재하기도 한다.

(3) 공인의 의무

청소년기에는 자아표현 욕구가 강하고 그들만의 독립심이 하위문화로 표출된다. 자기가 좋아하는 가수의 브로마이드를 수집한다든지 콘서트에 참여하는 것 등이다. 이와 같이 정체성을 형성하는 시기에는 역할을 보여줄 역할 모델(role model)이 필요하며 그 역할은 스타가 맡게 된다. 외모의 모방을 통한 심리적 안정, 자아개념이 형성된다. 학습이론에 의하면 모델링(modeling)이란 대리학습, 즉 소비자로 하여금 다른 사람의 행동 및 학습행동 결과를 관찰하게 함으로써 행동의 변화를 이끌어낸다.

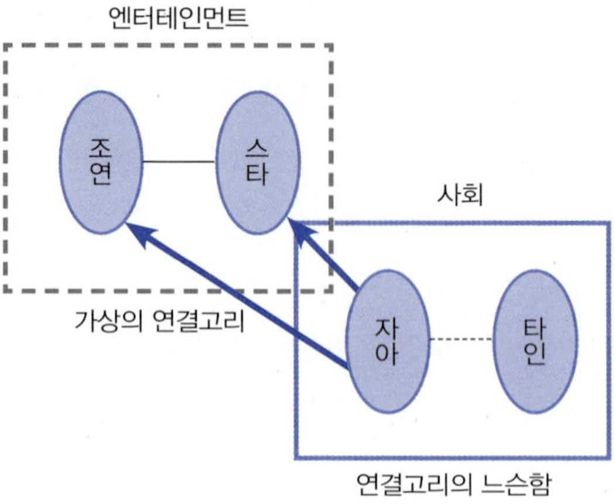

| 그림 7-1 | 스타와 사회

악동뮤지션(AKMU)은 이찬혁, 이수현 남매 듀오가수로서 SBS 오디션 프로그램 〈K팝스타 2〉 우승팀이다. 사춘기는 악동뮤지션의 2집 앨범 타이틀이다. 유명스타이기도 하지만 또한 청소년으로서 성장통이라 할 수 있는 사춘기를 노래하여 또래의 팬들에게 더욱 공감을 얻었다.

출처: 악동뮤지션

2) 리더십과 권력으로서의 스타

(1) 스타의 리더십과 권력

스타는 팬들로부터 인기를 얻고 이를 통해서 영향력을 행사할 수 있다. 즉 리더십을 발휘하고 권력을 행사할 수 있는 것이다. 소셜테이너(socialtainer)는 사회(society)와 엔터테이너(entertainer)의 합성어로 정치 및 사회문제에 적극 참여하는 엔터테인먼트 스타를 말한다. 본인의 엔터테인먼트뿐만 아니라 해당 이슈가 엔터테인먼트와 관련되었다고 생각하면 적극적으로 입장을 표명하고 이를 행동으로 옮긴다. 즉 본인의 역할이 엔터테인먼트산업 내부에 머물러 있다고 생각하는 것이 아니라는 것이다. 일명 폴리테이너라고도 한다.

2016년 미국 대선에서 도널드 트럼프를 지지한 연예인인 데니스 로드먼(농구), 헐크 호건(프로레슬링), 마이크 타이슨(권투), 힐러리 클린턴을 응원한 조지 클루니(영화배우), 제시카 알바(영화 배우) 등이 대표적인 사례이다. 제59회 그래미어워드에서 미국의 팝가수 비욘세는 백인경찰의 흑인 피의자에 대한 과잉진압문제를 우회적으로 다룬 앨범 〈레모네이드〉로 최대부문 수상후보에 올랐고 슈퍼볼 하프타임에는 흑표당(흑인무장인권단체)을 연상시키는 의상을 입기도 하였다. 한국에서는 코미디언 이주일, 탤런트 이순재 등이 국회의원이 되어 정치활동을 하였다.

(2) 스타 리더십과 권력의 양면성

비록 스타의 정치 및 사회활동에 대한 우려의 시선도 있지만 일반 대중이 정치참여와 사회문제 해결에 무관심해지는 시대에 오히려 앞서서 동참을 호소한다는 측면에서 긍정적으로 볼 수 있다. 다만 권력과 리더십의 원천은 팬이기에 본인이 더 잘할 수 있는 엔터테인먼트의 영역을 포기하면서 과도한 사회참여를 한다면 스타나 팬의 입장에서는 불행이라고 볼 수도 있다.

3) 감정노동자와 프라이버시 보호대상으로서의 스타

(1) 감정노동자로서 스타

스타는 힘없는 엘리트(elite)라고도 한다. 감정노동은 직무수행과정에서 조직의 목표를 달성하기 위해 감정을 연출해야 하는 것, 특정감정의 억제 · 통제 혹은 역으로 표출하는 것이다(이훈석 · 전병준, 2012). 고객을 대하는 서비스직 종사자가 항상 웃고 친절함을 유지해야 하듯이 연예인 역시 소속사의 주식가치 하락을 막으려면 항상 고정된 이미지를 연출해야 한다. 스타가 가지는 상업적 자산은 성명, 초상(이미지, 캐릭터 포함), 특정인을 상징하는 물건, 극중 역할 패러디, 목소리(애니메이션 더빙) 등이 있다.

(2) 프라이버시 보호대상으로서 스타

그럼에도 불구하고 브랜드와 상품으로서 스타이지만 인간으로서 스타이기도 하다. 연예인과 개인의 경계가 분분하다. 무차별적인 초상권 및 성명권 도용, 여성 연예인의 인권문제, 즉 성접대, 성상납 등 성의 상품화, 성의 자기결정권이 있어야 함에도 불구하고 상품화를 위한 다이어트 성형 수술, 강제적인 스폰서 관계 등의 문제가 있다. 특히 청소년 아이돌의 인권문제가 심각한데 불공정 노예계약, 신체적 구속, 학습권의 문제, 교육 및 휴식 등의 문제가 있다.

> 연예계의 인기는 그 사람의 능력 밖의 요인이 많이 작용한다. 좋은 작품을 만나는 것도 중요하지만, 제작자, 여기에 상대 작품, 사회문화적 코드가 맞아떨어져야 한다. 자신이 아무리 재능을 가지고 전력을 다해도 전적으로 인기를 누린다는 보장은 없다. 절대 스타가 없는 것은 이 때문이다. 그럼에도 불구하고 매체와 대중의 평가는 그 개인에게 탓을 돌린다. 여지없이 그의 명예, 자존심, 가치를 벼랑으로 떨어뜨린다. 외부의 요인과 함께 스타 내부의 요인을 같이 생각할 때, 문제는 '무대 공백 효과'다. 열화와 같은 성원을 보내는 관중과 관객은 공연이 끝나면 아니, 그 내용이 눈길을 끌지 못하면, 스타 개인을 황망히 버려두고 떠난다. 남겨진, 아니 버려진 그 황망한 고독은 화려한 스포트라이트 빛이 강했을수록 더욱 심한 고통을 주는 법이다.
>
> 출처: 김헌식 (2007.2.11).

생각해 볼 문제

01 스타가 권력을 누리고 돈을 벌면서 상대적으로 손해를 보는 집단은 무엇인가?

02 스타는 자라나는 청소년의 롤모델이 되기 위해서 어떠한 자기관리를 해야 하는가?

03 스타의 사생활은 어디까지 경계를 설정해야 하는가?

04 스타가 본인 이외의 영역, 즉 정치 등에서 활동하는 것에 대하여 어떻게 생각하는가?

05 감정노동자로서 스타의 권익은 어디서 보호받을 수 있나?

조선마술사 (2015)

김대승 감독
유승호, 고아라 주연

환술사는 마술사이며 관객들에게 꿈의 환상을 보여주는 역할을 한다. 즉 현실에서는 이룰 수 없는 것을 잠시나마 이루게 해주는 것이다. 여기에 물랑루의 최고 스타 환희가 있다(세기말에 프랑스 최대의 환락장소이자 근대 엔터테인먼트산업의 모체가 된 물랑루즈를 패러디한 듯함). 환희는 뛰어난 용모와 마술실력 그리고 상처받은 순수함에 한 여인을 향한 진실함이라는 스타가 갖추어야 할 요소를 고루 갖추고 있다. 한쪽 눈이 멀어 푸른 의안을 가진 불구지만 이것이 오히려 그를 이국적으로 주목하게 되는 매력 포인트가 되고 일상에서는 아무것도 아니지만 무대에 오르면 팬들의 환호 속에 무한권력을 갖는다. 팬들의 환호를 먹고사는 스타광대인 것이다.

출처: 위더스필름

평안도 최대 유곽 물랑루의 자랑인 당대 조선 최고의 마술사 환희가 있었다. 그러나 어린 시절 청나라 마술사 귀몰에게 학대받았던 기억으로 난봉꾼으로 살아가고 있으며 그 옆에는 그를 이해하는 의누이 보음이 있다.

한편 공주 청명은 호위무사 안동휘와 함께 청나라의 11번째 왕자빈으로 혼례를 치르러 가던 중 의주에 머물게 되고, 우연히 환희에게 운명처럼 끌리게 된다. 청명이 공주일 거라고는 꿈에도 생각 못한 환희 역시 처음 느낀 감정에 다른 사람처럼 변해간다.

CHAPTER 08

스타 만들기

신은 스타를 만들고
제작자는 스타를 찾아낸다.

사뮤엘 골드윈

걸그룹 20년, 팬덤 키우고 케이팝 주도

걸그룹이 쌓은 20년의 시간은 그 자체로 대중문화의 성장사와 겹친다. 남성그룹 중심의 대중음악에 다양성이 가미되는 결정적인 기회가 됐고, 동시에 파급력은 해외로 뻗어나가 케이팝 열풍을 이끌어냈다.

최근 두각을 나타내는 9인조 트와이스는 '걸그룹 20년사'가 낳은 강력한 팬덤이 어디까지 이어지는지를 증명해 보이고 있다. 10월 말 발표한 세 번째 미니앨범의 판매량이 35만장을 돌파하면서 데뷔 이후 앨범의 총 판매량이 62만장을 넘어섰다. 앨범 판매에 있어서만큼은 남성그룹에 비해 현저히 떨어진다고 치부되던 '걸그룹 팬덤'이 막강한 소비력으로 증명된 대표적인 사례로 꼽힌다.

팬덤은 특정 스타를 열성적으로 좋아하는 대중문화의 현상을 일컫는다. 아이돌 스타의 인기를 지칭하는 단어로도 통용되는 팬덤이 걸그룹에도 적용되기 시작한 때는 1997년 S.E.S와 이듬해 핑클의 등장으로 볼 수 있다. 이어 2007년 소녀시대와 원더걸스의 등장으로 팬덤은 더욱 공고해졌다.

걸그룹 팬덤이 발휘하는 소비력은 이제 남성그룹 부럽지 않은 수준이다. 실제로 16년 만에 재결합한 S.E.S는 12월 30일과 31일 이틀간 세종대 대양홀에서 연 단독콘서트의 티켓을 매진시켰다. 시간이 지나도 변치 않는 팬덤의 영향력과 소비력을 동시에 증명했다.

한류의 확산에도 걸그룹이 기여한 케이팝 열풍을 빼놓기 어렵다. 일본에서 발화한 케이팝의 인기가 미주와 유럽까지 확산된 데는 걸그룹의 활약이 결정적인 배경이 됐다. 소녀시대는 남성그룹이 다소 주춤하던 사이 일본 한류를 주도해 나갔다. 일본 전역을 돌며 회당 1만 관객 이상씩 동원하는 아레나투어를 무려 4차례나 치를 정도로 막강한 영향력을 과시해왔다. 같은 해 데뷔한 카라도 케이팝 열풍을 이끈 주역이다.

2009년 데뷔한 투애니원은 나아가 세계를 무대로 삼았다. 걸그룹으로는 유일하게 미주 지역까지 아우르는 월드투어를 두 차례 펼쳐 케이팝의 저변을 확대했다. 해외에서 케이팝을 소비하는 주요 연령층은 10~20대로 꼽힌다. 빠르게 케이팝 등 한류를 흡수한 이들은 대중음악에만 멈추지 않고 드라마, 영화 등 또 다른 콘텐츠로도 시선을 돌리고 있다. 케이팝 선두주자인 트와이스가 지난해 4월 발표한 '치얼업' 뮤직비디오는 11월 기준 유튜브 조회수 1억회를 돌파했다. 아이돌 그룹으로는 최단 기록이다. 유튜브 조회수는 해당 그룹의 해외 인지도를 증명하는 바로미터가 된다는 사실에서 트와이스의 저력이 엿보인다.

출처: 스포츠동아 (2017.1.3).

이 장의 소개

스타가 어떻게 만들어지고 어떻게 활용되는가, 그리고 브랜드로서 스타와 팬과의 관계를 알아보았다. 1절에서는 스타는 태어나는 것이 아니라 스타로 만들어지는(star making) 것이 산업으로서 엔터테인먼트의 본질을 반영하는 것임을 살펴보았고, 2절은 휴먼브랜드로서 스타의 가치 결정 메커니즘, 3절은 스타와 팬 간에 다양한 강도의 관계가 있음을 살펴보았다.

1절 스타는 태어나기도 하지만(star is born) 엔터테인먼트산업화가 진행되면서 스타를 만들어 내는 사람과 조직(star maker)의 역할이 확대되었다. 이에 따라 스타는 기획형과 시장형, 1차시장형과 2차시장형 등 다양한 형태로 나타난다. 그리고 그 중심에는 스타시스템이 있다.

2절 스타는 인간이기에 휴먼브랜드(human brand)로서 스타를 얼마나 알고 있느냐라는 인지도, 스타를 얼마나 좋아하느냐라는 호감도에 의해 그 가치가 결정된다. 스타의 브랜드파워는 영화 출연 개런티, 광고모델료 등으로 구체화한다.

3절 팬(fan)은 일반 소비자 및 고객과 달리 스타라는 특정 대상을 우선순위에 두고 그에 의거하여 선호하고 지명하는 집단이다. 팬은 스타와의 유사사회적 상호작용에 의하여 관계를 맺고 감정적 친화, 자기동일시, 모방, 투사 등 다양한 스팩트럼 속에서 스타에 몰입한다.

열쇠말

스타, 스타 메이커, 인지도, 유사사회적 상호작용, 팬, 호감도, 휴먼브랜드

학 습 목 표

1. 기준에 따라 스타를 분류할 수 있다.
2. 스타덤 경로모델을 설명할 수 있다.
3. 연예 매니지먼트 기업의 역할을 설명할 수 있다.
4. 스타의 브랜드가치를 구성하는 요소를 말할 수 있다.
5. 팬은 일반 소비자집단과 어떻게 다른지 구분할 수 있다.

1. 스타 메이킹

1) 스타의 발굴과 육성 관리

(1) 스타의 종류

스타가 대중에게 알려지기 위해서는 미디어에 노출이 되는 것이 필수적이다. TV 시청자는 화면에 자주 나타나는 연예인에 관심을 갖게 되고 점차 호감이 생기면서 그 사람의 팬이 된다. 광고모델이 영화나 드라마의 배우가 되는 경우가 많은데 광고만큼 짧은 시간에 반복적으로 특정인물을 노출시키는 데 좋은 수단도 없다.

① 1차 미디어에 의한 스타와 2차 미디어에 의한 스타

1차 미디어에 의한 스타는 본인의 본업인 영화 및 드라마 등에 출연하여 인기를 얻은 사람이다. 기존의 영화배우 및 탤런트 등이 해당된다. 2차 미디어에 의한 스타는 원래 본업을 할 때는 크게 미디어상에서 주목을 받지 못했지만 미디어에 노출

이 되어 전문성이 더 높이 인정된 경우이다. 예를 들면 아침의 주부대상 프로그램에 전문가 패널로 나오는 변호사, 교수, 의사, 목사 등이다. 스타는 세 가지 방법으로 대중에게 나타난다.

• 자신의 영역에서 역할을 수행한다.
• 2차적인 정보원인 신문 · 잡지 등 매스미디어를 통해 공적, 사적 뉴스메이커로서 나타난다.
• 상품과 서비스 광고의 광고모델 혹은 각종 이벤트 및 조직을 홍보하는 홍보대사로 나타난다.

② 기획형 스타와 시장형 스타

기획형 스타는 기획에 의해 만들어진 스타로 미디어의 노출을 전제로 하여 전문성이 좌우되고 따라서 미디어 의존도가 높은 스타가 된다.

반면에 시장형 스타는 시장에 의해 만들어진 스타로, 전문성을 가지고 이미 팬층을 상당부분 확보한 상태에서 미디어에 노출되는 사람을 말한다.

③ 이미지형 스타와 현실형 스타

이미지형 스타는 주로 엔터테인먼트계, 즉 탤런트, 영화배우 등이 속하는데 실체와 괴리된 가공된 이미지를 소유하고 있고 대량복제된 이미지 상품이다. 현실형 스타는 스포츠계, 즉 축구선수, 야구선수 등이 해당되며 주로 경기력 자체가 스타성을 구현하는 것이다.

스타는 마음은 지옥이더라도 일단 그런 흔적을 찾아볼 수 없도록 쿨하게 보여야 한다. 파티에는 맨 마지막에 도착해야 하고 샴페인 잔은 입술에 살짝 갖다 대기만 해야 하며 사물을 쳐다볼 때는 마치 해가 지고 있는 수평선을 바라보듯이 아련하게 응시해야 한다. 말할 때는 작은 소리로 부드럽게 말해 생각에 잠긴 모습으로 유명한 사람들의 마음을 인용해 나간다. 그러면 사람들은 스타쪽으로 자연스럽게 몸을 기울일 것이다. 진정으로 기꺼이 그대로 모든 것을 온전하게 주면 안 된다.

출처: 셀러브리티 (2006년 5월호).

(2) 스타덤 경로 모델

스타의 반열에 오르기 위해서는 [그림 8-1]과 같은 다양한 변수들이 존재하며 이를 성공적으로 거쳐야 한다.

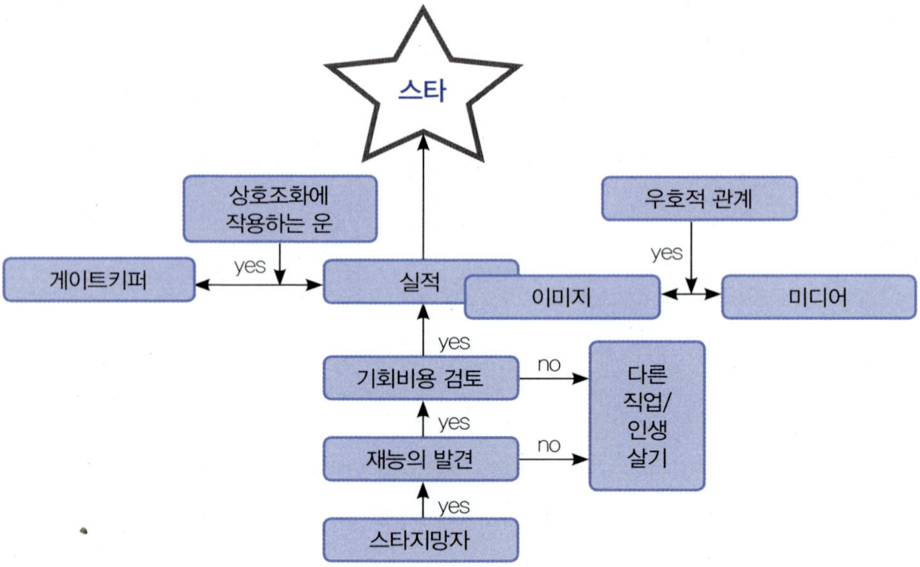

| 그림 8-1 | 스타덤 경로모델

출처: 허행량(1988)을 참조로 저자 수정함.

① 재능

재능은 영어로 탤런트(talent)라고 한다. 원래 그리스어 달란트에서 유래하였으며 무게, 화폐의 단위를 나타내었다고 한다. 재능이란 부여된 능력, 해당 분야에서 전문성을 이룰 수 있는 가능성이다. 우리나라 옛 속담에 '될성부른 나무는 떡잎부터 알아본다'는 말이 있다. 따라서 타고난 재능이 무엇보다도 중요하지만 후천적인 노력도 매우 중요하다.

재능은 '끼'와도 비슷한 의미로 쓰인다. 예능 부문에서 많이 언급되는 것이 끼가 있느냐이다. 끼는 기(氣)에서 유래되었는데 속에 맺혀 있다가 밖으로 발산되는 기운 혹은 그 원인인 기라고 하였다. 수많은 예술가와 엔터테이너들이 광기 속에서 본인의 끼, 즉 흥을 불러일으키는 타고난 재능을 선보였다(제진훈, 2009).

② 기회비용과 운

기회비용(opportunity cost)은 어떤 선택을 함으로써 포기되는 기회를 말한다. 스타가 되기 위해서는 소속사에서 오랫동안 연습생 시간을 거쳐야 하는데 이때 학교 수업과 친구 사귀기 등이 제한된다.

운(luck)은 무명 배우를 일약 스타로 만들어 준다. 험프리 보가트(Humphrey Bogart)는 키 168cm인 단신의 무명배우였지만 우연히 당대의 스타인 조지 레프트가 출연을 거부한 영화 〈카사블랑카〉의 주인공 역을 맡게 되었다. 이 영화는 미국 시나리오 작가조합이 발표한 101편의 위대한 시나리오 중 1위를 차지하며 1943년 아카데미시상식에서 작품상, 감독상, 각색상을 수상하였다. "당신의 눈동자에 건배를(Here's looking at you)"이라는 명대사는 험프리 보가트를 세계적인 스타로 만들어 주었다.

③ 게이트 키퍼

게이트 키퍼(gate keeper)는 축구에서 골키퍼이고 조직에서 비공식적인 커뮤니케이션을 조정하는 사람이며 또 뉴스의 유출을 통제하는 사람이다. 연예계에서는 스타를 만들어 주는 조력자에 해당된다. 다이아몬드 원석을 깎아내듯이 스타의 재능, 잠재성을 발견해 내고 이를 이끌어주는 사람이다.

게이트 키퍼는 조직이 가르치느냐 사람이 가르치느냐에 대하여 다음과 같이 달라진다. 서바이벌 오디션 프로그램, K팝스타의 심사위원이 게이트 키퍼가 될 수 있다.

- 사사형: 대가로부터 직접 지도받음
- 기관형: 특정기관에서 트레이닝
- 혼합형: 양자의 조합

(3) 오디션과 캐스팅

오디션(audition)은 엔터테인먼트 상품의 요소로서 배역에 맞는 사람을 구하기 위해 사람들을 모아 테스트를 하는 것이다. 즉 관객이 엄선하는 세계이다. 보다 넓은 세상에서 숨은 고수를 찾아내는 것이다. 기업과 같이 일단 선발하고 이를 교육 · 훈련시켜 전력화하는 것과는 차이가 있다. 캐스팅(casting)은 배역을 정하는 일이다. 일반기업에서의 직무 부여라고 할 수 있다. 캐스팅이 이루어지거나 오디션을 하는 방법은 여러 가지로 다양하다.

- 길거리 캐스팅
- 다른 스타의 소개
- 콩쿠르 등 직접 찾기
- 데모테이프 및 자신의 포트폴리오를 가지고 소개
- 예술계 고등학교 혹은 대학 연극영화과 등 졸업생
- 모델 및 CF 스타를 배우로 발탁
- 연극 및 뮤지컬 배우를 대중의 영역으로 끌어들임
- 인터넷 화제의 인물

SM엔터테인먼트, YG엔터테인먼트 등에서 공개 또는 비공개로 진행하는 각종 오디션 프로그램 역시 오디션 및 캐스팅의 방법이 된다. 이를 프로그램화한 MBC 〈위대한 탄생〉, Mmet의 〈슈퍼스타K〉, SBS 〈K팝스타〉 등이 있다. 쉽게 보면 공장에서 제품의 제조과정을 소비자에게 오픈하는 것이다. 아이오아이(I.O.I: Ideal of Idol)는 전소미 등으로 이루어진 11인조 걸그룹인데 엠넷의 국민프로듀스를 콘셉트로 하는 〈프로듀스 101〉에서 상위 11명을 선발하여 구성한 프로젝트 그룹이었다. 이어 시즌2에는 남자를 대상으로 편성하였다.

오디션프로그램에 대한 반응은 다음과 같이 나눌 수 있다(엠브레인, 2013.1).

① 긍정적인 측면

- 숨어 있는 인재의 발굴
- 재능 있는 인재들의 자기실력 검증이 가능함
- 외모보다는 실력으로 인정받기를 기대함

② 부정적인 측면

- 예술보다는 상업적 가치를 중시
- 지나치게 극적으로 편집하는 포맷(format)
- 다수 유사프로그램 범람으로 식상화

연예인으로 데뷔를 한 후에 활동할 특정시장을 염두에 둔 캐스팅도 이루어진다. 즉 인재를 발굴해서 스타로 키우기보다는 이미지를 먼저 만들고 적합한 구성원을 캐스팅하는 방식이다. 보이그룹 엑소에는 중국인 레이와 타오가 있었고 걸그룹 트와이스에는 미사모쯔라는 일본인과 대만인 쯔위로 구성된 외국인 라인이 있다.

계약은 기획사 혹은 제작사와 연예인과의 근로계약을 의미하는데 인지도 등을 감안하여 급수로 나누어지고 계약조건이 달라진다.

(4) 육성과 관리

오디션 및 캐스팅 후 전속 계약을 마치고 데뷔를 위해 수료해야 할 일련의 교육과정이자 상품화를 하는 과정이다. 따라서 소속사의 전략과 조직문화, 시장 트렌드에 대한 분석이 포함된다. 또한 연예인은 휴먼브랜드(human brand)이므로 개성을 극대화하는 것도 중요하다.

- 스타지망생에 대한 교육훈련
- 노래, 연기, 외국어 실력, 외모, 신체훈련
- 인성 및 교양 훈련

> 시간이 흐를수록 훈육의 대상은 확대 및 세분화되어 가창이나 댄스는 물론 어학이 필수가 되었으며 연기와 예능감 같은 개인기, 나아가 외모의 교정도 포괄되었다. 이를 위해 연습생들은 어린 나이에 발탁되어 길고 고단한 훈련을 거친다.
>
> 출처: 신현준 (2013).

밴드 및 그룹에는 네이밍(naming), 즉 이름 짓기가 중요하다. 전문가들이 꼽은 아이돌 최고의 이름을 보면 빅뱅(터져 나갈듯한 파열음과 그 의미가 그룹이미지와 맞다), 소녀시대, 여자친구(중국 및 일본시장을 염두에 두었고 무엇보다 친근한 이름), 샤이니(아이돌의 핵심을 시각적, 청각적으로 적절히 담았음), 인피니트(당찬 파열음과 포부가 그룹의 이미지가 맞음) 등이 있다. 예비 연예인 육성과 관리를 통해서 [그림 8-2]와 같은 투자의 결실을 보게 된다.

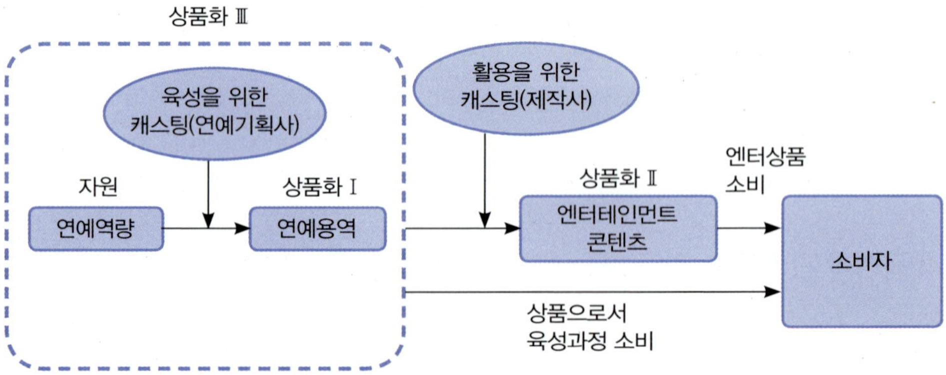

| 그림 8-2 | 오디션, 캐스팅, 육성 관리의 프로세스

| 표 8-1 | 아이돌 역사 20대 사건

no	연도	아이돌사 20대 사건	의의
1	1996	H.O.T 데뷔	만들어진 뮤지션이 성공한 첫 사례
2	2000	SM엔터테인먼트 코스닥 상장	업계 최초, 본격적인 기업경영
3	2000	god 아이돌 최초 앨범 100만장 돌파	10대를 벗어나 국민가수로서 팬층을 넓힘

4	2001	젝스키스, H.O.T 해체	팬들의 반발시위 및 폭력사태, 부당계약 논란 등
5	2001	god 박준형 퇴출 번복	아이돌의 사생활 논란, 팬들이 소속사에 자신의 요구를 관철
6	2002	보아, 오리콘 차트 1위	한국가수 최초, 가요 한국의 선구
7	2003	이효리, 텐미닛 열풍	아이돌 이후 방향에 성공 모델
8	2006	비 타임지 100인 선정	한국 아이돌의 국제적 위상
9	2007	빅뱅, 거짓말 발표	본격적인 보이그룹, 리더 지드래곤은 진화된 아이돌로서의 작사, 작곡 능력
10	2007	원더걸스, Tell me 열풍	복고풍과 귀여운 소녀의 결합이라는 2세대 걸그룹 성공공식, 삼촌팬 등장, 미국 빌보드 입성
11	2009	동방신기 전속계약 소송	노예계약이 이슈화, 표준계약서의 도입
12	2009	슈퍼주니어 한경 탈퇴	외국인 멤버에 대한 매니지먼트 대두
13	2010	2PM 재범 탈퇴	SNS 한국비하 내용으로 하차, 엔터테인먼트에서 애국심과 사생활 문제
14	2011	파리 플래시몹	한류의 세계화 확인
15	2012	동방신기 일본 5대 돔투어	해외가수로서 4번째 개가
16	2012	티아라 왕따 논란	연예계 SNS의 위력과 리스크 관리 필요성을 일깨움
17	2013	카라 도쿄돔 입성	일본시장 연착륙
18	2013	EXO 앨범판매 100만장	370만명 팬클럽의 구매력
19	2014	레이디스코드 사고	아이돌의 과도한 스케줄과 관리부족 문제
20	2016	트와이스 쯔위 논란	아이돌산업의 국제이슈화

출처: 스포츠동아 (2016.9.2).

육성과 관리는 투자이며 투자에는 리스크(risk)가 동반된다.

- 신인 개발비, 트레이닝 비용, 주거, 숙식 등 직접적으로 들어가는 비용
- 개인적 리스크(artistic risk)로 그룹 내 불화로 인한 개인 멤버의 탈퇴, 열애설 등 개인 스캔들 등이 있으며 기업의 이미지와 주가에 부정적 영향을 줄 수 있다.

연예인은 상품이기에 투자에 따르는 수익 창출도 중요하지만 사람이기에 키우고 동반성장해 나간다는 마음가짐이 중요하다. 그럼에도 불구하고 다음과 같은 매니

저들의 행태는 시급한 개선이 요망된다.

얼굴만 괜찮다 싶으면 마구잡이로 계약해 두고 쨍하고 해뜰날만 기다리는 복권형 매니저, 좀 뜬다 싶으면 다른 유력사에게 팔아 넘겨 한 몫 챙길 생각만 하는 도매상형 매니저, 돈만 된다 싶으면 삼류잡지 모델이든 구멍가게 행사든 가리지 않고 내돌리는 앵벌이형 매니저, 나3, 너7이란 달콤한 계약조건을 내세우고 나중에 딴소리하는 건망증형 매니저, 자기 뜻대로 따르지 않거나 재계약을 거부하면 약점을 폭로하겠다고 물고 늘어지는 물귀신 매니저, 스타로 관리하는 것은 뒷전이고 여자 연기자와 놀 생각만을 하는 꿩 먹고 알 먹고형 매니저 등이 있다.

2) 스타시스템

(1) 스타시스템의 개념

엔터테인먼트산업에서 이윤창출의 중심인 스타를 만들기 위한 조직을 만들고 조직과 외부 조직 간의 연결고리를 만들어 나가는 작업이다. 이를 위해서 대규모의 자본과 투자위험을 피해나갈 수 있는 장치가 필요하다. 또한 예비(후보)스타의 실력과 이미지를 만들어 나가는 선발 및 육성시스템을 구축하고 스타라는 상품의 고객이라고 할 수 있는 팬과 정서적 연결고리를 만든다. 상품으로서 스타의 생산과정에서 나타나는 문화생산조직(연예기획사, 방송사 등)과 외부조직(영화제작사, 언론미디어, 광고회사 등) 간 탄탄한 거래구조를 확립해 나가는 것이다.

(2) 스타시스템의 역사

1910년대 영화계의 아이돌이었던 매리 픽포드(Mary Pickford)라는 무성영화시대의 스타가 '금발의 소녀'로 알려졌다가 본격적으로 이름을 외부에 알리면서 할리우드 특유의 스타시스템이 시작되었다. 매리 픽포드는 1892년 캐나다 출신으로 눈부신 금발머리에 순수하고 순진한 외모로 인기를 모았다. 무성영화시대의 스타였으며 몇 안 되는 작품을 끝으로 조기은퇴, 어린 나이를 연기하는 등 '미국의 연인'으로 불리며 스타의 신비로움을 고루 갖추었다.

사업적 관점에서 볼 때 스타시스템에는 많은 이점이 있다. 스타는 시장에 내놓을 수 있고 광고할 수 있는 요소를 지니고 있다. 개성 있는 얼굴, 예쁜 몸매, 매력적인 목소리, 성격 등, 혹은 그 반대의 모습, 즉 추악함, 거칠음, 신경질적임 등으로도 사람들의 관심을 모을 수 있다. 스타시스템은 영화제작을 하나의 사업으로 이해하는 데 좋은 증거가 된다. 스타라는 공식을 통해서 사업을 하는 것이다. 그리거 스타는 바로 큰 수익을 위한 보증수표와도 같은 것이다(Balio, 1985; 원용진, 1993 재인용).

엔터테인먼트계 시상식의 빅4는 그래미상(음악분야), 토니상(브로드웨이 연극), 에미상(TV), 그리고 아카데미상(영화)이다. 아카데미상은 영화와 스타의 성공을 알리고 판매를 위한 마케팅 수단이다. 한국에는 백상예술대상이 있는데 일간스포츠에서 주최하는 대한민국의 대표적인 종합 예술상으로 1965년 1회부터 2016년 52회까지 열렸다. 시상식은 스타시스템이 외부적으로 구체화되는 이벤트이다. 시상식은 작품의 품질을 보증한다.

- 반드시 보고 들어야 한다는 신화를 만든다.
- 가십거리를 제공한다.
- 스타를 직접 볼 수 있는 거리를 만든다.

(3) 스타시스템의 의의

경기변동 및 유행에 따라 성패가 좌우되는 문화산업은 높은 위험도를 가지고 있다. 또한 문화상품을 시장의 기능에 맡겨놓을 경우 시장의 실패, 즉 시장이 가지고 있는 자원이 비효율적으로 배분될 수도 있다. 문화상품은 사회적으로 최적의 생산량보다 적게 생산되기 때문이다. 흥행의 안전성을 확보하기 위해서 스타를 키우는데 스타는 고정 팬을 보유하고 있기 때문에 상품의 흥행에 불확실성을 감소시킬 수 있다. 즉 수요의 예측과 선확보가 가능한 것이다. 스타시스템은 새로운 장르의 시도에 있어 위험을 상쇄시켜 준다. 이에 대비해 〈꽃보다 할배〉는 스타에 대한 고정관념을 깨는 기획으로 성공을 거두었다(DBR, 2013.12.15).

- 스태프보다 스타출연자가 일정을 주도했다. 예를 들어 파리에서 시작하여 취리히에서 (배낭)여행을 마치되 일정은 알아서 하라고 주문함
- 원로 스타배우(평균연령 76세)를 파격적으로 예능 버라이어티에 기용하고 스타 이서진을 짐꾼으로 변신시켜 한국인의 노인공경사상에 대한 공감대 획득

3) 연예 매니지먼트산업

(1) 개념과 존재의의

연예 매니지먼트산업이란 연예용역(entertainment service)을 기획, 관리하거나 이용하는 연예물의 기획, 관리, 제작 등과 관련한 서비스산업이다. 좀 더 쉽게 풀어쓰면 연예용역이란 연예인이 드라마에 출연하거나 쇼 프로그램에서 노래를 부르는 것이다. 따라서 이를 가능케 하려면 일정 수준의 품질에 맞추어야 하고 또 늘 새로움을 찾는 시장의 특성을 감안하여 항상 인재를 영입해야 한다. 원석으로 다이아몬드를 만들 듯이 갈고 닦는 것뿐만 아니라 잘 포장해서 사고자 하는 사람에게 어필해야 한다.

초기의 연예 매니지먼트 형태는 연예인의 스케줄 관리, 출연교섭 등 이른바 '가방모찌'로서 매니저 역할에 한정되었다. 따라서 전문성이 비교적 희박했으며 가까운 인척이나 지인이 그 역할을 담당하였다. 그러나 연예인에게 용역을 팔 수 있는 기회를 제공해 주는 전문적인 에이전시(대리인)와의 계약을 통해 교섭력을 확보할 수 있었다. 이러한 형태는 이미 만들어진 연예인을 대상으로 하기 때문에 매니지먼트, 즉 기획과 육성을 통해 상품화하는 모델로 이행하게 된다.

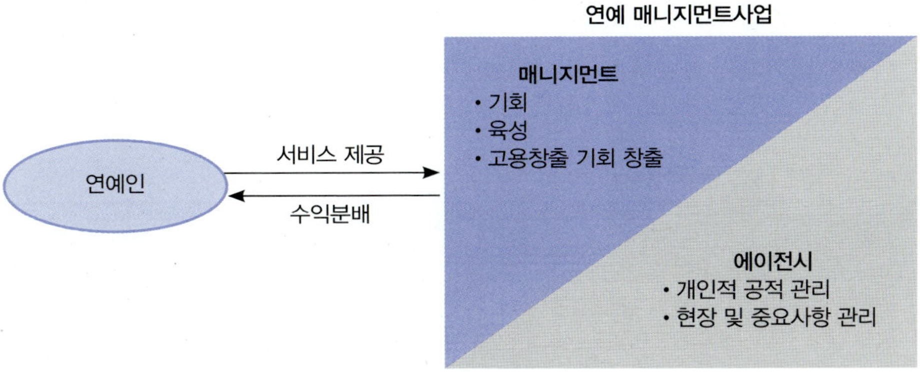

| 그림 8-3 | 연예인과 연예 매니지먼트사의 관계

(2) 연예 매니지먼트사의 주요 역할

연예 매니지먼트사는 크게 연예인의 가치준비단계, 연예인 가치수익화단계, 연예인 가치회수단계로 비즈니스를 전개한다. 가치준비단계는 주로 선발과 육성에 관련된다. 신인의 경우 선발 및 육성, 전속금을 지급하고 기성일 경우 육성과정 및 전속금은 생략한다. 연예인 가치수익화는 미디어와 노출을 통한 마케팅, 콘텐츠 제작자가 만드는 콘텐츠에 출연시키는 단계이다. 신인의 경우 콘셉트 기획을 포함하고 기성 연예인의 경우 기존의 노출과 신기성 가치를 창출한다. 마지막으로 연예인의 가치회수는 수익을 실현하고(매출) 연예인 지급분(원가 혹은 비용)+초기투자 및 비용 등을 뺀 형태로 기업가치를 축적한다. 보다 구체적으로 수익은 출연료 · 공연료 · CF · 행사비 등, 직접비용은 차량 · 의상 · 헤어 등의 지원비, 간접비는 트레이닝비 · 홍보비 등이다.

(3) 종합엔터테인먼트 매니지먼트사로 변화

한국의 사례를 보면 종합엔터테인먼트사로 변화하기 위해서 원래 음반기획사 기반형, 연예기획사 기반형, 외주제작사 기반형, 영화제작 · 투자 · 배급사 기반형 등의 형태를 띤다. 종합엔터테인먼트를 지향하는 이유는 스타를 육성한 후 다양한 분야로 활용범위를 늘려 수익을 극대화하기 위함이다. 상품으로 보면 회전율을 높이는 것이라고 볼 수 있다. 이를 위해서 현대적인 매니지먼트 스킬을 도입하고 대형화, 다양화, 금융화, 글로벌화, 공개화를 통해 시장을 장악해야 한다.

| 표 8-2 | 국내 대표 연예기획사

<table>
<tr><th>대형기획사</th><th>주가</th><th>시가총액
(억원)</th><th>소속 연예인</th><th>관련기획사</th></tr>
<tr><td rowspan="5">CJ E&M</td><td rowspan="5">79,200</td><td rowspan="5">30,676</td><td>에릭남, 다비치, 김민재</td><td>CJ E&M</td></tr>
<tr><td>손호영, 로이킴</td><td>MMO</td></tr>
<tr><td>성시경, 빅스</td><td>젤리피쉬</td></tr>
<tr><td>백지영, 공민지</td><td>뮤직웍스</td></tr>
<tr><td>박재범</td><td>AOMG</td></tr>
<tr><td rowspan="6">로엔 엔터테인먼트</td><td rowspan="6">75,700</td><td rowspan="6">19,149</td><td>아이유, 피에스타</td><td>페이브</td></tr>
<tr><td>멜로디데이</td><td>크래커</td></tr>
<tr><td>씨스타, 케이윌</td><td>스타십</td></tr>
<tr><td>메드클라운, 유승우</td><td>스타십 엑스</td></tr>
<tr><td>에이핑크, 허각</td><td>플랜A</td></tr>
<tr><td>유연석, 이광수</td><td>킹콩</td></tr>
<tr><td>SM엔터테인먼트</td><td>26,000</td><td>5,656</td><td>소녀시대, 샤이니, EXO</td><td></td></tr>
<tr><td>YG엔터테인먼트</td><td>28,400</td><td>4,693</td><td>빅뱅, 블랙핑크, 싸이</td><td></td></tr>
<tr><td rowspan="2">iHQ(싸이더스 HQ)</td><td rowspan="2">1,925</td><td rowspan="2">2,763</td><td>비투비, CLC, 팬타곤</td><td>큐브</td></tr>
<tr><td>김소현, 김유정, 김우빈</td><td>iHQ</td></tr>
<tr><td>키이스트</td><td>2,615</td><td>2,025</td><td>배용준, 김수현, 구하라</td><td></td></tr>
<tr><td>JYP엔터테인먼트</td><td>4,880</td><td>1,661</td><td>박진영, 배수지, 트와이스</td><td></td></tr>
<tr><td>SM C&C</td><td>2,165</td><td>1,505</td><td>신동엽, 강호동, 장동건</td><td>SM</td></tr>
<tr><td>키위 미디어 그룹</td><td>1,075</td><td>1,475</td><td>김형석, 이효리</td><td></td></tr>
<tr><td>FNC엔터테인먼트</td><td>8,430</td><td>1,211</td><td>유재석, 씨엔블루, AOA</td><td></td></tr>
<tr><td>아이오케이 컴퍼니</td><td>814</td><td>958</td><td>고현정, 조인성, 정은채</td><td></td></tr>
<tr><td rowspan="2">판타지오</td><td rowspan="2">1,810</td><td rowspan="2">904</td><td>서강준, 헬로비너스</td><td>판타지오</td></tr>
<tr><td>주상욱, 전수경</td><td>메이딘</td></tr>
<tr><td rowspan="4">이매진 아시아
(구 웰메이드 예당)</td><td rowspan="4">3,035</td><td rowspan="4">601</td><td>유동근, 전인화</td><td>이매진아시아</td></tr>
<tr><td>걸스데이, MC몽</td><td>드림티</td></tr>
<tr><td>에일리, 신보라</td><td>YMC</td></tr>
<tr><td>홍수아</td><td>웰메이드쇼21</td></tr>
<tr><td>팬 엔터테인먼트</td><td>5,080</td><td>515</td><td>류진, 김유리</td><td>팬 스타스</td></tr>
</table>

출처: 영연넷 (http://www.younyoung.net)

2. 스타 브랜드의 가치

1) 휴먼 브랜드로서 스타

(1) 휴먼 브랜드의 개념과 의의

브랜드란 상품과 서비스를 구별하는 데 사용되는 이름, 부호, 이미지 등의 복합체이다. 브랜드는 고객에게 해당 상품과 서비스를 구매했을 때 체험할 수 있는 특징과 편익을 기대하게 한다.

스타는 엔터테인먼트 산업의 상품이기도 하지만 인간이기에 휴먼 브랜드(celebrity as human brand)이다. 휴먼 브랜드는 사회적 평판, 이미지, 대중의 신뢰성 등 무형성을 가지고 있는 모든 스타를 의미한다. 휴먼 브랜드는 마케팅의 수단으로 사용되며, 전문적으로 이미지와 개성이 관리된다.

휴먼 브랜드에 대하여 고객과 팬은 애착(attachment)을 가진다. 애착이란 인간이 본인에게 필요한 욕구를 충족시켜 주는 대상에게 형성하는 유대감이다. 휴먼 브랜드인 스타가 고객과 애착관계를 형성하기 위해서는 A–R–C 욕구가 필요하다(김정구 · 전미나 · 김미예 · 한정수, 2010).

- 자율성(Autonomy): 원하는 대로 표현할 수 있는 자유로움
- 관계성(Relatedness): 타인과의 친밀함, 사회에 속하려는 소속감
- 유능감(Competence): 행동에서 효율성, 성취감, 도전의 감정을 갖는 것

(2) 스타의 역할

스타는 자체적으로 상품으로서 거래의 대상이 되기도 하지만 다른 상품의 가치를 높여주는 역할을 한다. 마치 지렛대와 같이 스타 자신인 브랜드가 가진 이미지를 다른 브랜드로 전이(transfer)시킨다. CF퀸이라고 불리는 배우 이영애가 찍은 CF를 편집한 〈이영애의 하루〉는 다음과 같이 표현한다.

아침에 일어나 ○○비누로 세수를 하고, ○○으로 머리를 감고… (중략) "나의 꿈도 소중해" 하면서 ○○를 통해 제공받은 프로그램에 맞춰 컴퓨터로 영어공부를 한다. 그리고 한강이 내려다 보이는 단독주택 옥상에 올라가서 마시마로를 상대로 면접 인터뷰 연습을 한다. 오후엔 ○○카드를 들고 외출을 나가 펜싱, 헬스, 쇼핑, 나이트클럽을 가거나 태보, 암벽타기, 클레이사격, 드럼과 피아노 연주를 즐기고 집에 돌아온다. (중략) 남편이 잠들면 "따르릉" 전화벨이 울리고 "어머! 파티 가야 하는데"라면서 이브닝드레스를 챙겨입고 핸드폰을 들고 몰래 나간다.

스타는 상품을 광고하는 대변자의 역할(celebrity as spoke-person)을 주로 했으나 최근에는 상품의 브랜드를 구축하는 틀(celebrity as brand platform)로서 변모하고 있다. 즉 스타 고유의 브랜드 이미지를 가지고 광고주의 브랜드 자산과 상품(브랜드)에 기여하며 보다 장기적이고 전략적인 차원에서 활용된다는 것이다. 이러한 경향은 상품이 특성과 편익(Feature & Benefit)을 강조하던 것에서 점차 이미지 중심의 브랜드화되는 경향과도 관계가 있다.

| 표 8-3 | 스타의 역할

단순한 대변인으로서 역할 (celebrity as spoke-person)	브랜드로서의 역할 (celebrity as brand platform)
• 광고만 함 • 이미지를 이끌어내는 것 • 관심을 빌려오는 것 • 제한적인 효과 • 일방적인 관계 • 전술적이고 단기적임	• 브랜드로서 신뢰감 구축 • 이미지는 고유로 보유 • 브랜드의 자산을 높여나가는 것 • 자산의 교환 • 상호적인 관계 • 전략적이고 장기적임

출처: KOCCA (2005).

(3) 브랜드로서 스타의 라이프사이클

사람은 태어나서 죽을 때까지 인생주기(life cycle)가 있다. 탄생과 함께 일정 기간이 지나면 학교에 들어가고 졸업과 함께 사회생활, 결혼과 함께 가정을 이루는 등 일련의 이벤트가 있다. 스타는 인간이기에 이와 동일한 이벤트를 겪게 되지만 상품이기에 또 하나의 주기를 경험한다.

상품의 라이프사이클(product life cycle: PLC)은 상품의 수명주기라고 하는데 신상품이 시장에 도입되고 보급, 발전되어 성숙기에 들어갔다가 쇠퇴기를 겪는 것을 말한다.

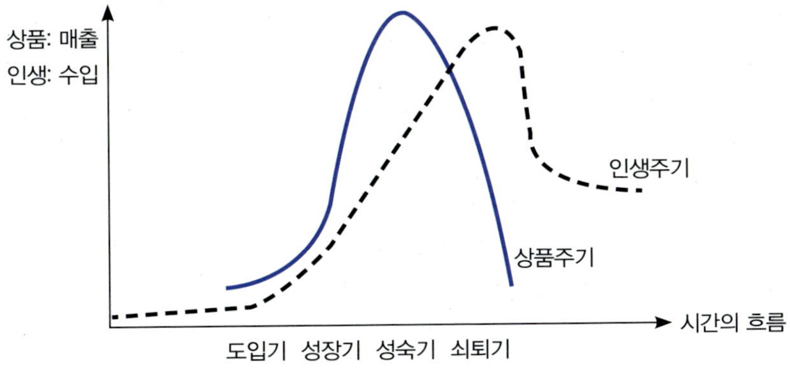

| 그림 8-4 | 스타의 인생주기와 상품으로서 수명주기

스타의 브랜드파워가 변동하는 것은 스타의 희소성과 가변성에서 나온다. 스타의 희소성이란 스타를 활용하고자 하는 경쟁이 치열해지기 때문에 나타나는 것으로 스타는 흥행의 보증수표이기 때문이다. 영화를 '믿고 본다'는 것은 내용을 떠나서 스타가 있기 때문에 영화티켓을 구매하는 것이다. 더구나 스타는 시장가격이 높다 하더라도 공급이 제한적이기 때문에 몸값이 내려가지 않는다. 스타는 인간이기에 공급량이 무한정으로 일어날 수 없다, 대체불가능성, 즉 팬들이 원한다고 해서 무한정 공급량을 늘릴 수는 없기에 스타의 가치가 올라가는 것이다. 터프가이 최민수, 코믹의 박중훈, 관록의 안성기, 신뢰의 한석규, 섹시미의 정우성, 미남 배용준 등의 이미지는 정해져 있다. 아무리 유사한 이미지를 가진 스타가 연예계에 진출한다 하더라도 스타의 몸값은 잘 떨어지지 않는다. 스타의 가변성은 스타로서 누릴 수 있는 시간의 가변성, 즉 스타로서의 생명이 지극히 짧을 수 있다는 뜻이기도 하다.

2) 스타의 브랜드파워 I : 인지도

(1) 인지도의 개념

스타의 브랜드파워를 구성하는 요소 중 하나는 인지도(awareness)로 스타의 유명도에 대한 인지반응이다(유승엽 · 김은희, 2005). 인지(認知)란 대상에 대해 알고 있는 정도이며, 신념(belief), 의견(opinion) 등과 같이 지식적 요소를 말한다. 브랜드와 연관지어 보면, 브랜드 인지도란 소비자가 특정 브랜드를 상기하거나 인식 할 수 있는 능력 혹은 소비자가 기억 속에 있는지 그리고 자신의 기억 속에 저장되어 있는 특정 브랜드의 정보를 그대로 상기할 수 있는 것이다(한경희 · 조재립, 2003).

(2) 인지도의 의의

브랜드 인지도가 높은 상품은 소비자가 구매하고자 할 때 우선적으로 고려된다. 높은 브랜드 인지도가 있기 때문에 브랜드에 대한 호감 혹은 친근감(familiarity)이 형성되고 그 결과 브랜드를 선호하고 선택할 가능성이 높아진다. 브랜드 인지도의 중요성은 아무리 강조해도 지나치지 않다. TV광고는 신제품의 인지도를 높이는 데 첫 번째 목적이 있다.

브랜드로서 스타의 인지도는 얼마나 많은 사람에게 노출되느냐 하는 노출범위(reach)와 노출이 얼마나 자주 일어났느냐(frequency)에 따라 결정된다. 이러한 범위와 빈도가 일정한 수준(critical mass)에 이르면 엄청난 힘을 가져오며 스타의 가치도 급상승한다. 스타가 가장 쉽게 인지도를 높일 수 있는 방법 중의 하나가 CF이다. 월드스타 비는 박진영과 박지윤, 김완선은 인순이의 백댄서로 활동하며 실력을 닦고 얼굴을 알렸다.

그러나 인지도는 두 가지 측면이 있는데 좋게 알려지는 것(being famous)과 악명이 높아 알려지는(notorious) 경우가 있다. 배우가 극중에서 악역연기를 통해 팬들에게 강한 인상을 심는다든가 실생활에서 각종 사회적 물의를 통해서 알려지는 것을 예로 들 수 있다. 따라서 스타의 브랜드가치는 인지도뿐만 아니라 다른 요소까지 포함되어 종합적으로 완성된다.

(3) 스타 브랜드파워의 인지도 활용

한류스타 브랜드파워를 산출하는 데는 다음과 같은 공식을 사용할 수 있다(박노보, 2016).

$$Y = an^2 + b$$

- Y: 한류스타의 브랜드 가치
- a: 외모, 지식, 인격, 인간관계, 연기력 등의 외적 요인
- b: 출연작품의 작품성 및 배역과 같은 외적 요인
- n: 인터넷 커뮤니티, 팬클럽 등을 통한 노출도

a에 해당되는 것이 스타의 개성과 자질이라면 b는 미디어상품에 의해 정해진 배역이다. n의 노출도는 인지도라고 할 수 있는데 제곱이므로 노출이 증가할수록 기하급수적으로 숫자가 커진다.

한국방송공사(2005)의 연구에서는 한류스타의 브랜드 자산측정모형을 제시하면서 브랜드 인지도와 브랜드 이미지를 합한 스타의 브랜드지수(brand index)를 수식으로 보여주고 있는데 여기에는 인지도가 포함된다.

$$\text{BI} = \text{Bawr w1} + \text{Bima w2}$$

- BI: 브랜드 지수(brand index)
- Bawr: 브랜드 인지도(brand awareness)
- Bima: 브랜드 이미지(brand image)
- w1, w2: 가중치

시청률 1%당 스타비용은 인지도와 관련된다. 즉 어느 스타가 가장 몸값이 비싼지 노출 정도로 환산되는 것이다.

스타 브랜드 파워 = (1회당 출연료/ 평균시청률)×방영횟수

〈태왕사신기〉의 배용준에 지급한 1회당 출연료가 약 2억 5천만원대였다고 한다. 전편으로 계산하면 총 60억원에 다다른다. 보통 국내드라마의 제작비는 1회당 1억 원 정도이고 60%가 주연배우 출연료와 작가에게 돌아간다고 한다.

스타 공동브랜딩(co-branding) 혹은 스타 번들링(bundling)은 인지도를 활용하는 전략이다. 둘 이상의 기존 브랜드들의 인지도를 활용하여 공동으로 제품을 결합시키거나 광고 및 유통경로에서 함께 마케팅하는 방법이다. 참여하는 스타의 팬을 고스란히 확보할 수 있고 또한 비교적 브랜드파워가 열세에 있는 브랜드의 가치 상승을 유도할 수 있다.

3) 스타의 브랜드파워 II : 호감도

(1) 호감도의 개념

인간은 좌뇌와 우뇌를 가지고 있으며 각각 이(理)와 정(情)이라는 이성적 사고와 감정을 처리한다. 호감도(likability)는 우뇌의 정(情)과 관계 있다. 호감도는 대상을 좋아하는 감정이다.

(2) 호감도의 의의

스타가 브랜드로서의 역할을 하기 위해서는 인지도뿐만 아니라 호감도(likability)가 필요하다. 호감도의 형성은 배우의 경우 출연작의 작품성 혹은 맡은 배역에서 오는 이미지 등이 중요하게 작용할 수 있다. 호감도는 스타와 추종자 간에 생기는 팬덤, 스타숭배 등의 감정적 애착(attachment)과 관련이 있으며 만족, 충성도로 이어진다는 점에서 의의가 있다. 호감을 갖게 되면 대상과 유대감을 형성한다.

호감도는 지속적 자극을 통해서 증가할 수 있다. 파리의 명물인 에펠탑은 1889

년 만국박람회를 위해 건립되었는데 착공 당시에는 철골구조물로 미학적 가치가 떨어진다 하여 파리 시민들의 외면을 받았으나 지속적으로 접하게 됨으로써 호감도가 증대하였다고 한다. 이러한 면에서 텔레비전의 드라마는 안방극장이라는 TV 매체에 쉽게 접근할 수 있고 또 영화와 달리 2시간에 끝나는 것이 아니라 최장 50부까지 이어지기 때문에 등장인물 호감도가 증가한다.

스타의 특성 중 강한 자기표현력, 섹시함, 카리스마, 귀여움, 발랄함, 동안(童顔) 등이 부각될 때 호감도가 상승한다고 한다. 스타가 호감도를 얻기 위해서는 스타의 출연작품상 배역이 좋아야 한다.

| 표 8-4 | 남성의 호감도 변천사

구분	내용	대표적 인물
메트로섹슈얼 (metro)	패션과 헤어스타일에 관심이 많은 남성, 1990년대 처음 등장한 개념	데이비드 베컴
크로스섹슈얼 (cross)	여성의 의류나 장신구, 화장법 등을 이용해서 여성적 비주얼을 지향하는 남성	한국의 남성 아이돌
레트로섹슈얼 (retro)	메트로섹슈얼에 대비되는 개념으로 떠오른 남성상, 자기를 가꾸는 데 관심이 없어 보이지만 여전히 섹시함, 마초와 비슷한 이미지	추성훈
럼버섹슈얼 (lumber)	통나무와 섹슈얼이 합쳐진 단어로 일명 나뭇꾼 스타일, 덥수룩한 수염 및 울끈불끈한 근육	휴 잭맨
위버섹슈얼 (uber)	초월을 의미하는 독일어 위버와 섹슈얼이 합쳐진 단어로 위에 열거한 모든 남성을 능가하는 것, 예술, 문화, 정치, 사회문제에도 식견이 탁월함	조지 클루니

출처: 한겨레(2005.10.13).

(3) 호감도의 측정

큐레이팅[Q(Quotient) rating]은 MEI(Marketing Evaluation Inc) 등에서 사용되는 스타의 인기도(popularity)를 측정하는 툴로 ① Have you ever heard of this person? (이 사람에 대하여 들어본 적이 있는가?) ② If you have, do you rate him /her poor/fair good/very good or one of your favorite? (그러하다면 그를 평가

하면 어떠한가, 별로다/좋다/매우 좋아한다/최고로 좋아한다)라는 단순한 질문으로 이루어진다. 전자가 알고 있는지의 인지도라면 후자는 알고 있다면 얼마나 좋아하느냐의 호감도의 영역이라고 볼 수 있다.

앞서 스타의 브랜드파워 공식에서 살펴보았듯이 $Y=an^2+b$의 공식을 보면 a와 b에 해당된다(a: 외모, 지식, 인격, 인간관계, 연기력 등의 외적 요인, b: 출연작품의 작품성 및 배역과 같은 외적 요인) 등이다. 또한 브랜드자산 측정지수인 BI=Bawr w1+Bima w2에서 브랜드 이미지(Bima)가 호감도와 관련이 있다. 보다 자세한 내용은 광고모델 관련 선행연구 등을 통해서 알아보도록 한다.

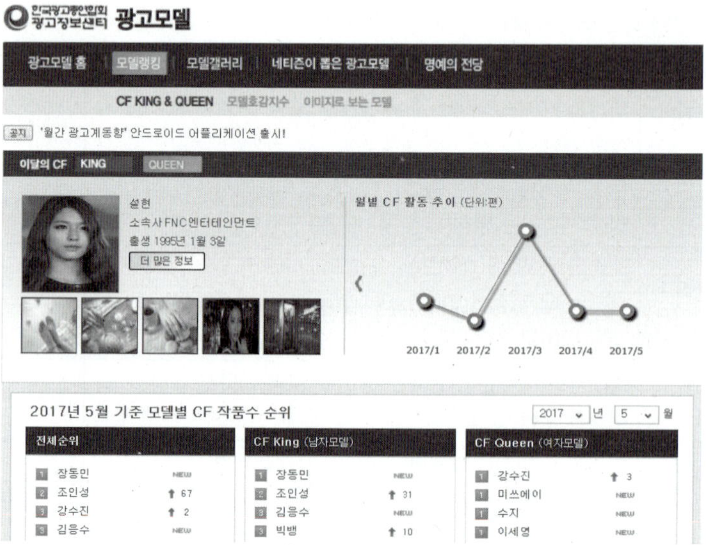

| 그림 8-5 | 호감도 등을 활용한 광고모델 선호도

출처: 한국광고총연합회 광고정보센터(http://www.ad.co.kr)

3. 스타와 팬

1) 팬과 팬덤의 개념

(1) 팬의 개념

팬(fan)은 원래 라틴어 fanaticus(광신자)에서 유래되었는데 원래 종교집단에 속해 있으면서 헌신을 다하는 봉사자나 열정을 가진 사람을 의미하였으나 이후 부정적 의미로 변하였다. 특정인물 및 관심분야를 열성적으로 좋아하고 몰입하는 사람들을 뜻한다. 일반 소비자에 비해서 자신들의 취향을 보다 적극적으로 추구하는 집단이다.

> "안 미쳤어. 나 정신 말짱하고 내가 호영이한테 아무 것도 아닌 거 너무 잘 알아. 백날천날 좋아해도 아무 것도 안 되는 것도 너무 잘 알아. 그래서 너 기분 좋냐? 그래도 난 좋아. 우리 호영이 보기만 해도 좋고, 우리 호영이 목소리만 들어도 좋아. 사람들한테 빠순이 소리 들어도 좋고 정신 나갔다고 비웃음 사도 좋아. 어쩔래! 호영이 보고 오는 날은 좋기도 하고 슬프기도 하고 그래. 넌 이해 못하겠지만."
> "울지 마세요. 저 때문에 이러지 마세요. 저 진짜 아무것도 아니에요. 팬분들이 생각하는 것처럼 멋있고 대단한 놈 절대 아니에요. 이러시면 제가 너무 죄송해요. 저같은 게 뭐라고."
> "호영 씨, 만원짜리 물건이래도 제가 백만원 주고 샀다면, 나한텐 백만원짜리인 거예요. 그러니까 호영 씨는 제 앞에서 나는 아무것도 아니다 그런 말 하면 안 돼요. 당신은 제게, 손호영이니까."
>
> **출처: 드라마 〈너네 호영이〉 의 대사 중**

스타와 팬 간의 관계를 기업과 고객에 비유하면 전체 고객의 1%에 해당하는 이른바 원퍼센터(one percenter, 상위 1퍼센트의 사람들)라고 할 수 있으며 이들은 기업에 완전히 몰두하고 있는 핵심고객층이다.

(2) 팬과 일반집단

팬은 다음과 같이 일반집단과 비교되곤 하는데 전자가 팬에 해당된다.

① 특정목적 추구집단과 비목적 추구집단: 스포츠 관람 시 승리를 추구하는 집단과 분위기와 재미에 취하는 집단

② 마니아와 일반인: 스킬이 높고 낮음, 대상을 향한 열정 등의 차이

③ 적극적 지지자와 소극적 지지자: 스포츠 광자(sports fanatic) 클럽 또는 팀 추종자(club and team loyalist), 스타 추종자(star-struck spectators)와 일반인

서포터즈는 전형적인 팬 집단으로서 개인은 다음과 같은 과정을 통해서 집단의 일원이 된다(이연희, 2014).

① 만남과 학습의 단계: 야구를 인식하고 친화해 나감

② 탐색과 가입의 단계: 야구와 친화된 이후 현장 또는 온라인을 통해서 함께할 동료나 단체를 찾고 가입을 함

③ 대면과 갈등의 단계: 온라인과 오프라인에서 적응 어려움을 겪음

④ 수용과 적응의 단계: 기존 회원의 격려와 초심으로 회복의지 등 자구 노력

(3) 팬덤

덤(dom)은 영지, 나라라는 뜻이며 따라서 팬덤은 팬 의식, 사회, 문화적 현상을 지칭한다. 반대로 스타덤이 있다. 스타와 팬의 관계는 보여주는 사람(player)과 보는 사람(voyeur)이기에 서로 동전의 양면과 같다.

팬덤에 대하여 비판적 입장이 있는데 팬은 자율성, 생산성, 문화적 향유능력이 없는 사람들이라고 한다. 젠슨(1992)은 팬이 스타의 허상에 몰입한 나머지 스타와 사회 전반에 위협적인 행동을 하는 고립자라고 하였다. 또한 제킨스(2006)는 공동체의 부재로 홀로 떨어져 나와 자유성이 결핍되고 정체성이 불안한 개인이 팬이라고 했으며 사회적 병리현상으로 보았다.

한국에서는 1980년대 가수 조용필의 '오빠부대'가 팬덤문화의 시초였고 이어

1992년 서태지와 아이들의 데뷔로 강화되었으며 HOT, SES, 핑클, 신화, GOD 등을 통해 팬덤문화가 정착되었다고 한다.

반면 긍정적인 입장은 팬덤이란 스타를 매개로 하여 상대적이고 자유롭고 자발적으로 문화형식을 창출하는 현상으로 본다. 엔터테인먼트의 레파토리로부터 특정 연기자, 공연자의 서사장르를 선택하여 자신의 문화로 받아들이는 과정이다(이동연, 2001). 존 피스크(J. Fiske)는 팬덤을 산업사회의 대중문화의 보편적 특징, 긍정적인 특징으로 보며 팬 스스로가 스타의 이미지를 변형하고 재생산하는 기능이 있다고 하였다(이연희, 2014).

① 기호학적(semiotic) 생산성: 대중문화의 텍스트를 수용하는 순간 이루어지는 의미의 생성이다. 문화상품의 기호를 소비하면서 정서적 체험을 하고 자신의 정체성을 확인

② 언술행위적(enunciative) 생산성 : 같은 스타를 숭배하는 팬들이 정보를 공유하는 행위이며 이를 통해서 외부인과 구별짓고 사회적 정체성을 획득

③ 텍스트적(text) 상상성: 팬덤의 안과 바깥을 구별짓기를 통해 공식적인 문화자본화. 팬 공동체의 문화성향의 체계, 즉 아비투스(habitus)를 자체적으로 체화시킴

2) 팬과 스타의 관계

(1) 유사사회적 상호작용

사회적 상호작용(social interaction)이란 인간은 사회적 존재이므로 타인과의 주고받는 상호작용을 통해 존재 의의를 가지며 따라서 그 자체가 사회라는 것이다. 주고받는 대상은 보는 입장에 따라 기호와 이미지일 수도 있고 또 경제적 교환일 수도 있다.

사회적 상호작용은 아니지만 유사한 사회적 상호작용이 스타와 팬 간에 존재한다. 즉 유사사회적 상호작용(peudo social interaction: PSI)은 상호작용이 아니라

일방적 작용이며 이는 주로 팬이 스타에게 보내는 것이다. 스타를 안다는 것, 연예인과의 친분을 과시하지만 스타는 자신을 잘 모르는 것이고 이를 통해서 팬은 자기만족, 자기보상심리를 충족한다. 미국의 팝가수 브루스 스프링스틴은 공연 중에 팬을 무대로 불러 같이 춤을 추게 만들고 팝가수 레이디가가는 공연 중에 팬에게 전화를 걸고 공연장 전체에 신호음과 함께 받는 즉시 거대한 스크린에 비추어 준다. 모든 관객이 보는데 스타와 같이 무대를 만들고 스타와 전화통화를 함으로써 팬으로 하여금 본인도 잠시나마 스타를 경험할 수 있게 하는 팬 서비스이다.

(2) 팬과 스타의 관계 정도

튜더(Tudor, 1974)는 스타와 팬 간의 관계(star and audience relationship)의 강도를 네 가지로 구분하였다.

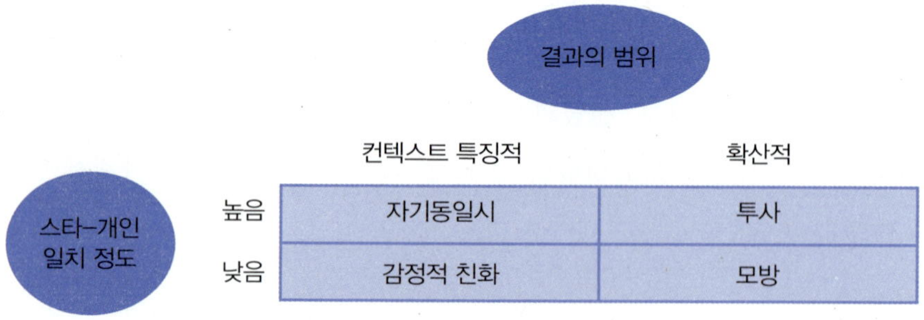

| 그림 8-6 | 스타와 팬 간의 관계도

- 감정적 친화: 가장 약한 범주, 느슨한 애착심
- 자기동일시: 자신을 스타와 동일한 인물로 인식
- 모방: 스타를 이상적인 모델로 상정함, 외적으로 부각되는 따라하기
- 투사: 자기 이외에 팬은 용인하지 못하고 소원을 대상에 전가

스타는 팬이 가지고 있는 자아를 확장한 대상이다. 자아개념이론(self image theory)에 따르면 사람들은 자아를 유지시키고 발전시키는 방향으로 행동한다고 한다. 사람은 두 가지 자아를 가지고 있는데 자신의 외모, 개성, 능력 등에 대하여

현재 보유하고 있는 현실적 자아(real self)와 가지고 있지는 못하지만 미래에 소망하는 이상적 자아(ideal self)이다.

> 스타들은 우리의 매너, 몸짓, 포즈, 자세, 넋을 잃은 한숨, 진심에서 나오는 유감, 담뱃불을 붙이거나 담배 연기를 내뿜는 법, 꾸밈없이 또는 성적 어필을 하면서 술 마시는 법, 짓궂거나 심각한 또는 비극적인 표정을 하는 법, 초대를 거절하거나 선물을 받는 법, 키스를 거부하거나 허용하는 법 등의 본보기 역할을 한다.
>
> 에드가 모랭 (1992).

(3) 팬의 역할

팬은 스타가 출연하는 문화상품의 위험을 감소시키는 역할을 한다. 앞에서 살펴본 바와 같이 영화 등 문화상품은 소비의 위험부담이 매우 크다. 즉 개봉하기 전에는 얼마나 많은 사람들이 볼지 알 수 없고 관객 입장에서도 보기 전에는 얼마나 재미가 있는지 모른다. 팬은 일반관객과 달리 스타가 있기 때문에 보다 영화관을 방문할 가능성이 높다.

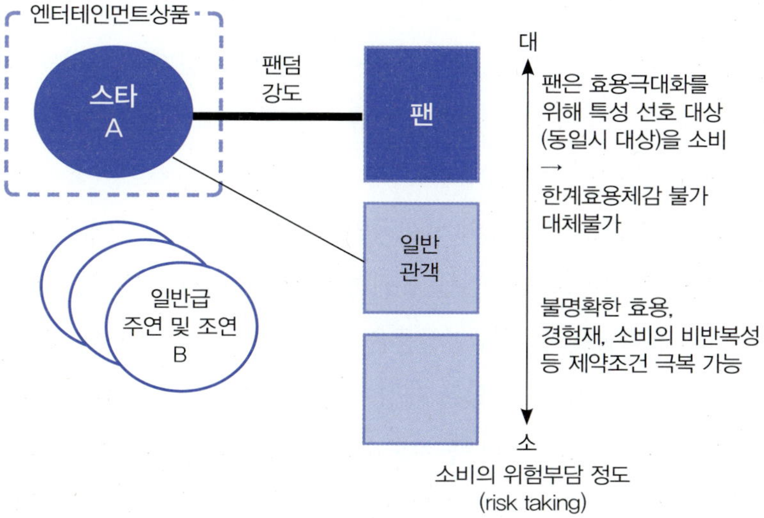

| 그림 8-7 | 팬의 역할

문화상품의 구매의사결정과정은 다음과 같다. 팬은 스타가 있기에 다음의 과정을 생략할지도 모른다(이은미, 2013).

① 문제인식: 재미있는 공연을 보고 싶다.

② 정보탐색: 요즘 어떤 공연을 하고 있을까?

③ 대안평가: 뮤지컬을 볼까, 연극을 볼까, 콘서트를 볼까

④ 구매행동: 가장 반응이 좋은 뮤지컬을 예매해서 공연을 본다.

⑤ 구매후 평가: 관람 후 친구들에게 관람평을 이야기하거나 인터넷에 관람후기를 올린다.

3) 팬덤의 현장

(1) 팬미팅과 팬클럽

스타 및 엔터테인먼트 기업은 팬클럽과의 관계를 지속하고 또 새로운 팬들을 조직해 나가면서 스타의 브랜드파워를 키워 나간다. 팬미팅은 팬을 위한 호혜 이벤트를 넘어서 전략적으로 팬클럽을 조직화해 나가는 데 유효하게 활용되고 있다. 또한 한류관광 활성화 차원에서 관광상품 프로그램의 일부로 자주 활용되는데 지금까지 미디어를 통해서 만나온 스타를 직접 현장에서 만날 수 있다는 의의를 가진다. 엔터테인먼트 기업과 여행사 간의 전략적 제휴를 통해 상호적 가치를 창출할 수 있는 분야이기도 하다(양승훈 · 장준수, 2009).

서포터즈는 주로 프로 스포츠의 열성적인 팬으로 일반적인 관람객과 달리 보다 빈번하게 경기를 관람하고 소속팀을 응원하며 경기장에서 분위기를 주도한다. 또한 특정 스타의 유니폼을 입고 구단상품을 구매하는 등 스포츠단 입장에서 입장권 이외에 추가적 매출을 올릴 수 있는 대상이다. 2002년 서울 올림픽에서는 붉은악마가 애국심과 결합한 '사커피버'를 주도하면서 주목을 받았다. 반면 훌리건은 자발적이고 열정적인 경기관람을 하지만 폭력성과 협박성 등 극단적 행동을 하고 질

서를 파괴하는 등 팬덤으로서 서포터즈가 잘못 표출된 예이다.

(2) 마니아, 오타쿠, 오덕후, 긱

팬은 다음과 같이 지칭되기도 한다. 마니아는 특정 대상에 열광하는 사람이다. 잭슨마니아(Jackson Mania)는 1980년대 팝스타인 마이클 잭슨에 대한 대중의 열망을 나타내는 사회현상이자 개개인을 지칭한다. 오타쿠(御宅)는 한 분야에 열중하는 사람을 이르는 말로 원래는 상대방을 높여부르는 말이었다. 특히 만화, 애니메이션, 게임 등의 취미를 가지고 전문성을 소유한다. 오타쿠를 한국식으로 발음하고 한자를 가미해 오덕후 혹은 덕후(德厚)라고 변형하여 사용하기도 한다. 덕업일치(德業一致)라고 하여 개개인의 전문성을 대외적으로 적극 교류하고 더 나아가 상품의 제작까지 직접 아이디어를 제공하기도 한다. 미국에서 쓰이는 긱(geek)은 마찬가지로 열정적인 팬이면서 특정분야의 지식의 수집가를 칭한다.

| 그림 8-8 | 오타쿠 이야기를 다룬 영화 〈전차남〉

출처: www. trainman.co.kr

(3) 팬픽

팬픽은 팬픽션(fan fiction)의 준말로서 대중적으로 인기를 끄는 작품이 있을 때 팬이 원작을 바꾸어 전혀 다른 방향으로 내용을 전개해 나가는 것을 말한다. 팬이 스타의 영향을 받는 수용자에서 능동적인 참여자로서 변신한다는 데 의의가 있다. 그러나 아이돌그룹, 좋아하는 연예인을 소설의 주인공으로 등장시켜 원작에 대한 저작권 침해, 등장인물에 대한 명예훼손 등의 문제가 있다.

생각해 볼 문제

01 스타시스템의 긍정적 기능과 부정적 기능은 무엇인가?

02 아이돌을 캐스팅하고 육성 관리하는 시스템에 문제는 없는가?

03 스타 메이커가 가져야 할 직업윤리와 철학은 무엇이 있을까?

04 스타의 브랜드파워를 측정할 수 있는 변수들을 찾아보자.

05 팬의 긍정적 기능과 부정적 기능은 무엇인가?

엔터테인먼트로 이해하는 교과서

라디오스타 (2006)

이준익 감독

박중훈, 안성기 주연

스타는 밤하늘의 별이지만 또 유성(流星)과 같이 때가 되면 사라질 운명이다. 주인공 최곤은 한때 최고의 락스타였지만 세월의 무게를 이기지 못한다. 팬심은 늘 바뀌게 마련이다. 그리고 그 옆에는 스타와 전성기를 같이 보낸 매니저 박민수가 있다. 오늘날과 같이 전문 연예기획사가 없던 시절이라 때로는 형처럼 늘 같이 다니면서 섭외에서부터 자질구레한 사고 뒤처리까지 해주는 매니저의 역할을 볼 수 있다.

명곡 〈비와 당신〉으로 88년 가수 왕을 차지했던 최곤은 그 후 대마초사건, 폭행사건 등에 연루되어 이제는 불륜커플을 상대로 미사리 까페촌에서 기타를 튕기고 있는 신세지만, 아직도 자신이 스타라고 굳게 믿고·있다. 조용하나 싶더니 까페 손님과 시비가 붙은 최곤은 급기야 유치장 신세까지 지게 되는데. 일편단심 매니저 박민수는 합의금을 찾아 다니던 중 지인인 방송국 국장을 만나고, 최곤이 영월에서 DJ를 하면 합의금을 내준다는 약속을 받아낸다.

프로그램명은 최곤의 오후의 희망곡. 하지만 DJ자리를 우습게 여기는 최곤은 선곡 무시는 기본, 막무가내 방송도 모자라 부스 안으로 커피까지 배달시킨다. 피디와 지국장마저 두 손 두 발 다 들게 만드는 방송이 계속되던 어느 날, 최곤은 커피 배달 온 청록다방 김양을 즉석 게스트로 등장시키고 그녀의 사연이 많은 이들의 심금을 울리며 방송은 점차 주민들의 호응을 얻는다. 그러나 성공에는 또 다른 대가가 있는 법이다.

출처: 네이버 영화, 사진: 영화사 아침

CHAPTER 09

스타 활용하기

아름다움이란
다른 어떤 것보다
훌륭한 추천장이다.

아리스토텔레스

스타의 활용

외국인 대상 광고라면서 내용은 한국인용...홍보전략 바뀌어야

미국 공영 라디오인 엔피알(NPR)은 난해하다고 했고, 광고 전문지 애드위크(ADWEEK)는 "올해 가장 괴상한 광고"라며 혹평했다. 심지어 한국문화에 정통한 한국문화 블로그 운영자인 조 맥퍼슨은 아예 23일자 〈중앙선데이〉에 이런 글을 올렸다.

마케팅의 기본은 '시장'을 이해하는 거다. 불고기 광고의 경우, 텍사스에서 활약 중인 야구 선수가 뉴욕을 중심으로 발행되는 신문광고에 등장했다. 뉴욕 양키스 팬들은 텍사스 레인저스에 관심이 없다. 시장의 수요자들을 이해하지 못한 마케팅이다. 또한 대부분의 외국인들은 이런 한식 광고에 등장하는 한국인 스타에 대해 잘 모른다. 씨앤블루부터 원더걸스, 이영애 씨 모두 훌륭한 스타들이지만 아직까진 한류 드라마나 K팝 팬 사이에서만 인지도가 높다.

'비빔밥' 광고 역시 마찬가지다. 외국인들에게는 발음하기에 따라 마치 외계어처럼 들릴 수도 있는 '비빔밥(BIBIMBAP)'이란 음식 메뉴를 광고 카피로 등장시킨 신문광고는 일단 독자들의 궁금증을 유발시켰다. 그런 점에서 나름 성공을 거두었는지 모른다.

그러나 부가설명이 부족해 왜 이 광고를 하는지 잘 이해가 안 갔다. 광고 모델로 나선 배우 이영애 씨도 드라마 〈대장금〉이 인기를 끌지 못한 미국 사회에서는 그저 한복을 곱게 차려 입은 여자 모델이었을 뿐이다. 효과는 적고 비싼 광고비만 날린 셈이었다.

출처: 오마이뉴스 (2014.3.25).

이 장의 소개

이 장은 스타의 활용에 관한 장으로서 1절은 스타 자체 혹은 스타와 관련된 상품에 대한 개념, 분류, 종류 등을 제시하였으며 2절은 스타가 다른 상품 및 서비스를 보증하는 스타 인도스먼트(광고모델)와 및 스타 홍보대사의 개념과 현황을 설명하였다. 전자와 후자의 차이는 스타와 대상물 간의 일체성 차이이다. 그리고 3절은 스타 광고모델과 스타 홍보대사 관련 이론을 제시하였다.

1절 스타상품이란 스타 자체 혹은 스타와 관련된(떠올릴 수 있는) 상품이다. 스타상품은 스타 자체의 특성상 수요의 무한대와 공급의 고정성으로 특징지워지며 따라서 불일치가 일어날 수밖에 없다.

2절 스타는 광고모델로서 기업의 상품과 서비스를 알리는데 이를 인도스먼트(endorsement)라고 하며 보증, 추천, 추인, 인증 등으로 해석한다. 또한 스타는 홍보대사로서 특정 이슈에 대하여 특정 조직이 대중과 맺어야 하는 관계에 중간역할을 하는 존재이다. 양자 모두 스타는 설득의 주체로서 대행자 역할을 한다.

3절 스타의 인도스먼트 및 홍보대사 관련 이론에는 스타의 원천신뢰속성이 매력성, 진실성, 전문성으로 이루어졌다는 것, 스타와 스타가 인도스먼트를 하고자 하는 대상 간의 이미지 조화가 이루어져야 한다는 조화가설, 스타의 문화적 맥락을 고려하고 스타와 인도스먼트 대상 그리고 팬(고객) 간의 이미지가 서로 일치(전이)되어야 한다는 문화적 전이이론 등이 있다.

열쇠말

문화적 전이이론, 매력성, 스타상품, 원천신뢰속성, 인도스먼트, 전문성, 조화가설, 진실성, 추천, 홍보대사

학 습 목 표

1. 스타상품이 무엇인지 설명할 수 있다.
2. 스타상품의 수요와 공급의 차이를 구분할 수 있다.
3. 스타의 인도스먼트가 무엇인지 예를 들어 설명할 수 있다.
4. 스타의 인도스먼트와 관련된 이론을 구분하여 설명할 수 있다.
5. 홍보대사의 역할은 무엇인지 예시를 들 수 있다.

1. 스타상품

1) 스타상품의 개념과 의의

(1) 스타상품의 개념

스타상품(celebrity goods)은 좁은 의미에서 보면 스타가 보유하고 있는 부장품이나 스타의 이름을 내건 상품 브랜드를 말한다. ○○○선글라스와 같이 스타가 드라마에서 착용하던 소품이 원래 브랜드와 관계없이 불리게 되는 것이나 ○○○간장게장과 같이 스타의 음식솜씨를 고스란히 제품에 구현하고 이름을 붙인 제품을 말한다.

그러나 엔터테인먼트산업에서 스타는 지속적으로 가치를 창출하는 존재이다. 스타는 자신이 몸담고 있는 본연의 영역, 즉 1차적 영역에서의 가치를 창출할 수도 있지만 연계된 영역, 즉 2차적 영역에서도 가치를 창출할 수 있는 잠재력이 있다. 즉 스타는 브랜드로서 스스로의 가치를 지니기도 하지만 다른 상품의 가치를 결정하는 지렛대이거나 가치를 상승시키는 추진기가 된다.

(2) 스타상품의 종류

1차적 영역으로서의 상품은 스타가 본연의 영역에서 활동함으로써 만들어진다. 배우는 영화, 드라마, 뮤직비디오 등에 출연하고 가수는 콘서트 등 공연, 음원취입 등을 한다. 따라서 만들어진 상품은 스타의 능력과 이미지의 구현이다.

2차적 영역으로서 상품은 스타의 공식적 · 비공식적 활동과 1차적 영역의 스타상품이 히트함으로써 주목받게 되는 것들이다. 스타의 애장품, 특정 제품에 대한 광고모델 및 특정 사안에 대해 홍보대사 등으로 활동하게 됨으로써 해당 제품과 사안의 가치가 결정되고 상승된다.

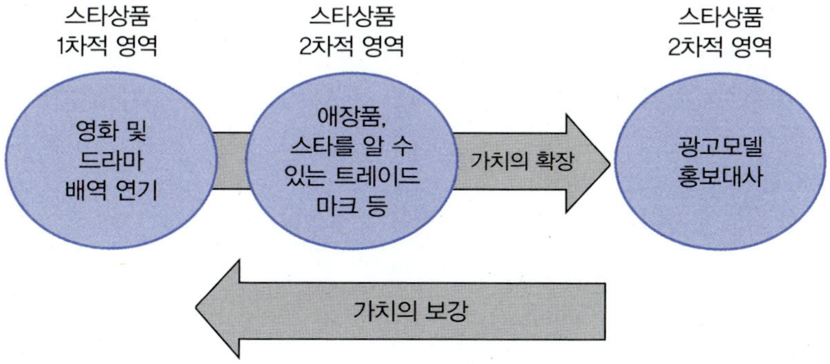

| 그림 9-1 | 스타상품의 종류

(3) 스타상품의 의의

1차적 영역에서 만들어진 스타상품과 2차적 영역에서 만들어진 스타상품은 서로 상보적 영향을 주고받는다. 어느 신문광고에 실린 크루즈여행 소개자료를 보면 스타 가수의 찬양과 추억의 노래공연이 여행상품에 포함되어 있다. 1차적 영역의 스타상품인 노래가 전부는 아니지만 다른 여행상품의 컨셉트를 결정하고 또한 여행상품의 가치를 높여준다는 측면에서 2차적 영역에서 만들어진 스타상품이라고 할 수 있다.

2) 스타상품의 수요와 공급

(1) 스타상품에 대한 수요

스타상품은 엔터테인먼트 상품, 문화상품 등으로도 쓸 수 있으나 이 장에서는 상품의 수요를 유발하는 힘의 원천을 스타에 두고 스타상품이란 이름으로 논의를 전개한다. 스타상품에 대한 수요는 다음과 같이 두 가지 경우에 발생한다.

① 엔터테인먼트 기업에서 의도적으로 수요를 창출한다. 기업은 그 활동의 동인(動因)이 이윤의 추구이다.

② 스타와 스타상품을 필요로 하는 시장의 수요가 자연스럽게 생성되기도 한다. 이때 이러이러한 상품을 요구하는 시장의 목소리가 자연스럽게 기업에 전달된다.

스타는 경험하지 않으면 품질을 알 수 없는 상품에 대해 소비자의 위험지각을 경감시키고 팬이라는 고정 고객층을 확보해 주는 역할을 하며 신상품 출시 시 다른 어느 경쟁상품보다 강한 주목효과를 가져온다. 그렇기 때문에 스타상품에 대한 수요는 무한대가 된다는 가정을 해 볼 수 있다.

(2) 스타상품의 공급

김호석(1999)은 스타의 한계생산력(marginal productivity)이라는 개념을 통해 스타와 스타상품 간의 관계를 설명하고 있다. 스타의 한계생산력은 (스타상품의) 흥행성과 변화를 스타성의 변화로 나눈 것이다. 즉 스타성의 변화는 스타 자체의 브랜드 파워이며 이것이 한 단위 증가할 때마다 스타상품의 흥행성이 변하는가이다. 한계생산력이 클수록 스타가 스타상품의 수요를 유발하는 힘이 크다고 볼 수 있다.

스타상품에 대한 수요의 무한대는 결국 스타상품의 구매가격 무한대를 가져올 수 있으나 현실에서는 각종 법적 규제, 스타상품을 만드는 시장의 경쟁구도, 스타상품에 대한 시장의 구매력 등으로 무한대의 가격을 불가능하게 한다. 그러나 스타상품의 원재료는 스타 이외에도 많으므로 스타의 가격, 즉 스타상품의 원가는 다른 원재료를 희생하고 올라갈 수 있다. 톱스타의 고액 영화 및 드라마 출연료가 그 예이다.

(3) 스타상품의 수요 및 공급의 불일치

수요와 공급의 불일치를 해결하기 위해 다양한 방법이 활용될 수 있다. 대표적인 것이 가격을 높게 설정하는 방법이다. 인기 스타의 공연료를 높게 책정함으로써 수요를 조절한다. 또한 영화 배역 캐스팅 시 높게 형성된 스타의 몸값은 자연스럽게 대체 배우를 찾게 만든다. 그럼에도 불구하고 고가티켓으로 인한 문화 향유 기회 박탈이라는 논란이나 스타의 높은 출연료가 도덕성 문제로 확대해석되기도 한다.

특정 스타의 대체재, 즉 이미지가 비슷한 준스타급 인물을 기용하는 것 역시 수요와 공급을 조절할 수 있는 방법이다. 스타와 닮은 꼴의 이미테이션 가수는 스타 가수보다 출연료가 그리 높지 않을 것이며 따라서 어느 정도 수요를 만족시킬 수 있다.

〈표 9-1〉은 2016년 할리우드 영화배우의 수입 순위이다. 영화배우의 출연료는 시장의 선호도를 반영하는데 수요가 큼에도 불구하고 공급은 한정적이기에 몸값이 올라가는 것이다.

| 표 9-1 | 2016년 할리우드 영화배우 수입

순위	배우	수입 (백만달러)	순위	배우	수입 (백만달러)
1	드웨인 존스	64.5	11	로버트 다우닝 JR	33
2	잭키 찬	61	12	아크사이 쿠마르	31.5
3	맷 데이먼	55	13	브래드 피트	31.5
4	톰 크루즈	53	14	아담 샌들러	30
5	조니 뎁	48	15	마크 월버그	30
6	제니퍼 로렌스	46	16	살만 칸	28.5

7	벤 애플렉	43	17	레오나르도 디카프리오	27
8	빈 디젤	35	18	크리스 프랫	26
9	멜리사 메카트니	33	19	스칼렛 요한슨	25
10	샤룩 칸	33	20	윌 스미스	20.5

출처: FORBES (2017).

3) 스타상품의 현황

(1) 히트상품

한 해 동안 소비자의 사랑을 받아왔던 히트상품은 상품 중에서도 스타급, 즉 스타상품이라고 할 수 있다. 2012년에는 가수 싸이의 강남스타일이 히트 상품 1위로 등극하였다.

| 표 9-2 | 2009~2012년 10대 히트상품

	2009	2010	2011	2012
1	막걸리	스마트폰	꼬꼬면	강남스타일
2	신종플루 대응상품	슈퍼스타 K2	스티브 잡스	애니팡
3	김연아	여자국가대표 축구팀	카카오톡	갤럭시 2012 시리즈
4	LED TV	소셜미디어	나는 가수다	차량용 블랙박스
5	스마트폰	태블릿 PC	갤럭스 S2	런던올림픽스타
6	선덕여왕	기아자동차 K시리즈	K-POP	에너지음료
7	걸그룹	아바타	연금복권	LTE 서비스
8	도보체험관광	블루베리	도가니	고급형 인스턴트 커피
9	보금자리 주택	발열의류	평창 동계올림픽 유치	관객 1억시대의 한국 영화
10	KT Qook	제빵왕 김탁구	통큰, 반값 PB상품	캠핑상품

출처: 삼성경제연구소 (2013).

(2) 연예인 브랜드

연예인이나 연예기획사는 연예인 브랜드를 출원하여 관련 사업권을 확보하려고 한다. 연예인 브랜드는 연예인 이름으로 판매되는 제품 혹은 연예인이 직접 경영하여 판매하는 제품이다. 연예인이 기업과 협업하여 직접 제품의 기획에서 론칭까지 직접 참여하기도 한다는 점에서 광고모델과 차이가 있다. 대체적으로 연예인명+상품명으로 제시된다.

연구조사에 의하면 소비자가 인지하고 있는 연예인 브랜드로는 의류가 가장 많았고 가공식품류, 언더웨어류, 화장품 순으로 나타났다. TV홈쇼핑을 통해서 가장 많이 인지하였으며 상업적이고 유행성이 강하며 가격대가 비싸다는 반응을 보였다(마이크로밀엠브레인, 2013).

| 표 9-3 | 2017년 상반기 TV홈쇼핑 10대 브랜드 톱10

	GS홈쇼핑	CJ홈쇼핑	현대홈쇼핑	롯데홈쇼핑
1	올뉴 티에스 샴푸	A.H.C	조이너스	조르쥬레쉬
2	에이지 투웨니즈	엣지	JBY(디자이너 정구호)	아니베에프
3	셀털리안24	에셀리아	에이지투웨니즈	마마인하우스 BY 박홍근
4	A.H.C	코펜하겐럭스	모덴	오브앰
5	꾸즈	라이크라 에스뷰티	A.H.C	다이넬에스떼
6	산지애	지오송지오	마르엘라로사티	머스트비
7	아디다스	씨앤피닥터레이	꼼빠니아	레쁘티뜨
8	이어오페	VW베라왕	천하일미	르꼴레르
9	제이코닉	에이지투웨니즈	에띠케이	나무하나
10	원더브라	김나운 더 키친	H PLATE (최현석, 오세득 셰프)	에이지투웨니즈

출처: 조선비즈 (2017.6.17).

스타의 라이프스타일도 판매대상이 된다. 할리우드 배우 귀네스 팰트로(G. Paltrow)는 자신이 직접 운영하는 웹매거진 굽탓컴(goop.com)을 통해서 본인의 라이프스타일을 소개하고 있는데, 글루텐 프리 음식, 교양 있게 하품하는 방법, 실크

파자마를 입어야 하는 이유 등이다. 유명인을 모방하려는 대중의 심리와 맞물려 돈보다는 인기의 유지와 함께 자신을 브랜드화하려는 노력의 일환으로 볼 수 있다.

연예인의 모습 자체가 상품화되기도 한다. 마담 투소 밀랍인형 박물관에서는 거의 실물과 같은 미국 대통령 도널드 트럼프의 밀랍인형을 제작하였는데 남색 양복, 빨강 넥타이, 성조기 옷깃핀 등을 스타의 소장물을 특징화하였다. 종로문화원은 국내 최장수 MC(방송진행자)인 송해의 이름을 따 송해길을 만들었는데 종로2가 육의전 빌딩에서 낙원상가 구간까지 240m 구간이다.

2. 스타 인도스먼트 및 홍보대사

1) 광고모델로서 스타

(1) 광고모델

광고모델은 기업이 자사의 상품 및 서비스를 고객에게 알리고 구매로 유도하기 위해 찍는 광고물에 등장하는 인물이다.

광고모델을 기용하는 것은 스타마케팅의 한 유형이다. 스타마케팅이란 스타의 대중적 인기를 상품, 서비스, 이벤트, 사회봉사 활동에 연계한 마케팅전략이며 스타가 팬들에 대하여 행사하는 카리스마, 즉 상업적 잠재력을 활용하려는 전략이다. 스타와 마케팅이라는 두 가지 축으로 구성된다(허행량, 2002).

따라서 광고모델이 효과적이려면 대중의 사랑을 받는 스타가 필요하며 스타마케팅에 이용되는 스타파워(star power)가 강할수록 마케팅효과는 강해지고 반대로 스타파워가 약하면 마케팅이 불가능해진다. 또한 중요한 것은 마케팅인데 스타의 상업적 잠재력을 극대화할 수 있는 마케팅전략을 구사해야 한다.

> 당신의 입술에 빛을 내세요
> 매혹적인 입술을 지니세요
> 할리우드의 스타처럼
> 그녀들이 이용하는 픽스루즈를 써보세요
> 그것은 무색의 액체입니다
> 평소에 쓰는 당신의 루즈에 그것을 바르면
> 루즈의 빛은 변하지 않으며
> 더욱 더 윤기가 난답니다.
>
> 출처: 모랭, E. (1992). 〈당신의 입술에 빛을 내세요〉 광고문안 중

| 표 9-4 | 스타의 브랜드평판지수

순위	광고모델	참여지수	소통지수	브랜드파워
1	송중기	112	48	160
2	송혜교	57	27	85
3	설현	42	15	56
4	한효주	31	10	41
5	이대호	23	8.4	32
6	박보검	22	7.8	30
7	백종원	3.6	24	28
8	혜리	9.6	14	24
9	유아인	14	7.3	21
10	마마무	12	9.3	21
11	류준열	12	5.5	18
12	아이유	5.5	11	17
13	유재석	4.9	10	15
14	빅뱅	2.6	11	14
15	수지	6.2	6.0	12
16	박혜진	8.0	3.5	12
17	인피니트	3.1	7.1	10
18	이하늬	4.4	3.6	8.0
19	박신혜	4.5	3.1	7.6
20	김태희	3.1	4.3	7.4
21	정준영	4.0	3.3	7.3

22	김고은	4.3	2.8	7.1
23	최지우	1.1	2.7	3.8
24	탕웨이	1.2	0.7	2.0

출처: 기업평판연구소, 뉴스타운경제 (2016.7.24).

브랜드평판지수를 참여지수+소통지수의 합으로 나타냈다. 드라마 〈태양의 후예〉가 히트하면서 주인공의 브랜드지수가 올라갔다.

(2) 광고모델의 종류

① 사람/동물 등 살아 있는 것과 무생물

② 유명인과 비유명인

③ 전문가와 일반인

(3) 광고모델의 의의

모델료를 지불하면서도 광고모델을 기용하는 이유는 다음과 같이 예상되는 이익이 모델료에 대한 지출을 상쇄하기 때문이다(황인식 · 김문용, 2011).

① 광고로서의 주의를 유발할 수 있다.

② 광고모델에 대한 호감도가 광고에 대해 좋은 태도를 형성하고 제품에 대한 좋은 태도 그리고 구매의도를 형성하게 한다.

③ 광고모델이 가진 이미지가 제품으로 전이될 가능성이 높다.

④ 광고에서 신뢰성이 높은 광고모델의 주장은 설득력이 높다.

따라서 광고계약은 연예인이 연예용역을 제공하는 기간은 '광고물 제작기간'뿐만 아니라 연예용역이 제공되지 않더라도 광고에서 필요한 이미지를 유지해야 할 의무가 있다. 즉 광고대상과 광고모델의 이미지는 언제나 동일시되어야 한다(김민규, 2012).

2) 인도스먼트

(1) 인도스먼트의 어원 및 개념

인도스먼트(endorsement)는 공개적으로 지지하다, 권리를 양도하다, 특정 금액에 대한 일부 수령을 증명하다 등 다양한 뜻으로 쓰인다. 이외에 유명인이 광고에 나와서 특정상품을 보증, 추천, 추인, 인증한다는 의미를 가진다.

인도스먼트는 원래 영국 왕실에 물건을 납품하는 업자의 품질을 보증한다는 뜻에서 쓰였으며 따라서 해당 업자는 왕실에 납품할 만큼 좋은 품질과 평판을 보유하고 있기에 믿을 만하다는 뜻이 되었다. 라코만다치오네(raccomanazione)라는 이탈리아 말이 있는데 영어의 레코멘드(recommand)인 추천보다는 좀 더 강한 요청 혹은 명령에 가깝다. 이러한 맥락에서 A라는 권위자가 B라는 사람의 추전장을 쓸 때 B를 추천받고자 하는 C라는 사람에게 보내는 내용은 추천의 의미보다도 오히려 강력한 명령의 메시지를 띤다.

인도스먼트, 즉 상품 추천은 법률적으로 다양한 규제의 틀 속에 놓이고 있으며 이는 광고를 하는 광고주와 모델의 법률적 책임뿐만이 아니라 사회적 책임까지 규정하고 있다. 그만큼 현대사회에서 많이 일어나는 보편적이면서도 중요한 사회현상임을 반증하는 것이기도 하다.

| 표 9-5 | 인도스먼트의 정의

구분	내용
미국 연방상무위원회(FTC)	소비자들이 생각하기에 광고업자가 아닌 다른 사람들의 의견, 발견, 경험을 반영할 것으로 믿게 하는 광고메시지
매크레켄(1989)	대중이 인식하는 인물, 즉 스타가 평판과 명성을 이용하여 소비재와 같이 광고에 등장하는 것
케이저 & 올레터스(2003)	특정 개인이 제품이나 서비스에 대한 승인, 지원을 공개적으로 표시하는 것
김용만 등(2004)	유명기업이나 제품의 판매, 이미지 제고 등을 위하여 유명한 모델의 명성을 활용하는 것으로 추인하는 스타에 쏟아지는 스포트라이트를 이용하여 자연스럽게 기업이나 제품을 소비하는 소비자에게 각인시키는 것이 주목적임

장재옥(2012)	기업이 이미지 쇄신과 상품의 판매전략을 위해서 유명 스포츠 선수들의 성명, 초상 혹은 동일성을 이용하는데 이러한 기업의 후원을 가리킴

출처: 선행연구를 통해 저자 정리.

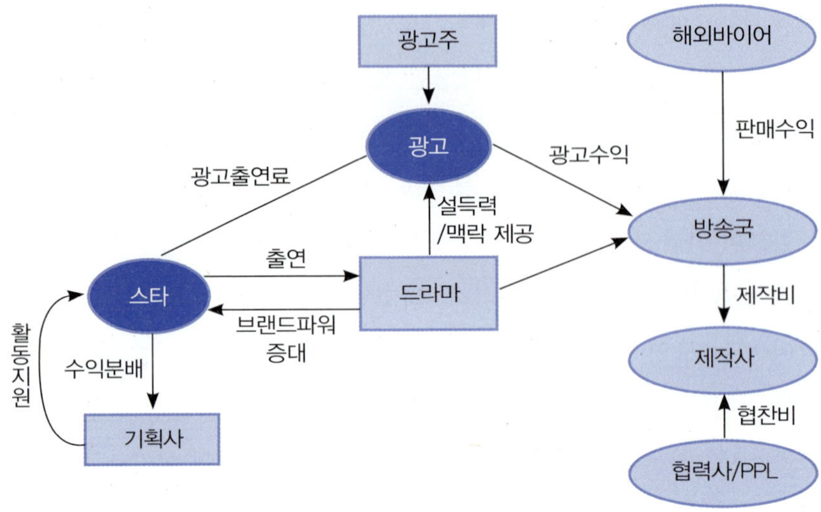

| 그림 9-2 | 인도스먼트의 구성요소

(2) 인도스먼트의 의의

인도스먼트가 효과적인 것은 소비자가 인지적 구두쇠(cognitive miser)이기 때문이다. 즉 소비자들은 인지적 노력을 최소화하는 경향을 띠며 의사결정 시에 한 차원 높은 평가를 받은 사람은 다른 차원에서도 우수할 것이라는 기대를 갖는다.

기업 입장에서는 커뮤니케이션의 원활화 차원에서 스타가 활용되고, 소비자 입장에서는 믿을 만한 사람으로부터 상품을 구매하는 것이 위험을 최소화하는 것이다. 올림픽 사상 최초로 단거리 3회 연속 3관왕을 차지한 우사인 볼트는 자국 자메이카 통신사인 디지셀의 최고속도책임자(Chief Speed Officer: CSO)라는 직책을 얻고 종신 파트너십 계약을 맺었다.

스타가 활동하는 엔터테인먼트산업계에서는 광고모델이 단시간에 팬의 주목을 끌 수 있는 기회가 된다. 따라서 CF는 스타의 산실이 되기도 한다. 채시라는 1984

년 가나초콜릿 CF모델로 데뷔한 후에 〈여명의 눈동자〉를 통해 스타덤에 올랐고 이정재는 1994년 크런키 초코바 모델로 대중의 주목을 받고 〈모래시계〉로 스타의 길을 걸었다.

이와 같이 기업은 마케팅 비용을 절감하면서 보다 쉽게 상품과 서비스를 판매할 수 있는 수단으로서 스타를 적극 활용한다. 2013년 홈쇼핑 각 사별 상위 10위 안에 든 패션상품은 디자이너브랜드와 유명 연예인이 모델로 나선 제품인 것도 이와 무관하지 않다.

그럼에도 불구하고 스타의 추천은 양날을 가진 칼에 비유되곤 한다. 스타를 통해 대중의 문화소비에 대한 대리욕구를 만족시키고 스타의 유명세에 따라 브랜드를 빠르게 인지시킬 뿐만 아니라 브랜드를 재정의(repositioning)하는 데 효과적인 방법이 되기도 한다. 다만 천정부지로 올라가는 광고모델 기용 비용이 기업의 제품 원가로 전가될 가능성 있다. 스타의 대체불가능성에 기업 간의 경쟁이 붙어서 스타의 겹치기 출연으로 이어지고 극단적으로 동일한 제품군에 등장하여 이미지의 혼재를 가져온다.

스타 광고모델은 소비자들이 브랜드 선호도를 바꾸는 데 그다지 효과가 크지 않다는 연구결과도 있다. 즉 시청자들은 스타가 기업에 고용되었다는 것을 알아차리고 광고된 제품을 잊어버리고 스타만을 기억하는데 이를 뱀파이어 효과라고 한다. 스타 자체가 제품을 압도하여 광고효과를 약화시키는 경우이다.

또한 스타는 인간이기 때문에 스타의 이미지 손상이 그대로 제품에 전가되기도 한다. 즉 스타에 관한 부정적인 정보는 스타에 대한 기대와 실제 이미지 간의 인지적 차이를 발생시키고 상품에 대한 태도를 변화시킨다. 드라마에서 단아한 한국 전통 여인상을 보여주던 모 탤런트는 사생활 문란으로 본인의 상품성뿐만 아니라 광고모델로서도 제품의 광고가치를 하락시켰다.

CU, GS25, 세븐일레븐 등 3대 편의점이 '스타 도시락' 마케팅에 열을 올리고 있다. 편의점 도시락 시장은 2016년 5000억원 규모로 성장할 것으로 전망되는 가운데, GS25의 김혜자 도시락, CU의 백종원 도시락, 세븐일레븐의 혜리 도시락 등 '스타 도시락'이 저마다의 차별점을 강화하면서 '도시락' 열풍의 견인차 역할을 이어갈 것으로 분석된다. 편의점 도시락' 히트에 기폭제 역할을 한 김혜자 도시락은 안심하고 먹을 수 있는 먹거리를 제공하겠다는 다짐에서 탄생했다는 게 업체측 설명이다. 다양한 대중매체를 통해 '국민 어머니' 역을 연기하며 대표성을 각인한 배우 김혜자는 GS25의 도시락 신뢰성을 배가시켰다. BGF리테일이 운영하는 CU 역시 요리 연구가 백종원과 협업했다. 백종원은 tvN '집밥 백선생' 등 예능 프로그램을 통해 손쉬운 요리법을 소개하면서 대중에 친숙함을 확보한 바 있다. 세븐일레븐 운영사인 코리아세븐은 MBC '진짜 사나이' 등 리얼리티에서 음식을 맛있게 잘 먹는 모습으로 호감 이미지를 얻은 걸그룹 멤버 혜리를 PB도시락의 모델로 선정했다. '혜리 도시락'은 2040 남성을 주 타깃층으로 삼은 게 특징이다.

출처: 이투데이 (2016.4.4).

(3) 인도스먼트의 방법

스타가 상품과 서비스를 인도스먼트하는 방법은 다음과 같이 네 가지 정도로 구분할 수 있다.

① 직접방법(explicit mode): 직접 언급, 내가 품질을 보장한다.

② 간접방법(implicit mode): 우회, 간접적으로 제시, 나는 이 제품을 사용한다.

③ 명령적 방법(imperative mode): 명령을 통해 구매할 것을 종용, 당신은 이 제품을 사용해야 한다.

④ 동시등장 방법(co-present mode): 단순동행, 특별한 언급 없이 같이 있는 이미지만 보여줌

3) 스타 홍보대사

(1) 스타 홍보대사의 개념 및 종류

홍보(public relation: PR)는 특정 이슈(agenda)에 대해 특정 조직이 대중과 어떠한 관계를 맺어나가야 하는 것인가에 대한 방법이다. 홍보대사(PR ambassador)는 특정 조직이 하고자 하는 대외적 커뮤니케이션 과정에서 주체를 대신하여 PR 효과

를 증진시키기 위한 목적으로 활용하는 정보원(information source)이다. 홍보대사는 홍보하고자 하는 조직의 소속 및 이슈에 따라 다양하다.

- 유명세 여부: 유명인과 비유명인
- 소속: 공공부문, 민간부문
- 이슈: 정치, 경제, 사회, 법률, 환경 등

28명의 스타와 함께하는 〈품격 높은 나라 만들기 캠페인〉이 문화체육관광부와 SK커뮤니케이션즈에 의해 "당신에게 품격이 있듯"이라는 타이틀로 공동으로 추진되었다.

| 표 9-6 | 국가 정책 관련 홍보대사 현황(조사시점기준, 2016)

홍보대상	스타	홍보대상	스타
법질서	선동렬	농업녹색기술	김성녀
소비자	박해미	사회지도층 솔선수범	조인성
법무부	김성환	6 · 25전쟁 60주년 기념사업	이선호
꽃사랑 이웃사랑	김주리	기초교통질서	이종범
청년고용	NA	사회적 기업의 날	NA
우체국 예금보험 공익사업	강성민	알기 쉬운 법령 만들기	이지애
입양	송재호	신용회복위원회	김나운
행복나눔	송호범	해외파병	김정훈
통일부	정준호	양성평등	NA
자전거 안전지킴이	이준혁	한국관광	지진희
한식세계화	정지훈	자전거 이용 활성화	한효주
푸른농촌 희망찾기	이상용	금융감독원	양미경
COPY ZERO	남희석	친환경 운전	이세창
기상청	엄홍길	나라사랑	송일국

(2) 홍보대사의 의의

광고모델과 달리 홍보대사는 비상업성, 비영리성을 띤다. 따라서 스타 입장에서는 노블레스 오블리주(noblesse oblige)를 실천하는 계기가 된다. 귀족이 가져야 할 덕목으로서 혜택자의 책임인데 공적 인물로서의 연예인은 대중의 사랑을 받았으므로 이를 돌려주어야 한다.

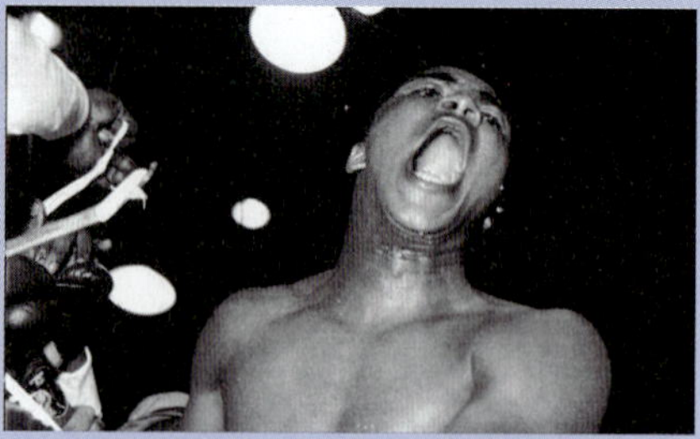

타계한 무하마드 알리는 링 밖에서 더욱 사랑을 받았다. 1960~1970년대 세계 복싱계를 주름잡은 위대한 복서이지만 최고의 복서는 아니었다. 56승(37KO) 5패의 전적에서 보듯 펀치의 세기는 조지 포먼에 뒤졌고, 테크닉은 슈거레이 레너드에 미치지 못했다.

그럼에도 많은 팬이 오랫동안 그를 기억하는 건 링 밖에서 보여준 위대함 때문이다. 그는 세상의 편견에 끊임없이 저항했다. 거침없는 언변을 앞세워 인종차별에 항거했고, 베트남전 참전 거부로 헤비급 타이틀을 박탈당해 3년간 링을 떠나기도 했다. 버락 오바마 미국 대통령은 "알리는 세상을 뒤흔들었고, 그로 인해 세상은 더 좋아졌다. 그는 옳은 일을 위해 싸운 사람"이라고 추모했다.

은퇴 후 32년간 파킨슨병과 싸우면서도 투쟁을 멈추지 않았다. 1996년 애틀랜타 올림픽 개회식에선 떨리는 손으로 성화대에 불을 붙여 감동을 선사했다. '나비처럼 날아서 벌처럼 쏜다', '늙었다고 생각하면 늙은 것이다', '불가능, 그것은 아무것도 아니다', '가장 힘들었던 싸움은 첫 아내와의 싸움이었다' 등의 명언을 남겼다.

그는 진정한 세계인이었다. 미국의 적국이던 쿠바와 이라크를 방문해 피델 카스트로, 사담 후세인과 포옹했고, 1995년 북한에 가서는 북한 정권을 비판했다고 한다.

출처: 국민일보 (2016.6.8).

(3) 홍보대사 활용의 효과성

홍보대사를 활용할 때 긍정적인 효과를 만들려면 다음과 같은 조건이 충족되어야 한다(이명천, 2010).

- 홍보대사의 브랜드파워
- 홍보대사와 캠페인 사이의 적합도 여부
- 홍보대상자들의 이벤트에 대한 관심 정도

홍보대사를 활용함으로써 다음과 같은 결과를 얻어낼 수 있다.

- 홍보대사에 대한 공신력
- 이벤트 메시지에 대한 신뢰
- 이벤트에 대한 참여의도

개그맨 전유성은 한국의 슬로시티인 청송, 영월 등의 도보여행길인 '외씨버선길'을 소개하는 등 홍보대사의 역할을 하고 있다.

배용준은 2009년 에세이 형식으로 한국의 전통문화를 다룬 안내서 〈한국의 아름다운 여행(한아여)〉를 출간하였는데 1년여간 한국의 자연과 문화를 감상하고 명인과의 인터뷰를 통해서 소개하였다. 일본에서 발간 후 모 대형서점 베스트셀러 2위를 기록하는 등 한류를 알렸고 2010년 기준 한국과 일본에서 13만부를 판매하여 서적매출 38억, 관광상품 10억 등 50억원의 매출고를 올렸다.

책의 여행콘셉트는 거취관귀의 4개의 장으로 이루어져 있는데 거(居) 머물다, 즉 사람의 기본적인 생활에 충실, 취(就) 출발, 즉 한국의 전통을 알고 새로움을 찾는 것, 관(觀) 사색하다, 즉 한국적인 것에서 세계성을 찾는 것, 귀(歸) 돌아가다, 즉 한국의 풍취를 느낀다 등이다.

| 표 9-7 | 〈한국의 아름다운 여행〉에서 나타난 홍보대상

방문 인물	직업	장소	주요 콘텐츠	배용준과의 연관성
이효재	한복 디자이너	서울 성북동	친환경 살림살이 보자기 강연	배용준과의 인연
천한봉	도자기 명인	경북	도자기 체험	직접방문 및 체험
장용훈	한지 명인	강원 가평시	장지방 한지 체험 템플스테이 서지초가뜰 웰빙음식	직접방문 및 체험
홍쌍리	농부	전남 광양시 청매실 농원	가정식 웰빙 인생 이야기 농부의 인생 어머니의 푸근한 인심	미래희망이 농부임

신광수	차명인	전남 순천시 차문화원 차밭	야생밭 투어 농원 오프로드 투어 차와 자연 이야기	차를 좋아하고 안목이 있음
안화자	염색명인	전남 구례군 생가	천연염색 강연 및 체험 살아가는 이야기	직접 방문 및 체험
윤진철	판소리 명인	전남 화순군 수련원	마주앉아 하는 판소리 공연 판소리와 인생 한국의 자연	함께 술을 마시며 풍류

다만 스타를 홍보대사로 활용할 때 다음과 같이 수용자로부터의 부정적인 감정이 일어날 수 있음에 유의해야 한다. 예를 들면 다수의 홍보대사 중복 수행으로 메시지의 혼선을 야기한다든가 홍보대사 수행 중에 부정적인 스캔들, 세금탈루, 병역기피, 형정신성의약품 연루 등 불미스러운 일이 발생하는 것이다. 스타는 대중에게 작품 및 기타 활동 등 겉으로 들어난 활동으로 구축된 이미지와 개인의 사생활에서 나타나는 이미지가 있다. 이때 양자가 서로 맞지 않으면 스타에 대한 몰입이 불가능하며 스타가 보내는 메시지를 신뢰할 수 없게 된다.

홍보대사는 광고모델과 달리 무보수로 일하는 경우가 많기 때문에 열정적인 헌신(commitment)을 기대하기가 어렵다. 따라서 본업과의 우선순위에서 밀려 위촉 후에 성실하게 임하는 자세가 필요하다. 이외에도 공공기관 홍보대사를 수행할 때 요구되는 투철한 역사의식, 양심적인 홍보대사직 수행 등이 요구됨에도 불구하고 운영에 문제점이 지적되고 있다.

각 부처의 연예인 홍보대사 위촉을 통한 예산 낭비가 심하다고 판단, 이를 줄일 방안을 마련한다. 기획재정부 관계자는 26일 "현재 각 부처의 연예인 홍보대사 기용과 관련한 문제점을 살펴보고 낭비적인 요인을 줄일 수 있는 방안을 검토 중"이라고 말했다. 최근 정부 부처와 공공기관이 연예인 홍보대사를 기용하면서 별다른 효과를 못본 채 예산만 낭비를 하고 있다는 지적이 끊이지 않고 있다. 새누리당 이노근 의원실에 따르면 2004년부터 2014년까지 중앙정부와 공공기관이 연예인 홍보대사에 지급한 모델료는 70억원을 넘는다. 가장 많은 비용을 지출한 곳은 보건복지부다. 복지부와 산하 공공기관 3곳은 최근 10년간 홍보대사 59명을 임명해 22억 1420만원을 지급했다. 기재부는 복권위원회 홍보비용으로 홍보대사 4명에게 11억 7700만원을, 농림축

> 산식품부는 6명에게 10억 1800만원을 지출한 것으로 나타났다. 이 때문에 정부 내에서는 각 부처가 연예인 홍보대사 기용을 자제하거나 모델료를 낮추도록 하는 가이드라인의 필요성이 제기되고 있다. 기재부는 매년 1월 발표하는 예산집행지침에 연예인 홍보대사 기용을 통한 예산 지출을 자제하도록 하는 내용을 담는 방안을 검토하고 있다.
>
> 출처: 뉴시스 (2016.5.26).

3. 스타 인도스먼트 및 홍보대사 이론

1) 원천신뢰속성이론

(1) 원천신뢰속성의 개념

메시지의 원천(sender)이 가진 특정한 속성(source)이 메시지의 설득력(credibility)을 좌우한다는 이론이다. 스타는 광고모델과 홍보대사 역할을 하면서 메시지를 발신하는 원천이 된다. 스타가 메시지를 발신하면 그 메시지의 설득력은 다음에 따라서 효과가 좌우된다(이정교, 2012).

- 전문가적인 영향력: 얼마나 풍부한 지식과 경험을 가지고 있는가
- 준거적 영향력: 의견이나 주장을 소비자가 공감하고 동의하게 만드는 능력
- 합법적 영향력: 얼마나 대중에게 타당성 있게 인식되는가
- 강압적 영향력: 스타가 가지고 있는 권위나 힘, 이미지, 카리스마, 리더십 등
- 보상적 영향력: 스타가 자신에게 심리적, 물리적 보상을 제공할 수 있는가

(2) 원천신뢰속성의 측정

오하니안(Ohanian, 1991)은 스타의 상품추천 효과를 측정하는 틀로서 '원천신뢰성 척도(source credibility scale)를 만들었다. 여기서 신뢰성을 수용자(receiver)가

메시지를 받아들이는 영향을 줄 수 있는 긍정적인 특징들로 정의하였다. 구체적으로 진실성(trustworthiness), 매력성(attractiveness), 전문성(expertise)의 세 가지 하부요인을 도출하였으며 15개의 어의차이척도를 제시하였다.

| 표 9-8 | 원천신뢰성 척도(source credibility scale)

진실성(trustworthiness)	매력성(attractiveness)	전문성(expertise)
의지할 수 있다	매력적이다	전문적이다
정직하다	아름답다	경험이 있다
신뢰가 간다	멋지다	지식이 있다
성실하다	세련되었다	적격이다
믿을 수 있다	섹시하다	숙련되어 있다

출처: Ohanian (1991).

진실성은 정보수용자의 정보전달자에 대한 믿음으로서, 메시지의 전달자가 수신자에게 어느 정도 정직해 보이는가를 나타내며, 어떠한 편견 없이 순수한 동기에서 자신의 의견을 개진하고 있다는 것을 수용자가 지각하고 있는 상태를 의미한다. 정보원이 메시지와 관련된 지식 · 기술 · 경험을 가졌고, 편견 없는 의견과 객관적 정보를 제공할 것이라고 인식하는 것이다(김동훈 외, 2002).

전문성은 호블랜드, 제인스, 캘리(Hovland, Janis & Kelly)에 의하면 메시지 전달자가 타당한 주장의 원천이라고 지각되는 정도라고 했다, 매크레켄(McCracken, 1989)은 광고모델이 타당한 주장을 할 수 있는 지식이나 능력을 가지고 있다고 소비자들이 지각하는 정도라고 했다. 따라서 메시지의 전달자가 메시지와 관련하여 보유하고 있는 진실과 체험의 정도 혹은 광고모델이 타당한 주장을 하고 있다는 중요한 논리가 된다. 예를 들어 스포츠 스타는 뛰어난 운동기술, 자기 분야 전문지식, 우수한 경기력이 전문성을 구성하는 요소가 된다. 음식과 관련해서는 음식 칼럼니스트, 음식 교양만화가 그리고 유명 셰프 등이 그 전문성을 가지고 스타성을 쌓아올리고 있다.

매력성이란 추천하는 스타의 신체적인 모습, 개성, 호감 등 수요자와의 유사성 등 지각된 가치를 의미하며, 모델에게 느끼는 친숙성, 유사성, 유의감 등에 의한 메시지의 설득효과이다. 매력성이 높을수록 메시지의 수용도가 증가한다고 한다. 매력성은 추천하는 모델의 신체적 매력뿐만 아니라 심리적 매력까지 포함하는 개념이다.

신체적 매력성은 보는 사람에게 지적 능력이 높거나 품성이 좋을 것으로 지각하게 된다는 점에서 설득에 유효하다. 매력성과 관련되어 배우의 조건은 아름다움인데 원래 고대의 칼론(kalon)이라는 말에 유래되어 '마음을 즐겁게 해주고 감탄을 유발시키는 일체의 것이나 상태'를 지칭하였다. 또한 오늘날에 이르러 보이는 대상이나 소리가 균형과 비례를 이루어 눈과 귀를 만족하게 하는 것이라고 하였다(김정섭, 2014). 특히 얼굴의 매력성 관련해서 모델의 얼굴을 평가할 때 여성스럽고 완벽한, 감각적인, 생동감 있고 섹시한, 현대적이고 개성 있는, 귀엽고 천진한, 자연스럽고 친근한 등 여섯 가지로 분류되었다.

빅뱅, 엑소, 샤이니 등 한국의 남자 아이돌 그룹은 만찢남(만화를 찢고 나온 남자를 칭하는 말)으로 불리며 매력성의 전형을 보여주는데 마른 몸, 훤칠하게 큰 키, 필요하면 빨간색 립스틱을 바르는 앵두 같은 입술 등 일본 망가와 아니메의 영향을 받았다. 목소리 역시 매력성을 구성하는 요소가 될 수 있는데 골든보이스는 약간의 기름진 목소리로 탤런트, 가수 등이 쓰면 좋고 실버보이스는 약간의 쉰 소리로 아나운서, 기자들을 매력적으로 만든다.

(3) 원천신뢰속성이론의 한계

원천신뢰속성이론은 스타가 세 가지 속성을 갖추기만 하면 충분히 광고모델과 홍보대사를 수행할 수 있다고 한다. 그러나 실제로는 이러한 충분한 조건이 갖추어졌음에도 불구하고 광고효과가 나지 않는 경우가 빈번했으며 따라서 다른 변수가 있지 않을까 하는 의문이 제기되었다. 예를 들어 미국프로농구(NBA) 스타인 마이클 조던은 세 가지를 모두 갖추었음에도 불구하고 인터넷 광고에는 별로 효과를 보지 못하였다.

따라서 광고 및 홍보하는 대상에 따라서 원천신뢰속성이 가지는 설득력이 달라질 수도 있다는 점을 유추해 볼 수 있다. 이에 따라 광고모델과 광고대상 간의 적합도, 즉 조화가설(match up hypothesis)을 검토할 필요가 있다.

2) 조화가설

(1) 조화가설의 개념

광고에 출연한 모델의 이미지와 제품의 이미지가 서로 일치해야 설득력을 갖는다. 미스라와 비티(Misra & Beatty, 1990)는 광고모델의 특성(이미지)과 브랜드 속성이 일치해야 한다는 것을 조화가설(match-up hypothesis)이라고 명명하였다.

| 표 9-9 | 스타의 이미지 척도(celebrity image dimension)

구분	세부항목	
진실한 (genuine)	사회적으로 유쾌한(socially responsible) 현명한(wise) 책임감 있는(pleasant) 편안함을 주는(comfortable) 세련된(sophisticated)	사회적으로 무책임한(socially irresponsible) 멍청한(stupid) 불쾌한(unpleasant) 불편하게 하는(uncomfortable) 순수한(naive)
능숙한 (competence)	강인한(strong) 자신감 있는(confident) 열정적인(enthusiastic) 단호한(determine)	연약한(weak) 우려하는(apprehensive) 소극적인(not enthusiastic) 무른(undetermined)
자극적인 (excitement)	터프한(rugged) 자극적인(excitable) 군림하는 (dominating) 남성적인(masculine)	헌신적인(dedicated) 정적인(calm) 복종적인(submissive) 여성적인(feminine)
사교적인 (sociability)	공적인(public) 대담한(bold)	사적인(private) 부끄러워하는(shy)

출처: Choi and Rifon (2007).

(2) 조화가설에 관한 연구

조화가설은 먼저 스타의 신체적 매력과 상품 간의 관계를 탐구한다. 카민스(Kamins, 1990)는 Tom Selleck(매력적인 스타)과 Telly Savalas(비매력적인 스타)를 고급럭셔리 승용차(매력성과 관련된 상품)와 PC(매력성과 상관이 없는 상품)에 대비시킨 결과 매력적인 스타는 매력성과 관련된 상품에 대한 신뢰성과 광고태도에 영향을 미치는 결과를 보여주었다.

틸과 부슬러(Till & Busler, 2000)는 전문성 역시 일치성에 영향을 주고 있음을 밝혔는데 Ted Franklin(가상인물, 운동선수 혹은 배우)과 펜(pen)과 향수, 에너지바(energy bar)와 사탕을 대비시킨 결과 모델과 제품의 전문성이 브랜드 태도에 영향을 미쳤다. 광고모델의 매력성과 전문성은 제품의 특성과 부합(match-up)되어야 함을 보여주고 있다.

편의점 도시락 시장에서 최근에 두드러진 것이 스타를 광고모델로 기용하는 것이며 조화가설에 의거하여 각 브랜드는 전문성, 매력성을 앞세우고 또 높은 판매성과를 거두고 있다. 다만 한국의 전통적 어머니상을 가진 광고모델로 모성을 자극하는 전략을 세운 브랜드는 간편식이라는 편의점 도시락과 이미지는 맞지 않음에도 불구하고 역시 인기를 얻고 있기에 향후 추가적으로 연구해 볼 필요가 있다.

| 그림 9-3 | 편의점 도시락 광고모델

출처: CU, 세븐일레븐, GS25.

(3) 조화가설에 대한 한계

조화가설은 브랜드와 스타 간의 이미지 중첩성을 보는 것이기 때문에 구매하는 고객까지 포함하지 않는 단점이 있다. 최근에는 유명인의 보증이 완벽한 부합 혹은 극단적인 불일치가 아니라 적정선에서 불일치할 경우에 구매의도에 호의적으로 평가한다는 결과도 있다(진용주 · 유재웅, 2012). 또한 주로 매력성을 증가시키는 상품과 매력적인 광고모델이 효과를 보이는 등 한계가 있다.

3) 문화적 전이이론

(1) 기존의 스타 광고모델 이론 비판

매크레켄(McCracken, 1997)은 스타 광고모델과 관련하여 진행된 연구에서 논의된 주요 이론들을 비판하면서 본인의 이론을 소개하고 있다. 원천속성모형은 스타의 문화적 의미(cultural meaning), 즉 이미지를 과도하게 단순화시켰다고 비판하면서 의미가 스타로부터 제품으로 전달되는 전체 과정을 효과적으로 보여주지 못하였다고 한다. 따라서 어떤 스타이든지 신뢰성과 매력성을 소유한다면 효과적인 인도스먼트가 이루어지지 않겠느냐고 묻는다. 또한 스타는 메시지의 송신자(sender) 역할만 하지 메시지를 전달받아서 송신하는 매체(medium)로서의 역할이 간과되고 있다. 두 번째로 일치가설 역시 스타와 상품 간에 일치에만 초점을 맞추어서 실제 소비하는 소비자를 고려하지 않았다는 점에서 한계를 가지고 있으며 일치하는 것도 스타의 매력성에 주로 국한되어 나머지 전문성과 신뢰성이 도외시된 결과가 있다고 하였다.

(2) 문화적 전이이론의 개념

매크레켄은 광고모델로서 스타의 효과는 광고에 출연함으로써 제품에 문화적 의미를 심어줄 때 발생한다고 했다. 현실적으로 스타의 속성은 문화에 뿌리를 두고 있다. 스타는 제품에 메시지(이를 텍스트라고 하면)를 심는데 그 근원은 스타를 존재하게 한 콘텍스트(context), 즉 문화적으로 구성된 세계(culturally constituted world)를 바탕으로 이루어진다. 콘텍스트를 바탕으로 하는 메시지(텍스트)는 사물에서 끌어내어 마침내 소비자에게로 이전된다.

문화적으로 구성된 세계는 소비자가 갖는 믿음, 가정에 의하여 완전히 형성되고 구성된 개인의 감각에 모습을 나타낸다고 한다. 이러한 점에서 광고란 소비재와 문화적으로 구성된 세계의 표현을 특정한 틀, 즉 광고에 결합하는 과정이다. 따라서 문화적으로 구성된 세계, 스타, 광고, 소비자들 간에는 의미의 전이(meaning

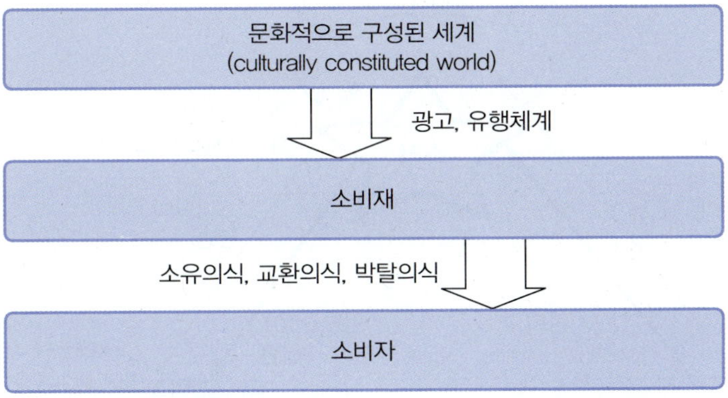

| 그림 9-4 | 의미의 위치와 의미 전이의 수단

출처: McCracken (1988).

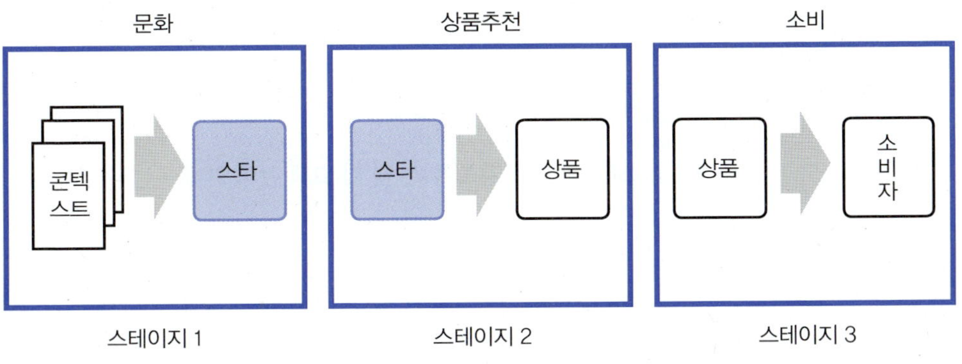

| 그림 9-5 | 문화, 상품, 소비의 관계

출처: McCracken (1989).

transfer)가 일어난다. 의미란 인구통계학적 범주인 나이, 성, 계층 등과 개성, 생활양식 등을 포괄하는 개념이다

(3) 인도스먼트 관련한 세 가지 이론 비교

원천속성이론, 조화가설 그리고 문화적 전이이론은 스타의 인도스먼트를 설명한다는 공통점을 가지고 있으면서도 각각의 한계를 가지고 있다. 이를 구분하여 쉽게 설명하면 [그림 9-6]과 같다.

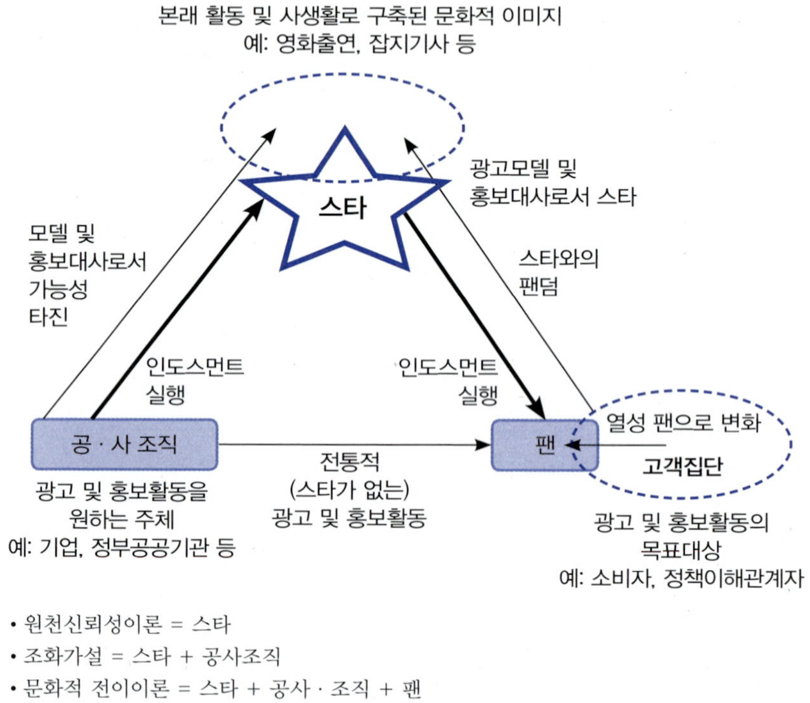

| 그림 9-6 | 스타, 광고 및 홍보주체, 팬 및 고객 간의 관계

생각해 볼 문제

01 스타관련 상품(굿즈)을 만드는 제조업에서는 이윤의 추구와 품질 사이의 갈등이 어떻게 나타날까?

02 스타상품 혹은 스타의 광고상품이 문제가 되어 사회적 물의를 일으킨 사례를 찾아보자.

03 기업 및 정부조직에서 광고와 홍보활동을 하면서 스타를 만병통치약으로 생각하고 있는 것은 아닌지 생각해 보자.

04 스타가 광고모델을 하는 것과 홍보대사직을 수행하는 데 가장 큰 마음가짐의 차이점은 무엇인가?

05 광고 및 홍보모델 계약 체결 후 스타를 관리하는 조직, 예를 들어 기획사 등은 어떠한 노력을 기울여야 할 것인가?

I don't Know How to Love Him (1970)

뮤지컬 〈지저스 크라이스트 수퍼스타〉에 삽입된 곡이다. 공연 중 창녀 막달라는 신의 아들로 도저히 범접할 수 없었던 예수 그리스도에 대한 연정으로 슬픔에 젖은 채 노래를 불렀고 또 배신자 가롯 유다는 사랑하는 스승을 팔아넘긴 후 자책감에 빠져 고통스럽게 불렀다. 수퍼스타에 대한 팬의 마음과도 같다. 사랑은 하는데 애가 타고 또 그것이 이루어지면 당황한다. 해당 뮤지컬은 1971년 앤드루 로이드 웨버(작곡)와 팀 라이스(대본, 작사)가 만든 작품으로 예수의 마지막 7일을 그렸다. 독특하게도 사용된 24곡의 음악을 록이라는 장르에서 구하였다고 한다.

그를 어떻게 사랑할까요.
어떻게 하면 좋지요?
마음을 움직이려면 어떻게 해야 되지요?
사랑을 붙잡으려면 어떻게 해야 좋은지 몰라요.
왜 그가 내 마음을 움직이는지 몰라요.
그는 남자, 그는 단순한 남자인데 (중략)

만약 그가 나를 사랑한다면,
나는 정신을 잃고 말아요.
기가 죽어 버려요.
나는 못 당하겠어요.
도저히 못 당하겠어요.
고개를 숙이고 물러서겠어요.
그의 의도를 알려고는 하지 않아요.
그는 나를 매우 놀라게 해요.
그래도 그를 너무도 사랑하고 있어요.
그를 진심으로 사랑하고 있어요

참고문헌

김민규 (2012). 연예산업의 구조와 관계적 속성에 관한 연구. 인문콘텐츠, 26, 74-99.

김정구, 전미나, 김미예, 한정수 (2010). 휴먼 브랜드에 대한 강한 애착의 선행요인과 삶의 만족에 미치는 영향. 소비자학연구, 21(4), 241-275.

김정섭 (2014). 케이컬처 시대의 배우경영학. 한울아케데미.

김헌식 (2007.2.11). 스타죽음의 상품화. 이비뉴스.

김호석 (1999). 스타시스템. 삼인.

마이크로밀 엠브레인 (2013). 리서치보고서. 2013, 94-125. 연예인 이름의 제품(브랜드) 관련조사.

모랭, E. (1992). 스타. 이상률 역. 문예출판사.

안치수 (2013). 유명인의 정치참여와 대학생의 정치태도 및 투표행위에 관한 연구. 언론과학연구, 13(2), 193-226.

알랭 드 보통 (2014). 뉴스의 시대: 뉴스에 대해 우리가 알아야 할 모든 것. 최민우 역. 문화동네.

양승훈, 장준수 (2009). 여행사와 연예기획사의 팬미팅 이벤트 협력방안. 관광학연구, 33(4), 127-242.

원용진 (1993). 스타, 스타론, 스타읽기. 언론문화연구, 11, 253-292.

이명천 (2010). 정부부처의 홍보대사 이용실태 및 홍보담당자의 인식연구. 홍보학연구, 114, 124-152.

이연희 (2014). 문화, 팬덤, 스포츠. 그린.

이은미 (2013). 예술경영학공연실무. 청람.

이정교 (2012). 유명인 광고의 이해. 한경사.

이훈석 · 전병준 (2012). 방송연예인의 감정노동과 직무스트레스가 직무만족에 미치는 영향. 한국콘텐츠학회논문지, 12(12), 616-626.

전미나 외 5인 (2013). 일반유명인과 영웅적 유명인에 대한 애착의 선행변수와 결과변수 비교에 관한 연구. 서비스마케팅저널, 6(2), 17-26.

진용주, 유재웅 (2012). 유명인 모델의 브랜드광고효과와 조화가설. 브랜드디자인학연구, 10(2), 17-28.

Tourism & Entertainment

PART 04

엔터테인먼트와 관광산업

CHAPTER 10

기업의 엔터테인먼트화

소나무가
사람을 즐겁게 하는데
어찌 사람이
즐겨 할 줄 몰라서야 되겠는가

율곡 이이의 소나무 예찬

아카데미 '셀카 대박'… 삼성 PPL전략의 승리

"제86회 미국 아카데미(오스카) 시상식의 진짜 승자는 7관왕 '그래비티'도, 작품상을 수상한 '노예 12년'도 아니다. 삼성전자다." 월스트리트저널(WSJ)과 로스앤젤레스타임스 등 미국 언론은 3일(현지시간) 이같이 보도했다. 시상식 사회자 엘런 드제너러스가 삼성전자 스마트폰 갤럭시노트3로 찍은 '셀카(셀프카메라 사진)'가 트위터 등을 통해 급속히 퍼져나가 마케팅 효과를 톡톡히 누렸기 때문이다.

드제너러스는 시상식이 진행되는 동안 흰색 갤럭시노트3를 들고 있었다. 그는 영화배우 브래들리 쿠퍼에게 갤럭시노트3를 넘겨줘 브래드 피트, 메릴 스트리프, 케빈 스페이시, 제니퍼 로렌스를 옹기종기 모이게 한 뒤 셀카를 찍었다. 자발적이고 즉흥적인 에피소드처럼 보인다. 삼성전자도 이 장면을 연출하기 위해 드제너러스에게 따로 광고비를 주지 않았다고 밝혔다. 하지만 엄청난 마케팅 효과를 창출한 이 사진이 완전히 즉흥적이었던 것은 아니다. 오스카와 시상식 중계를 맡은 ABC, 삼성전자가 체결한 광고 · 후원 계약에 따르면 삼성전자의 갤럭시 스마트폰 제품을 간접광고(PPL)하는 내용이 포함돼 있다.

그렇다고 드제너러스의 셀카가 완전히 계획된 마케팅 쇼는 아니었다. 그는 방송이 나가기 전 방송 중에 셀카를 찍고 싶다는 뜻을 밝혔다. ABC는 그렇다면 후원사인 삼성전자의 제품을 쓰는 것이 어떻겠냐고 제안했다. 시상식 리허설 중 삼성전자 관계자는 드제너러스에게 스마트폰 사용법을 알려줬다. (중략)

세계 최대 광고사 WPP 산하 브랜딩 전문업체인 랜더어소시에이츠의 앨런 애덤슨 이사는 "삼성 브랜드를 홍보하기에 더없이 훌륭한 전략이었다"고 평가했다.

광고 효과는 얼마나 될까. 삼성은 ABC와 체결한 광고 계약의 세부사항은 공개하지 않았다. 광고 시장조사업체 캔터미디어는 올해 아카데미 시상식 광고 30초당 비용을 180만달러(약 19억원)로 추산했다. 이를 적용하면 삼성전자가 지출한 광고비는 1800만달러(약 193억원)가량이다. WSJ는 드제너러스 셀카의 마케팅이 삼성전자가 쓴 광고비 이상의 효과를 거뒀을 것이라고 보도했다.

출처: 한국경제 (2014.3.4).

이 장의 소개

이 장은 엔터테인먼트와 관광산업(11장), 호스피탈리티기업(12장)이 결합하여 새로운 가치를 창출하는 양상을 제시하기 전에 이미 관광 및 기업 이외에 일반 기업, 즉 제조 및 서비스업 등과 결합하고 있으며 또한 상당부분 진전이 이루어지고 있다는 점을 보여주고자 한다.

1절 엔터테인먼트 요소(e-factor, en-factor)는 엔터테인먼트산업에서 유래되어 즐거움과 만족을 주는 무엇으로(놀라움, 차별성, 독특함, 여유, 환대 등으로 구성) 비엔터테인먼트산업계에서 적극 채택하였고 사회 전반으로 퍼져나갔다. 이 결과 엔터테인먼트와 비엔터테인먼트산업 간의 경계가 모호해지고 있다.

2절 엔터테인먼트는 기업 마케팅에 적극 활용되고 있는데 간접광고(product placement: PPL), 브랜디드 엔터테인먼트(branded entertainment: BE) 등이 있다. 또한 좀 더 장기적이고 협력적인 파트너십 관계인 스폰서십이 원래 스포츠계에서 활발하다가 최근 엔터테인먼트기업과도 활발히 이루어지고 있다.

3절 엔터테인먼트는 기업의 조직활성화에 적극 활용되고 있는데 엄숙한 기업조직관리에 유머가 도입되어 유머경영 혹은 펀경영(management by fun) 등으로 구체화되었다. 또한 CEO는 최고경영자를 넘어서 최고엔터테인먼트경영자(Chief Entertainment Officer: CEO)로 엔터테이닝한 리더십을 구사할 것이 요구되고 있다.

열쇠말

간접광고, 브랜디드 엔터테인먼트, 스폰서십, 엔터테인먼트 요소, 최고엔터테인먼트경영자, 펀경영

학 습 목 표

1. 엔터테인먼트 요소가 무엇인지 설명할 수 있다.
2. 기업활동에 엔터테인먼트 요소가 나타나는 사례를 제시할 수 있다.
3. 간접광고와 브랜디드 엔터테인먼트의 유사점과 차이점을 말할 수 있다.
4. 기업의 스폰서십이 엔터테인먼트산업과 연관되는 사례를 제시할 수 있다.
5. 최근에 CEO가 최고엔터테인먼트책임자(Chief Entertainment Officer)로 불리는 이유는 무엇인가?

1. 엔터테인먼트 요소

1) 엔터테인먼트 요소의 개념과 의의

(1) 엔터테인먼트 요소의 개념

엔터테인먼트 요소 혹은 오락적 요소를 이펙터(e-factor) 혹은 엔펙터(en-factor)라고 한다. 마이클 울프는 21세기의 경제가 엔터테인먼트화되고 있다고 했으며 엔터테인먼트산업이 가진 요소가 기존의 제조업, 서비스업에 구현되어 이른바 전 산업이 엔터테인먼트산업으로 수렴되고 있다고 한다. 엔터테인먼트 요소는 엔터테인먼트산업의 본질로서 엔터테인먼트 본연의 기능인 즐거움과 만족을 주는 무엇을 말한다.

어린 아이가 길거리를 지나가다가 부모에게 졸라서 맥도날드에 들어가고자 하는 것은 햄버거를 먹고 싶어서가 아니라 공동프로모션 중인 〈드래곤볼〉 한정판 피규어를 사고 싶어서이다. 맥도날드는 엔터테인먼트기업과의 성공적인 공동마케팅을 통해서 고객의 주목을 끄는 데 성공한 셈이다.

(2) 엔터테인먼트 요소의 의의

엔터테인먼트 요소는 비엔터테인먼트기업이 경쟁력을 확보하는 데 도움을 준다. 일본의 대표적인 전자기기 제조업체였던 소니(SONY)는 기업의 이름이 소리를 뜻하는 라틴어 소노스(SONUS)와 소년을 뜻하는 소니(SONNY)에서 유래된 것이다. 여기에서 볼 수 있듯이 소리를 전달하는 라디오를 위시하여 1960년대 텔레비전, 워크맨 등을 제조 공급함으로써 세계시장에서 명성을 얻었으며 이후 영화, 음악 등 엔터테인먼트사업에도 진출하였다. 원래 기업이 가지고 있었던 엔터테인먼트적 요소, 즉 유전자(DNA)가 엔터테인먼트 시대를 만나 빛을 발한 것이다.

엔터테인먼트 요소는 비엔터테인먼트와 엔터테인먼트산업 간의 경계를 모호하게 하고 양대 산업 간의 시너지를 만들어낸다. 다음의 예를 살펴보자.

- 마이애미로 배우자와 동반출장을 가서 4시간 회의를 마치고 다시 아내를 만나 같이 골프를 친다(기업 활동이 골프산업에 수요창출).
- 사우스웨스트항공을 타고 라스베이거스로 가는 도중에 승무원이 즐거운 쇼를 보여 준다(항공기업의 엔터테인먼트화).
- 길을 가다가 매장에서 좋아하는 셀린 디온의 〈타이타닉〉 주제가가 흘러나와 잠시 듣다가 우연히 마음에 드는 바지를 보고 구매를 했다(소매산업이 엔터테인먼트를 이용하여 집객).

2) 엔터테인먼트 요소를 만드는 것

엔터테인먼트 요소, 즉 즐거움을 만들기 위해서는 다음과 같은 것들이 포함될 수 있다(김영결, 2002).

en factor = f

여기에서 f는 다음과 같다.

① 놀라움(surprise): 기대하지 않은 것을 전달

② 차별성(uniqueness): 다른 것들과 비교해서 차이가 남

③ 독특함(abnormality): 고정관념을 깨는 것

④ 여유(slack): 서두르지 않고 천천히 음미할 수 있는 것

⑤ 환대(hospitality): 언제나 환영하고 반갑게 맞이할 것

스티븐 런던 등이 쓴 《펄떡이는 물고기처럼》은 시애틀의 파크 플레이스 시장을 예로 들면서 직장에 생명력을 불어넣는 조직문화를 만들 것을 제안하고 있다. 직장에 다음과 같은 이벤트를 통해 e-factor를 접목시킬 수 있다.

- 나의 하루를 선택하기
- 놀이를 찾기
- 그들의 날을 만들어 주기
- 그 자리에 있기

3) 엔터테인먼트 요소의 확장

(1) 폴리테인먼트

엔터테인먼트가 정치(politics)와 결합하면 폴리테인먼트(politainment)가 된다. 정치적 목적을 달성하기 위해 엔터테인먼트적 요소를 도입한다. 예능 버라이어티 프로그램에 정치인이 게스트로 참여하여 색다른 이미지를 보여주거나 패널들이 무거운 정치적 문제들을 시청자가 쉽게 이해할 수 있도록 재미있게 풀어내는 것 등이 있다.

레이건 전 미국 대통령 선거 당시 선거를 앞두고 이루어진 TV토론에서 먼데일 후보가 "레이건 후보는 대통령직을 수행하기에 나이가 너무 많다고 생각하지 않느냐"고 질문했다. 레이건은 "나는 이번 선거에서 나이를 문제삼지 않겠다. 당신이 너무 젊고 경험이 없다는 사실을 정치적 목적에 이용하지 않겠다는 뜻이다"라고 재치 있게 응수하여 상대를 머쓱하게 만들었을 뿐만 아니라 이후 선거에도 좋은 결과를 얻었다. 레이건은 전직 영화배우 출신으로 엔터테인먼트계에 몸담았던 전력이 있다.

(2) 에듀테인먼트

엔터테인먼트가 교육(education)과 결합하면 에듀테인먼트(edutainment)가 된다. 교육적 목적을 달성하고 학습효과를 극대화하기 위해 엔터테인먼트적 요소를 도입한다.

일본 게임업체 닌텐도는 〈매일매일 DS 두뇌트레이닝〉, 〈듣고 쓰는 DS 영어삼매경〉 등 이른바 교육 타이틀을 출시하면서 게임을 즐기면서 자연스럽게 공부가 되는 새로운 장르를 개척하였다. 한현동 그림작가의 〈서바이벌 만화과학상식: 살아남기 시리즈〉는 세계적인 출판계 불황이 무색하게도 전 세계적으로 2,800만부가 팔려나갔다. 《물 부족에서 살아남기》, 《무인도에서 살아남기》 등을 통해 지식을 쉽게 만화라는 형태로 즐기면서 배울 수 있게 하였다.

(3) 스포테인먼트

엔터테인먼트가 스포츠(sports)와 결합하면 스포테인먼트(sportainment)가 된다. 스포츠 이벤트에 시청자와 관객의 눈을 사로잡기 위해 엔터테인먼트 요소로서 볼거리를 풍성하게 제공한다.

프로야구는 경기 전에 대중 스타들이 나와 시구를 하는 세레모니를 자주 개최하고 있다. 모 프로야구단은 구단운영의 방향을 스포테인먼트로 설정하고 야구장 내 놀이공원 조성, 홈런이 터질 때마다 뿜어나오는 외야 분수쇼, 좋은 플레이를 다시 보여주는 전광판, 선수와 코치의 쇼맨십 등을 꾸준히 실천한 결과 창단 8년만에 우승을 하고 관중동원에도 성공했다.

WWE는 World Wrestling Entertainment라는 프로레슬링 단체이다. 이름에서도 볼 수 있듯이 정통 스포츠로서 승부를 떠나서 고도의 엔터테인먼트적 요소를 가미하여 팬들의 눈을 사로잡고 있다. 선수들은 기믹(gimmic)이라는 독특한 캐릭터를 통해 짜여진 스토리텔링 구조 속에서 스포츠라기보다는 한편의 각본이 있는 드라마를 연출한다.

(4) 쇼퍼테인먼트

엔터테인먼트가 쇼핑(shopping)과 결합하면 쇼퍼테인먼트(sportainment)가 된다. 쇼핑객의 체류시간을 늘리고 구매기회를 가능한 많이 제공하기 위해 엔터테인먼트 요소로서 볼거리를 풍성하게 제공한다. 멀티플렉스 쇼핑센터는 건물에 새로움을 늘일 수 있는 하드웨어적인 투자 없이 영화관을 유치함으로써 쇼핑객의 발걸음을 멈추게 한다. 롯데면세점은 웹드라마 〈첫키스만 일곱 번째〉의 제작발표회를 주관하고 11개 엔터테인먼트기업과 한류발전 및 국내관광 활성화를 위한 업무협약을 하였다.

2. 엔터테인먼트와 마케팅

1) 간접광고

(1) 간접광고는 무엇인가

간접광고는 직접적으로 광고하는 것이 아니라 무엇인가 중간에 매개체를 이용해서 광고를 하는 것이다. 광고를 위한 제작물을 직접 수용자에게 소구하는 것이 아니라 매개체, 예를 들면 영화나 드라마를 활용해서 광고한다. 즉 엔터테인먼트 콘텐츠가 소비되고 있는 중간에 특정 제품과 서비스를 노출시키는 방식이다.

PPL(product placement)은 제품 배치라고 해석하는데 엔터테인먼트 콘텐츠를 제작할 때 각 장면에 사용될 소품으로 광고하고자 하는 대상물을 배치한다. 대상물은 소품에서부터 특정 장소에 이르기까지 다양하다.

(2) 간접광고의 장단점

기업의 입장에서 수용자로부터 거부당하지 않고 자연스럽게 광고를 전달할 수 있다. 수용자는 본인이 관심이 없는 광고를 거부하는 행위를 보이는데 이를 지핑(zipping: 녹화물을 볼 때 광고를 보지 않고 빨리 돌려버리는 행위) 혹은 재핑(zapping: 광고를 빼고 녹화, 혹은 다른 프로그램을 보는 행위)이라고 한다. 엔터테인먼트 제작자 입장에서는 스펙타클을 요구하는 관객의 시선에 맞추다보니 상승하는 제작비를 맞추기 위해서 협찬을 받는 것이 유리해졌다.

간접광고는 영화나 드라마의 콘텐츠에서 스토리 전개상 필요 없는 상품과 서비스를 등장시킴으로써 몰입을 방해할 가능성이 있고 또 작품성 자체를 떨어뜨릴 수 있는 단점이 있다.

간접광고의 단가를 높이려면 다음과 같은 조건이 충족되어야 한다.

- 영화제작비: 투자되는 비용
- 영화신뢰도: 감독사, 제작사 이름 등
- PPL의 중요성: 공간을 얼마나 차지하는가
- 영화 스토리에 녹아드는 정도
- 브랜드의 영화 내에서 다른 브랜드에 비한 배타성

(3) 간접광고의 사례

애니메이션 〈슈렉〉을 보면 베르사체를 패러디(parody)한 베르사체리, 버거킹이

버거프린스, 스타벅스 커피가 파벅스 커피로 등장한다. 〈샤크〉에서는 갭이 컵으로, 코카콜라가 코랄콜라, 버거킹이 피시킹으로 등장한다. 패러디란 다른 작품을 모방하거나 흉내내는 것뿐만 아니라 다른 작품의 문제점을 폭로하는 것까지 포함한다. 〈오프라 윈프리 쇼〉에서는 양배추 인형이 등장해서 성공하였으며 영화 〈ET〉는 M&M, 영화 〈스파이더맨〉에서는 뉴욕 타임스퀘어에 삼성전자 광고판이 등장하였다.

2) 브랜디드 엔터테인먼트

(1) 브랜디드 엔터테인먼트의 개념

브랜드와 엔터테인먼트가 결합한 상태를 브랜디드 엔터테인먼트(branded entertainment)라고 한다. 브랜드란 광고하고자 하는 상품을 말하며 상품을 소구하는 광고 자체를 엔터테인먼트로 만든 것이다. 따라서 광고가 거부 반응 없이 마치 한 편의 짧은 영화나 드라마같이 관심을 끌고 재미를 불러일으키면서 자연스럽게 소비되기를 기대한다.

원래 미국의 '애드버타이징 에이지'라는 광고잡지에서 시작하였으며 일명 메디슨 & 바인(Madison & Vine)이라고 하는데 뉴욕의 광고대행사들이 몰려 있는 메디슨 거리와 할리우드의 대표적인 거리인 바인가를 상징한다. 즉 광고와 엔터테인먼트의 융합이다. 따라서 영화 영식의 광고라고 하여 애드버타이징 무비(advertising movie)라고도 한다. 그러나 앞에서 살펴본 간접광고(PPL)와 혼용해서 쓰이기도 한다. 독일의 자동차 메이커인 BMW사가 2001년 단편영화 형식의 〈더 하이어, the hire〉 5편을 선보였으며 이후 매출 12%가 증가하였다. 한국에서는 삼성전자가 애니콜을 〈애니모션〉, 〈애니클럽〉 등으로 제작하여 광고한 바 있다.

(2) 브랜드 엔터테인먼트의 종류

브랜디드 엔터테인먼트는 어떤 엔터테인먼트 콘텐츠를 기반으로 하느냐에 따라 다양하게 만들어진다.

① 영화: 브랜드를 소재로 시나리오를 작성하여 스토리 전개 형식으로 제작해 나감, 단편영화의 제작, 영화 자체에 브랜드를 등장시킴
② 음악: 뮤직비디오 혹은 가사에 브랜드 메시지를 삽입
③ 게임: 애드버게임, 게임의 배경에 브랜드를 삽입
④ 방송: 토크쇼 등에서 멘트, 작품을 소재로 함
⑤ 이벤트: 공연 중에 멘트, 브랜드 소재의 축제

(3) 브랜디드 엔터테인먼트와 간접광고의 차이

단순노출이냐 아니면 브랜드가 엔터테인먼트(BE) 안에 녹아 있고 광고 자체가 엔터테인먼트 콘텐츠이냐의 차이이다. 원래 기존 TV광고 효과의 감소에 기인한다(조형진, 2006).

양자의 공통점은 상품 및 브랜드를 광고하기 위한 것이고 다양한 엔터테인먼트 장르를 활용한다. 또한 이를 받아들이는 대상은 광고수용자이자 동시에 관객이 된다. 브랜디드 엔터테먼트는 PPL의 노출 크기 및 노출시간을 확장한 개념으로 볼 수 있다.

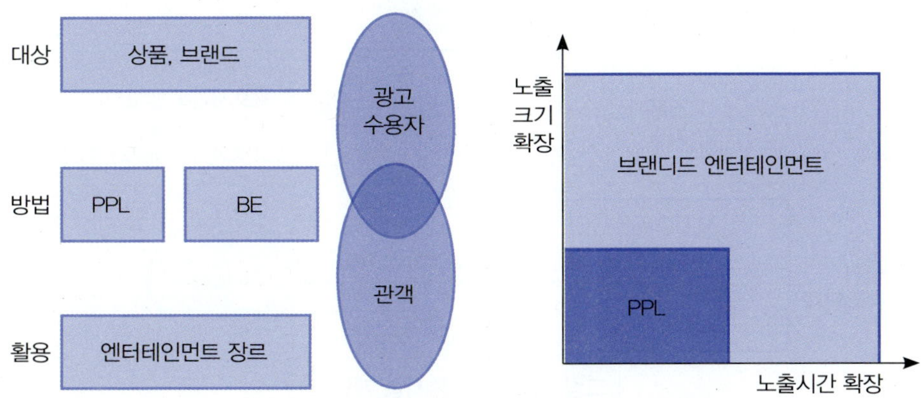

| 그림 10-1 | PPL과 브랜디드 엔터테인먼트의 비교

3) 스폰서십

(1) 스폰서십의 개념

스폰서십(sponshorship)이란 특정대상에게 기업의 목표를 달성하기 위해 현금, 물품, 사람을 장기적인 관점에서 투자하는 마케팅 활동으로서 스폰서십의 주체는 스폰서십이라는 권리를 갖는다.

스폰서십에는 다음과 같이 세 가지 이해관계자가 있다. ① 스폰서를 하는 주체, ② 스폰서를 받는 대상, ③ 제3자로서의 고객과 팬이다. 고객은 스폰서 주체, 팬은 스폰서 대상과 연관되는데 스폰서가 이루어짐으로써 고객과 팬은 자연히 하나가 된다. 스폰서십이 광고와 다른 점은 다음과 같다.

- 스폰서십 대상에게는 이타적인 입장을 보인다.
- 간접적이고 잠재적인 방법을 통해 수용자(팬과 고객)를 설득한다.
- 스폰서 주체의 설득 의도는 숨어 있다.
- 수용자(팬, 고객 등)는 낮은 경계심을 갖게 한다.
- 스폰서십은 단기적인 효과를 노리는 것이 아니라 장기적인 관점이다.

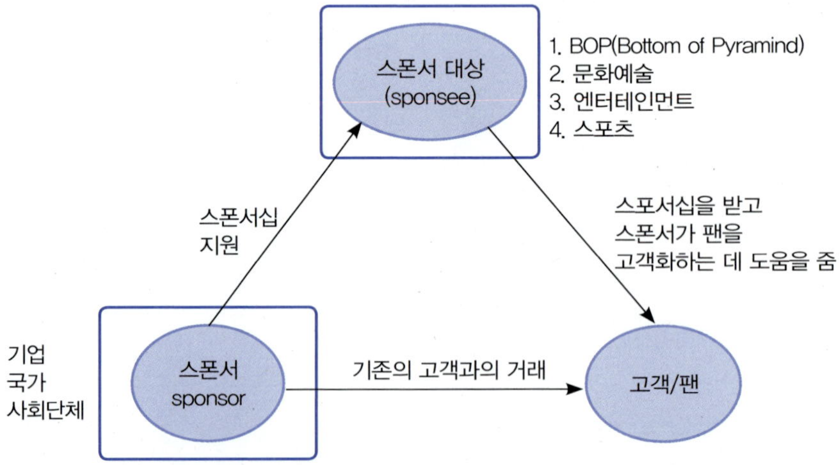

| 그림 10-2 | 스폰서십 개념도

현대에서 스폰서십의 주체는 주로 기업이고 스폰서십 대상은 스포츠업계인 경우가 많다. 산업화 시대가 도래하기 전에는 기업보다는 국가가 주요 역할을 해왔고 대상 역시 문화예술계에 국한되었는데 이때는 후원이라는 용어가 더 적절했을 것이다. 최근에는 엔터테인먼트산업이 스폰서십의 대상으로 활발히 활용되고 있으며 주로 협찬 등의 형식으로 이루어지고 있다.

개미와 베짱이를 보면 스폰서십을 쉽게 이해할 수 있다. 개미는 스폰서십 주체인 기업이며 베짱이는 스폰서십 대상인 문화예술 혹은 엔터테인먼트계로 볼 수 있다. 개미는 베짱이가 스타로 성공할 수 있도록 작품활동을 하는 데 지원을 해줌으로써 일만 할 줄 아는 것이 아니라 문화예술에 대한 식견을 가진 존재로 이미지를 높일 수 있다. 베짱이는 개미의 후원을 통해 개미들에게 멋진 음악을 제공하며 질 높은 여가를 누리게 한다.

(2) 스폰서십의 역사적 근원과 변화

스폰서십은 자선(philanthropy), 후원(patronage), 기부(donation) 등과 혼용해서 쓰이고 있다. 또한 메세나(mecenat)는 기업의 문화예술지원을 뜻하는 말로 기업가의 문화예술에 대한 관심이나 사회적 공헌으로 시작하였으며 반대급부를 원하지 않는 행동이다. 메세나는 로마의 대신으로 문예부흥에 큰 역할을 한 메에케나스(Maeceneas)의 이름에서 유래되었다고 한다.

노블리스 오블리주(nobless oblige)는 혜택자로서 사회에 대하여 완수해야 할 책임, 공인(公人)으로서의 역할과 밀접한 관련이 있다. 보호를 받아야 할 대상에게 책임을 다하는 자세를 촉구하는 것이다. 천재적인 건축학자인 안토니오 가우디(A. Gaudi)는 구엘(Guell)이라는 사업가 후원자를 통해서 일생의 명작을 만드는 데 많은 도움을 받았다.

> 구엘은 진정한 신사다. 돈이 있지만 티를 안내고 돈을 다룰 줄 아는 사람이다. 진정한 세뇨르이다. 진정한 귀족이란 감각적으로 뛰어나며 예의가 바르다. 모든 분야에서 뛰어나기에 부러움을 모르며 아무도 방해하지 않는다. 자신의 주위의 사람들의 태도를 천천히 관망한다. 메디치 가문 사람들이 이렇지 않았는가?
>
> **안토니오 가우디**

(3) 기업의 공유가치 창조와 스폰서십

스폰서십은 기업이 추구하는 가치를 변화시키고 있다. 다음은 기업의 추구가치가 변화하는 순서이다.

① 경제적 가치의 추구(이윤창출): 고객에게는 좋은 상품과 서비스를, 종업원에게는 급여와 복지, 일터에서의 자아실현, 주주에게는 주가상승과 타사대비 우월한 배당금 제공 등이다.

② 사회적 가치의 추구(사회적 기여): 기업의 사회적 책임(Corporate Social Responsibility: CSR)은 기업의 이해당사자들이 기업에 기대하고 요구하는 사회적 의무로 사회공헌사업 등이 대표적이다.

③ 기업의 본연의 임무인 경제적 가치와 사회적 가치를 조화시키는 방법을 모색한다(이윤창출 +사회적 기여).

공유가치 창조(Creating Shared Value: CSV)란 기업의 사회적 책임을 완수함과 동시에 본연의 기능인 경제적 책임을 완수해야 한다는 의미이다. 2011년 마이클 포터(M. Porter)가 하버드 비즈니스리뷰에 처음 제시한 용어이다.

3. 엔터테인먼트와 조직활성화

1) 조직활성화

(1) 조직활성화의 개념

조직활성화란 조직 내 직원 개개인의 현시적 혹은 잠재적 능력을 최대한으로 발휘하게 하고 이를 통해 조직의 상승효과를 가져오게 하며 궁극적으로 조직의 목표를 달성하는 것이다. 기업이 중요하게 여겨야 할 자산 중의 하나가 인적 자산이기에 조직활성화는 무엇보다도 중요하다. 조직활성화를 통해 조직의 문화(culture), 조직의 운영시스템, 직원의 능력을 변화시킨다.

(2) 조직활성화의 의의

첫 번째로 벽이 없는 조직을 만들어 소통이 원활하게 한다. 이를 통해 상호 스킨십과 신뢰를 재구축한다. 조직 시너지의 창출은 사람 수×(사람 수−1)/2가 된다. 즉 사람과 연결성에 따라서 조직은 힘을 발휘하게 된다.

두 번째로 공식조직에서 드러나지 않는 스타(직급에 상관없이 영향력을 발휘하고 조직을 이끌 수 있는 리더)를 발굴한다. 업무 능력 이외에 다양한 능력을 발휘할 수 있는 장을 마련하여 이를 연결할 수 있는 방안을 모색한다.

세 번째로 동기부여를 통해서 조직의 능력을 극대화한다. 동기는 마치 엔진과도 같아 목표를 향해 스스로 움직이게 하는 원동력이다. 이를 위해서 칭찬 릴레이 하기, 우수사원 선발, 회사 내 생산품에 직원의 이름을 새겨넣기 등 다양한 방법이 이용된다.

(3) 조직활성화의 변화

조직활성화는 엔터테인먼트와 결합하면서 기존의 단순한 이벤트 방식, 예를 들면 체육대회, 간담회 등을 탈피하여 새로운 모습으로 변하고 있다. 이러한 변화는 기업이 기존 고참집단과 다른 생각과 스타일을 가진 신세대 신입사원들을 채용하면서 상호 간의 융합과 성공적인 조직생활 적응을 위한 변화의 노력이 반영된 것으로 본다.

팀버튼(Team button)은 기업교육에 예술과 엔터테인먼트를 접목시켜 인기를 얻고 있는 집단이다. 이름 역시 팀(조직)을 이어주는 단추(button)이란 의미를 가졌다. 강사 대신 코치라는 전문예술인이 구성되어 있고 소통, 단합, 팀빌딩, 하모니, 리더십 등을 배양하는 데 주안점을 둔다.

모 조직활성화 컨설팅 집단에서는 예능 프로그램 〈남자의 자격 : 하모니편〉을 모티브로 해서 모기업의 신입사원들이 2주간 코러스 이벤트(합창, 그 안에는 하모니가 있다)를 준비하게 하여 조직의 일원으로서 화합을 이루어내었다. 〈언더커버보스(Undercover boss)〉는 영국에서 제작된 몰래카메라 형식의 리얼리티프로그램으로 대기업 최고경영자가 자신의 회사 일용직 사원으로 취업하여 일어나는 일들을 다루고 있다. CEO 자신에게는 직원들의 고생과 노력을 현장에서 볼 수 있는 기회가 되며 직원들은 CEO에 좀 더 가까이 다가갈 수 있는 시간이 된다.

2) 유머와 기업 조직

(1) 유머의 개념

유머(humor)는 재치, 익살 등과 같은 의미로 쓰인다. 라틴어의 '축축한 것', '체액' 등을 뜻하는 'Humanus'에서 유래하였다. 기분이 좋을 때, 습기 즉 체액이 증가한다고 믿었던 그리스인들의 생각을 알 수 있다. 유머는 인간에게 마음의 평안과 기쁨을 주기 위해 웃음을 만드는 계획적인 말과 행동의 일체이다. 또한 '유머'는 웃음과 감동을 얻기 위한 익살스러운 농담, 골계, 해학, 풍자, 위트, 궤변, 역설, 만화, 시트콤, 코믹영화 등 다양한 표현의 총합으로 짧은 이야기나 우스꽝스런 행동의 일체다.

(2) 유머의 기능

자주 웃는 사람을 보고 실속이 없다, 헤프다, 허파에 바람이 들어갔다 등으로 표현하며 유머를 낮게 평가하는 경향이 있다. 그러나 유머는 건강과 매우 밀접한 관계를 가진다. 미국 테네시주 벤더빌트대학 연구팀에 의하면 10~15분 동안 웃으면 중간크기의 초콜릿 1개, 즉 50kcal를 소모하고 이것이 1년이면 2kg의 체중감량 효과가 있다고 했다. 인디애나주 볼 메리얼 병원의 연구에 의하면 하루에 15초를 웃으면 2일의 수명연장을 가져온다고 했다. 박장대소 한 번이면 고가의 영양제도 울고 간다고 했다. 마음껏 웃고 나면 호흡량이 늘고 혈액순환이 개선되며 항암세포의 기능도 활성화된다고 한다. 유머가 필요하다.

유머는 상대에 대한 벽을 없앤다. 미워할 수 없게 만드는 웃음의 어원은 헬레(hele)이고 그 의미는 건강(health)이다. 웃음은 일반적으로 본능적인 쾌락의 웃음과 긴장이 이완되면서 자연적으로 나타나는 웃음이 있다. 사람과 사람을 이어주는 사교를 위한 의도적인 웃음, 날카로운 풍자의 웃음, 그리고 삶의 부담을 덜어주는 웃음, 즉 유머가 있다. 이 중 가장 상위의 웃음은 유머다.

(3) 유머와 경영

경영에서 유머를 활용하는 이유는 다음과 같다(김영걸, 2002).

- 새로운 고객을 확보
- 기존 고객과의 관계를 돈독히 함
- 직원 역시 즐기면서 일하는 바탕

미국은 상품 책임(Product Liability: PL)과 관련된 분쟁이 워낙 잦다보니 소비자

경고문구는 다양하다 못해 상상력이 존경스러울 정도로 유머로 가득 차 있다(동아일보, 2003.7.28).

① 옷 입은 채 다림질하지 마시오. (다리미)
② 콧구멍이나 귀에 건전지가 박히면 병원에 가시오. (건전지)
③ 뒤집지 마시오. (케이크)
④ 주의: 땅콩 들어 있음. 봉지를 뜯은 후 드시오. (땅콩 과자 업체)
⑤ 샤워 중이나 잠자는 동안 절대로 쓰지 마시오. (헤어드라이어)
⑥ 이 옷을 입고는 날 수 없다. (슈퍼맨이나 배트맨 의상 제조업체)

조직심리학 박사인 서튼 교수는 그의 저서 《굿 보스, 배드 보스(Good boss, bad boss)》에서 좋은 보스가 조직과 부하에게 미치는 영향을 밝혔다. 뛰어난 직원들이 회사를 그만두는 가장 큰 이유는 부하를 무시하고 모욕해서 일할 의욕을 떨어뜨리는 보스라고 하였다. 따라서 적절한 유머와 함께 리더십의 강약 조절이 필요하다.

바야흐로 유머가 경쟁력인 사회가 도래했다. 신나고 재미있는 일터를 만들자는 펀(fun)경영이 화두로 떠올랐는데 이는 결국 유머경영(management by fun)이라고 할 수 있다. 직원들에게 유머훈련을 시켜 직장 분위기에 활력을 불어넣고 상상력을 자극하여 새로운 생각을 탄생시킨다는 것이다. 유머는 곧 생산력이다.

3) 엔터테이닝 리더십

(1) 리더십이란 무엇인가

리더십(leadership)은 이끄는 능력, 하게 하는 능력 등으로 해석된다. 마치 부동의 사동자(unmoved mover)인 북극성과도 같이 자신은 움직이지 않지만 존재 이유 하나만으로도 다른 사람을 움직이게 하는 능력이다.

(2) 엔터테이닝 리더십

기업 경영에서 경쟁자를 뛰어 넘고 고객의 마음을 사기 위해서는 직원들의 창조성을 극대화하여야 하며 이를 위해 유연한 조직이 필요하다. 따라서 논리보다는 말랑말랑한 감성을 자극해야 하는데 리더십에 프렌드십(friendship)과 라포(rapport)를 녹여내야 한다.

프렌드십이란 신뢰와 헌신, 애정의 바탕 위에 서로 관심사와 가치를 공유하는 관계로 부하의 관심과 지지를 통해 리더의 성과를 높일 수 있다. 라포는 마음의 유대, 사람과 사람이 서로 통하고 연결된 상태가 되어 좋은 감정과 즐거움으로 이어진다(박지홍, 2014).

(3) 엔터테이닝 리더십의 사례

한양대 최고엔터테인먼트과정은 엔터테인먼트를 기업경영에 접목시키고자 하는 또는 엔터테인먼트기업에 종사하는 최고경영자를 대상으로 하는 과정이다. 본 과정에서는 수료식 증서에 '기쁨과 행복을 전파할 수 있는 사람'을 수료 요건으로 명시화하고 있다. 따라서 CEO(최고경영책임자, Chief Executive Officer)는 chief entertainment officer(최고 엔터테인먼트 경영자)로 다시 명명된다.

| 그림 10-3 | 한양대 최고엔터테인먼트과정 수료식 사진

출처: 한양대학교 (2005).

| 표 10-1 | 한양대 최고엔터테인먼트과정 1기 시간표(일부)

주순	일자	요일	교시	교사·강사명	소속·직책	강의 주제	비 고
1	2001 9/3	월	1			개강식 + 다과회	개강식 5:30
			2			만찬 Ⓐ + 상견례	
			3	○○○		엔터테인먼트산업 총론	
2	9/10	월	1	○○○		엔터테인먼트산업과 정보화	
			2			식사 + 분과토의	
			3	○○○		뮤직 비즈니스와 음반제작 시스템	
3	9/17	월	1	○○○		스포츠 엔터테인먼트	
			2			식사 + 분과토의	
			3	○○○		기적의 음양 식사법 특강 ①	〈초청명사〉
	9/21	금	○○○			"게임업의 성공과 실패 사례"	〈초청명사〉
4	9/24	월	1	○○○		미국 엔터테인먼트산업의 주제와 시사점	
			2			만찬 Ⓑ + 특강 ③	
			3	○○○		"○○○소설가가 본 한국 역사관"	〈초청명사〉
	9/26	수	5 : 00 (제1부) 대학로 ○○○ 시골 상차림에서 식사와 부부상견례 (I) 7 : 15 (제2부) 생생한 문화현장체험(프로그램은 당일 즉석 발표)				
5	10/1	월	추석 명절				공휴일
6	10/8	월	1	○○○		벤처캐피털과 엔터테인먼트산업	
			2			식사 + 분과토의	
			3	○○○		영상산업과 만화와의 관계	
7	10/15	월	1	○○○		디지털 시대의 엔터테인먼트 마케팅	
			2	○○○		오감만족을 통한 식문화	
			3			만찬 Ⓒ + 부부동반 (II)	

출처: 한양대학교 최고엔터테인먼트과정(eep)

미라이공업(未來工業)의 야마다 아키오 사장은 경영자란 사원이 열심히 일하려는 생각이 들도록 힘써야 하며 이를 위해서 느슨하면서도 창조적인 일하고 싶어하는 직장을 만들기, 이른바 유토피아 경영을 실천하였다.

- 잔업, 휴일근무 없음
- 전 직원 70세 정년보장
- 정리해고 없음
- 연간 140일 휴무

- 3년 육아휴직 보장
- 5년마다 전 직원 해외여행

> 그는 젊은 시절 연극 경험을 바탕으로 직원을 배우에 비유한다. "배우가 감동하지 않으면 관객은 기뻐하지 않는다. 장사도 그래, 막이 오르면 연기는 배우에게 맡겨야 해, 맡기지 않으면 배우는 성장을 못해. 연극에서도 처음부터 끝까지 지시하면 바보가 되지. 경영도 마찬가지야. 막이 오르면 사원이라는 배우에게 맡겨야 해."
>
> 출처: 주장환 (2007).

SM엔터테인먼트의 이수만 회장은 한류 음악 사업에서 카리스마적 대응을 통해서 사업을 성공으로 이끌었는데, 남보다 먼저 해외시장에서 기회를 잡았고(early), 빠르게 스타제조시스템 등 프로젝트를 가동했으며(fast), 시의적절하게(ontime) 고성장 부문에 투자를 집중했다는 평가를 받았다. 특히 관계구축능력에서 지식의 공유 및 전문성, 다양성을 제고하기 위해서 프로듀서 경영체계를 확립하고 조직 내 활발하고 간결한 커뮤니케이션을 지향하였다고 한다(이장우 · 허재원, 2013).

미국 대통령 도널드 트럼프(D. Trump)는 2007년 미국 프로레스링 경기의 링에 올라가 커미셔너인 빈스 맥마흔(V. McMahon)의 머리를 깎는 쇼에 가담한 바 있다. 트럼프는 미국 프로레스링엔터테인먼트(WWE)의 팬이자 후원자로서 인연을 맺어 '대리인 대결'이라는 이벤트 경기에서 승리한 후에 이와 같은 쇼맨십을 발휘했는데 강한 남자라는 이미지를 쌓는 데 도움이 되었다고 한다.

생각해 볼 문제

01 기업의 엔터테인먼트 요소에 지나치게 의존하면 기업의 정체성을 상실하지 않을까?

02 간접광고를 지나치게 허용할 경우 예상되는 문제점은 무엇인가?

03 브랜디드엔터테인먼트는 어떻게 비즈니스 메시지와 재미를 조화시킬까?

04 기업이 스폰서십을 남발하면 어떠한 문제점이 있을까?

05 리더가 지나치게 엔터테인먼트를 추구하면 조직을 이끌어나가는 데 어떤 문제점이 있을까?

조식의 칠보시 엔터테인먼트와 정치

조식은 중국 위나라의 시인이자 조조의 아들이다. 형인 문제(조비)가 아우인 조식의 똑똑함을 시기하여 일곱 걸음 안에서 시를 짓지 못하면 큰 벌을 내리겠다고 하였다. 조식은 일곱 걸음 만에 시를 읊었고 내용도 한 핏줄을 타고난 형제 간의 다툼과 형의 모질음에 대하여 통탄하는 내용이었다. 조비와 조식은 아버지 조조의 용맹한 리더십과 문인적인 기질을 나누어 태어났는데 평소에 아버지의 사랑을 많이 받았던 조식에게 조비는 위기감을 느끼고 있었다고 한다. 조비는 조식을 정치적으로 끌어내리기 위해 시(詩)를 이용하였고 또 조식은 이러한 정치적 암투에 시를 통해서 저항하였다.

칠보시(七步詩)

조식(曹植)

煮豆持作羹	콩을 삶아서 죽을 만들고
以爲汁	콩을 갈아짜서 즙을 만든다.
萁在釜下然	껍질은 솥 밑에서 불타고
豆在釜中泣	콩은 솥 안에서 운다.
本自同根生	원래는 같은 뿌리에서 생겨났는데
相煎何太急	서로 어찌 이리 심하게 볶아야 할 것인고

CHAPTER 11

엔터테인먼트와 관광산업

신(神)은

천국보다

모리셔스(Mauritius)를

먼저 창조하였다.

마크 트웨인

PPL마케팅 TV · 영화 속으로 들어간 여행업계

예전에는 시청율이 높은 '대박 드라마'가 아니면 투자가 힘들었지만, 지금은 드라마 상품 출시 등으로 수익을 보전할 수 있어 협찬사는 드라마 선택의 부담을 덜었다. 지난해 방송법이 개정되면서 간접광고 허용 범위가 넓어진 것도 큰 변화다. 제작사와 손을 잡은 여행사 및 관광청의 사례를 통해 PPL(Product Placement)마케팅의 현 주소를 짚었다. (중략)

여행업계의 협찬방식은 항공과 호텔 등의 현지 촬영 지원, 제작비 지원으로 크게 나뉜다. 협찬사는 투자를 하는 명목으로 방송이 끝난 후 자막으로 업체의 상호를 노출할 수 있는 기회를 얻을 수 있다. (중략)

PPL마케팅에 적극적인 여행업계 관계자들은 여러 가지 홍보 걸림돌 속에서도 꾸준히 드라마 · 영화 마케팅에 뛰어드는 이유로 브랜드 홍보를 능가하는 '알파'가 있기 때문이라 입을 모았다. 관광청의 경우 드라마나 영화가 잘 될 경우 자연스럽게 사람들의 관심을 유도할 수 있고, 여행사는 여행지 홍보에 힘입어 관련 상품을 활발히 개발할 수 있다. (중략)

하나투어 김태욱 과장은 "여행사가 상품 페이지에 직접적으로 주인공 사진을 활용하는 데는 제약이 있다"면서도 "지난해 아테나 해외 현지 촬영지를 방문하는 드라마 따라잡기 상품을 출시하고 관련 이벤트를 벌이며 또 다른 홍보 도구로 이용했다"고 말했다.

특히 인바운드를 함께 하는 여행사는 외국인이 드라마 촬영지를 방문하는 상품을 개발해 인바운드 창출효과를 누리고 있었다. 모두투어 남수현 차장은 "예전에는 대박 아니면 쪽박 이런 식이었지만 이제는 굳이 대박이 나지 않더라도 부대효과를 노리고 투자를 하는 경향이 있다"며 "〈도망자〉 촬영 당시 아예 촬영장 투어를 만들었고 현재 방영중인 〈시티투어〉도 추후 주인공과 외국인 관광객이 만나는 한류 상품으로 활용할 계획이 있다"고 설명했다.

출처: 여행신문 (2011.6.13).

이 장의 소개

이 장은 엔터테인먼트산업이 관광과 결합하여 가치를 창출하는 양상을 보여주고자 한다. 여기에서는 관광주체로서 관광객, 관광객체를 만들어 나가는 일련의 활동인 관광자원 개발 및 관광마케팅 그리고 관광객체로서 관광지의 엔터테인먼트화를 주로 논의하였다.

1절 엔터테인먼트 관광객은 휴스(Hughes)의 논의에 따라 엔터테인먼트적 활동이 주가 되고, 엔터테인먼트가 방문동기가 되는 관광지를 방문하는 자로 제시하였다. 따라서 엔터테인먼트 관광지는 엔터테인먼트에 대해 관광객이 얼마나 관심을 갖는가, 엔터테인먼트가 얼마나 관광대상으로서 집객력을 가지는가에 따라 나누어 볼 수 있다. 엔터테인먼트 관광객은 엔터테인먼트를 통해서 소비한 이미지를 엔터테인먼트 관광지에서 재현되는 이미지로 다시 재소비할 수 있다.

2절 엔터테인먼트 관광자원은 주로 엔터테인먼트의 이미지가 결합되어 만들어지는데 관광상품의 원재료로 활용된다. 엔터테인먼트 관광개발은 엔터테인먼트를 관광자원으로 하여 개발되는 관광상품 혹은 관광지이다. 또한 엔터테인먼트 관광마케팅은 엔터테인먼트산업적 사고를 관광마케팅에 적용하는 것과 관광마케팅에 엔터테인먼트적 요소를 포함시켜 마케팅 효과를 극대화하는 것이다.

3절 엔터테인먼트 관광지는 엔터테인먼트의 장르인 영상, 음악, 예능버라이어티 등 시각적 · 청각적 이미지가 포함된 관광지이며 단순한 이미지의 재현을 넘어 등장인물(캐릭터)과 배경과의 상호작용을 통한 스토리텔링, 테마파크, 엔터테인먼트 관광지로서 도시의 이미지 등이 다양하게 표출된다.

열쇠말

엔터테인먼트 관광객, 엔터테인먼트 관광자원, 엔터테인먼트 관광지, 이미지, 재현

학 습 목 표

1. 엔터테인먼트 관광이 일반 관광과 어떻게 다른지 설명할 수 있다.
2. 엔터테인먼트를 통한 이미지와 관광지 이미지와의 관계를 나타낼 수 있다.
3. 엔터테인먼트 관광자원에는 어떠한 것들이 있는지 열거할 수 있다.
4. 엔터테인먼트와 관광 간의 선순환 구조를 확립하는 방법을 제시할 수 있다.
5. 엔터테인먼트를 관광지 마케팅에 활용하는 방법에는 어떤 것이 있는지 사례를 들어 설명할 수 있다.

1. 엔터테인먼트 관광객

1) 엔터테인먼트 관광객의 개념

(1) 엔터테인먼트 관광

엔터테인먼트는 인류의 유사 이래로 존재하였는데 그리스시대 철학자들은 서로 지적인 논쟁을 통해서 즐거움을 찾았으며 로마시대에 빵과 서커스로 비유되던 검투사 경기에 열광하였다. 엔터테인먼트가 사람들에게 즐거움과 기쁨을 준다는 점에서는 다를 바가 없지만 할리우드로 상징되는 영화산업의 등장과 인터넷을 통해 전달되는 수많은 엔터테인먼트 콘텐츠 등이 이전의 엔터테인먼트와는 또 다른 형태의 엔터테인먼트로 제시되고 있다. 엔터테인먼트가 산업화, 본격화, 대형화되는 새로운 국면에서 엔터테인먼트 관광이라는 새로운 관광 분야를 논의해야 할 시점이다.

관광 현상은 관광지의 여름 해변가에서 3S(sun, sea, sand)를 만끽하는 것부터 시작하여 카지노, 테마파크, 축제 등에 참여하면서 쾌락을 찾고 박물관 및 문화유적을 방문하면서 지적인 유희를 즐기는 등 다양하게 전개되어 왔다. 이러한 관광행동을 통한 만족은 넓은 의미에서 엔터테인먼트라고 할 수 있다.

이상의 논의를 보면 엔터테인먼트와 관광은 결국 같은 것으로 동전의 양면과도 같은 존재라고 볼 수 있다. 최근에 가장 두드러진 관광현상 중에 하나로 영상촬영지 방문을 꼽을 수 있다. 영화관광(film-induced tourism)으로 불리기도 하며 별도의 연구가 이루어지고 있다. 또한 스타관광(celebrity-driven tourism), 드라마관광(soap opera tourism) 등 엔터테인먼트와 관광과의 관계를 새롭게 조명해 봄으로써 관광현상을 좀 더 심도 있고 진지하게 접근해 보려는 시도가 있었다(Riley, Baker, & Doren, 1998). 또한 관광 비즈니스로도 새로운 기회를 창출할 수 있다는 기대감을 갖게 한다. 이 장에서는 엔터테인먼트와 관광을 좁게 해석하여 서로 별도라는 전제하에서 엔터테인먼트가 관광산업과 결합하여 새로운 가치를 창출하는 양상을 연구하기로 한다.

(2) 엔터테인먼트 관광객

엔터테인먼트 관광객이란 관광지에서 체류와 활동의 주목적이 엔터테인먼트인 관광객을 말한다. 휴스(Hughes, 1999)는 예술과 관광 간의 관계에 주목하여 예술이 중심이 되느냐 아니면 부수적이냐, 거주지에서의 일상적인 활동이냐 아니면 관광지에서의 비일상적인 활동이냐의 네 가지 차원에서 구분하였다. 그리고 예술이 중심이 되면서 관광지에서 비일상을 보내는 행위에 주목하였다. 세계적으로 히트한 오리지널 연극을 보기 위해 미국의 맨해튼을 방문하는 것이 전형적인 예이다. 이 장에서는 이러한 사고의 틀을 존중하고 예술을 엔터테인먼트로 바꾸어 제시하여 보았다. 우리는 엔터테인먼트를 중심으로 관광지에서 비일상을 보내는 관광행동에 대해 논의한다.

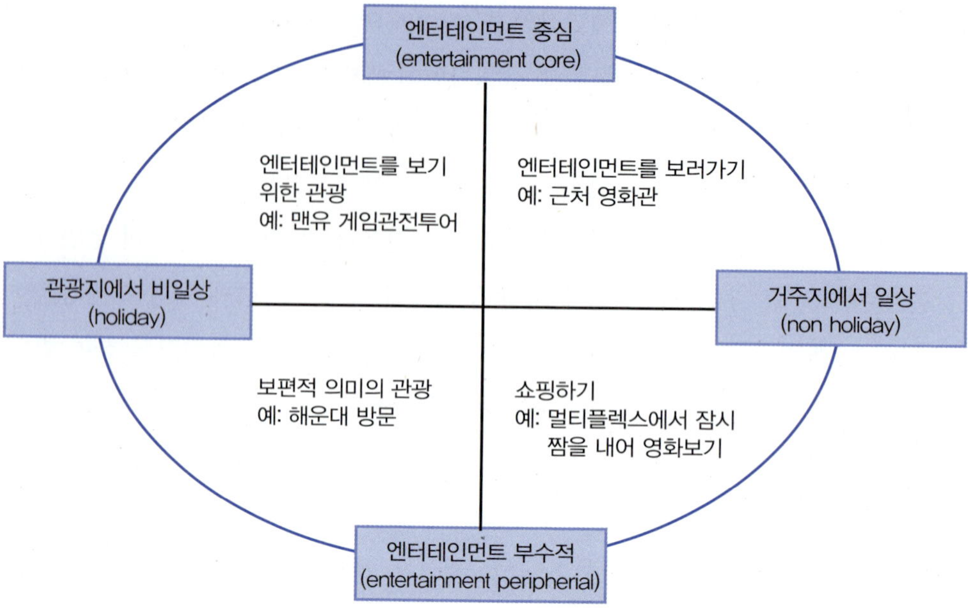

| 그림 11-1 | 엔터테인먼트와 관광

출처: Hughes(2000)의 논의를 바탕으로 재정리.

휴스와 벤(Hughes & Benn, 2010)은 영국의 해변에 위치한 리조트의 라이브쇼에 참가한 관광객들을 지칭하였으며, 엔터테인먼트 자체가 휴가체험의 대다수를 차지하고 있었으며 해당 리조트의 방문목적이라고 하였다. 2012년 자메이카에서는 재즈 및 블루스 페스티벌을 성공적으로 개최하고 이를 관광객 유치로 연계시켰는데, 새로운 관광의 분야로서 엔터테인먼트 관광의 가능성을 전망하였다. 베이츠와 페리(Bates & Ferri, 2010)는 엔터테인먼트 관광을 잘 구성되고 관리된 상황으로 방문객 전용의 댄스 공연, 쇼, 테마파크, 가이드 투어 등이 포함된 여행이라고 하였는데 여기에 참여하는 사람이 엔터테인먼트 관광객이라고 할 수 있다.

전남 진도에서 열린 '명량대첩축제'는 '불멸의 명량, 호국의 울돌목'을 슬로건으로 하여 해남 우수영 수변무대, 진도 승전 해상무대, 우수영 저자거리를 테마파크화하고 약무호남, 필사즉생 이순신, 회오리바다 울돌목 등 세 가지 주제를 바탕으로 당시 해상전투 재현 등 축제에서만 경험할 수 있는 프로그램의 차별화를 이끌어내었다(명량대첩축제 홈페이지, 2015). 특히 영화 〈명량〉이 누적관객수 약 1,761만 여

명의 관객을 동원한 것에 힘입어 동 축제 역시 개최 사상 최대인 44만명이 몰렸다(연합뉴스, 2014.10.13). 축제를 통해서 만족스러운 체험을 한 방문객은 향후 명량해전과 관련한 엔터테인먼트 콘텐츠를 이용하겠다고 다수 의사표시를 하였다(양승훈, 2016).

(2) 기존 관광객과의 차이점

잉스키프(Inskeep, 1991)는 관광지를 다음과 같이 세 가지로 나누었는데 엔터테인먼트 관광객은 엔터테인먼트 관광지를 방문하는 관광객이다.

- 자연 관광지
- 문화 관광지
- 엔터테인먼트 관광지

(3) 엔터테인먼트 관광객의 체험

엔터테인먼트 관광객의 체험을 파인과 길모어의 네 가지 엔터테인먼트 체험 구분에 맞추어 유추하여 예시하면 〈표 11-1〉과 같다. 체험은 감각적 체험, 교육적 체험, 탈출적 체험, 심미적 체험 등으로 나눌 수 있다. 엔터테인먼트 관광객은 이러한 체험의 종류에 의거하여 독특한 엔터테인먼트 체험을 한다.

엔터테인먼트 관광지에서 접할 수 있는 엔터테인먼트 관련 볼거리는 〈표 11-1〉과 같다.

| 표 11-1 | 관광객의 엔터테인먼트 체험

구분	내용
감각적 엔터테인먼트 체험	크게 몰입을 하지 않는 엔터테인먼트 공연 관람
교육적 엔터테인먼트 체험	교육적으로 따라하기, 문화해설사로부터 엔터테인먼트 관련 매력물에 대한 해설 듣기
탈출적 엔터테인먼트 체험	현실과의 괴리 가상현실게임, 영화 〈타짜〉의 주인공처럼 카지노에서 배팅하기
심미적 엔터테인먼트 체험	〈타이타닉〉 주인공처럼 유람선의 가장자리에서 서서 흉내내기 등

출처: 양필수 (2009).

2) 엔터테인먼트 관광객 행동

(1) 유인요소(pull factor)와 추진요소(push factor)

유인요소와 추진요소는 관광객이 왜 특정 관광목적지를 선택하는가에 대해 설명해 준다. 유인요소는 관광목적지와 관련되는데 관광목적지의 특징들, 이미지, 접근성 등이 포함된다. 관광지의 이미지는 관광객이 목적지에 대하여 총체적으로 가지고 있는 믿음, 신념, 느낌의 총체로 관광객과 관광지는 감정적인 관계(emotional bond)를 형성한다.

추진요소는 관광객과 관련되어 동기(motivation), 사회경제적 · 인구통계적 특징, 관광목적지에 대한 지식 등이 포함된다(박시사, 2008). 욕구(needs)는 실제 상태와 선망상태 간의 차이로 충족이 안 된 욕구는 긴장과 갈등을 유발한다(박시사, 2008). 동기(motivation)는 욕구를 충족시키기 위한 행동의 추진력(driving force)이 된다.

케이브(Cave, 2009)는 레저 엔터테인먼트와 위락시설 등이 관광객을 유인하는 요소가 된다고 하였다(Gowreesunkar & Sotiriadis, 2015). 디즈니 크루즈를 타고 각 지역을 항해하다가 기항지에 포함되어 있는 올랜도의 디즈니랜드 테마파크를 방문하고자 할 때는 추진요소가 작용하였을 것이다. 선상에서 미키마우스 등 캐릭터에 대한 테마파크 체험을 통해서 어느 정도 지식이 형성되어 있었고 크루즈에서 기항지 관광을 신청할 때 입장료 할인혜택을 받으면 이것도 방문동기가 될 수 있다. 프란시스코 타레가의 명연주 〈알함브라 궁전의 추억(Recuerdos de la Alhambra)〉에 감동을 받은 사람은 스페인의 알함브라 궁전을 방문하고자 하는 동기가 발생하며 또한 방문지에서도 기타선율이 떠올라 남다른 체험을 할 수가 있을 것이다.

여행을 주제로 하는 영화를 보고한 후에 영화의 주인공이 되어 영화의 배경이 된 곳을 떠나는 재미도 있다. 영화가 유인요소가 된다.

| 표 11-2 | 여행을 주제로 하는 영화

영화제목	주제	영화에서 여행의 의미
라스트 홀리데이 (2006)	인생 마지막 여행	누구보다 최고로 멋지게 즐긴 처음이자 마지막 순간
빈센트: 이탈리아 바다를 찾아 (2010)	마음이 치유되는 여행	처음 마주한 여행으로 떠나는 힐링 프로그램
지금 이대로가 좋아요 (2008)	우리 둘이 하나가 되는 여행	너무나 달랐던 우리들을 하나로 묶어주는 하나의 끈
소와 함께 여행하는 법 (2010)	세상에 이런 특이한 여행	힘들 때 곁에 있어준 든든한 동반자와 함께 자아 찾기
로맨틱 아일랜드 (2009)	덤(휴가)에 더머(애인)까지 생긴 여행	신선한 자극, 인생을 변화시킨 만병통치약
타임 패러독스 (2015)	SF액션 스릴러 속의 시간여행	현실에 충실하지 못한 자의 시간여행은 시간으로 엮인 숙명의 굴레다
어바웃타임 (2013)	로맨스 드라마 속의 시간여행	과거를 수정하는 것은 만능열쇠가 아닌 보조키에 불과하다
그래비티 (2013)	지구인의 우주여행	죽을 만큼 힘들 때 삶의 이유를 찾고 싶다. 먼 나홀로의 우주여행 강력추천
우주전쟁 (2005)	외계인의 지구여행	휴가 NO, 침략 YES, 모두가 반기지 않는 민폐 여행기
이프 온리 (2004)	멈춰버린 시간여행	사랑을 전할 수 있는 지금 이 순간을 잃지 말자

출처: 스타포커스 (2015, 6/7호).

(2) 휴스의 엔터테인먼트 집객모형

휴스(Hughes, 2000)는 관광객의 관심(orientation)과 예술이벤트의 집객능력(drawing power)을 중심으로 다음과 같이 다양한 유형의 엔터테인먼트 관광을 예시하고 있다. 관광객의 관심과 예술이벤트의 집객능력이 높을수록 관광객이 관객이 될 가능성이 높다.

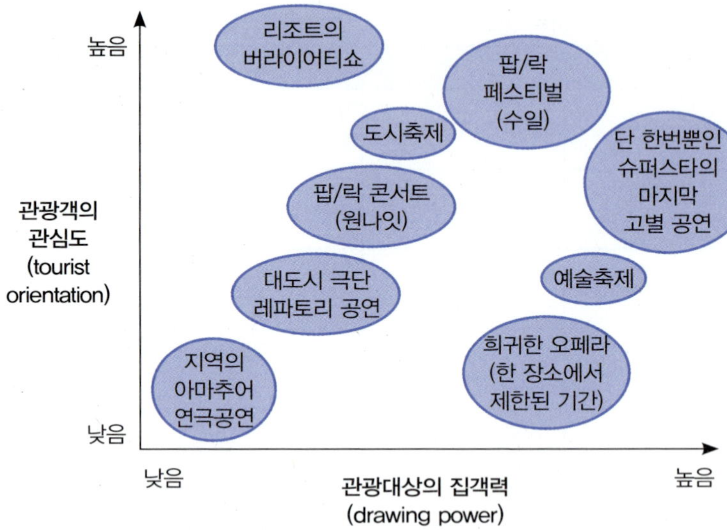

| 그림 11-2 | 엔터테인먼트 관광객과 관광대상

출처: Hughes(2000)를 바탕으로 재정리.

(3) 엔터테인먼트 이미지와 관광행동

엔터테인먼트를 소비하면서 형성된 수용자(관객)의 1차 이미지는 관광지에서 관광객이 이전의 지각된 경험을 바탕으로 재현된 2차 이미지에 반응한다. 엔터테인먼트를 통해서 제시된 영상은 만든 사람의 주관이 반영된 편집이라는 과정을 거치기 때문에 실제 배경과 달라질 수 있다. 더구나 이야기의 전개, 음악효과, 등장인물의 동작 등으로 인해 변형이 이루어진다. 이미지에 대한 지각에서 동일하게 반복되는 것은 흥미와 관심이 떨어진다. 즉 두 번 반복해서 보지 않는다는 것이다. 다만 관광지에서의 배경에 대한 지각은 엔터테인먼트 소비를 통해서 지각된 배경과 다르지만 연관성이 있기에 보다 적극적인 형태로서의 지각이 이루어진다. 더구나 관광지 자체가 엔터테인먼트의 배경이 되었다는 것을 생생하게 제시해 주고 있는 기호들이 여기저기 널려 있다.

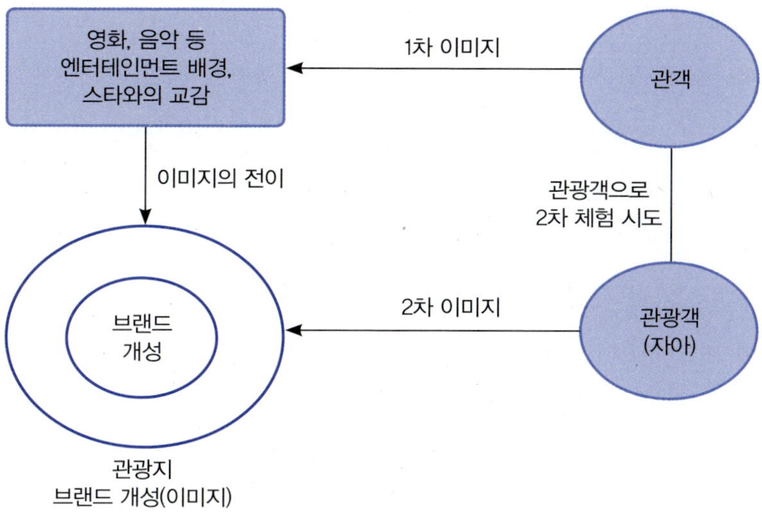

| 그림 11-3 | 엔터테인먼트 이미지와 관광행동

3) 엔터테인먼트 관광객 관광행동 관련 연구

(1) 리얼버라이어티쇼와 엔터테인먼트 관광객[01]

지금까지는 엔터테인먼트와 관광과의 관계 연구에서 영화 및 드라마 등 사전에 짜인 각본을 기초로 한 의도적인 연출적(staged) 상황에서 주인공인 대중스타와 대중스타가 직접 혹은 암묵적으로 광고 및 홍보하는 대상으로서의 관광지에 초점을 맞추었다. 그러나 지금은 리얼리티를 표방하는 프로그램에 대한 연구범위의 확장과 함께 이들 프로그램은 현재의 연구성과와는 차별화된 결과가 예상되었다.

리얼리티프로그램 '1박 2일'은 당대 최고의 인기 연예인이 평소에 볼 수 없는 연예인답지 않은 친근감과 진솔함으로 무장하여 황금시간대에 모든 연령의 시청자를 TV 앞으로 끌어들였다. 알려지지 않은 국내의 관광지를 소개하며 지역 특산물 요리를 먹고 지역주민과의 정서적 교류를 통해 끈끈한 애착관계를 형성하며 진정한

01 본 내용은 양승훈 · 김민철(2010). TV리얼버라이어티쇼 프로그램에 나타난 관광지의 이미지분석. 관광학연구, 34(2), 121-142.의 일부를 정리하였음

관광이 무엇인지를 보여준다. 아울러 매회 독특한 테마를 통해 목적지까지 어떻게 가서 무엇을 할 수 있는지를 친절하게 알려주어 시청자로 하여금 방송을 보고 마치 연예인들과 같이 여행을 하는 것 같은 대리만족과 연결시켜 준다. 원칙적으로 각본과 연출이 없는 리얼리티프로그램이 가지는 장점 이외에 우발성과 예측 불가능한 상황이 속출하는 가운데 특정 목적지가 관광객들에게 전달하고자 하는 관광이미지가 과연 제대로 그려지는지에 대한 의문도 던질 수 있을 것이다.

TV 리얼 버라이어티 쇼프로그램이 관광지를 어떻게 그리고 있는지를 알아보기 위해 해당 에피소드에 나타난 영상, 소리 및 자막의 의미를 소쉬르(Saussure)의 기표, 기의, 기호, 바르트(Barthes)의 외연적, 지시적 의미, 내포적 함축적 의미, 신화적 의미라는 1, 2, 3차적 분석틀을 원용하여 분석하고자 한다. 1차적 기표적 의미를 파악하기 위해 영상 텍스트를 먼저 보면 자연자원으로 푸른 산, 깎아지른 듯한 절벽, 가파른 계곡물과 쉼없이 흐르는 개울물, 개울 옆의 자갈, 바다와 파도의 출렁임, 백사장, 흰 눈, 안개, 밤하늘 등이 제시되었으며, 인문자원으로 강원도 전통가옥, 학생 수가 적은 분교, MT촌 등이 제시되었다. 그리고 청각 및 자막영상 텍스트를 보면 신선, 맑음, 차가움, 냉기, 야생, 숨어 있는 보석, 예술, 아름다움, 비밀스러움, 판타스틱, 시원, 지혜, 산길, 깨끗함, 자유, 여유, 행복, 녹음, 푸름, 편안, 하얀, 깊은, 청량, 오묘, 낭만, 한적 등이 반복적으로 사용되었다.

2차적 기의를 살펴보면 대체로 젊음, 동심, 희망, 순박, 고유성, 순결, 미지, 꿈, 해소, 낭만, 여유 등을 도출할 수 있다. 특히 맑음, 깨끗함, 차가움이 반복적으로 나타나고 있음에 주목할 필요가 있다. 강원도가 2010년을 녹색성장 선도화의 해로 보고 산소길, 동해안 낭만가도, 비무장지대 등 녹색관광 명품지대를 만들어 나가겠다는 의지가 '1박 2일'의 기표와 기의를 통해 어느 정도 보여지는 것이다. 이러한 기의는 3차적 기호로서 관광의 새로운 패러다임이라고 할 수 있는 녹색성장 담론과 자연을 강조하는 강원도와 부합하였다.

(2) 대중가요와 엔터테인먼트 관광객[02]

한국의 대중가요사에서 해방 후 특정 외국명, 외국의 장소, 외국과 관련된 단어를 제목 및 노랫말에 포함하여 대중가요 소비자로 하여금 이국적 정서 혹은 이국성(exoticism)을 호소하는 대중가요들이 대거 등장하였다. 대중가요가 만국의 집합소가 된 현상이었다.

대중가요의 가사(text)를 분석함으로써 당대에 살았던 사람들의 세계관을 유추하려는 연구가 진행되었다. 음악을 만드는 것은 상징활동이고 이는 실재를 구성하며 세계를 제작(world making)하는 행위가 된다. 대중가요는 해당 노래가 유행하는 시기를 살아가는 동시대 사람들의 문화로서 이들이 대중가요를 자발적으로 수용함으로써 존재한다. 동시에 대중가요의 창작자는 대중의 경험과 관심사, 인식과 정서, 욕망 등을 대중가요 속에 어떠한 식으로든 드러냄으로써 대중과의 공감대를 이루어낸다.

이 연구의 목적은 특정 관광지의 이미지를 형성하고 관광행동으로 옮기게끔 하는 텍스트의 역할, 즉 관광언어(language of tourism)로서 대중가요 노랫말이라는 가설을 제시하고 어떠한 형태로 표현되는지를 규명하는 데 있다. 음악이란 사람과 사람, 개인과 사회, 인간과 자연, 초자연적 세계의 관계를 모델로 삼고 은유한다. 음악을 소비한다는 것은 청자가 다른 장소들과 더 공감하고 더 적극적으로 관계를 맺도록 만드는 만큼 청자를 음악적 공간이동 혹은 상상의 이국적 모험에 참여시킬 가능성이 높다. 또한 음악을 생산한다는 것은 특정 장소 혹은 지역의 정체성을 나타내는 것이며 따라서 영화나 드라마와 마찬가지로 생산하는 주체의 이데올로기를 포함하고 있다.

노래 가사는 나타내는 대상의 이미지를 형성하는데 수용자가 따라 부르기, 즉 재현이 쉽다는 점에서 영화나 드라마에 비하여 반복성과 파급성 차원에서 우월하다. 이와 같은 대중가요의 재현성은 인간모방본능, 즉 동일한 노래를 다른 사람

---

02 본 내용은 양승훈 · 최문용(2015). 관광언어로서 대중가요 노랫말: 이국성을 중심으로. 산학기술학회논문지, 16(6), 3778-3786.의 일부임

이 다른 시공간에서 거듭하여 부르는 가운데 자기도 따라 부르고 싶어지는 것과도 관련이 있는데 이러한 측면에서 관광언어로서 대중가요의 가능성을 높여주고 있다.

장소적 측면에서 이국성이란 외국에 특별히 떨어져 있는 문화, 생활양식, 사람, 풍경을 보는 것으로부터 유래되는 심성으로 관광에 적용하면 다른 장소, 사람, 문화에 내재한 신기성, 기분의 차이를 의미한다. 댄(Dann)에 의해 제시된 형용사들은 앞에서 살펴본 바와 같이 다음과 같이 나타났다. 즉 primitive, simple, unsophisticated, natural, exotic, spectacular, remote, unspoiled, timeless, unchanging 등이다. 관광 브로셔에 대한 분석을 보면 remote, far, unknown 등이 관광언어로 쓰인 바 있다.

연구대상으로 해방 이후 1950년대와 1960년대에 발표된 대중가요로서 총 65개를 대상으로 하였다. 시기를 한정한 이유는 1970년대부터 인바운드 관광객들의 방한이 본격화되었다는 것을 감안하였고 해방 이전의 외국의 국명과 지명을 다룬 대중가요들은 화자가 정치적 망명객 혹은 전쟁에 동원된 군인 등으로 관광객이라고 보기에는 거리가 있었기 때문이다.

관광언어는 이질성과 함께 친숙성을 동시에 포함하고 있는데 친숙성은 관광객으로 하여금 현지 혹은 현지인과의 커뮤니케이션 갭을 줄여주는 역할을 한다. 대중가요에서의 친숙성은 주로 이국성을 소개하는 연결고리 역할을 하고 있는데 이국성의 비약에서 자칫 상실될 수 있는 공감성을 유지하는 데 이용된다.

이국성과 대조되는 친숙성이 동시에 제시되는 기법은 다음과 같다. 첫 번째로 아가씨를 배경에 삽입하여 친숙성을 획득한다. 두 번째는 배경에 대한 의인화(personification) 및 감정이입(empathy)을 통한 동일시 시도이다. 세 번째는 고향에 대한 언급인데 임시적인 머무름과 동시에 돌아갈 것을 암시하고 있다.

(3) 엔터테인먼트 공연과 엔터테인먼트 관광객[03]

공연이벤트란 공연자가 공개된 장소(공연장)에서 관람객을 대상으로 계획된 문화예술 프로그램을 관람시켜 주는 일회성 이벤트로 정의한다. 보다 거시적인 입장에서 관광상품으로서 개발되고 관광객을 대상으로 제작되어 공연장에서 유통되는 공연관광을 활성화시키기 위해서라도 공연 관람객에 대한 분석이 선행되어야 한다.

공연예술 관객의 유형분석 시도가 다수 진행되었지만 소비대상인 콘텐츠에 기초한 관객세분화는 이루어지지 못했다. 이러한 시도가 의미 있는 것은 콘텐츠를 바탕으로 다양한 형태로의 변용을 거쳐 상품을 만들어 내는 원소스 멀티유즈(one source multi use)전략에 상당한 시사점을 줄 수 있다는 것이다.

태권도 시범단 상설공연(공연명: 위대한 태권도)에 참가한 외국인 관광객을 대상으로 설문조사를 진행하였으며 총 209개의 표본을 분석하였다. 공연팀장의 인터뷰 내용을 살펴보면 공연이 대중예술공연을 지향하되 그간 안무 위주로 공연이 이루어진 점을 반성하고 무술수련의 한 축으로서 정신수양을 강조하여 정확성, 무게감, 절도 등을 강조하기 때문에 관객으로 하여금 태권도의 다양한 관점을 제시할 수 있어 측면에서 적절한 연구대상으로 판단되었다.

태권도 콘텐츠에 대한 친숙성은 공연몰입에, 공연몰입은 공연만족에 유의미한 영향을 주는 것으로 나타났다. 또한 관객이 태권도를 이해하는 방식을 요인분석한 결과 쇼이벤트형, 무예형, 스포츠형으로 나누어졌는데 쇼이벤트형과 무예형만 몰입에 유의한 영향을 주는 것으로 나타났다. 스포츠형에 대해서는 관객이 스포츠로서의 태권도에 대한 인식부족과 함께 공연에서 스포츠의 경기적 요소가 충분히 연출되지 않았기 때문인 것으로 판단된다. 공연콘텐츠를 공연화하는 데 관객의 콘텐츠에 대한 이해도를 높이는 노력과 함께 관객에 기초한 공연콘텐츠의 다양한 연출방식(OSMU)에 대한 전략적 접근이 필요하다.

---

03 본 내용은 문보영 · 김경선 · 양승훈(2015). The Influence of "Familiarity"on the Contents of Taekwondo Performances based on "Flow" and "Satisfaction." 호텔관광연구, 18(5), 408-421.의 일부임

2. 엔터테인먼트 관광자원개발과 관광마케팅

1) 엔터테인먼트 관광자원 및 개발

(1) 관광자원의 개념

관광자원(tourism resources)은 관광상품화를 위한 원료가 된다. 즉 관광객으로 하여금 관광하려는 의욕을 불러일으키는 잠재성을 가지고 있는 대상물이다. 자원은 다음과 같이 나누어진다.

- 자연자원: 산, 바다, 기암절벽, 동물, 식물 등
- 문화자원: 역사적 유물, 예술품, 마을이 추진하는 개발운동 등
- 인간자원: 지역의 명인, 지역의 명물, 지역출신 스타 등

(2) 엔터테인먼트 관광자원

바고와 러슈(Vargo & Lusch, 2004)는 해변을 중심으로 하는 엔터테인먼트 관광자원을 다음과 같이 두 가지로 제시하였다.

① 연산자원(operand resource): 태양, 모래, 바다 등 해변관광을 구성하는 유무형의 자원으로 엔터테인먼트 효과를 만들어 내는 것이며 엔터테인먼트적 활동이 포함되면 훨씬 더 매력적인 것이 된다.

② 작용자원(operant resource): 엔터테인먼트적인 재능과 기술로 해변에서 엔터테인먼트 효과를 발생시키기 위한 제반 해변활동을 만들어 내는 것이다.

기존의 시 · 공간이 엔터테인먼트와 결합되어 엔터테인먼트 관광자원화할 수 있다.

- 엔터테인먼트 제작의 배경이 되는 곳
- 엔터테인먼트를 만든 후에 소품을 재구성하여 만든 곳

• 엔터테인먼트 업계 스타와 함께 하는 시공간
• 엔터테인먼트를 즐길거리가 있는 장소

엔터테인먼트 관광자원은 교육에 가까운지 엔터테인먼트에 가까운지, 과거의 것인지 현재 혹은 미래의 것인지에 따라 [그림 11-4]와 같이 분류할 수 있다.

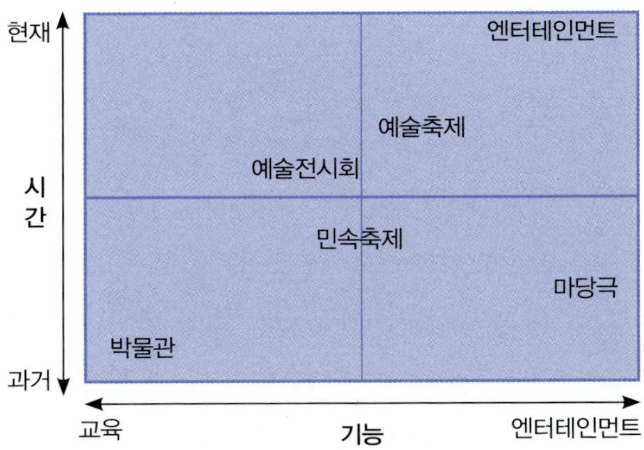

| 그림 11-4 | 엔터테인먼트 자원 분류

(3) 엔터테인먼트 관광개발

관광개발(development)은 소망하는 상태로 변화되게 하려는 의도되고 미래지향적인 행동이다. 따라서 인간이 주체가 되어 현실에는 존재하지 않은 유토피아, 샹그릴라(Shangrila), 극락 등과 같은 이상향(理想鄕)을 이 세상에 구현하고자 하는 일련의 노력이다.

관광지가 엔터테인먼트를 관광자원(소재)으로 하여 개발되면 엔터투어리즘 효과가 발생한다. 즉 엔터테인먼트는 관광과 결합하여 관광동기와 수요창출의 수단이 되고 관광소비는 엔터테인먼트산업으로의 재투자가 가능하다. 유니버설스튜디오는 1912년 설립된 미국의 영화제작사인데 〈킹콩〉, 〈죠스〉, 〈해리포터〉, 〈터미네이터〉 등 영화가 흥행한 후 영화 속에 등장하는 소품을 이용해 미국 및 일본 등지에 유니버설스튜디오 테마파크를 만들었다.

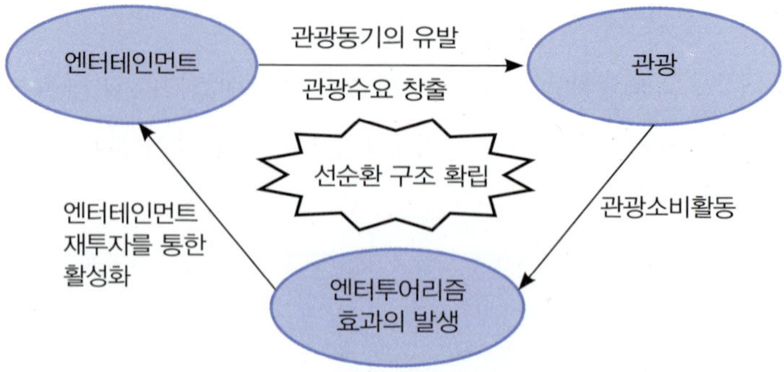

| 그림 11-5 | 엔터투어리즘 모형

출처: 한국관광학회 (2015.10.14).

일반 상품의 수명주기이론(product life cycle: PLC) 아이디어를 응용한 버틀러(Butler)의 관광지 수명주기(destination life cycle: DLC)는 엔터테인먼트 관광지 개발에 중요한 시사점을 준다. 관광지는 생명체와 같이 태어나서 보유하고 있는 매력을 활용하여 관광객을 유치하고 관광객 방문의 정점을 찍는 성장기를 겪는다. 관광지의 수용력(capacity), 즉 방문객을 수용할 수 있는 시공간이 넘치거나 매력을 상실하게 되면 마치 생명체와 같이 죽음을 준비하게 된다. 버틀러는 관광목적지 수명주기를 6단계로 나누어 제시하였다. 정체단계는 관광객의 감소 등으로 쇠퇴하거나 아니면 다시 재도약의 기로에 선다.

인상 프로젝트(印象, Impression project)는 세계적인 영화감독인 장예모와 북경인상공사가 손을 잡고 중국 각 지역의 전설이나 신화를 바탕으로 제작한 공연으로, 관광객을 대상으로 한다는 측면에서 공연관광이라고 할 수 있다.

공연관광이 엔터테인먼트 관광지 개발에 의미가 있는 이유는 다음과 같다.

- 지역의 강과 산을 그대로 무대에 연출하여 환경의 파괴를 최소화함과 동시에 자연의 스펙터클을 십분 활용함
- 전문 연기인이 아닌 지역주민을 배우화하여 공연에 출연시킴으로써 지역경제 효과 창출과 함께 지역인에 의한 지역 이야기라는 점에서 설득력 확보함

• 지역에 맞는 스토리를 배경으로 선택하여 고객으로부터 공감대 확보

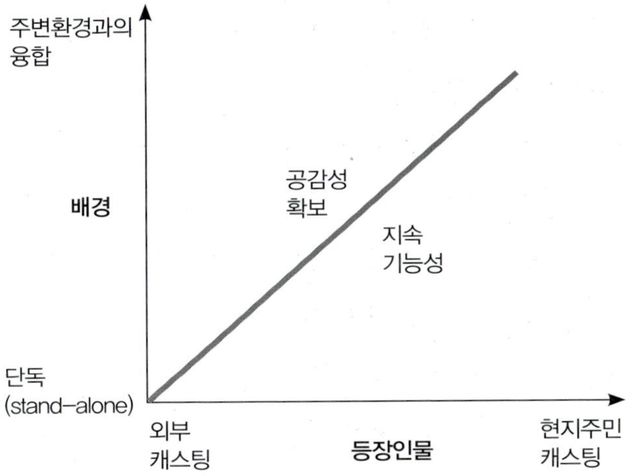

| 그림 11-6 | 공연 엔터테인먼트 관광개발의 방향성

2) 엔터테인먼트 마케팅

(1) 마케팅의 개념

마케팅은 판매자와 구매자를 연결하고 서로 교환관계를 조성하는 기업활동이다. 같은 맥락에서 관광마케팅은 관광상품을 중심으로 판매자와 구매자 간에 서로 이득을 볼 수 있는 관계를 형성하는 것이다. 잠재적인 관광객의 욕구에 부합하는 관광지를 만들고 관광지에서의 체험을 형상화하고 상품화하여 준비하는 일련의 행동이 관광마케팅이다. 이를 위해서 관광마케팅은 다음과 같은 구체적인 활동을 통해서 판매에 이르도록 노력한다.

• 관광객 찾기
• 관광객 만들기
• 관광객의 마음을 사로잡기

(2) 엔터테인먼트 관광마케팅

엔터테인먼트 관광마케팅은 첫 번째로 엔터테인먼트산업적 사고를 관광마케팅에 적용하여 전략적 방향을 설정하는 것, 두 번째로 관광마케팅에 엔터테인먼트적 요소(e-factor)를 포함시켜 마케팅의 효과를 극대화하는 것이다.

첫 번째로 엔터테인먼트산업적 사고를 관광마케팅에 적용하는 방법은 보스턴 컨설팅그룹의 매트릭스를 원용한다. BCG 매트릭스란 사업이나 상품의 경쟁력을 평가하는 방법으로 성장률과 점유율의 크기를 바탕으로 네 가지 사업 혹은 상품군으로 구분하여 의사결정을 내린다. 모건과 리처드(2000)는 이와 같은 아이디어를 차용하여 스타로서의 가치(celebrity value)와 감정적 유인(emotional pull)을 축으로 하여 관광지에 대한 높은 기대치가 형성되는 고관광지와 관광객 간의 높은 교감이 이루어지는 곳을 스타관광지라고 명명하였다. 전자가 인지적 차원이라면 후자는 감정적 차원에 해당된다. 스타관광지는 바하마, 파리, 아일랜드 등이 있고 낙오자로 분류되는 관광지는 폴란드, 아프가니스탄, 우크라이나 등이 속한다.

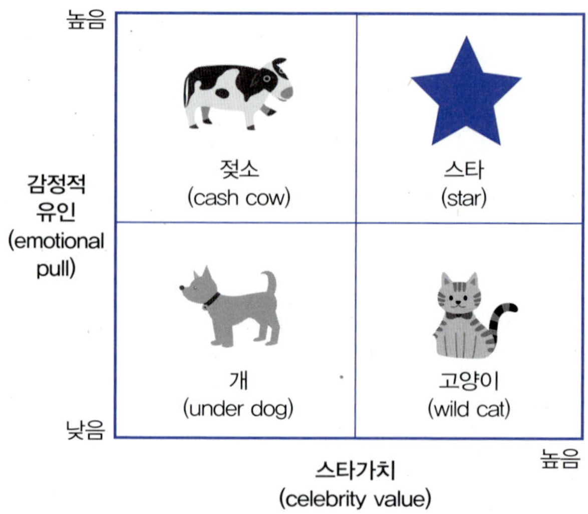

| 그림 11-7 | 관광지 스타모형

출처: Morgan & Richard (2002).

또한 호텔의 품질을 서열화한 등급을 스타(별)로 표시, 미슐랭 가이드 레스토랑의 별점 부여 등은 엔터테인먼트산업의 동력으로서 스타의 역할, 스타를 중심으로 하는 업계 상품가치의 등급화를 표현한 것이라고 할 수 있다.

두 번째로 관광마케팅에 엔터테인먼트적 요소(e-factor)를 포함시켜 마케팅의 효과를 극대화하는 것이다. 이러한 기법은 엔터테인먼트 매체를 통한 광고, 즉 PPL, 브랜디드 엔터테인먼트 등 엔터테인먼트 마케팅에서 다루어진 것이 관광마케팅에 활용되는 사례가 된다. 또한 스타가 광고모델로서 일반상품에 광고모델로 등장하여 상품추천(인도스먼트)을 하는 것과 같이 관광지 상품에 대하여도 동일하게 활용될 수 있다. 즉 기존의 관광마케팅에 스타라는 엔터테인먼트를 포함하여 마케팅 효과를 극대화하는 방법이다.

| 표 11-3 | 관광지 스타마케팅의 분류

구분	내용
대중매체를 이용한 간접홍보	드라마 혹은 영화에 등장하는 촬영현장이 관광지로서 매력을 갖추게 되는 경우로 대중스타가 있었던 장소에 본인도 가보고 싶어 하는 수요를 창출
스타체험 관광상품 홍보	대중스타와의 만남이라는 테마를 가지고 팬들을 관광지로 유도하는 것으로 스타를 내세운 가장 직접적이고 기본적인 마케팅 활동임
스타고객 유치 홍보효과	대중스타의 방문 혹은 투숙을 유도하여 이를 통해 홍보효과를 노리는 마케팅, 스타가 다녀갔다는 이유 하나만으로도 차별성 획득
스타 홍보대사 기용	국가나 메가이벤트의 홍보를 위해서 대중적 인기가 높은 스타를 위촉
스타를 이용한 관광 홍보물	관광목적지의 홍보영상물에 대중스타를 등장시켜 스타의 인지도를 통해 관심을 끌고 스타의 가공된 이미지를 관광지 이미지에 투영하고자 하는 기법

출처: 손대현, 권혁린 (2003).

3) 엔터테인먼트 관광자원개발 및 관광마케팅 관련 연구

(1) 엔터테인먼트 콘텐츠를 활용한 관광개발 홍보[04]

지금까지 기업의 고객을 향한 상품 · 서비스 광고와 정부의 이해관계자를 향한 정책 홍보 메시지들은 진지하고 무거웠다. 최근 소득과 여가시간의 증대, 교육의 확대 등으로 인한 삶의 질을 추구하는 수요자 측면의 변화에 부응하여 엔터테인먼트산업 자체가 급속한 성장을 했고 기존의 산업이 엔터테인먼트 요소(e-factor)를 적극 채택하고 있으며 사회 전반에 엔터테인먼트화가 이루어지고 있다. 엄숙주의가 가져오는 긴장은 재미와 즐거움이 가져오는 이완으로 대치되었으며 그 중심에는 엔터테인먼트를 기반으로 하는 마케팅(entertainment for marketing)이 있다. 본 연구는 정부조직이 기업과 수렴하고 산업 전반의 엔터테인먼트화 되는 추세에서 엔터테인먼트를 활용한 마케팅이 정부가 관광개발을 이해관계자들에게 설득하는 홍보활동에서 적용해 보는 시도이다.

새로운 쌍방향 매체로 부각되고 있는 일반인에 의한 UCC의 가능성을 모색해 본다. 엘리트 중심의 정치적 정책적 담론형성과정을 탈피하고 UCC는 일반 대중간의 네트워킹을 통해 헤게모니를 창출할 수 있으며(장우영, 2008) 기존 정치와 정책에 대항과 갈등을 격화시킬 수도 있지만 역으로 합의와 갈등해소를 이끌어낼 수도 있다. 정부가 개발정책을 둘러싼 갈등을 해소하기 위한 홍보물 역시 시나리오 극작법을 채택하는 방법도 검토해 볼 수 있다. 이에 효과성을 배가시킬 수 있는 것이 인지도와 호감도를 가지고 있는 스타(celebrity)를 등장인물로 기용하는 경우이다.

본 연구의 목적은 연구대상에게 관광개발 대상을 홍보하는 영상을 노출했을 때 태도의 변화를 측정하는 데 있다. 이를 위해서 조사대상은 관광개발의 이해관계자로 물론 매스미디어를 통해 영향을 받은 다양한 범위에 속해 있는 사람들이 포함될 수 있으나 연구목적에 부합시키기 위해 현장에서 조우한 관광객과 지역주민으로

04 본 내용은 최문용 · 양승훈 · 김경선(2012). 엔터테인먼트 콘텐츠의 관광개발 홍보활동효과: 경인 아라뱃길 사례를 중심으로. 호텔관광연구, 14(4), 49-63.의 일부임

한정하였다. 수변공간(water front)을 이용한 녹색관광이 이슈가 되고 있는 시점에서 최초의 내륙뱃길로 한강과 서해를 잇는 18km의 물길인 경인 아라뱃길을 연구대상으로 선정하였다.

영상A는 국토해양부와 수자원 전문기관이 제작한 '경인아라뱃길'로 영상이미지, 청각적 메시지, 시각적 텍스트 등이 포함된 40초 분량이다. 영상B는 SBS의 연예버라이어티쇼인 〈일요일이 좋다, 패밀리가 떴다〉를 패러디한 '경인운하가 떳다'로 정부홍보영상에서 다룬 내용이 포함되고 있으며 연예인이 출연하는 프로그램 영상에 하단 자막을 활용하여 텍스트로 메시지를 전달하고 있다. 조사는 2012년 11월 9일부터 11월 10일 양일간 경인아라뱃길 현장에서 방문한 이해관계자들을 대상으로 자기기입식 설문지로 진행되었으며 홍보영상 A, B를 각각 나누어서 제시 하였다.

가설1 검정 결과 두 영상 간에 대한 홍보태도의 차이가 있었는데 정책홍보영상 B, 즉 UCC형식의 브랜드엔터테인먼트가 보다 우호적인 태도를 형성하는 것으로 나타났다. 이는 동영상 UCC가 기존의 광고와 맥락일치성이 크고 정보전달보다는 오락성을 가질 때 광고효과가 더 크다(김윤호 · 박재관 · 전중옥, 2011)는 선행연구와 일치한다. 가설2는 정책홍보영상 B에 주목하여 등장하는 스타의 효과성을 보았는데 기존의 스타마케팅 선행연구와 같이 스타의 브랜드파워, 즉 인지도와 호감도가 클수록 보다 우호적인 태도를 나타냈다. 따라서 우호적인 홍보태도를 형성함으로써 궁극적으로 개발정책에 대한 갈등해결과 동의를 이끌어낸다는 점에서 스타마케팅은 유효하다고 볼 수 있다.

관광개발의 패러다임이 과거의 3C, 즉 통제(control), 경쟁(competition), 하드웨어(construction)에서 각각 새로운 3C, 즉 조정(coordination), 협력(cooperation), 콘텐츠(contents)로 이행되고 있는 추세이다. 이러한 점에서 과거의 일방통행의 정책홍보는 쌍방의 정책홍보로, 정보전달 중심의 정책홍보는 엔터테인먼트적인 요소와 스토리가 녹여내는 전략으로 이행해야 할 것이며 그 중심에는 형식면에서 UCC와 내용면에서 브랜디드엔터테인먼트가 있다.

(2) 엔터테인먼트의 관광자원화[05]

축제는 1990년 대 중 · 후반부터 본격적으로 팽창하기 시작하여 유사 이래 여느 때보다 양적으로 풍성함을 누리고 있지만 반대로 유사축제가 범람하고 지역 정부의 축제 예산 부족으로 인해 급속한 질적인 하락이 우려되고 있다(서철현, 2010). 역설적인 풍요 속의 빈곤시대에 축제의 판을 극적으로 바꾸어 줄 패러다임적 발상이 요구되는 시점이다. 이에 최근 엔터테인먼트산업과 관광산업 간의 융합이 두드러지며 이를 통해 새로운 부가가치가 창출되는 현상에 주목하려 한다(양승훈, 2008).K-POP축제는 한류라는 엔터테인먼트 콘텐츠를 축제화하여 성공을 거두고 있다(하동현 · 황성혜, 2014).

엔터테인먼트와 결합한 축제를 방문하는 관광객의 동기는 엔터테인먼트와 깊은 관련이 있다. 영화축제 방문자를 군집화하면 영화 마니아 집단을 도출할 수 있다(송학준 외, 2007). 방문 전 엔터테인먼트를 선체험한 후에 이를 다시 한 번 관련 엔터테인먼트 콘텐츠를 축제의 현장에서 후체험하고자 하는 집단이다.

축제의 본질은 재현에 있으며 축제를 통해 엔터테인먼트 콘텐츠가 재생산된다. 다만 콘텐츠란 어떠한 미디어에 담기느냐에 따라 다르게 소비될 수 있으므로 축제 방문객은 축제를 통해 사전적 엔터테인먼트 체험을 사후적으로 재구성한다. 축제 방문객이 축제가 제시하는 스토리텔링에 몰입하고 난 후에 축제 개최 지역의 브랜드 이미지를 다르게 인식하는 것도 같은 맥락이다(한호성, 2016). 축제 방문객의 체험이 관련 엔터테인먼트 상품의 체험을 촉진할 수 있는지 규명하는 것이다. 이를 통해서 축제가 본래 가지고 있었던 공동체 집결기능을 엔터테인먼트산업의 영역이었던 가상공동체 집결기능을 수행하고 더 나아가 엔터테인먼산업에 가치를 창출해 줄 수 있는 동인으로서 자리매김할 수 있음을 보여주고자 한다.

축제체험과 축제태도 그리고 관련 콘텐츠 이용의도의 관계를 알아보기 위해 2014년 10월 9일부터 10월 12일까지 전라남도 진도에서 열린 명량대첩축제 방문

---

05 본 내용은 양승훈(2016). 축제콘텐츠의 OSMU 전략: 축제체험과 관련 콘텐츠 이용의도를 중심으로. 융합관광학연구, 1(1), 1-10.의 일부를 정리한 것임

객 표본 314명을 분석하였다. 본 축제는 영화 〈명량〉이 유사시점에 개봉했다는 점에서 또한 영화의 성공으로 축제방문객 44만명이 몰렸다는 점에서 연구목적에 부합하였다.

명량대첩축제를 방문한 관광객이 해당 프로그램에서 정서 및 몰입 체험을 한 후에, 우호적인 축제 태도를 형성하고 향후 관련 콘텐츠 이용의도를 표명하였다. 정서 체험과 축제태도의 관계는 다음과 같이 해석될 수 있다. 보강효과 차원에서 긍정적인 감정을 다시 체험하고 싶어하는 것인데 민족적 감정이 내재되어 있는 축제를 유추해 보면 나타나는 애국심이 될 수 있다. 스토리텔링이 공통적으로 가지고 있는 구조, 즉 주인공이 적대자와 선악대결에서의 승리를 거두는 것을 보고 느끼는 쾌감과 더 나아가서 자기동일시로 인한 쾌감의 극대화도 있다. 지식의 습득에서 오는 지적성취감에 동반하여 해당 축제를 한국인으로서 당연히 체험해야 된다는 의무의 이행 등 역시 긍정적인 정서체험을 설명할 수 있다. 이를 통해 축제가 다루고 있는 스토리 구조와 유사한 관련 엔터테인먼트 상품을 재소비할 것으로 기대한다.

몰입체험 역시 긍정적인 축제태도를 형성하는 것으로 나타났는데 현실과는 철저하게 분리된 임진왜란이라는 역사적 사실에 기초한 시공간 재현이 이루어졌기 때문인 것으로 판단된다. 또한 스펙타클한 해상 전투장면을 연출하면서 방문객의 몰입을 이끌었다고 본다. 공연의 바탕이 되는 스토리의 배경은 바로 공연이 이루어지는 해당 지역의 특정 장소이기때문에 관객으로부터 설득력 확보가 가능한 것이다. 스토리상의 배경과 스토리의 연출이 이루어지는 장소 간의 일치성이 장소성 획득에 전제조건임에도 불구하고 비록 명량축제가 명량이라는 장소에서 개최되었지만 일부 주제와 벗어나는 세부 프로그램이 장소성 획득에 방해요소로 작용했을 가능성이 높다.

태도와 행동 사이에 매개역할을 하는 것이 행동의도이며 본 연구에서는 관련 콘텐츠 이용의도로 명명한 바 영화 〈명량〉의 재감상, 추가적인 정보수집, 영화와 축제의 연상 등을 하는 것으로 나타났다. 이에 따라 영화 등 엔터테인먼트 소비를 창출할 뿐만 아니라 콘텐츠 수요를 둘러싼 양자 간의 보완적 관계가 가능함을 알 수 있었다.

(3) 관광자원으로서 대중가요[06]

대중가요를 관광과 접목시켜 관광콘텐츠화하는 방안을 모색하고자 한다. 다만 지금까지 대중문화의 관광콘텐츠화는 주로 한류스타(celebrity)를 일본시장의 팬들에게 노출시키고 팬미팅을 포함하는 관광상품을 판매하는 등 일방향 통행이라는 한계점을 가지고 있다. 이는 일본 내 개인 블로그나 익명커뮤니티 등에서 나타나는 반한류 정서와 결코 무관하지 않다(문화관광연구원, 2009).

따라서 본 연구는 관광과 문화의 속성이 상호교류성에 있음으로 대 일본 차별화된 마케팅 전략으로서 한류스타를 활용한 관광상품 개발전략(부산광역시, 2014.2.14)이라는 대전제하에 대중가요의 관광콘텐츠화 전략을 제안하고자 한다. 이는 일방향적인 대중문화가 유발하는 관광이라는 비판으로부터 자유로워지고 양국 간의 문화와 관광의 교류라는 대차대조표적인 균형을 맞춘다는 노력의 일환이기도 하다.

대중가요는 최근 싸이(PSY)의 열풍에서 볼 수 있듯이 K-POP을 중심으로 하는 한류의 대표주자인데, 한류의 영향이 가장 클 것으로 예측되는 분야가 관광이다(엠브레인, 2012.11). 따라서 대중음악을 기본으로 하여 관련 문화콘텐츠와의 관련을 맺고 이를 지역의 관광산업과 연계하는 전략을 고려하고자 한다.

대중가요는 특정 장소의 이미지를 형성하는 작용을 한다. 또한 대중가요는 대중가요를 배경으로 하는 장소에 대해 긍정적인 이미지를 형성하고 관광행동으로 연결시키는 기능을 가진다고 했다(김미주 외, 2010). 아시아 국가의 K-POP 팬을 대상으로 한 연구에서 대중음악이 가지고 있는 음악성, 시각성, 문화적 호기심 등은 국가호감도 및 방문의도에 유의한 영향을 주는 것으로 나타났다(김주연 · 안경모, 2012).

엔카는 역시 가사를 통해서 항구, 배, 선착장 등 장소적 연관성(박전열, 1999)을 갖는데 곡 중 화자에 의한 감정이입의 대상으로서 장소와 이를 구성하는 제반장치

---

06 본 내용은 양승훈(2016). 대중가요의 관광콘텐츠화 전략: 인바운드 일본인 관광객 시장과 엔카를 중심으로. 관광진흥연구, 2(2), 21-32.의 일부를 정리한 것임

들로 이루어지고 있다. 박시사(2000)는 엔카의 가사분석을 통해 관광목적지로서 오사카를 분석하여 지역의 명소들이 자주 등장하는 지역성(locality)을 강하게 띠고 있음을 제시하였는데 대중가요로서의 엔카와 장소의 관계를 재확인하는 연구이다. 엔카는 또한 한일 양국 간의 대중가요 교류의 접합점 역할을 해왔는데 1965년 한일 국교정상화를 계기로 한국의 가요와의 리듬 유사성, 가사의 공감성으로 인하여 노래창법이 모방되기도 하였고 이성애, 조용필, 계은숙, 김연자 등 한국가수가 일본 진출을 통해서 한국의 트로트를 일본어로 번안하여 발표하기도 하였다.

대중가요를 관광콘텐츠화하는 전략을 제안하며 다음과 같이 3단계를 제안하고자 한다. 즉 1단계 관광콘텐츠로서의 대중가요 발굴과 2단계 지역관련 대중가요 관광콘텐츠를 제작 후 3단계 프리미엄 대중가요 관광상품 운영을 하고자 한다. 또한 각 단계별의 추진 주체는 [그림 11-8]과 같다.

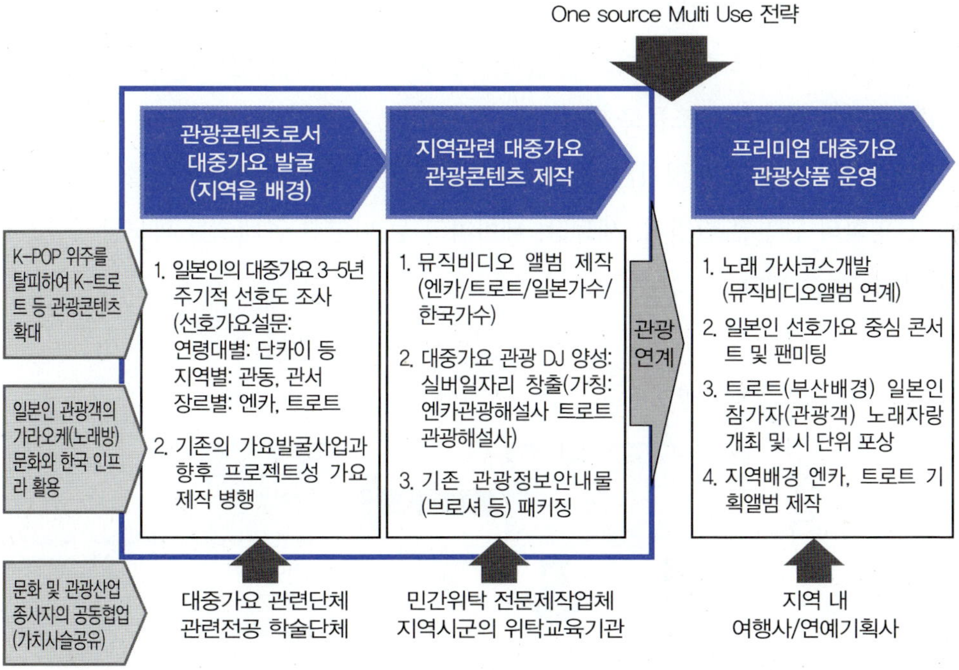

| 그림 11-8 | 일본 대중가요의 한국관광 콘텐츠화 전략

출처: 양승훈 (2016). 대중가요의 관광콘텐츠화 전략. 관광진흥연구, 2(2), 21-32.

3. 엔터테인먼트 관광지

1) 영상관광지

(1) 영상관광지의 개념

영상관광이란 영화, TV 등 영상물에 나온 장소의 모습이나 장소 관련 이야기를 통해 관광객을 끌어들이는 관광산업의 한 형태이다. 영상관광은 film induced tourism이라고 표현하는데 여기서 'induce'는 '매개한다', '이끌어진다'라고 해석한다. 즉 영상이 매개가 되고 영상에 의해 이끌어진 관광이라는 뜻이다.

더 나아가 영상 배경뿐만 아니라 세트장(set) 및 로케이션(location) 장소 자체가 관광목적지화되기도 한다. 로케이션은 영화촬영의 방식으로서 주로 옥외 자연환경에서 촬영하는 것으로 스튜디오 촬영과 구분된다. 세트장은 영화나 드라마 촬영을 위해 필요한 배경을 구조물로 만들어 놓은 곳이다.

[그림 11-9]를 통해 영화의 흥행이 영화관광의 전제조건이 되며 이를 통해서 관광은 영화와 관련된 촬영지, 세트장, 테마파크 등 다양한 콘텐츠를 확보할 수 있다는 것을 알 수 있다.

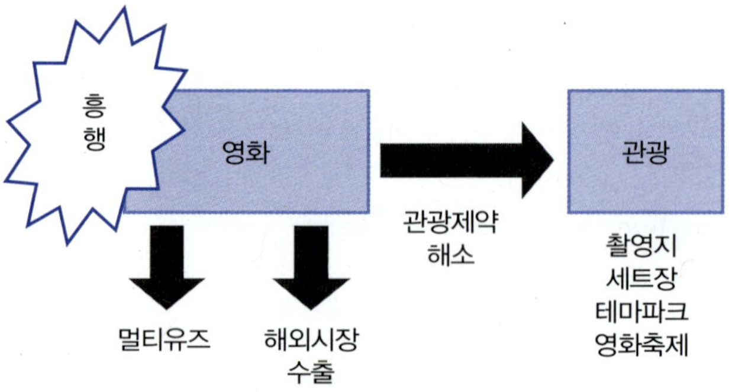

| 그림 11-9 | 영화관광의 조건

출처: 삼성경제연구소 (2004).

(2) 영상관광지 방문 이유

영화촬영지를 직접 방문한다는 것은 영화에서 느낀 흥미와 감동을 다시 느끼게 하고 촬영지의 유명세를 재확인하는 데 목적이 있다. 라일리 외(Riley et al., 1998)에 의하면 영화관광상품은 일반 관광상품에 비하여 비교우위를 가지고 있다.

① 영화관광상품은 다른 관광에 비해 방문지가 관광객에게 노출되어 있는 시간이 길다.
② 영화의 스토리가 연결되는 장소이기에 방문지에 대하여 특별한 의미를 부여하고 몰입의 정도가 높다.
③ 특수효과나 영화의 주인공을 활용함에 따라 방문지의 이미지 개선효과가 높다.
④ 다양한 소비자층으로 대상지역의 인지도를 높이는 데 효과가 크다.

드라마 〈모래시계〉의 배경이 된 정동진 간이역은 1999년 한해만 192만명이 찾아왔다(박양우, 2008). 부산을 배경으로 한 영화 〈친구〉는 2001년 66억원, 드라마 〈해신〉의 촬영지인 완도군 청해포구는 2005년 한해 동안 약 600억원의 관광수입을 올렸다.

한국의 지자체에서는 영상물의 핵심 혹은 부분 에피소드를 해당 도시의 역사, 관광지, 문화유산, 건축물, 자연환경, 명소 등으로 꾸미는 것을 통해 지역마케팅의 효과를 극대화시키고 있다. 이를 위해 전체 분량 중 일정량을 지역에서 촬영하고 제작비 지원, 지역주민들의 촬영 출연 등을 유도한다.

할리우드 영화가 한국 내 특정지역을 영화촬영장소로 활용하는 사례가 빈번해지고 있다. 마블의 〈블랙팬서〉에서는 주인공 블랙팬서와 악당의 자동차 추격씬을 부산 자갈치시장, 광안리 해변로 등 명소와 번화가를 활용해 찍는다. 2014년에는 〈어벤져스2〉가 한국의 상암동, 강남 등지에서 촬영되었으며 국내 촬영제작비의 일부를 환급해 주었는데 영화개봉에 맞추어 촬영지 홍보를 목적으로 행해졌다고 한다.

영화촬영을 통한 촬영장 광고홍보효과에는 찬반의 논란이 있기는 하지만 궁극적으로 범위의 확장, 극대화된 파급효과를 통해서 바람직한 성과 창출 구조를 만들어야 한다. 즉 특정 촬영장소가 아니라 도시 전체가 영화촬영의 혜택을 볼 수 있게 만들어야 하며 지역민뿐만 아니라 영화인과 같은 창조적 엘리트계급을 지역 내에 유치함으로써 영화촬영의 메카화해야 한다.

(3) 영화촬영장소로서 영상관광지

웰리우드(Wellywood)는 뉴질랜드의 웰링턴과 할리우드의 합성어로서 피터 잭슨 감독의 〈반지의 제왕〉 시리즈가 히트한 후에 각광받고 있는 영화산업을 상징한다. 웰링턴은 영화산업의 80%가 이루어지는 곳으로 〈아바타〉, 〈킹콩〉, 〈X-MAN〉 등의 블록버스터들이 탄생하였다. 프로도 효과는 〈반지의 제왕〉 성공 후에 뉴질랜드가 누린 엄청난 경제적 파급효과를 말하는데 자국의 영화관련 2만명 고용창출, 38억 달러에 이르는 관광객 지출효과, 유무형의 국가 브랜드 효과 등을 모두 포함하면 4,800만달러에 육박한다. 최근에는 할리우드와 유사한 간판을 세우려다 저작권 소송으로 무산되었다.

중국에서 1996년 개장한 헝다엔 스튜디오는 〈중천〉 등 한국영화와 드라마 촬영지로 인연이 깊은 곳인 중국의 시대별 세트장이 제작되어 있고 근대 베이징 및 중국 상하이 진시황궁, 자금성 등이 만들어져 있다.

한국 영화의 메카 충무로에서는 "영화제목이 백만이야"라는 말을 하곤 한다. 즉 제목에 따라서 최소한 관객을 확보할 수 있다는 것이다. 영상관광지는 촬영 장소가 직접 영화 제목으로 명시되어 있는 경우도 있고 또 일부 장소가 영화의 스토리 전개에 포함되기도 한다.

세트장 관광은 영화의 배경이 되는 장소를 인위적으로 제작한 곳을 직접 방문하는 관광이다. 드라마세트장은 유력한 관광매력물이 될 수 있음에도 불구하고 비판으로부터 자유롭지 않다. 방송사가 지자체의 혈세를 끌어다 쓴다는 비판과 함께 마구잡이식 세트장 건립으로 인한 일부 관광지의 환경 파괴가 우려되고 있다. 또한 드라마 종영 후에 방문자가 급속하게 줄어드는 현상이 있어 사후 활용문제가 대두되기도 하였다.

| 표 11-4 | 대표적인 세계의 영화관광지

연도	영화제목	주연	장소
1953	나이아가라	마릴린 먼로	나이아가라폭포
1954	로마의 휴일	오드리 햅번	로마
1955	모정	윌리엄 홀든	홍콩
1961	티파니에서 아침을	오드리 햅번	뉴욕 맨하탄
1962	007 살인번호	숀 코네리	자메이카
1962	아라비아의 로렌스	피터 오툴	요르단
1970	러브 스토리	알리 맥그로우	뉴욕 센트럴 파크
1973	빠삐용	스티브 맥퀸	갭팍(호주 시드니)
1973	용쟁호투	이소룡	홍콩 리펄스 베이
1976	라스트 콘서트	리처드 코지	프랑스 몽셀미쉘
1982	간디	벤 킹슬리	인도
1986	크로커다일 던디	폴 호간	호주
1987	마지막 황제	존 론	중국
1991	퐁네프의 연인들	줄리엣 비노쉬	파리
1995	라스베이거스를 떠나며	니콜라스 케이지	미국 라스베이거스
1995	브레이브하트	멜깁슨	스코틀랜드
1999	노팅힐	줄리아 로버츠 휴그랜트,	런던 포토벨로마켓(영국)
2001	반지의 제왕	엘리아 우드	뉴질랜드
2001	냉정과 열정사이	다케노우치 유타카	두오모 대성당(로마 피렌체)
2001	해리포터	다니엘 레드클리프	잉글랜드
2004	비포 선셋	에단호크, 쥴리 델피	서점(파리)
2005	라스트 홀리데이	퀸 라티파	유럽전역
2006	카모메 식당	고바야시 사토미	핀란드
2008	라스베이거스에서만 생길 수 있는 일	카메론 디아즈	라스베이거스(미국)
2008	맘마미아	메릴 스트립	스코펠로스섬(그리스)
2009	뉴욕	존 에이브러햄	뉴욕

2010	빈센트: 이탈리아 바다를 찾아서	플로리안 D 핏츠	유럽 알프스
2010	레터스투 줄리엣	아만다 사이프리드	로마 시에나광장(이탈리아)
2013	로마 위드 러브	알렉 볼드윈	로마

출처: National Geographic Traveller(2002) 및 저자 작성.

| 표 11-5 | 대표적인 한국의 영화, 드라마 관광지

연도	영화제목	주연	장소
1995	모래시계	최민수, 고현정	정동진
1997	편지	최진실, 박신양	아침고요수목원
1998	8월의 크리스마스	한석규, 심은하	군산 초원사진관
1998	그대 그리고 나	최진실, 차인표	경북 영덕
1999	쉬리	한석규, 최민식	쉬리언덕(제주도)
1999	박하사탕	설경구, 문소리	충북 제천
2000	시월애	이정재, 전지현	석모도
2000	공동경비구역 JSA	이영애, 이병헌	충남서천
2001	가을동화	송승헌, 송혜교	강릉 삼양목장
2001	봄날은 간다	유지태, 이영애	삼척 신흥사
2001	친구	유오성, 장동건	부산 매축지 마을 등
2002	겨울연가	배용준, 최지우	남이섬(가평)
2002	야인시대	안재모, 김영철	부천(세트장)
2003	올인	이병헌	제주 섭지코지
2003	여름향기	송승헌, 손예진	무주 오대산
2003	다모	하지원, 이서진	전남담양
2003	봄여름가을겨울	오영수, 김기덕	주산지(청송)
2003	대장금	이영애, 지진희	담양 양주
2003	실미도	설경구, 안성기	인천 실미도
2004	발리에서 생긴일	하지원, 소지섭	발리
2004	파리의 연인	박신양, 김정은	파리
2004	풀하우스	정지훈, 송혜교	인천, 푸켓
2005	슬픈 연가	권상우, 박혜인	뉴욕
2005	프라하의 연인	전도연, 김주역	프라하
2007	밀양	전도연, 송강호	기회송림유원지

2009	해운대	설경구, 하지원	부산 해운대
2011	범죄와의 전쟁	최민식, 하정우	부산 중앙동
2012	내 아내의 모든 것	임수정, 이선균	하슬라 아트월드
2012	7번방의 선물	류승룡, 박신혜	전북 교도소 세트장
2013	변호인	송강호, 김영애	부산 흰여울 마을
2015	내부자들	이병헌, 조승우	단양군 새한서점
2015	뷰티 인사이드	한효주, 김대명	인천 발로 카페
2015	암살	전지현, 이정재	합천영상테마파크
2015	오늘의 연애	이승기, 문채원	당진 삽교호 놀이동산
2016	도깨비	공유	주문진 방사제
2016	동주	강하늘, 박정민	고성군 왕곡마을
2016	태양의 후예	송중기, 송혜교	태백군 한보광업소
2016	곡성	곽도원, 황정민	전남 곡성

(4) 영화제 개최지로서 영상관광지

영화제를 개최하면서 도시 전체가 영상관광지화되는 사례가 증가하고 있다. 깐느영화제(festival de Canne)는 세계 3대 국제영화제의 하나로 개최지인 깐느는 국제영화제의 메카로 인지도를 높여왔다. 해마다 5월에 열리며 니스에서 불과 수 km 떨어진 휴양도시로 일 년 내내 영화뿐만 아니라 다양한 콘텐츠로 관광객을 유치하고 있다. 한국에서도 도시의 정체성을 대변하는 지역축제에서 세계적인 영화제로 발돋움하려는 노력이 진행되고 있다. 한국 영화의 발상지인 부산에서 열리는 부산국제영화제는 1996년 1회를 시작으로 매년 9월에서 11월 사이에 개최되는데 부산 해운대 PIFF 빌리지, 야외상영관(해운대 인근 수영만 요트경기장), 남포동 극장가, 영화의 전당 등 인근 핫플레이스와 연계하여 유명 영화감독의 핸드프린팅, 감독과의 대화, 유명배우 토크쇼, 오픈시네마(탁 트인 곳에서 바닷바람을 맞으며 영화를 보는 것) 등 이벤트를 통해 많은 관광객을 끌어들이고 있다.

| 표 11-6 | 한국의 주요 영화제

구분	장소	주요 내용
부산국제영화제 (2016. 10/6–15)	부산	아시아의 창이라는 슬로건을 통해 아시아의 영화 전초기지 역할, 해운대를 낀 입지조건을 통해 관객을 다시 부산 재방문으로 인도
제천국제음악영화제 (2016. 8/11–16)	충북 제천	음악과 영상이 어우러져 청풍호반을 배경으로 진행, 의림지 등 제천 일대
부천국제판타스틱영화제 (2016. 7/21–31)	경기 부천	장르적 취향 작품 이외에 대중성을 확대, 부천국제만화축제와 연계, 부천 원미구 일대에서 진행
서울국제여성영화제 (2016. 6/2–8)	서울	'여성의 눈으로 세계'를 보자는 캐치 프레이즈, 사회적 약자로서 여성과 주체적이고 아름다운 여성상, 메가박스 신촌, 아트하우스 모모 등
서울국제청소년영화제 (2016. 8월 경)	서울	성장통과 가족을 주제로 하는 영화, 청소년을 대상으로 하는 다양한 프로그램 포함하여 교류의 장을 마련, 메가박스 신촌 , 아트하우스 모모 등

(5) 영화 테마파크 운영

유니버설스튜디오가 영화촬영현장을 세계 최초로 상업적 테마파크로 개발한 이래로 영화의 소품 등을 모아서 테마화한 곳이 늘어나고 있다. 베를린에는 바벨버그 스튜디오(Film park Babelsberg) 역시 규모와 수준에는 미치지 못하지만 동일한 콘셉트라고 할 수 있다. 이외 유사한 영상 테마파크는 다수 있다.

2) 음악관광지

(1) 음악과 관광

음악은 연행예술(performing art)이다. 특히 대중음악을 표현하는 방법에는 문학적인 요소와 음악적인 요소가 있는데 전자가 가사로 표현된다면 후자는 멜로디로 표현된다. 단순히 음악을 연주한다는 것이 아니라 가사를 통해서 사회적 의미를 연행한다. 사회적 의미란 사회의 구성원끼리 공유하는 것이다. 즉 사회적 구성원에 의해서 육화(肉化)된 기억으로서 향수 혹은 추억(노스탤지어)을 산출하는 역할을 한다. 개인 혹은 관객은 음악을 통해서 특정시점과 공간을 다시 생각해내고 재현하고자 한다(최유준, 2014).

알함브라 궁전은 스페인의 남쪽 그라나다에 있는 건축물로 13세기 후반 당시 해당 지역을 지배했던 이슬람 마지막 왕조인 나르스 왕조 때 축조되었다. 스페인 태생의 기타리스트 타레가는 〈알함브라의 궁전〉을 특유의 트레몰로 주법을 통해 본인의 방문체험을 표현하였다. 이 연주를 듣고 있으면 당시 스페인의 페르난드 2세의 공격을 막지 못하고 마지막 왕이었던 보아브딜이 아프리카로 떠나면서 느꼈던 애절한 감정이 떠오른다.

(2) 음악관광의 개념과 종류

음악관광은 음악과 관련된 관광활동으로서 정의내릴 수 있다. 음악관광의 종류는 다음과 같다.

- 음악 및 음악연주자의 배경이 되는 도시
- 음악밴드와의 여행
- 도시 전체로서의 음악이미지와 음악도시로의 관광

미국 루이지애나주에 있는 도시 뉴올리언즈(New Orleans)는 음악의 도시로서 어디서든지 재즈음악을 들을 수 있는 분위기에 독특한 음악적 전통이 어우러진다. 특히 프랑스 식민지 전통과 함께 아프리카, 본토 인디언 등 다양한 문화가 결합되고 크레올과 케이준 등 식문화가 발달하였다. 미국의 테네시주 네쉬빌은 컨츄리음악의 본고장으로 컨츄리음악 명예의 전당 및 박물관이 있고 캐니 로저스, 돌리 파튼 등 인기스타의 흔적을 찾아볼 수 있다. 또한 동명의 도시를 영화화한 〈네쉬빌〉은 순수한 자연과 인간을 노래하는 컨츄리음악의 변질을 풍자하고 있다.

제천국제음악축제는 제천시 청풍호반을 무대로 의림지 등지에서 개최되는 음악을 주제로 하는 영화제로 매년 3만명 이상의 관광객들이 방문한다. 싸이의 〈강남

스타일〉은 2016년 7월까지 전 세계 유튜브 26억뷰를 기록하며 한국의 브랜드 이미지 강화에 기여하였으며 단일 영상 최다 조회 수 경신, 빌보드 싱글차트 2위에 등극하였다. 관광공사 파리지사와 프랑스 케이팝 라이프 잡지사가 동시에 진행하여 댄스아카데미에서 케이팝 댄스 배우기, 뮤직비디오에 등장한 배경 둘러보기, 한국 가요 프로그램 참관 등 여행상품을 운영하기도 하였다.

(3) 음악관광 방문 이유

지역과 장소를 노래한다는 것은 해당 지역과 장소가 풍부한 의미를 제공하기 때문이다. 더 나아가 지역이 의인화(personification)됨으로써 노래를 소비하는 사람으로부터 자기이미지 투영을 유도할 수 있기 때문이다(d'Astous & Boujbel, 2007). 진방남의 〈불효자는 웁니다〉를 부르고 또 눈물을 흘리는 사람은 부모님께 살아생전 효도를 못한 아쉬움을 노래 속에서 찾기 때문이다. 김소월 작시의 동요 〈엄마야 누나야〉는 엄마와 누나, 가족에 대한 그리움 그리고 그리움의 장소로서 고향을 노래하고 있다.

이와 같이 관광객은 자신의 고향을 어머니 등으로 의인화하여 표현한다. 관광지를 브랜드로 표시한다면 의인화된 관광지는 브랜드 개성(destination brand personality)이다. 브랜드 개성은 관광객의 정서(emotion)와 연결되어 있고 강한 고객관계를 맺고 경험을 제공한다. 관광지 개성이란 관광지와 관련된 인간적 특성의 집합(the set of human characteristics associated to tourism destination)이다.

일본 엔카 가수 센 마사오(千昌夫)가 부른 〈북국의 봄(北國の春)〉은 1977년에 발표되어 NHK에서 1998년 BS 20세기 일본의 노래 조사에서 랭킹 27위를 기록한 노래이다. 도시의 삶에 지쳐 점점 멀어져만 가는 고향을 아버지와 형에 대한 그리움으로 표현하였다.

자작나무, 푸른 하늘, 남쪽 바람.
백목련 피는 저 언덕 북국의, 아아 북국의 봄.
도시에선 계절을 알 수 없을 거라며
보내주신 어머니의 조그마한 꾸러미
저 고향에 돌아 갈까나, 돌아 갈까나.

눈 녹은 개울물과 통나무다리
낙엽송이 싹 트는 북국의, 아아 북국의 봄.
좋아한다고 서로 간에 말도 못한 채
헤어진 지 벌써 5년 그는 어떻게 지낼까?
저 고향에 돌아 갈까나, 돌아 갈까나.

황매화, 아침안개, 물레방앗간.
어린이들 노래 소리 들려오는 북국의, 아아 북국의 봄.
형님도 아버지 닮아 말이 없는 두 분은
어쩌다가 술이라도 마시고 계실까?
저 고향에 돌아 갈까나, 돌아 갈까나.

손로원은 1950년대 이국적 정서를 호소하는 대중가요를 발표하면서 간접적인 외국 경험을 제시하였다. 한국 대중가요사의 특정 시기에 외국에 대한 호기심을 불러일으키고 가고 싶다는 마음이 들게 하는 시기가 있었다는 것이 흥미롭다. 1970년 당시 재일교포의 모국방문을 주제로 발표된 〈돌아와요 부산항〉은 동백섬 인근의 해운대 해수욕장을 배경으로 노래를 부르고 있으며 가라오케 뮤직비디오 등을 통해서 그 전경이 심심치 않게 나타난다.

노래비는 노랫말에 등장하는 장소에 세워진 비석으로서 공간에 노래의 의미를 더하는 상징이 되고 있다. 설운도의 〈잃어버린 30년〉은 1983년 KBS 이산가족 찾기의 배경음악으로서 임진각 국민관광지 내에 소재하고 있으며 가수는 파주시 홍보대사로 위촉되기도 하였다.

| 표 11-7 | 서양을 배경으로 하는 해방 전후 한국가요

제목	연도	작사	작곡	가수	이국성
사막의 한	1934	김능인	손목인	고복수	사막, 낙타, 지평선
애수의 사막	1940	남해림	이용준	강남주	캬라반, 낙타, 사하라사막
하르빈 풍경	1941	김성봉	하영랑	옥잠화	모스도와, 송화강, 하르삥
페루샤 점쟁이	1942	남려성	한상기	이해연	아라비아, 페루샤
런던소야곡	1951	손로원	박시춘	장세정	안개낀 거리, 가스등불 흐린
샌프란시스코	1953	손로원	박시춘	장세정	비너스동상, 금문교
아메리카 차이나타운	1953	손로원	박시춘	백설희	란탄등불, 호궁, 차이나
하와이 코리안송	1953	손로원	백영호	한종명	호노루루
페루샤 왕자	1954	손로원	한복남	현인	아라비아 공주
내가 울든 파리	1955	손로원	하기송	윤일로	파리의 지붕밑
이태리정거장	1956	손로원	박춘석	현인	베니스
나폴리맘보	1956	고명기	박춘석	현인	맘보나포리, 화산
아메리카 부루스	1956	?	박춘석	백일희	뉴욕의 밤거리, 카텐
아리조나 카우보이	1959	김부해	전오승	명국환	카우보이, 아리조나, 인디언
스페인야곡	1963	?	김화영	이철혁	쯔리호, 사바나의 밤
역마차	1964	조명암	김해송	장세정	초록포장, 염소 우는
텍사스 아가씨	1964	야인초	유금춘	박애경	텍사스
큐바의 아가씨	1964	?	?	정시스터즈	야자수, 베싸메무쵸, 기타
에지프트 아가씨	1964	?	김부해	이시향	에지프트, 카이로, 피라밋, 그 옛날의 클레오파트라
워싱턴광장	1964	김문응	외국곡	정시스터즈	저넓은 광장, 벤죠
사하라 사막	1964	손로원	이시우	현인	사막, 카라반, 오아시스, 낙타
남국의 아가씨	1964	?	라화랑	이미자	알로하, 벤조, 타파
우크렐레 아가씨	1966	?	?	최양숙	우크렐레, 야자수, 훌라, 파라다이스
하와이연정	1967	길옥윤	길옥윤	패티김	훌라춤, 하와이안기타, 야자수
와이키키해변	1967	야인초	김종유	황인자	우크레레, 로레라비, 레루
워싱턴블루스	?	손로원	나화랑	이미자	알링턴,유니온정거장
꽃파는 아메리카 아가씨	?	?	?	심연옥	산데리아 불빛, 오페라에 님그리운 메도로 거리밤
모록코의 밤	196?	손로원	박춘석	안다성	집시들의 유랑길
사랑의 베니스	?	?	?	전혜인	세레나데, 산타루치아

| 표 11-8 | 동양을 배경으로 하는 해방전후 한국가요

제목	연도	작사	작곡	가수	이국성
남국의 눈	1936	김안서	문호월	김연월	낯설은 남국, 눈
상해로 가자	1938	김다인	이용준	유종섭	기타, 태프, 카텐
북국오천키로	1939	박영호	?	채규엽	칸데라, 뻬치카, 쎈토라루
메리켕 항구	1939	박영호	?	채규엽	네온밤, 서반아의 광상곡
중국아가씨	1940	조명암	박시춘	장세정	호궁, 성문, 공작성
인도의 밤	194?	조명암	박시춘	계수남	마드라스, 인도
북경의 달밤	1941	조명암	손목인	김정구	마차, 호궁, 북경아가씨
승가리 고낭	1941	김다인	전기현	백난아	승가리, 차방난간, 부채
황하다방	1941	김다인	전기현	백난아	시마무렌찻집 등
안남아가씨	1943	남려성	한상기	이해연	남십자
몽고의 밤	1948	김다인	박시춘	남인수	아세아, 동반구, 고비사막, 낙타
밀림의 달밤	1943	박향민	전기현	이인권	야자수, 자바섬, 화초선, 고무숲
고원의 십오야	1943	김익균	전기현	진방남	부키태마, 마카라, 남십자성
고향만리	1949	유호	박시춘	현인	십자성, 보르네오
꽃마차	?	?	?	?	아카시아 숲, 하늘은 오렌지색
홍콩아가씨	1952	손로원	이재호	금사향	홍콩의 밤거리
인도의 향불	1952	손로원	전오승	현인	간디스강, 야자수, 뱅갈사
남국의 처녀	1953	박금호	백영호	금사향	남국, 야자수, 북소리
차이나맘보	195?	손로원	한복남	김정구	공작부채, 꾸냥, 워디디, 이얼싼스
남양의 밤	1955	천봉	한복남	원방현	밀림, 북소리, 십자성, 오렌지
사이공아가씨	1959	노완	전오승	백조	사이공 밤거리, 그늘진 빌딩촌
눈물의 꾸냥	1961	반야월	박춘석	박재란	꾸냥, 손풍금
비련의 꾸냥	1962	반야월	이봉룡	심연옥	하이 라일라 꾸챠일라
꿈많은 월남아가씨	1964	?	한용희	이은희	십자성 졸고 있는 밤, 아오자이
월남나그네	1964	?	한용희	오기택	따가운 햇볕, 남국의 별빛
이국의 하늘	1964	최녹영	최녹영	동방성애	이국
아오자이 입은 월남아가씨	1967	?	?	동방성애	아오자이, 자전거, 아아 짜옹
메콩강 아가씨	1967	?	백영호	문주란	메콩강, 아오자이
사이공의 밤	1968	오영훈	이재현	이미자	월남땅, 야자나무
차이나아가씨	196?	박시춘	반야월	백설희	호궁, 비단 꽃신
타이완아가씨	1969	한산도	한우철	은방울	호궁

보르네오 아가씨	196?	?	?	백설희	북, 야자나무, 남십자성, 훌라춤
베트남아가씨	196?	?	?	아리랑 시스터즈	야자수, 베트남,
남양아가씨	196?	천지엽	허영철	한옥희	야자수, 분홍빛 드레스
좌이나 타운	196?	월견초	손목인	오인애	앵무새털부채
국경의 거리	196?	김보란	김초송	서원영	황야

(4) 음악도시로의 관광

음악과 관련된 도시로의 여행은 다양한 이유가 있다. 음악과 관련이 있다고 생각하기에 출발하기도 하지만 대다수는 도착해서 음악과 관련된 의미를 부여한다. 예를 들어 포르투갈에 방문하면서 이전에는 몰랐던 '파두'라는 음악장르를 발견하고 심취하기도 한다.

| 표 11-9 | 음악도시로 관광할 때 부여하는 의미들

구분	관광지	곡명	비고
지역이 포함된 대중음악	리우데자네이루	The girl from ipanema copacabana	안토니오 카를로스 조빔 베리 매닐로우
	샌프란시스코	I left my heat in San Francisco	토니베넷 스캇 맥킨지
	캘리포니아	California dreaming	마마 앤 파파스
	뉴욕	New york, new york	프랭크 시나트라
	이탈리아	Mambo Italiano	소피아 로렌
가수, 연주자명이 국가, 지역명을 땀	한국	Victory	코리아나
	일본	Endress rain	X-재팬
	보스턴	Amanda	보스턴
	시카고	Hard habit to break	시카고
국가를 상징하는 음악장르	이탈리아	Bella Ciao	밀바(칸초네)
	포르투갈	Bargo Negro	아멜리아 로드리게스(파두)
	프랑스	La Vie En Rose	에디트 피아프(샹송)
	일본	川の流れのように	미소라 히바리(엔카)

부산은 항구도시로서 노래가사에 항구, 마도로스 등 역사의 애환이 많이 깃들어 있다. 한국 노래에 가장 많이 등장하는 직업 역시 마도로스라고 한다.

| 표 11-10 | 부산을 배경으로 하는 한국가요

제목	연도	가수	주요 공간
마도로스 도돔바	1934	백야성	바다, 항구
울며 헤진 부산항	1936	남인수	연락선
이별의 부산정거장	1936	남인수	부산정거장, 판자집, 십이열차
삼천포아가씨	1954	은방울자매	삼천포, 항구, 백사장
잘 있거라 부산항	1961	백야성	부산항
돌아와요 부산항에	1969	조용필	오륙도, 연락선, 동백섬
아메리칸 마도로스	1970	고봉산	항구, 부두
추억의 부산부두	1980	고대원	술집, 부두
영호남연가	1982	전미경	자갈치, 광안리, 남포동, 밤바다, 태종대, 해운대, 용두산, 오륙도
추억의 부산항	1968	김철	항구
하동포구 아가씨	1987	하춘화	부산
연인들의 돛단배	1987	문희옥	돛단배, 등대불, 항구
함경도사나이	1988	손인호	남포동
팔도아줌마	1989	문희옥	자갈치
항구의 나그네	1990	설운도	자갈치, 항구
부산항에서	1990	김현성	여인숙, 고향집, 부두가, 부산항
부산갈매기	1994	문성재	부두가
부산행진곡	1994	방태원	항구, 남포동, 동래온천, 송도, 해운대
팔도유람	1995	서수남 하청일	자갈치, 화물선, 여객선, 통통배, 돛단배, 동래온천, 해운대, 해수욕장
자갈치 아지매	2003	나훈아	자갈치
춘자야	2004	설운도	부산항
떠나가네요	2005	채송아	부두, 여객선, 바다
추억의 영도다리	2006	조아애	항구, 영도다리
항구의 사랑	2006	주현미	남포동, 항구, 부산극장
팔도항구	2006	신영균	항구, 영도다리, 해운대, 동백섬, 오륙도
몰라	2007	유해모	오륙도, 항구

정만 주면 어때서	2007	유해모	오륙도, 항구
굿바이탱고	2010	신영균	정거장
내 고향 부산항	2010	양부길	용두산, 해운대, 남포동, 자갈치, 부산항, 오륙도, 태종대, 광복동

출처: 양승훈 (2011).

3) 예능 버라이어티 관광지

(1) 예능 버라이어티와 배경

야외 로케이션을 통해서 예능 버라이어티를 촬영할 때 등장인물들의 배경이 관광지 이미지로 비추어진다. 예능 버라이어티는 영화 및 드라마와 달리 리얼리티를 표방하고 있기 때문에 출연자 간의 상호작용에서 오는 예측불가능성이 일어난다. 예능 버라이어티가 지향하는 리얼리티는 수용자로 하여금 실제라는 느낌을 주기 때문에 스토리 전개에 배경이 되는 장소 역시 보다 생생하게 다가올 수 있다. 또한 카메라 촬영분의 편집을 최소화하므로 실제 공간과의 차이를 줄여준다.

(2) 배경이 부각되는 예능 버라이어티

〈꽃보다 할배〉는 직진순재, 미소천사, 구야형, 로맨틱 근형, 심통일섭 등 독특한 캐릭터에 짐꾼 도우미를 하는 이서진 등이 가세한 황혼 배낭여행 프로젝트이다. 프랑스, 대만, 스페인 등 시리즈를 선보였으며 그리스편에서는 순재우스, 구세이돈, 근폴론, 헤라클레섭 등 지역명을 연상시키는 별명을 캐릭터에 부여하였다. 본 프로그램은 새로운 여행 주도계층으로서 시니어 관광 활성화에 도움을 주었다. 또한 스페인편 이후에는 바르셀로나 관광객들이 급증하기도 하였다.

〈아빠 어디가〉는 연예인 등 사회 유명인사들이 자녀들과 함께 오지탐험을 하며 벌어지는 에피소드를 담았다. 아버지와 자녀 간의 성장 이야기를 담아내었고 중국으로 프로그램 포맷이 수출되었다.

〈정글의 법칙〉은 김병만을 중심으로 한 출연자들이 오지에서 생존하는 모습을 보여주고 있다. 1기 나미비아를 시작으로 몽고 및 뉴질랜드에 이르기까지 다양한 곳을 방문하였다. 리얼리티 프로그램의 한계상 일부 영상 촬영에 무리수를 두어 구설수에 오른 적도 있지만 오지탐험이라는 참신한 시도를 보여주고 있다.

생각해 볼 문제

01 엔터테인먼트 관광을 활성화하기 위해서 관광객의 관심도와 관광대상의 집객력을 높이는 방법은 무엇인가?

02 엔터테인먼트를 통해서 본 배경 이미지와 실제 관광지 이미지가 같으면서 다른 이유는?

03 엔터테인먼트 촬영 관광지의 수명주기 차원에서 장점과 한계점은 무엇인가?

04 지자체에서 활발히 유치하고 있는 영상세트장 관광의 장점과 한계점은 무엇인가?

05 리얼리티를 표방하는 예능 버라이어티 관광지를 방문하는 것과 영화촬영지를 방문하는 것에는 어떤 차이가 있을까?

We built this city Starship (1985)

로큰롤 음악을 바탕으로 도시를 건설하겠다는 의지를 노래로 담아 1985년 빌보드 정상에 올랐다. NBA의 LA 레이커스팀이 개사하여 응원가로 사용한 바 있고 한국의 수원삼성이 축구수도를 지향하면서 “We built this city on football”로 리메이크하였다.

We built this city
We built this city on rock and roll
　우리는 이 도시를 건설했지
　우리는 록앤롤 위에 이 도시를 건설했어
Someone's always playing corporation games
Who cares, they're always changing corporation names
We just want to dance here, someone stole the stage
They call us irresponsible, write us off the page
　누군가는 항상 기업게임들만 하고 놀지
　누가 신경 쓴다고 사람들은 항상 기업이름들만 바꾸고 있어
　우린 그저 여기서 춤추길 원해, 누군가 그 무대를 훔치지
　사람들은 우리를 무책임하다고 말하고 우리를 활자에서 벗어났다고 쓰지
Who counts the money underneath the bar?
Who rides the wrecking ball into our guitars?
Don't tell us you need us
'cause we're the ship of fools Looking for America,
coming through your schools
　바 아래서 누가 돈을 세는거야?
　우리 기타에 누가 건축물 파괴용 철구를 날리지?
　당신들이 우리를 필요로 한다고 우리에게 말하지 마
　왜냐하면 당신들의 학교를 지나면서
　미국을 찾고 있는 바보들의 배니까

CHAPTER 12

호스피탈리티산업

감자튀김 하나를 먹어도
어떠한 분위기에서 먹느냐가 중요하다.

울프(J. Wolfe)

난 경영자가 아니라 기업가, 기행 일삼는 브랜슨 회장

"넌 감옥에 가거나 백만장자가 될 거야." 선생님에게 이런 말을 들었던 소년은 수십 년 후 전 세계의 주목을 받는 기업가이자 억만장자가 됐다. 그의 이름은 리처드 브랜슨(Richard Branson). 버진(Virgin)그룹의 회장이다.

거대한 비즈니스 제국 '버진'을 세운 그는 일반 기업가와는 다른 독특한 비즈니스 모델을 구축해 왔다. 버진이라는 하나의 브랜드 아래 음반, 항공, 철도, 미디어 등 온갖 분야 기업체를 뒀다. 기업을 세우고 나면 실질적인 경영은 다른 인재에게 맡기고 자신은 계속해서 새로운 사업을 벌였다. 이제 우주여행 사업까지 추진 중인 그의 도전은 끝날 줄을 모른다.

창업자인 브랜슨 자신은 버진 브랜드 그 자체다. 그는 버진 브랜드를 선전하기 위해 온갖 기행을 벌여 왔다. 2002년 뉴욕 타임스스퀘어에서 버진 모바일의 사업 제휴를 발표하며 휴대전화로 중요 부위만 가린 채 나타났다. 가리는 것 없이 모든 것을 투명하게 보여주는 기업이라는 점을 알린다는 취지였다. 콜라 시장에 뛰어들었을 때는 코카콜라에 도전한다는 걸 보여주기 위해 탱크까지 동원했다. 미국 뉴욕 맨해튼 타임스스퀘어에 탱크를 몰고 들어가 코카콜라 광고에 가짜 대포를 쏘는 장면을 연출한 것이다. 이런 기행들을 통해 브랜슨은 버진이라는 이름을 사람들의 뇌리에 각인시키고, 브랜드에 톡톡 튀는 색채를 입혔다.

요즘 비즈니스 분야의 화두는 4차 산업혁명이다. 인공지능 등 신기술을 이용해 새로운 제품과 서비스를 선보이는 스타트업들이 우후죽순 등장하고 있다. 선진국에서는 창업하기가 이렇게 좋은 시절이 없었다는 얘기도 나온다. 벤처캐피털 역할이 더욱 커지고 있는 요즘 어쩌면 하나의 브랜드 아래 끊임없이 새로운 비즈니스를 펼쳐 온 브랜슨이야말로 우리에게 필요한 기업가 모델일지도 모른다.

출처: 매경프리미엄 (2016.12.3).

이 장의 소개

이 장은 관광산업 내 다양한 기업이 엔터테인먼트로 무장하여 가치를 창출하는 양상을 소개하였다. 이터테인먼트, 투어테인먼트 등 이미 마케팅 버즈로 많이 알려진 것도 있고 또 논의를 전개할 필요성에 의거하여 로지테인먼트, 트랜스포테인먼트 등을 새롭게 제시하기도 하였다.

1절 숙박업은 숙식을 기본으로 안전, 정보, 공공, 문화 등을 서비스화하여 제공하는 산업이다. 호텔 등 숙박업체는 호텔의 브랜드 스타마케팅, 테마호텔화, 엔터테인먼트 이벤트 제공, 영화나 드라마 촬영장소화 등으로 엔터테인먼트산업으로 점차 다가가고 있다.

2절 외식업은 원기를 회복한다는 레스토랑의 어원에서 그 존재의의를 찾을 수 있으며 테마레스토랑, 셰프테이너, 엔터테인먼트와 함께 하는 콜라보 마케팅 등을 수행하며 이터테인먼트를 구현하고 있다.

3절 여행업은 엔터테인먼트기업과 투어테인먼트 전략을 구사하고 있는데 팬미팅을 포함하는 패키지여행, 스타와 함께하는 상품 등을 출시하고 있다.

4절 항공업은 기내엔터테인먼트(IFE)를 확장시켜 목적지를 향한 이동간의 거리를 오히려 재미와 감동으로 채우며 또한 심리적 거리를 단축시키는 등 종합 트랜스포테인먼트를 제공한다.

5절 카지노, 리조트, 테마파크, 크루즈는 허스피탈리티산업과 엔터테인먼트산업 간의 교점을 이루고 있어 엔터테인먼트산업이 근간으로 하고 있는 연극적 모델을 서비스와 결합하고 있다.

열쇠말

기내 엔터테인먼트, 연극학적 모델, 테마레스토랑, 테마호텔, 팬미팅, 호스피탈리티

학 습 목 표

1. 호텔에 엔터테인먼트적인 기능을 포함시키는 사례를 말할 수 있다.
2. 외식업의 이터테인먼트를 정의내릴 수 있다.
3. 여행사가 엔터테인먼트 기업과 협업을 할 수 있는 방안이 무엇인지 아이디어를 낼 수 있다.
4. 기내 엔터테인먼트란 무엇인지 설명할 수 있다.
5. 크루즈 다이렉터의 일과 생활을 이야기할 수 있다.

1. 호텔의 로지테인먼트

1) 숙박산업의 개념과 기능

(1) 숙박업의 개념

숙박업(lodging industry)은 고객에게 숙박에 적합한 시설을 갖추어 이용케 하고 숙면과 음식을 제공하는 업이다. 숙박업은 집을 떠나온 여행객에게 잠자리를 제공함으로써 원기를 회복하고 관광을 계속할 수 있게 도움을 준다. 광의로는 숙박산업이고 협의로는 호텔산업이라고 할 수 있다. 호텔산업은 호텔은 여행자를 위해 피난처(避)와 휴식처(息)를 제공하는 업의 기능을 가진다(손대현, 2000).

(2) 숙박산업의 종류

숙박산업은 호텔, 여관, 민박, 펜션, 대여별장, 산움막, 캠프장, 숙사, 유스호스텔, 국민숙사, 국민휴가촌 등 매우 다양한 형태가 포함된다(長谷政弘, 2003).

> 인생은 나그네요 세상은 주막이다. 현대적 호텔의 최원류적인 명칭은 주막이다. 산허리를 휘돌아 고개를 넘다보면 고개 밑 길목에 주막 하나가 보인다. 입심 좋은 주모가 푸짐한 술상과 정겨운 눈길로 맞아주는 주막에는 객지를 떠돌면서 물건을 파는 장돌뱅이나 마누라와 싸우고 분을 풀러온 범부와 농사일로 쌓인 피로를 풀러온 농부, 술로 세월을 보내는 술꾼이 어우러져 항시 성황을 이룬다. 큰돈을 들이지 않아도 한 잔술에 딸려 나오는 공짜안주와 양지머리 고아 만든 국밥 한 그릇으로 허기를 달래고 지친 몸을 누일 수 있는 따스한 방이 있었던 주막은 고향을 떠나 온 사람들이 향수를 달래던 곳이었고 일에 지친 민초들에게 제공되는 쉼터였다.
>
> 출처: 손대현 (2004).

(3) 호텔의 기능

호텔(hotel)은 관광산업의 적자(敵者)이자 숙박산업을 대표한다. 호텔 총매출 중에는 객실부서가 차지하는 비중이 가장 높다. 즉 호텔 수익은 호텔객실수와 객실판매액의 증감에 따라 결정되며 식음료 및 연회 등 부대시설의 매출에도 영향을 주기 때문에 숙박의 기능이야 말로 가장 핵심적이라고 볼 수 있다. 따라서 고객에게 쾌적한 휴식과 수면을 제공하여 고객이 즐거움을 느낄 수 있도록 지속적인 고민이 필요하다.

2) 호텔의 변화

(1) 엔터테인먼트를 추구하는 호텔

호텔은 숙박, 식사 이외에 추가적인 편익을 제공한다. 하세 마사히로(長谷政弘, 2003)는 호텔의 3대 상품으로 숙박, 레스토랑 그리고 연회를 제시하면서 각각의 기능을 숙박의 기능, 음식의 기능, 회합의 기능, 문화서비스의 기능, 레저스포츠, 건강관리서비스의 기능, 쇼핑의 기능, 비즈니스서비스의 기능으로 나누었다. 호텔은 방문객의 다양한 욕구 충족을 위해 본연의 기능인 잠자리(宿)와 안전(安), 식사제공(食) 이외에 정보의 제공(情), 공공의 기능(公) 그리고 즐거움의 기능(樂)을 보여주는 곳이다.

세종호텔은 1999년 최초로 호텔 내 갤러리를 오픈한 이래로 호텔을 갤러리화하고 있는데 고객으로 하여금 보다 가까운 곳에서 예술품을 감상할 수 있는 기회를 제공하고 있다. 쉐라톤 인천 호텔은 지하주차장에 아트갤러리를 마련하고 아트페어 등을 개최하고 있다.

| 표 12-1 | 호텔의 기능

구분	제공 상품 및 서비스	호텔관련부서	투숙객의 만족
숙	잠	객실 등	충분한 잠
식	음식	식음료 등	맛있는 식사
안	안전/보안	보안/프론트	외지에서의 불안감
정	정보제공	컨시어지 등	정보부족 해소
공	공공회합	연회이벤트 등	공신력 획득
문	문화예술 관련 전시 이벤트	연회이벤트 등	문화/예술 감상
락	엔터테인먼트	연회이벤트 등	즐거움

(2) 로지테인먼트

숙박(lodge)과 엔터테인먼트(entertainment)의 합성어로 로지테인먼트(lodgetainment)라는 신조어를 제시하고자 한다. 로지테인먼트는 기존의 숙박산업이 엔터테인먼트산업과 결합하여 새로운 가치를 창출하는 산업적 현상 혹은 숙박상품 자체이다. 고객에게 총체적 즐거움을 제공하고자 하는 숙박업의 노력이 결집되어 있는 것이다.

숙박업은 인간의 향기가 나는 산업이어야 한다. 즉 인간이 가장 인간답게 존재하기 위해서는 즐거움과 재미를 즐겨야 하며 숙박업은 이를 가능케 해줄 수 있어야 한다. 숙박업은 홈 어웨이 홈(Home away home), 즉 떠나온 집에서 멀리 떨어져 있는 또 하나의 집이 되어야 한다. 따라서 집과 같은 편안함과 동시에 집과는 차별되는 무엇을 제공해야 하는데 그것이 로지테인먼트이다.

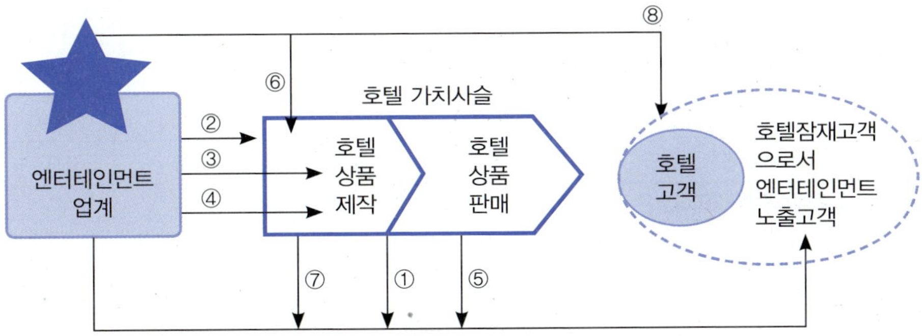

① 셀럽인덱스: 엔터테인먼트업계의 명성지수 관리의 중요성을 호텔에서 인식
② 테마호텔: 엔터테인먼트 테마를 호텔에 입힘
③ 전통적인 호텔의 엔터테인먼트 이벤트: 호텔 내 영업장 및 호텔 외부 쇼
④ 엔터테인먼트 어메니티: 기존의 객실 어메니티에 엔터테인먼트 관련 추가
⑤ 영화 및 드라마 촬영장소로서 호텔공간 제공
⑥ 스타를 활용한 호텔상품
⑦ 엔터테인먼트를 활용한 물리적 환경 연출
⑧ 호텔 연예인 홍보대사: 기존의 호텔종업원을 통한 인적 마케팅 확장

| 그림 12-1 | 로지테인먼트의 개념도

3) 로지테인먼트 현황

(1) 호텔의 브랜드 스타마케팅

호텔이 연예인스타의 능력과 선호도를 나타내는 브랜드와 같은 명성지수(celebrity index)를 관리하고 있다. 호텔이 제공하는 서비스와 객실시설 그리고 전반적인 가치를 점수화하면 〈표 12-2〉와 같다.

| 표 12-2 | 2015 대한민국 특급호텔 명성지수 10대 호텔

랭킹	호텔명	서비스	객실시설	전반가치	점수
1	호텔신라 서울 신라	4.3977	4.2589	4.2962	4.3176
2	파크하얏트 서울	4.1296	4.1987	4.2460	4.1914
3	W 서울 워커힐호텔	4.1514	4.1436	4.2434	4.1794
4	파크하얏트 부산	4.0967	4.1957	4.2229	4.1717
5	호텔신라 제주신라	4.2159	4.2039	4.0162	4.1453
6	호텔롯데	4.1055	4.1688	4.1574	4.1439

7	콘래드 서울 호텔	4.1055	4.2722	4.0226	4.1152
8	JW메리어트호텔 서울	3.9425	4.1133	4.1164	4.0574
9	호텔리츠칼튼 서울	4.0004	4.0260	4.0935	4.0400
10	롯데호텔월드	3.8622	3.9652	4.2690	4.0321

출처: 월간 호텔레스토랑 (2016).

(2) 테마호텔

테마호텔은 특정한 주제(theme)를 가진 호텔로써 테마파크처럼 숙식뿐만 아니라 다양한 엔터테인먼트 체험을 할 수 있다. 이미 알려진 곳으로 얼음호텔, 탐정호텔, 감옥호텔 등이 있다. 또한 케냐에는 기린호텔이 있는데 1930년대 귀족의 저택을 호텔로 전환한 것이다. 스웨덴의 모 숲속에 위치한 트라호텔은 UFO 모양으로 지어져 독특한 분위기를 자아낸다. 어트랩 버블호텔(Attrap revels hotel)은 버블돔 모양의 숙박시설로 자연 친화를 지향하고 있다. 일본의 헨나(変な, 이상한)호텔은 프론트 직원을 로보트로 대체하여 손님을 맞이하고 있는데 호텔의 명칭은 이상함이지만 궁극적으로 변화를 지향하는 호텔로 자리매김하고 있다. 단정한 유니폼을 입은 여직원 모습과 나비넥타이를 한 공룡로봇이 프론트 데스크 직원 및 포터로 활용된다.

(3) 호텔의 엔터테이닝 이벤트

호텔은 전통적으로 영업장에서 밴드의 노래와 연주 등 공연, 쇼, 디너쇼, 패션쇼, 심야 토크쇼 등을 각종 이벤트를 제공해 왔다.

라스베이거스의 호텔들은 다양한 쇼이벤트를 제공함으로써 카지노뿐만 아니라 종합엔터테인먼트 목적지로 재탄생하고 있다. 미라지 호텔의 화산쇼, 트레저아일랜드의 해적선 쇼, 벨라지오호텔의 분수쇼, 파리 라스베이거스호텔의 호화로운 에펠탑, 시저스팰리스호텔의 시뮬레이션 돔형 천장 등으로 비즈니스맨과 관광객들에게 끊임없는 즐거움과 신기함을 주고 있다. 호텔 자체가 관광장소화할 수 있다. 더

케이호텔은 크리스마스 갈라 디너쇼를 준비하며 스타 셰프인 에드워드 권을 내세워 스페셜한 메뉴를 선보이고 였으며 크리스마스 등 연말연시, 어버이날에는 효(孝)를 주제로 하는 가수 콘서트를 열고 있다. 프로야구 선수 이대호는 부산 그랜드 호텔에서 "자선토크쇼 및 미팅"을 열기도 하였다.

(4) 호텔 어메니티에 엔터테인먼트 제공

호텔의 어메니티(amenities)란 원래 고객서비스 차원에서 숙박에 불편이 없도록 제공되는 샴푸, 린스, 목욕용 가운 등 개인 위생용품 등을 포괄한다. 어메니티는 호텔의 취향과 배려를 가늠할 수 있는 매우 중요한 척도이다. 최근에는 범위가 넓어져 기존에 커피 및 티, TV 및 컴퓨터 이외에 즐거움을 제공하는 다양한 기재를 제공하고 있다.

비즈니스 모텔이 밀집해 있는 강남권이나 종로 등에는 가정용 게임기인 플레이스테이션을 객실에 갖춘 플스텔이 유행이다. 많게는 20여대를 설치해 놓고 프론트에서 게임타이틀을 무료로 대여해 주고 있다, 종로의 S모텔은 대형 스크릿샷에 각종 게임타이틀을 완비한 플스룸을 모텔의 주력상품으로 내세워 홍보에 열을 올리기도 하며 이들의 인기에 힘입어 온라인 게임도 도입되고 있다. 바야흐로 객실이 게임장으로 변하는 추세이다.

(5) 영화 및 드라마 촬영장소로서의 호텔

호텔은 영화 및 드라마의 촬영장소로 많이 활용되고 있다. 엔터테인먼트 제작자 입장에서는 호텔측이 제작협찬으로 장소를 제공하면 제작비용을 절감할 수 있어 좋고 호텔 입장에서는 홍보에 도움이 된다. 고객들은 호텔에 투숙하게 되면 드라마의 장면을 회상하게 되고 더 나아가 영화 및 드라마의 주인공이 된 기분을 느낄 수 있다.

부천시의 고려호텔은 SBS 인기드라마 〈마녀의 성〉 촬영장소를 협찬하였다. 전주한옥마을은 KBS 드라마 〈성균관스캔들〉의 촬영장소로 활용한 공간과 인접한 장소에서 전통가옥을 활용한 민박상품을 제공하고 있다. 또한 드라마의 주인공이 되어 한복 입기 체험 등을 상품으로 내놓고 있다.

(6) 스타를 활용한 호텔 상품

캔싱턴호텔은 우리나라 최초로 대중스타 테마를 콘셉트로 한 객실을 선보였다. 아너스 회원으로 등록되어 있는 양궁스타 김수녕, 야구의 박철순, 가수 윤형주 등 대중스타를 직접 1일 총지배인으로 초대하고 40여 명의 스타를 테마로 한 객실과 명예의 전당을 통해 간접적이나마 스타와 만날 수 있다. I호텔은 인근 에스엠타운 트레벌(SMTOWN)과 연계하여 호텔 객실에 아이돌그룹 EXO의 테마룸을 만들고 EXO 호텔 패키지를 선보이고 있다. 객실 내 한정 비치되는 스페셜 상품들, EXO 쿠션, 여권커버, 룸서비스 케이크 등이 포함된다. W호텔은 지역의 매력을 만끽할 수 있는 다양한 체험프로그램을 운영하는 전담팀 FaCe(페이스)를 두고 있는데 펀 액티비티 쿨 엔터테이너(fun activity cool entertainer)의 약자이다. 호텔 종업원을 스타화하는 전략이다.

부산의 L호텔은 객실에 숙박하면 홍보모델인 비(정지훈)의 사인이 들어간 우산과 보조배터리를 증정하는데 해당 상품은 한정판으로 다른 곳에서 구할 수 없다는 희소성으로 소장가치를 높였다. 또한 야구테마객실인 스타룸이 포함된 스포츠스타 패키지가 있는데 추신수 룸을 비롯하여 조식 2인, 모자 2개, 선수 사인볼 등이 포함된다. M호텔 서울에서는 영화 〈007〉의 주인공인 제임스 본드가 타는 본드카로 유명한 영국의 스포츠카 애스턴 마틴사와 공동으로 애스턴마킨 패키지를 진행하는데 킹 스위트룸 1박에 본드카 시승체험이 포함된다.

(7) 엔터테인먼트를 활용한 호텔의 물리적 환경 연출

하드록 인터네셔널은 전 세계 63개국에 152개의 카페뿐만 아니라 21개 호텔을 운영하고 있다. 1991년 라스베이거스에 호텔을 개관한 것을 시작으로 로큰롤 스피릿이라는 음악적 가치가 단순히 호텔에 머무르는 것 이상으로 중요하다는 것을 보여주고 있다. 에릭 클랩튼이 1호 하드락 카페인 런던점에 오리지널 기타를 기부한 이래 세계적인 뮤지션들의 자취를 찾아볼 수 있다. 또한 하드록 호텔 리비에라 마야에는 브렛 마이클스가 디자인한 록스타 스위트룸부터 하드록 시그니처 록스파, 프리미엄 나이트클럽 등이 위치해 있다.

호텔 카푸치노는 공유가치 창출을 지향하는 카푸치노 공유가치 프로그램을 통해서 객실에서 어메니티를 사용하지 않을 경우 엔젤쿠폰으로 기부하거나 커피로 교환할 수 있으며 친환경 디스펜서 목욕용품, 먹으면 수익금의 일부가 되는 엔젤스 메뉴, 버려지는 옷을 나눔으로써 활용할 수 있는 share your cloth 등을 운영한다. 즉 사회운동 동참과 책임의 자각을 통한 즐거움 창출하는 것이다.

호텔 젠 마닐라는 필리핀 고유의 축제감성인 '피에스타 필링'을 모티브로 하여 호텔로비 및 야외수영장을 축제분위기가 물씬 풍겨나도록 장식하였으며 모든 호텔 직원은 전통의상인 '바롱'을 입고 현지음식을 제공한다.

(8) 호텔의 연예인 홍보대사 임명

호텔을 홍보하는 데 연예인을 활용하는 사례가 많아지고 있다. 부산 롯데호텔은 가수 씨엔블루, 서울 파래스호텔은 프로야구 선수 오승환, 롯데호텔은 그룹 B1A4 등 홍보모델 계약을 체결하고 각종 마케팅에 등장시켰다. 또한 해운대그랜드호텔은 지역에서 매년 개최되는 국제영화제의 본부호텔로서 명예총지배인으로 영화배우 장동건을 임명하기도 하였다.

(9) 호텔과 엔터테인먼트 기업과의 전략적 제휴

관광지에서의 구매활동은 매우 중요하며 이러한 구매의 중심에는 면세점이 있다. 따라서 신라호텔 면세점사업부가 국내 SM엔터테인먼트와 손잡고 해외관광객을 위한 원스톱 관광서비스 한류공연장을 조성하였다. 강원랜드 리조트는 웅진씽크빅과 제휴하여 키즈전용공간인 키즈플로어와 키즈라이브러리를 운영하고 있다. 리조트 입장에서는 가족시장을 지향하면서 수익성을 확보하고 동시에 동반

가족 중에서 성인들이 즐길 수 있는 시간과 공간을 만들어준다는 취지였으며, 동시에 웅진씽크빅은 자사의 콘텐츠가 소비될 수 있는 계기를 확보한다는 차원이다.

2. 외식산업의 이터테인먼트

1) 외식산업의 개념과 의의

(1) 외식산업의 개념

외식산업은 인류의 태동과 더불어 시작된 가장 오랜 역사를 가진 산업이다. 태초에는 먹는다는 것이 단순히 생존을 위한 원초적인 행위에 불과했으나 생활수준의 향상으로 외식(外食), 즉 밖에서 먹는다는 것이 매우 중요한 레저활동으로 각광받게 되었다(신재영 · 박기용, 1999). 외식은 내식(內食)과 대비되는 개념이다.

대표적인 외식산업으로 레스토랑(restaurant)을 꼽을 수 있다. 프랑스어로 음식점 주인을 restaurateur라고 하는데 원기를 회복시켜 주는 사람이라는 뜻이다. 따라서 레스토랑은 사람을 기분 좋게 대접하는 곳이 되어야 하며 음식점 주인은 엔터테이너(entertainer)가 되어야 한다. 입을 즐겁게 해주는 것도 중요하지만 오감을 자극하여 몸과 마음이 편하게 쉴 수 있는 곳을 만들어야 한다. 이를 위해서 레스토랑에 방문하는 고객이 쉴 수 있도록(rest) 주인은 열심히 뛰어야 한다(run).

(2) 레스토랑의 구성요소

레스토랑은 다음과 같이 세 가지 절대 가치를 추구한다(신성순, 2005).

- 맛(taste): 정직하고 틀림없는 신뢰의 전달(진실함의 측면, 眞)

- 서비스(service): 어머니와 같은 애정과 양육을 위한 희생적 행동으로서 환대 정신(착함의 측면, 善)
- 분위기(atmosphere): 배경과 자극(아름다움의 측면, 美)

레스토랑은 음식 자체도 중요하지만 더 나가 독특한 테마를 가진 음식, 분위기, 서비스를 가지고 인간의 먹는 행위로서의 유희 본능을 자극하고 있다. 원래 재미라는 것의 어원이 자미(滋美)에서 왔다고 한다. 먹는 것에서 재미를 추구하는 인간의 본능이 가장 잘 표현되어 있고 또 그 행위는 아름다움이라고 할 수 있다.

"You are what you eat", 샤바랭의 어록에 나오는 말로 생긴대로 먹는다, 먹는대로 생긴다는 뜻이다. 해석해 보면 먹는 행위를 어디까지 즐길 것인가, 맛인가 서비스인가 아니면 분위기까지인가에 따라서 인간의 존재를 결정한다.

(3) 외식산업의 변화

노동의 시대가 가고 레저의 시대가 도래함에 따라 먹는다는 인간의 본질적 행위가 '살기 위해서 먹는 것'에서 '먹기 위해서 사는 것'으로 변모하였다. 노동력 재생산을 위한 생존을 위한 식사가 즐기는 것으로 바뀌었고 엔터테인먼트와 결합하기 시작했다. 인간의 관광체험 중에서 먹는다는 것이 가장 큰 비중을 차지하게 되었으며 맛집 여행, 식도락 여행 등에서 그 단서를 찾아볼 수 있다.

2) 이터테인먼트

(1) 이터테인먼트의 개념

이터테인먼트(eatertainment)는 '먹는다'는 뜻의 'eat'과 엔터테인먼트(entertainment)가 결합한 신조어이다. 즉 먹을거리와 즐길거리가 서로 합쳐진 것이다. 울프(Wolfe)는 엔터테인먼트와 비엔터테인먼트의 경계가 모호해지고 있음을 지적하면서 먹는 것 자체가 즐거움이라고 하였다.

이터테인먼트는 테마레스토랑(theme restaurant)과 같은 의미로 쓰이기도 한다. 즉 레스토랑에 특정한 주제를 만들어 먹는 것 이외에 즐길거리를 제공하는 것이다. 또한 이터테인먼트의 eat을 e: 엔터테인먼트, a: 분위기(atmosphere), t: 맛(taste)으로 해석하는 견해도 있다(민정윤 · 김홍렬, 2005).

| 표 12-3 | 이터테인먼트에 대한 정의

구분	정의
마틴 패글러(1999)	고객에게 놀라운 식사체험을 제공해 주는 것(에너지가 충만한 분위기, 멋들어진 시간) 혹은 이런 환경을 다시 찾을 때 성취감을 느끼는 것
마크 와이스바스(1999)	식사체험 자체가 목적이 되고 중간대 가격을 지향하는 플레닛할리우드가 예가 됨
김미숙(2003)	음식에서 느낄 수 있는 자극, 놀라움, 체험 등으로 음식 자체에서 느껴지는 음식체험과 음식과 동시에 체험할 수 있는 서비스 체험 등이 있음
홍영표(2005)	테마레스토랑에서 내세우는 즐거움, 이벤트, 체험, 꿈
송희라(2006)	식(食)과 엔터테인먼트(樂)의 합성어로 인간이 살아가면서 가장 기본적인 음식을 사람과 문화와 여행을 융합하여 고차원적인 이해와 즐거움을 주고 자신의 라이프스타일을 업그레이드하는 방식
옥스퍼드 사전(2017)	먹는 것과 엔터테인먼트를 결합한 체험이다. 특히 레스토랑 체인 중에서 스포츠, 음악, 영화 등과 같은 주제를 바탕으로 하는 곳을 말한다.
리쥬파쿠(일본 회사)(2017)	음식에 웃는 얼굴이 되어 주었으면 좋겠다는 외식업자의 마음으로 먹는다는 것과 놀이와 대접을 합한 조어이다.
Mkono(2013)	레스토랑 비즈니스가 엔터테인먼트를 향해 나가는 트렌드이며 음식 이상의 것을 제공한다. 특히 식도락여행과 관련된 용어로서 지역 관광에 음식이 기여하는 것을 말한다.

(2) 이터테인먼트의 의의

외식의 이터테인먼트화는 식사를 하는 고객에게 다음과 같은 의의를 갖게 해준다.

- 오감체험을 통한 식사체험의 완결화
- 음식과 휴식을 동시에 즐길 수 있음

또한 식당을 경영하는 주인 입장에서 다음과 같은 의의를 갖게 해준다.

- 기존 식당과의 음식 이외의 차별적 요소를 도입함으로써 경쟁력 확보
- 종업원은 식음료 생산 및 서비스 이외에 쇼 이벤트를 수행함으로써 개인의 역량을 강화할 수 있음

(3) 테마레스토랑

테마레스토랑은 특정 테마를 주제로 하는 레스토랑으로 이터테인먼트와 동일하게 쓰이기도 한다. 식사뿐만 아니라 특정 테마를 가진 다양한 이벤트와 볼거리를 제공한다는 측면에서 일반 레스토랑과 차별화된다. 테마레스토랑은 다양한 방법으로 고객의 눈길을 사로잡고 있다.

먼저 음식의 고정관념을 깨면서 독특한 음식의 모양과 색깔을 통해 발상의 전환을 한다. 에뜨나 피자는 기존의 둥근 피자에서 길죽한 직사각형 피자로 먹기도 편할 뿐 아니라 고객의 호기심도 유발하고 있다. 터키식 아이스크림 전문점 마도는 스테이크같이 잘라먹는 아이스크림을 파는데 숟가락으로 먹어야 한다는 발상의 전환이다.

또한 서비스의 엔터테인먼트로는 일본인 로키 아오키의 유명한 베니하나의 신기에 가까운 칼솜씨가 어우러진 데판야끼가 있다. 후터스(Hooters)는 미국 플로리다에서 출발하여 햄버거, 샌드위치, 스테이크 등을 판매하는 식당인데 선술집 개념으로 스포츠 바 분위기가 있는 곳이다. 건강미를 소유한 웨이트리스의 격이 없는 대화와 서비스가 제공된다.

엔터테인먼트적인 분위기로 카후나빌(Kahunaville)이 유명한데 카후나라는 부부가 열대섬에 표류하여 자신들의 마을을 만든다는 스토리로 군데군데 열대 분위기가 나는 장식이 눈길을 끈다. 레인포레스트카페는 정글, 열대우림 콘셉트로 1994년에 창업하여 환경보호를 테마로 하여 동물의 울음소리를 연출하고 열대식물을 식생하는 등 분위기를 꾸몄다. 플레닛할리우드는 할리우드 스타를 테마로 하는 스테이크 전문점으로 1991년 실버스타 스탤론, 브루스 윌리스, 데미 무어, 아놀드 슈

워제네거 등 스타들이 설립하였다. 하드록카페 로큰롤을 테마로 하여 각종 앨범 및 음악 관련 수집품을 장식해 놓고 있다. 1971년 아이작 티그렛과 피터 모턴이 영국에서 오픈하여 한국은 2008년 서울 이태원에 최초로 들어왔다. 본사 미국 올랜도 매장에는 에릭 클랩튼, 지미 핸드릭스의 기타, 존 레논의 친필사인 등이 전시되어 있다. 이외에도 중국 내몽고에 한 레스토랑에서는 감방에서 음식을 즐기며, 대만에는 화장실을 테마로 한 레스토랑이 있다.

3) 이터테인먼트의 사례

(1) 레스토랑에서의 엔터테인먼트 공연

식사를 하면서 공연을 감상하는 것은 인류의 역사만큼 오래되었다. 극장식당은 관객이 식사나 음료수를 먹으면서 쇼, 영화나 연극을 감상할 수 있는 레스토랑으로 1970년대 초 이후에 번성하였다. 워커힐호텔은 1963년부터 국내 특급호텔의 유일한 대형 극장식당인 가야금 극장식당을 운영해 왔으며 이후 워커힐 씨어터로 재탄생하였다. 서울 다동에 위치한 극장식당 월드컵은 1970년도에 문을 연 이래 당대의 정상급 연예인과 무대시설을 가지고 외래관광객 100만명을 유치하였지만 1980년도에 도시 재개발 등을 이유로 역사의 뒤안길로 사라졌다.

(2) 먹방 및 쿡방 프로그램

2012년 이후 등장한 예능 프로그램의 주제로 요리를 활용하여 음식을 만들거나 먹는 행위를 보여준다. 공동으로 일하기, 여유와 먹거리의 공감을 주제로 하는 〈삼시세끼〉, 〈집밥 김선생〉 등이 대표적이다. 또한 셰프 오디션, 즉 경쟁요소를 도입하여 열정과 승부를 부각시키는 〈냉장고를 부탁해〉, 〈마스터셰프 코리아〉, 〈한식대첩〉 등이 있다.

먹방 및 쿡방에 대한 인기에 맞물려 이에 대한 비판도 있다. 황교익은 먹방, 쿡방 배경은 불행한 사회라고 했다. 다른 데서 행복을 느끼지 못하니까 음식을 먹고 요리를 하는 사람의 표정을 보며 쾌락을 공유하는 것이다. 대리만족인 셈이다. 쾌락을 끌어와야 하는데 먹는 것만한 게 없다. 하지만 현실에선 사먹거나 해먹을 형편이 안 된다. 해서 찾는 게 먹방, 쿡방 즉 음식 포르노이다. 뛰어난 모방본능으로 인간은 음식이 아니라 먹는 사람에게서 쾌락을 얻는 것이다.

출처: 노의현 (2016).

(3) 셰프테이너

셰프테이너(cheftainer)는 요리사와 연예인의 합성어로서 요리를 전문적으로 다루는 프로그램에서 혹은 요리를 소재로 하는 예능 프로그램에서 요리실력뿐만 아니라 엔터테인먼트적인 탤런트를 보여주는 사람이다. 요섹남(요리하는 섹시한 남자) 신드롬과 더불어 허셰프(허세셰프) 최현석, 차줌마(차승원), 백주부(백승원) 등이 등장하였다.

최현석 셰프는 마성의 남자이다. 190cm 키에 태평양 어깨, 우월한 기럭지를 소유한 최현석 셰프는 아쉽게도 유부남이다. 결혼 안 했을 것 같은 비쥬얼인데 딸이 중학생이란다. 역시 품절남 속도는 LTE 급이다. 미니홈피시절 캐릭터로 돈 좀 벌어봤다는 김풍(본명)은 원래 직업이 만화가이다. 김풍의 요리실력은 꽤 수준급이다. 그러나 프로셰프의 실력과 비교하면 종이 한 장의 차이가 있다. 김풍의 장점은 일반인이 흔히 살 수 있는 재료로 맛깔난 음식을 요리한다는 점이다. 소스, 양념류, 장류에 해박하다. (중략)

출처: 스타포커스 (2015. 6/7월호).

(4) 엔터테인먼트와 콜라보레이션 마케팅

외식업체는 엔터테인먼트 업체와 협력으로 마케팅 활동을 하는 사례가 빈번하다. 애니메이션 개봉마다 키덜트를 대상으로 캐릭터 상품을 출시하고 있는데 맥도날드의 〈미니언즈 해피밀 스페셜 세트〉, 〈앵그리 더 무비: 상하이 버거〉 등이 있으며 롯데리아는 〈아톰탄생 50주년 한정판 피규어〉 등을 제공한다. 샌드위치 체인 서브웨이는 〈태양의 후예〉 협찬 계약을 통해 포스터를 제작하고 2회에 주인공 커플이 나왔던 서브웨이 논현점을 홍보하였다. 또한 고객에게 영화예매권을 증정하고 가수 콘서트, 뮤지컬 할인권을 증정하는 등 각 매장마다 포스터를 게시해 놓는 고 서로 상생의 길을 모색한다. 아웃백레스토랑은 만화가 허영만과 관계를 맺었는데 2015년 '부메랑 캠페인' 광고의 모델로 영화 〈비트〉의 주인공인 정우성과 고소영을 발탁했으며 해당 식당은 작가와의 협업을 통해서 절판된 동명의 만화책을 한정판으로 부활시켰으며 전시회를 후원하였다.

(5) 레스토랑 메뉴에 관광지를 연상

1990년대 뉴욕을 배경으로 한 드라마 〈섹스 앤 더 시티〉에서 커리어 우먼들이 즐겨 마시는 칵테일인 코스모폴리탄(Cosmopolitan)이 등장한다. 스토리 전개상 드라마 주인공이 자주 마심으로써 자연스럽게 시청자에게 각인되는 효과가 있었다. 주인공들이 한자리에 모여 앉아 코스모폴리탄을 마시면서 "이렇게 맛있는 술을 왜 이제껏 안 마셨지?"라고 묻고 "너무 흔해져서 웬만한 사람들이 다 마셔서 안 마셔", "그래도 예전 것이 좋아" 등을 대화를 주고받는다.

Aruba, Jamaica ooh I wanna take you
아루바, 자메이카, 오, 당신과 같이 가고 싶어요
Bermuda, Bahama come on pretty mama
버뮤다, 바하마, 아름다운 그대여, 자 어서
Key Largo, Montego baby why don't we go
키 라르고, 몬테고, 그대여, 우리 가요
Jamaica, Off the Florida Keys
자메이카, 플로리다 키에서 멀지 않은 곳에
There's a place called Kokomo
바로 거기 코코모가 있지요

| 그림 12-2 | 영화 칵테일 광고 및 주제가

출처: 워너브라더스.

톰 크루즈는 영화 〈칵테일〉에서 TGI Friday 업장 트레이너의 도움을 받아 환상적인 칵테일 셰이킹 묘기를 선보였다. 영화 칵테일의 주제곡인 비치보이스의 〈코코모〉의 노래에는 미국인들에게 최고의 관광지로 각광받고 있는 카리브해의 전경이 떠오른다.

(6) 엔터테인먼트 콘텐츠 속의 레스토랑

영화 및 드라마 스토리 전개상 레스토랑이 필요한데 전체 내용의 일부를 구성하거나 레스토랑 그 자체가 중심이 되기도 한다. 전자의 예를 보면 일산 소재의 이탈리안 레스토랑 〈라벤하임〉은 〈온에어〉, 〈조강지처 클럽〉 등 드라마의 촬영장소로 제공되었다.

후자의 예로 일본 드라마 〈고독한 미식가〉는 1인 무역회사 대표인 독신주의자 이노가시하라 고로가 오래되고 소박한 식당을 돌아다니면서 미식체험을 한다는 콘셉트이다. 드라마의 각 에피소드 끝에는 만화의 원작자인 타니구치가 직접 레스토랑을 방문하고 드라마에 소개된 음식 및 주인장을 소개하기도 한다. 하나투어에서

| 그림 12-3 | 강원도 강릉 소재 유명 맛집의 방송보도 광고

는 만화의 국내 출판사, 테마여행 전문여행사 등과 함께 드라마에 등장하는 현지 미식투어상품을 출시한 바 있다. 〈윤식당〉은 인도네시아 길리 트라왕안섬 해변에 작은 한식당을 열고 가게를 경영하는 리얼리티 프로그램이다. 본 지역은 방송 이후에 전년 대비 항공편 검색량이 15배 이상 증가하였다고 한다.

3. 여행사의 투어테인먼트

1) 여행업의 개념과 의의

(1) 여행업의 개념

여행업(travel industry)은 여행객과 관광의 요소를 공급하는 업체(principal)를 연결시켜 주는 역할을 한다. 이러한 일들을 주로 여행사(travel agency)가 하는데 영문의 표기에도 나와 있듯이 에이전시(agency)는 주체의 이익을 위해서 대리 혹은 대신한다는 뜻이다. 여행공급업체는 여행객이 관광지에서 관광체험을 할 수 있도록 하는데 호텔, 식당, 테마파크, 크루즈 등 다양하다.

(2) 여행사의 의의

여행업은 여행객이 여행을 준비하면서 어려움이 없도록 도와주는 역할을 해야 하기 때문에 여행객과 관광요소공급업자 양자 간의 중간고리 역할을 잘 해야 한다.

- 여행객의 욕구를 파악하고 최적의 여행상품을 판매
- 관광요소를 공급하는 업체가 제공하는 여행상품을 숙지하고 유기적으로 연결함으로써 여행사와 관광요소 공급업체의 상호이익 극대화

(3) 여행사의 변화

여행사는 단순한 연결역할 및 대행역할을 하는 에이전시 기능을 넘어서 여행상품의 여행상품의 기획 및 실행을 총괄하는 종합 여행기업을 지향해야 한다. 제로 커미션(zero commission) 시대, 즉 항공티켓을 알선하지만 수수료를 받지 못하므로 수익창출에 어려움을 겪게 되고, 인터넷 및 모바일 등 정보기술의 발달에 따라 고객 역시 여행지 관련 정보 습득 및 여행사 간, 여행상품 간의 비교평가가 가능해지는 등 원래 여행사가 가진 정보자본이 해체되었다. 이에 따라 여행사는 새로운 환경의 변화에 적응해야 한다.

2) 투어테인먼트

(1) 투어테인먼트의 개념

투어테인먼트는 여행사의 사업대상인 관광(tour)과 엔터테인먼트(entertainment)를 조합하여 여행사가 엔터테인먼트산업과 결합하여 새로운 부가가치를 창출할 수 있는 분야로 정의한다. 따라서 관광과 엔터테인먼트라는 이 책의 내용에서 좁은 의미로 여행사에 국한하였다.

(2) 여행사와 엔터테인먼트산업과의 관계

여행사와 엔터터테인먼트사와의 관계를 다음과 같이 제시하였다. 여행사는 엔터테인먼트업계가 엔터테인먼트 상품을 제작하는데 제작지원, 팬을 대상으로 하는 팬미팅 공동 개최 등의 협업을 한다. 이를 통해 여행사 입장에서는 팬을 고객으로 만들 수 있다. 또한 엔터테인먼트업계에서 일하는 연예인들을 고객화할 수 있다.

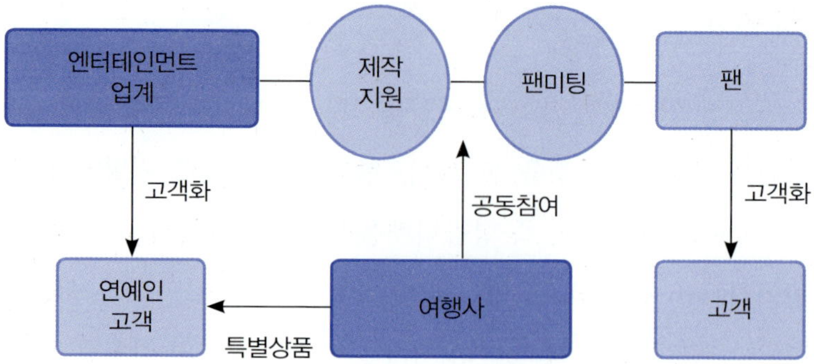

| 그림 12-4 | 여행사와 엔터테인먼트 간의 관계

3) 투어테인먼트의 사례

(1) 연예인과 함께하는 여행상품

스타 연예인과 함께하는 여행상품은 스타의 서비스가 상품 속에 내재되어 있는 것이다. 2014년에는 국내 최초 연예인 가이드 여행이라고 하는 〈김수로와 함께 영국여행〉이 상품화되기도 하였다. 2017년에는 중국 산동성 페리 투어에서 가수 변진섭이 선상콘서트를 열었다.

(2) 연예인의 여행상품 및 여행사 광고

로그인여행사는 투어테인먼트를 콘셉트로 하여 광고모델로 영화배우 김수로를 활용하였다. 탤런트 채시라와 가수 김태욱 부부가 굿모닝트레벌의 허니문 협찬하고, 포커스투어는 배우 한가인, 연정훈 부부의 신혼여행을 협찬하였다. 롯데 JTB와 BIA4 광고전속모델 계약 및 팬미팅을 진행하였으며 마리아나 관광청은 쿨의 이재훈, 방송인 박지윤 등을 홍보대사로 위촉하였다.

(3) 여행사 영상물 배경 패키지 상품

엔터테인먼트 콘텐츠를 통해 나타난 배경을 방문하는 여행상품이 출시되고 있다. 영화나 드라마에서의 체험을 다시 한 번 맛본다는 점에서 주목받는다.

(4) 여행사와 엔터테인먼트 기업 간의 협업체계 구축

하나투어는 2012년 뮤지컬 〈위키드〉의 투자를 시작으로 공연사업에 뛰어들면서 대중가요 콘서트 티켓 판매 등 엔터테인먼트를 활용한 인바운드 관광상품을 개발하였으며, 여행사를 넘어서 관광유통기업으로 재탄생하고자 하였다. 모두투어네트워크는 MBC 드라마 〈선덕여왕〉 제작지원에 참여하여 중국 각지 현지 촬영을 위한 항공 및 숙박시설을 지원하는 대신 50회의 엔딩 때마다 자사로고를 노출함으로써 홍보효과를 극대화하고자 하였다. 포커스투어는 포커스유유엔터테인먼트사를 창립하고 일산 MBC 드림센터 내에 커피프린세스 1호점 여행센터를 오픈하였다. 또한 모두투어가 올리브나인 등과 합작하여 자회사인 투어테인먼트 설립하였다.

4. 항공사의 트랜스포테인먼트

1) 항공업의 개념과 변화

(1) 교통업의 의의

교통(transportation)이란 사람과 물자와 정보의 이동을 의미한다. 인간의 이동본능을 충족시키는 역할을 수행했으며 선(線)에서 선으로의 이동을 가능케 한 철도, 점(點)에서 점으로의 이동을 가능케 한 버스, 그리고 면(面)에서 면으로의 이동을 가능케 한 자동차 등으로 대표되며 이외에도 항공기, 선박, 우주선 등이 있다. 관광교통은 관광객의 시간적 거리와 공간적 거리를 단축시킴으로써 시 · 공간적으로 자유롭게 해주고 보다 빠르게 목적지에 도달하려는 욕망을 심리적 거리 단축을 통해 충족시켜 주었다.

(2) 항공업의 개념

항공업은 항공이용객의 수요에 부응하기 위해 항공기를 사용하여 유상으로 사람과 화물을 특정지점에서 특점지점까지 공간적으로 이동시켜 주는 서비스를 업(業)으로 한다.

(3) 항공업의 변화

교통기관은 목적지의 도착이라는 공동목표를 위해 서로 상호보완적으로 작용(intermodal)하기도 하고 서로 경합하면서 고유의 영역을 구축해 왔다. 최근에 교통관광은 이동이라는 본연의 역할뿐만 아니라 관광객이 이동수단에 머무는 동안(stay) 다양한 엔터테인먼트 체험을 제공함으로써 심리적 거리를 단축시키는 데 총력을 기울이고 있다. 이에 따라 항공업 역시 고객에게 이동시간을 소비대상으로 보는 것이 아니라 가능하면 생산적으로 활용하는 방안을 제시하고 있다.

2) 항공 트랜스포테인먼트

(1) 트랜스포테인먼트의 개념

트랜스포테인먼트(transportainment)는 교통수단(transportation)과 엔터테이먼트(entertainment)를 합성한 개념이다. 즉 엔터테인먼트를 제공하는 교통수단으로 해석할 수 있다. 이 장에서는 사람이 탑승하는 항공기에 초점을 맞추고자 한다.

(2) 항공 트랜스포테인먼트의 의의

항공기가 출발지를 떠나 목적지로 가는 시간과 거리는 소모적인 것이 아니라 오히려 생산적이라는 데서 트랜스포테인먼트의 의의를 찾을 수 있다. 즉 목적지에 도착할 때까지 탑승객은 즐길 수 있는 시간이고 항공기는 그 즐거움을 제공하는 공간이 된다. 극단적인 예를 들어 기내 상영 중인 영화가 매우 재미있으면 목적지에 도착해도 오히려 끝이 궁금해서라도 내리지 않을 것이다.

(3) 항공 트랜스포테인먼트의 분류

항공 트랜스포테인먼트는 다음과 같이 분류할 수 있다.

- 직접적인 것과 미디어를 통해 매개된 트랜스포테인먼트
- 항공기 시설 등 하드웨어적인 것과 승무원의 탤런트에 의존하는 것

대형항공사(full service carrier: FSC)는 대형항공기의 우월적인 하드웨어를 바탕으로 넓은 기내 공간을 제공하고 고급 엔터테인먼트 기기를 장착하며 즐거운 체험을 제공하고 있다. 반면 저비용항공사(low cost carrier: LCC)는 발상의 전환을 통한 서비스 환경 개선, 승무원의 탤런트를 활용하는 각종 이벤트 등을 통해서 불안감을 적극 해소해 나가고 있다.

3) 항공 트랜스포테인먼트 사례

(1) 기내엔터테인먼트

기내엔터테인먼트(in-flight Entertainment)는 원래 승객의 즐거움을 위한 영화 및 음악 서비스를 제공하는 것을 의미하였으나 엔터테인먼트 콘텐츠의 확대에 따라 게임, 온라인 쇼핑 등으로 그 개념이 확장되었다. 기내엔터테인먼트는 상업용

항공기 내 탑승객에게 제공되는 각종 엔터테인먼트 커뮤니케이션, 인포메이션, 인터랙티브 서비스, 오락 및 하드웨어 서비스를 총칭한다(세계 항공사엔터테인먼트협회, World airline entertainment association: WAEA).

기내엔터테인먼트는 장거리 고객의 지루함과 피곤함을 감소시킨다. 또한 기내엔터테인먼트에 대한 만족은 항공사의 선택, 긍정적인 구전, 재구매에 영향을 주는 것으로 나타났다. 보편적으로 제공되는 기내엔터테인먼트는 다음과 같다(유동기 · 이윤철, 2013).

- 엔터테인먼트: 영화, 음악, 게임, 단편 독서물
- 인포메이션: 운항정보, 뉴스, 날씨, 도착정보
- 커뮤니케이션: 전화, 팩스, sms, 이메일, 웹서핑
- 하드웨어: 모니터, 헤드폰, 리모콘

특히 비행정보안내시스템은 에어쇼(air show), 항공기의 항법장치와 연계되어 탑승한 항공기의 고도, 항속, 지도상의 위치, 도착예정시간, 도착잔여시간 등 비행 관련한 제반정보를 제공한다. 원래 에어쇼는 미국의 록웰콜린스사의 비행정보안내시스템의 브랜드명이다. 기내방송(public address)은 기내 스피커에 의해 제공되며 보딩뮤직(boarding music)이 포함된다. 또한 개인용 좌석의 이어폰 단자와 연결하여 시트뮤직(Seat music)을 즐길 수 있다.

의무적으로 제공되어야 할 안전 관련 영상 역시 승객에게 전달성과 학습성을 높이기 위해 엔터테인먼트적 요소가 가미되어 제공되는 추세이다. 압도적인 스케일을 자랑하는 에어뉴질랜드의 안전영상은 뉴질랜드에서 로케이션을 진행한 영화 〈호빗〉 시리즈와 합작해 만들어졌다. 호빗과 반지의 제왕 시리즈에서 주인공 프로도를 연기한 일라이저 우드를 비롯해 호빗에서 갈색의 마법사 라다가스트를 연기한 실베스터 맥코이 등 호빗의 배경 속 캐릭터들이 항공기 비상 시 행동수칙을 알려줘 재미를 선사한다. 특히 '반지의 제왕'과 '호빗'을 연출한 피터 잭슨 감독이 등장해 이목을 끈다.

대한항공은 기내엔터테인먼트로 "Beyond entertainment: touch anywhere to

begin"를 슬로건으로 하여 60여편의 영화, 80여편의 다큐멘터리, 뉴스 및 단편물을 감상할 수 있는 TV, 500여개 음반으로 된 CD음악과 채널음악, 오디오북 등의 오디오, 여행정보(운항정보 및 지도정보), 게임(골프, 테트리스, 3D게임 등), 어린이세상(영화, 단편물, 음악, 게임 등), 기타 좌석 및 AVOD 작동법 등을 확인할 수 있다.

(2) 엔터테이닝한 항공기 외관 래핑

래핑(wrapping)은 광고판 등 광고매체를 대신하여 랩을 씌우듯이 비행기에 광고내용을 덧 씌워서 광고하는 기법이다. 대한항공은 2007년 가수 비의 월드투어 공연에서 항공권 협찬과 함께 가수의 사진을 래핑하기도 하였다. 제주항공은 배우 이민호와 김수현을 모델로 하여 래핑하였다. 또한 JAL 특별도장기에 디즈니의 주인공들을 구현하였다.

(3) 승무원에 의한 라이브 엔터테인먼트

저비용항공사(low cost carrier)는 단순한 가격구조를 경쟁력으로 하여 비용절감체제를 통해 저렴한 요금을 제공한다. 따라서 하드웨어적인 열세를 극복하고 고객의 불안감을 해소하기 위해 승무원의 라이브 엔터테인먼트를 서비스에 포함시켰다.

재미경영의 선구자로 주목받고 있는 미국의 사우스웨스트항공사는 직원들이 캐주얼 차림으로 일하며 승무원에 의한 쇼 이벤트, 유머러스한 독특한 기내 안내방송 등을 제공하였다.

"오늘도 저희 항공사는 사랑합니다. 저희는 여러분을 사랑합니다. 그리고 여러분의 돈을 더 사랑합니다."

"기내에서는 금연입니다. 담배를 피우고 싶으신 분이 계시면 문을 열고 밖으로 나가 날개 위에서 피시면 됩니다. 흡연하시면서 관람할 영화는 바람과 함께 사라지다가 되겠습니다."

"사랑하는 사람을 떠나는 방법에는 50가지가 있습니다. 하지만 여러분이 이 비행기를 탈출하는 방법은 오직 5가지 뿐입니다. 잘 듣고 위기상황에서 살아남으시길 바랍니다. 그리고 위기상황이 되면 산소마스크가 위에서 떨어지는데 신속하게 착용하시길 바랍니다. 산소는 처음 1분간 2달러, 그 이후부터는 1달러씩입니다."

"이 항공기는 현재 라스베이거스 위를 날고 있습니다. 참고로 라스베이거스에서 돈을 딸 확률은 이 비행기에서 떨어져서 살아날 확률보다 낮다고 합니다."

(4) 항공사 스타광고모델

항공사는 잠재고객에게 인지도를 높이기 위해 스타 연예인을 광고모델로 활용한다. 연예인인 이보영은 원래 승무원 출신인데 이후 아시아나 항공 CF모델로 기용되었다. 이어 제주항공은 한류스타 이민호, 김수현, 송중기 등을 광고에 등장시키면서 중국의 한류팬을 공략하고 있다. 원래 항공 승무원은 1950년대 여성의 직업참여가 일반화되어 있지 않았던 시대에 신인류로서 주목을 받던 스타였다.

(5) 항공사 PPL

항공사를 배경으로 한 영화 및 드라마가 다수 제작되었으며 이를 통해 항공사를 간접 홍보하였다. 일본 드라마 〈어텐션 플리즈〉 JAL 항공, 〈치프플라이트〉(2013)는 저비용항공사 피치항공, 한국 드라마 〈공항 가는 길〉(2016)은 아시아나항공이 협찬하였다.

5. 카지노, 리조트, 테마파크, 크루즈의 엔터테인먼트

1) 카지노, 리조트, 테마파크, 크루즈의 개념과 의의

(1) 카지노

카지노산업은 우연한 결과에 따라 방문자에게 직접적으로 재산상의 이익과 손해를 주는 업종이다. 카지노(casino)는 집이란 뜻을 가지고 있으며 여러 오락시설을 갖추어 놓은 집회장이다. 카지노는 참가자의 몰입을 위하여 3무(無)가 존재한다고 한다.

- 시계: 인생의 시간으로부터 도피
- 거울: 자신의 지쳐 있는 얼굴을 모르게 함
- 창문: 어두움으로 시간의 몰입

그러나 점차 참가자의 인식이 도박, 즉 갬블(gamble)에서 여흥을 즐기는 게이밍(gaming)으로 변화되고 카지노 역시 엔터테인먼트와 컨벤션 등 기능이 추가되어 복합리조트화되고 있다.

(2) 리조트

리조트는 일상적인 의무와 구속으로부터 탈피하여 1년 중 특정한 시기에 휴양 및 건강회복을 목적으로 방문하는 곳이다. 리조트는 원래 반복의 개념을 가지는 re=again, sort=go를 어원으로 하여 다음과 같은 특징을 갖는다.

- 반복적인 방문
- 일정한 기간 동안 체제
- 자아를 실현할 수 있는 각종 레저활동 전개
- 비일상적인 공간

리조트의 의의는 체제와 생활의 장(場)에 있다. 즉 호텔과 달리 별도로 거점을 삼아서 인근의 여행지를 방문하는 것이 아니라 그 자체가 여행지로서 머무는 곳이다. 또한 리조트는 마치 집에서처럼 일만 하지 않을 뿐 일상생활을 영위하되 비일상적인 독특함이 가미된다. 따라서 리조트에서 근무하는 직원들은 마을사람의 콘셉트를 가진다.

(3) 테마파크

유원지(amusement park)에 테마를 입힌 곳이 테마파크 혹은 주제공원이라고 할 수 있다. 유원지는 롤러코스터, 회전목마, 관람차 등이 주종을 이룬다. 테마파크는 다음과 같은 점에서 유원지와 차별화된다.

- 명확한 테마
- 비일상적인 체험
- 볼거리, 놀이, 음식, 쇼핑 등을 제공
- 종합적인 레저공간

(4) 크루즈

크루즈의 시작은 대서양 횡단선(ocean liner)으로 주로 출발지에서 목적지로 이동을 목적으로 활용되었다. 그러나 강력한 경쟁상대인 항공기의 등장으로 새로운 활용방법이 모색되었으며 오늘날 크루즈가 관광목적지 자체가 된다. 크루즈는 체제를 목적으로 점차 대형화되었으며 떠다니는 호텔(floating hotel), 떠다니는 리조트(resort)를 넘어 떠다니는 도시(floating city)로 일컬어진다.

크루즈는 관광산업이 모두 집결해 있는 종합 결정판으로 볼 수 있는데 운송, 서비스 그리고 엔터테인먼트를 아우르기 때문이다. 이러한 측면에서 볼 때 크루즈산업의 본질은 무엇인가에 대한 논의가 필요하다. 소규모 영세 크루즈의 목적은 이동을 주로 하는 운송업이겠지만 크루즈가 대형화되면서 서비스가 강조되며 서비스업으로 정의내릴 수 있게 되었다. 이러한 서비스를 제공하는 궁극적인 목표가 고객이 엔터테인먼트를 보다 편하게 즐기기 위한 것이라면 크루즈산업은 엔터테인먼트산업이라고 정의할 수 있다.

2) 엔터테인먼트화 전략

(1) 테마화

카지노, 리조트 그리고 테마파크의 공통점은 테마를 통한 비일상을 추구한다는 것이다. 테마화의 원칙은 다음과 같다.

- 방문자가 차이를 느낀다.
- 시간 및 크기 등 현실감각을 변화시킨다.
- 새로운 현실을 창조한다.
- 한 장소에 다양한 작은 장소를 창조한다.
- 방문자의 기대를 충족시키는 테마를 창조한다.

(2) 테마의 연계 및 복합화

1965년 월트 디즈니는 디즈니 애니메이션을 바탕으로 세계 최대의 가족여행 목적지인 디즈니랜드를 건설했는데 파크, 호텔, 컨벤션, 크루즈 등으로 사업을 다각화하고 있다. 이러한 사업전략에는 디즈니 테마의 일관성과 함께 테마를 만들어나가는 방법의 일관성까지 보여주고 있다. 테마파크의 체류시간을 늘리는 방안으로 모색되었다. 또한 엔터테인먼트산업과 결합하여 테마의 확장성을 넓혀가고 있다.

리조트를 찾는 방문객들이 많아짐에 따라 대형화되고 다양한 기능을 포괄한다. 복합리조트를 지향하면서 카지노산업과 연계하고, 리조트 내에 호텔, 쇼핑, 컨벤션 센터, 공연장, 박물관, 레스토랑 등을 포함한다. 예를 들면 마리나베이샌즈, 리조트월드 센토사, 더 베네치안 마카도 등은 카지노를 바탕으로 하는 복합리조트이다.

(3) 역동적인 엔터테인먼트 연출

리조트, 테마파크, 크루즈는 다양한 놀이기구를 이외에 퍼레이드 등 다양한 이벤트를 선보이고 있는데 이러한 이벤트를 포함하여 방문객의 총체적 체험을 엔터테인먼트로 규정한다. 따라서 각종 이벤트 역시 레귤러 엔터테인먼트, 축제공연, 앳모스피아(atmosphere) 공연, 스페셜 엔터테인먼트, 시즌 이벤트 등 다양하게 명명된다.

- 파크변화를 선도하는 역동적인 엔터테인먼트를 연출: 생동감과 활력이 있는 엔터테인먼트 기획 및 연출
- 고객 니즈에 맞는 즐겁고 감동적인 콘텐츠를 개발: 재방문력 있는 공연기획 및 연출
- 끊임없는 변화로 고객의 재방문 유도: 이벤트 테마에 맞는 엔터테인먼트 연출 및 운영

| 표 12-4 | 크루즈가 제공하는 엔터테인먼트 기능

구분	기본기능	패러다임 변화	크루즈에서 엔터테인먼트적(en) 속성
항공	動	이동이 아닌 문화공간	최신영화 상영 페이퍼뷰
호텔	宿	사회의 중심지	Social Hostess, 인터렉티브 TV 등
외식	食	엔터테인먼트	갈라부페, 댄싱웨이터 등
테마파크	樂	테마와 스토리	아트리움, 암벽타기 및 아이스링크
축제 · 이벤트	緣	사회적으로 규정된 놀이의 카오스공간	카니발 퍼레이드, 선상결혼식 등

3) 카지노, 리조트, 테마파크, 크루즈와 엔터테인먼트 현황

(1) 대중스타를 활용한 광고: 워터파크와 크루즈

워터파크(water park)는 스타 연예인을 모델로 기용하여 워터파크 마케팅을 강화하고 있다. 또한 고객과의 직접 물놀이 참여, 팬 사인회 등을 개최하면서 집객력을

높여나가고 있다. 비발디파크는 하드코어적인 새로운 놀이시설을 강조하면서 이효리, 유이와 가인 등 여성 스타를 앞장 세워 광고를 하였으며 익사이팅 오션배틀 테마로 박한별 오션걸스, 손연재 등을 기용하였다. 캐러비안베이는 하바나뮤직타임 등 인기가수 공연, 스틸드럼(쿠바전통악기)로 트로피카나쇼 등을 선보였다. 경주의 캘리포니아비치는 젊음과 열정을 콘셉트로 하여 다양한 스타를 모델로 발탁하였는데 2012년 시크릿, 2013~2014년 쥬얼리, 2015년 EXID 등이었다.

크루즈선박이 새로 만들어지면 세례식(크리스티닝, christening)을 치르게 된다. 어린 아이가 태어나 신성한 의식을 치르는 것과 같다. 옛날 바이킹족은 선박 건조 시에 바다의 신 포세이돈에게 안전과 풍요를 기원하며 처녀를 제물로 바쳤다고 한다. 최근에는 선주(船主)의 딸 혹은 부인을 대모(god mother)라고 하여 샴페인을 터뜨린다. 여성이 대모인 것은 배가 여성명사이기 때문이다.

(2) 종업원 엔터테이너화 : 클럽메드의 GO, 댄싱 웨이터, 크루즈 다이렉터

클럽메드는 GO를 운영하고 있는데 젠트 오거나이저(gentle organizer)의 준말로 리조트 상주직원이다. 일과 놀이를 겸하는 만능 엔터테이너로 역할을 하고 있는데 낮에는 서비스 전문분야에서 일하고 밤에는 배우와 코미디언으로 분하여 본인의 탤런트를 꽃피우고 있다.

크루즈의 승무원 역시 직무기술 이외에 엔터테이너로서의 기질이 필요하다. 웨이터는 식음료 서비스를 수행하면서 항해 중 스페셜데이에는 댄싱 퍼레이드를 개최하여 고객을 즐겁게 만든다.

크루즈 다이렉터(cruise director)는 엔터테이너로서 선상의 모든 엔터테인먼트를 관장하며, 일일 스케줄을 조절하고, 사회적 활동, 각종 이벤트의 MC 등의 역할을 한다. 따라서 사교성, 커뮤니케이션, 조직관리, 권한이양능력 등이 필수로 요구된다. 이들에게는 주어진 고정적 역할이란 존재하지 않으며 정시출근 정시퇴근(9 to 5)이 아니고, 수행하는 활동이 일(work)인지 레저(leisure)인지를 분간이 안 된다.

만능 엔터테이너로서의 인생모토는 “I am happy to entertain you”일 것이다.

톰 크루즈가 주연한 영화 〈제리 맥과이어〉에 등장하는 주인공 대사인데 고객을 기쁘게 해주어 나 자신이 역시 행복하다는 뜻이다. 이들은 평생을 배 안에서 5대양 육대주를 주름잡으며 어느 한 곳에 속해 있지 않는 유목민이며 육지인도 아닌 한계인이자 주변인이다. 배가 출발하고 머나면 항해를 거쳐 항구로 귀환할 때 크루즈는 한 편의 드라마처럼 "짧게 존재했다가 사라지는 사회(Short lived Society)"에 속해 있는 부족민인 고객들에게 여흥을 제공하는 우리 시대의 진정한 이야기꾼(Storyteller)이자 마법에 빠지게 만드는 주술사이다. 그가 만든 한 편의 드라마는 고객의 입장에서 잊을 수 없는 여행경험이 될 것이며 그가 총지휘하여 만든 드라마는 그 크루즈의 독특한 컬러를 형성하게 될 것이다. 모든 메시지는 글이 아닌 고객의 머릿 속에서 상상의 나래의 여지를 제공해 주는 여백으로 전달할 것이며 고객은 항해기간 동안 경쟁과 위험과 모방과 짜릿함 속에서 드림소사이어티의 축소판을 경험한다.

(3) 엔터테인먼트 콘텐츠와의 결합

말레이시아는 만화영화인 니켈로데온을 주제로 하는 워터파크를 제공하고 있다. 유니버설스튜디오는 미국 캘리포니아 북부 할리우드에 위치한 영화제작사 및 배급사로서 세계에서 두 번째로 오래된 영화스튜디오인데 촬영모습, 영화 속의 장면을 직접 체험할 수 있도록 테마파크를 만들었다. 프린세스 크루즈는 야외 오픈 데크에 영화를 관람하는 무비 언더 더 스타(movie under the star) 프로그램을 제공한다. 월트디즈니사의 디즈니크루즈는 자식에게 어린 시절 좋은 추억을 만들어 주고픈 전 세계의 부모들의 마음을 활용하여 2014년 기준 디즈니 드림 2척, 디즈니 매직 2척 등 총 4척의 유람선을 띄우고 있으며 디즈니 애니메이션을 테마화하였다.

생각해 볼 문제

01 서비스업과 엔터테인먼트업의 유사점과 차이점은 무엇인가?

02 외식업이 지나치게 엔터테인먼트를 강조하면 업의 본질을 잊어버리지 않을까?

03 항공사의 엔터테인먼트가 안전을 침해하지는 않는가?

04 리조트나 크루즈 승무원이 가져야 할 탤런트(끼)는 무엇인가?

05 크루즈업은 서비스업인가 엔터테인먼트업인가?

얼루어 오브 러브 (Allure of love) (2011)

출처: RCCL.

제니 맥카시 감독

제니 맥카트니가 감독하고 직접 출연한 로얄캐리비안크루즈 제작의 두 번째 단편영화이다. 헤어진 두 연인이 서로 상심한 마음을 달래고자 각각의 친구들과 함께 로얄캐리비언크루즈의 얼루어호(Allure of the Seas)를 타게 된다. 둘은 같은 크루즈선에 타고 있다는 사실을 모른 채 자신의 트위터에 “난 널 다 잊고 이렇게 즐겁게 놀고 있지!”라는 콘셉트의 사진을 올리면서 이야기가 시작된다. 영화의 장르는 섹시로맨틱코미디이다. 영화 중간에 쿵푸팬더가 등장하여 재미를 살린다.

얼루어호는 세계 최대 22만톤을 자랑하는 규모와 최신 시설을 갖추고 있다. 따라서 본 영화는 로얄캘리비언크루즈를 홍보하는 간접광고이자 브랜디드 엔터테인먼트라고 할 수 있다. 간접광고(PPL)는 직접적으로 광고하는 것이 아니라 무엇인가 중간에 매개체를 이용해서 광고를 하는 것이다. 광고를 위한 제작물을 직접 수용자에게 소구하는 것이 아니라 매개체 예를 들면 영화나 드라마를 활용해서 광고한다. 브랜드와 엔터테인먼트가 결합한 상태를 브랜디드 엔터테인먼트(branded entertainment)라고 한다. 브랜드란 광고하고자 하는 상품을 말하며 상품을 소구하는 광고 자체를 엔터테인먼트로 만든 것이다.

참고문헌

노의현 (2016). 먹방의 욕망에서 쿡방의 욕망으로. 문화과학, 356-376.

민정윤, 김홍렬 (2005). 이터테인먼트 식음료 공간 연출에 관한 연구. 한국디자인학회 국제학술대회논문집, 98-99.

문보영, 김경선, 양승훈 (2015). The Influence of “Familiarity”on the Contents of Taekwondo Performances based on “Flow” and “Satisfaction. 호텔관광연구, 18(5), 408-421.

박시사 (2008). 관광소비자행동. 대왕사.

박양우 (2008). 영상관광의 현황과 활성화 방안. 한국관광정책, 24, 20-30.

손대현 (2000). 관광론. 형설출판사.

손대현, 권혁린 (2003). 대중스타가 국가관광지 이미지에 미치는 영향: 일본에서 활동 중인 한국 대중스타를 중심으로. 관광연구논총, 15, 3-23.

삼성경제연구소 (2004). 영화관광의 부상과 조건. CEO 인포메이션, 439호.

신성순 (2005). 레스토랑 진선미. 한양대학교 국제관광대학원 특강.

유동기, 이윤철 (2013). 항공기 기내 엔터테인먼트 시스템 산업분석. 한국항공경영학회 추계학술발표논문집, 541-562.

이장우, 허재원 (2013). 리더십과 조직역량이 해외진출 전략에 미치는 영향. 경영교육연구, 17(1), 243-266.

조형진 (2006). 브랜디드 엔터테인먼트의 광고효과 연구. 세리엔터테인먼트연구, 6, 99-122.

주장환 (2007). 유토피아 경영의 진수를 보여주는 미라이 공업의 야마다 사장. 기계설비, 9, 107-110.

최유준 (2014). 대중의 음악과 공감의 그늘. 전남대학교 출판부.

하세 마사히로 (2003). 관광비즈니스론. 안종윤, 김형태 역. 기문사.

한국관광학회 (2015.10.14). 엔터투어리즘 성공적 활성화 방안 세미나. 박창식국회의원실.

Inskeep (1991). *Tourism Planning*. New York: Van Nostrand Reinhold.

Gowreesunkar, V. & Sotiriadis, M. (2015). Entertainment of leisure tourists in island destination. African J. of Hospitality, *Tourism and Leisure*, *4*, 1–19.

Hughes, H. (2000). Art, entertainment and tourism.

Hughes, H. & Benn, D. (2010). Entertainment in tourism: A study of visitors to Blackpool. *Managing Leisure*, *2*(2), 110–126.

Riley, R. Baker, D. & Doren, C. V. (1998). Movie-induced tourism. *Annals of Tourism Research*, *25*(4), 919–935.

영문

● 저자소개

양승훈

고려대학교 사회학과 학사
플로리다주립대(FIU) 호텔경영학 석사
한양대학교 관광학 박사
LG전자
JW 매리어트 호텔, 마이애미
로얄 캐리비언 크루즈
한양대 최고엔터테인먼트과정(EEP), 운영실장
현재 부산 신라대학교 호텔관광학부 교수

e-mail : funship88@gmail.com

관광과 엔터테인먼트

2017년 12월 20일 1판 1쇄 인쇄
2017년 12월 25일 1판 1쇄 발행

지 은 이 양승훈
펴 낸 이 최용구
펴 낸 곳 이프레스

주 소 (04316) 서울시 용산구 원효로 1가 89길 19
전 화 02) 537-1720(영업부), 537-1721(편집부), 537-1711(팩스)
이 메 일 epress01@naver.com
홈페이지 www.epress1.com
등 록 2009년 12월 10일 제16-2710호

기획마케팅 최용구 장만동 송대용 최충구
책임편집 석기은 황가연
표 지 SDY

ISBN 979-11-87570-15-8 93690

정가 23,000원